Beiträge zum Sicherheitsrecht und zur Sicherheitspolitik

herausgegeben von

Jan-Hendrik Dietrich, Klaus Ferdinand Gärditz
und Kurt Graulich

11

Radikalisierung
und Extremismus

Aufgabenfelder und Herausforderungen
der Nachrichtendienste

Herausgegeben von

Jan-Hendrik Dietrich, Klaus Ferdinand Gärditz,
Kurt Graulich, Christoph Gusy und Gunter Warg

Mohr Siebeck

Jan-Hendrik Dietrich ist Professor an der Hochschule des Bundes in Berlin und Direktor am Center for Intelligence and Security Studies der Universität der Bundeswehr München.

Klaus Ferdinand Gärditz ist Professor für Öffentliches Recht an der Universität Bonn, stellvertretender Richter am Verfassungsgerichtshof Nordrhein-Westfalen und Richter im Nebenamt am Oberverwaltungsgericht Nordrhein-Westfalen.

Kurt Graulich ist Honorarprofessor an der Humboldt-Universität zu Berlin und Richter am Bundesverwaltungsgericht a.D.

Christoph Gusy ist Professor für Öffentliches Recht, Staatslehre und Verfassungsgeschichte an der Universität Bielefeld.

Gunter Warg ist Professor am Fachbereich Nachrichtendienste der Hochschule des Bundes in Brühl.

ISBN 978-3-16-162593-0 / eISBN 978-3-16-162594-7
DOI 10.1628/978-3-16-162594-7

ISSN 2568-731X / eISSN 2569-0922
(Beiträge zum Sicherheitsrecht und zur Sicherheitspolitik)

Die Deutsche Nationalbibliothek verzeichnet diese Publikation in der Deutschen Nationalbibliographie; detaillierte bibliographische Daten sind über *http://dnb.dnb.de* abrufbar.

Das Buch wurde von Gulde Druck in Tübingen aus der Garamond gesetzt, auf alterungsbeständiges Werkdruckpapier gedruckt und gebunden.

Printed in Germany.

Vorwort

Der vorliegende Tagungsband dokumentiert die Ergebnisse des 4. Symposiums zum Recht der Nachrichtendienste, das vom 30. Juni bis zum 01. Juli 2022 in Berlin stattfand. Im Fokus der Veranstaltung standen Radikalisierung und Extremismus als Aufgabenfelder und Herausforderungen der Nachrichtendienste. Die wissenschaftliche Leitung des Symposiums wurde von den Veranstaltern, dem Bundeskanzleramt und dem Bundesministerium des Innern und für Heimat, den Herausgebern dieses Bandes übertragen. Bei der Organisation der Tagung hat die wissenschaftliche Leitung wertvolle Unterstützung erhalten. Zu danken ist insbesondere einmal mehr Herrn Ministerialrat *Dietmar Marscholleck* und Frau Regierungsdirektorin Dr. *Annett Bratouss* (beide Bundesministerium des Innern und für Heimat) sowie Frau Ministerialrätin *Julia Kölling* und Frau Regierungsdirektorin Dr. *Silke Kratzsch* (beide Bundeskanzleramt). Die wesentliche Last der Vorbereitung hat Frau *Aylin Noack* getragen. Sie hat gemeinsam mit dem Team des Tagungsbüros für einen reibungslosen und angenehmen Tagungsablauf gesorgt. Frau *Maryam Kamil Abdulsalam* (Rheinische Friedrich-Wilhelms-Universität Bonn) hat die Erstellung dieses Bandes umsichtig begleitet. Hierfür sind die Herausgeber den Beteiligten sehr verbunden.

Berlin	*Jan-Hendrik Dietrich*
Bonn	*Klaus Ferdinand Gärditz*
Berlin	*Kurt Graulich*
Bielefeld	*Christoph Gusy*
Brühl	*Gunter Warg*

Inhaltsverzeichnis

Panel 1
Nachrichtendienstliche Radikalisierungsprävention und -aufklärung

Panel 2
Aufklärung von Extremismus im Ausland

Podiumsdiskussion
Radikalisierung und Extremismus als Gegenstände nachrichtendienstlicher Aufklärung

Fachvorträge

Extremismus und wehrhafter Verfassungsstaat[1]

Wolfgang Durner

Inhaltsverzeichnis

[1] Der Verf. dankt seinen beiden Hilfskräften *Johanna Fink* und *Constanze Gundelach* für wertvolle Unterstützung bei der Erstellung und Korrektur des Beitrags.

I. Wehrhafte Demokratie des Grundgesetzes
oder im Rahmen des Grundgesetzes?

„Ein Einbürgerungsbewerber, der infolge einer fundamentalistischen Kultur- und Wertevorstellung das Händeschütteln mit jeglicher Frau deshalb ablehnt, weil sie ein anderes Geschlecht hat und damit per se als eine dem Mann drohende Gefahr sexueller Versuchung bzw. unmoralischen Handelns gilt, gewährleistet nicht seine Einordnung in die deutschen Lebensverhältnisse."[2]

Mit diesem schneidig anmutenden Leitsatz eröffnet ein Urteil des Verwaltungsgerichtshofs Baden-Württemberg vom 20. August 2020. Blickt uns hier der wehrhafte Verfassungsstaat des Grundgesetzes entgegen? Ist der betroffene Einbürgerungsbewerber aus Sicht der Verfassung ein Extremist? Und wieweit entscheiden sich beide Fragen überhaupt anhand des Grundgesetzes?

Tatsächlich findet der Verwaltungsgerichtshof seine Weichenstellungen im einfachen Recht. Er weist darauf hin, das Bundesverwaltungsgericht habe es bis 2019 abgelehnt, die Anerkennung der grundlegenden Prinzipien der verfassungsrechtlich vorgegebenen Rechts- und Werteordnung und die Ausrichtung der individuellen Lebensführung hieran als Teile jenes Bekenntnisses zur freiheitlichen demokratischen Grundordnung anzuerkennen, das im Rahmen einer Einbürgerung abzugeben ist.[3] Der Gesetzgeber habe auf diese Aussagen der Rechtsprechung reagiert, in den heutigen § 10 Abs. 1 Satz 1 StAG nunmehr die weitere Einbürgerungsvoraussetzung der „Gewährleistung der Einordnung in die deutschen Lebensverhältnisse" aufgenommen[4] und damit den ihm zukommenden weiten Gestaltungsspielraum genutzt.

Bereits diese Entscheidung vermittelt eine zentrale Einsicht: Offenbar ist nicht jedes Element der wehrhaften Selbstbehauptung des demokratischen Verfassungsstaats durch die Verfassung selbst vorgegeben, sondern Vieles ist durch den demokratischen Gesetzgeber normierbar. Und das Grundgesetz beantwortet entgegen einer verbreiteten deutschen Kollektivvorstellung nicht abschlie-

---

[2] VGH Mannheim, Urteil vom 20.8.2020 – 12 S 629/19, NJW 2021, 483.
[3] BVerwG, Urteil vom 29.5.2018 – 1 C 15.17, ZAR 2018, 313 (319 Rn. 67): „De lege lata steht mithin das nicht strafbare, rechtswirksame Eingehen einer Zweit- oder Mehrfachehe im Ausland der Anspruchseinbürgerung nach § 10 StAG nicht deswegen entgegen, weil es ein wirksames Bekenntnis zur freiheitlichen demokratischen Grundordnung ausschließt. Der Gesetzgeber hat indes bei der Ausgestaltung der Einbürgerungsvoraussetzungen völker- und verfassungsrechtlich einen weiten Gestaltungsspielraum. De lege ferenda steht es ihm frei, den Einbürgerungsanspruch von weiteren Voraussetzungen abhängig zu machen und diesen insbesondere bei bestehender Mehrehe auszuschließen. Dies kann er etwa durch die Ergänzung der Einbürgerungsvoraussetzungen um das Erfordernis der Gewährleistung des Sich-Einordnens in die deutschen Lebensverhältnisse [...]"
[4] Vgl. dazu die Stellungnahme des Bundesrates zum Entwurf eines Dritten Gesetzes zur Änderung des Staatsangehörigkeitsgesetzes, BR-Drs. 54/19 vom 17.5.2019, wo das Regelbeispiel in das Gesetzgebungsverfahren eingeführt wurde, dass ein Antragsteller „nicht mit mehr als einer Person verheiratet ist".

ßend alle politischen Fragen – so auch nicht jene nach dem Phänomen des Extremismus.

II. Was ist eigentlich „Extremismus"?

Denn was ist im Rechtssinne unter „Extremismus" zu verstehen?

1. „Extremismus" als Rechtsbegriff

Das Grundgesetz kennt zwar den Begriff der extremen Haushaltsnotlage, nicht aber den des Extremismus. Sehr viel weiter hilft letztlich auch nicht das einfache Recht, das den Begriff indes an verschiedensten Stellen verwendet.

a) Fehlende Aussagekraft des einfachen Rechts

So ermöglicht das 2021 novellierte BND-Gesetz verschiedene Eingriffe wie Auskunftsverlangen zu „Terrorismus oder Extremismus, der gewaltbereit oder auf die planvoll verborgen betriebene Durchsetzung politscher, religiöser oder ideologischer Ansichten ausgerichtet ist, oder dessen Unterstützung".[5] Erfasst werden soll damit ausweislich der Gesetzesbegründung der

„… Phänomenbereich des internationalen Terrorismus und Extremismus, der entweder durch Gewaltbereitschaft charakterisiert wird, oder auf die planvoll verborgen betriebene Durchsetzung politscher, religiöser oder ideologischer Ansichten ausgerichtet ist."[6]

Letztlich wird mit diesen durchaus tautologischen Erläuterungen auf einen Begriff des „Extremismus" abgestellt, dessen Inhalt der Gesetzgeber als bekannt vorauszusetzen scheint und der sich auch nicht in dem nachfolgenden erläuternden Halbsatz erschöpft. Denn ersichtlich wäre es allzu pauschal, alle gewaltbereiten Aktionen automatisch als terroristisch und jede planvoll betriebene Verbreitung von Ansichten als extremistisch einzustufen. In der politischen Umgangssprache und in der Politikwissenschaft hingegen, auf die die Gesetzesbegründung den Norminterpreten letztlich verweist, bildet der „Extremismus" zwar tatsächlich einen geradezu ubiquitären Begriff, der aber umstritten bleibt und über den verschiedenste Akteure Definitionsmacht beanspruchen.[7] Die

---

[5] So § 4 Abs. 3 Nr. 1 Buchst. c) BND-Gesetz und ebenso § 19 Abs. 3 Nr. 1 Buchst. c) zur strategischen Ausland-Fernmeldeaufklärung, § 31 Abs. 5 Nr. 1 zu Kooperationen mit ausländischen öffentlichen Stellen.

[6] Entwurf eines Gesetzes zur Änderung des BND-Gesetzes zur Umsetzung der Vorgaben des Bundesverfassungsgerichts sowie des Bundesverwaltungsgerichts, BT-Drs. 19/26103 v. 25.1.2021, 59.

[7] Eingehend zu alledem *Jaschke*, Politischer Extremismus. Eine Einführung, 2020; vgl. weiter die Nachweise bei *Fischer*, Die konstruierte Gefahr. Feindbilder im politischen Extremismus, 2018, 39 ff.

Gesetzesinterpreten werden damit vor schwierige Konkretisierungsaufgaben gestellt, die in politischer Neutralität zu erfüllen eine Gratwanderung darstellt.

Ähnliches gilt für § 25 Abs. 2 Nr. 2 Stasi-Unterlagen-Gesetz, nach dem die Nachrichtendienste nicht personenbezogene Stasi-Unterlagen verwenden dürfen, wenn diese „Informationen enthalten, die den Bereich des gewalttätigen Extremismus oder des Terrorismus im Sinne des Bundesverfassungsschutzgesetzes betreffen." Das Bundesverfassungsschutzgesetz allerdings kennt jedenfalls in seiner geltenden Fassung den Begriff „Extremismus" überhaupt nicht, sodass sich der Verweis auf dieses Gesetz allenfalls mittelbar über dessen Schutzrichtung erschließt.

Immerhin sah allerdings die bis 2018 geltende Verfassungsschutz-Laufbahnverordnung Gehobener Dienst in ihrem § 17 Abs. 2 Nr. 2 als Teil der Studiengebiete der Hauptstudien I und II den Gegenstand „politischer Extremismus/Terrorismus" vor, der wiederum durch drei Unterelemente charakterisiert wurde:

„a) Rechtsextremismus/-terrorismus,
b) Linksextremismus/-terrorismus,
c) sicherheitsgefährdende und extremistische Bestrebungen von Ausländern."

Auch diese Umschreibung – Extremismus als Summe der extremistischen Bestrebungen von Rechten, Linken und Ausländern – war indes nicht frei von Tautologie. Aus sich selbst heraus sind diese Definitionsansätze kaum verständlich.

b) Die Bezugnahme auf die „freiheitliche demokratische Grundordnung"

Auch wenn dies in den erwähnten Gesetzen und ihren Begründungen wenig deutlich wird, dürften die meisten dieser Bestimmungen der Sache nach als „extremistisch" solche Bestrebungen ansehen, die „gegen die freiheitliche demokratische Grundordnung, den Bestand oder die Sicherheit des Bundes oder eines Landes gerichtet sind". So wird die auf dieses Ziel gerichtete Aufgabe des Militärischen Abschirmdienstes nach § 1 Abs. 1 Nr. 1 MAD-Gesetz herkömmlicherweise als „Extremismusabwehr" bezeichnet[8] und durch eine gleichnamige Fachabteilung erfüllt.[9] Auch das im Stasi-Unterlagen-Gesetz zur Ausfüllung des Extremismusbegriffs avisierte Verfassungsschutzgesetz des Bundes dient nach seinem § 1 Satz 1 „… dem Schutz der freiheitlichen demokratischen Grundordnung, des Bestandes und der Sicherheit des Bundes und der Län-

---

[8] *Siems*, in: Schenke/Graulich/Ruthig (Hrsg.), Sicherheitsrecht des Bundes, Kommentar, 2019, § 1 MADG Rn. 8 ff.; BVerwG, Beschluss vom 20.11.2009 – 1 WB 55/08, BVerwGE 135, 247 (250 Rn. 18).

[9] So jedenfalls die Information in BVerwG, Beschluss vom 26.10.2017 – 1 WB 20.17, Beck-RS 2017, 134936 Rn. 9.

der."[10] Die Ausfüllung des Begriffs des Extremismus erfolgt damit letztlich vor allem durch seine Gegnerschaft zu der freiheitlichen demokratischen Grundordnung des Grundgesetzes.

2. Die „freiheitliche demokratische Grundordnung" als Kehrseite des Extremismusbegriffs

Die „freiheitliche demokratische Grundordnung" wiederum als das gemeinsame Schutzgut aller Verfassungsschutzbestimmungen des Grundgesetzes[11] bildet einen verfassungsrechtlichen Schlüsselbegriff, den auch die Art. 10 Abs. 2, Art. 11 Abs. 2, Art. 18, Art. 21 Abs. 2 Satz 1, Art. 73 Abs. 1 Nr. 10b, Art. 87a Abs. 4 Satz 1 und Art. 91 Abs. 1 GG erwähnen, der jedoch an keiner Stelle definiert wird.[12] Die einheitliche Bezeichnung dieser Grundordnung als „freiheitliche demokratische" verdeutlicht den Zusammenhang von demokratischer Willensbildung und rechtlich gesicherter individueller Freiheit.[13] Zumindest die elementaren Grundprinzipien jeder freiheitlichen und demokratischen Staatsordnung sollen hier zum Schutzgut erklärt und gegen Angriffe von Innen und Außen verteidigt werden.

Diese Grundidee erfuhr in sukzessiven Urteilen eine weitere Konkretisierung durch das Bundesverfassungsgericht. In seinem insoweit wegweisenden SRP-Verbotsurteil bestimmte das Gericht den Inhalt der „freiheitlichen demokratischen Grundordnung" im Sinne des Art. 21 Abs. 2 GG durch eine politisch neutrale negative Abgrenzung als „Gegenteil des totalen Staates".[14] Es definierte den Begriff als eine wertgebundene Ordnung,

„[...] die unter Ausschluß jeglicher Gewalt und Willkürherrschaft eine rechtsstaatliche Herrschaftsordnung auf der Grundlage der Selbstbestimmung des Volkes nach dem Willen der jeweiligen Mehrheit und der Freiheit und Gleichheit darstellt. Zu den grundlegenden Prinzipien dieser Ordnung sind mindestens zu rechnen: die Achtung vor den im Grundgesetz konkretisierten Menschenrechten, vor allem vor dem Recht der Persönlichkeit auf Leben und freie Entfaltung, die Volkssouveränität, die Gewaltenteilung, die Verantwortlichkeit der Regierung, die Gesetzmäßigkeit der Verwaltung, die Unabhängigkeit der Gerichte, das Mehrparteienprinzip und die Chancengleichheit für alle politischen Parteien mit dem Recht auf verfassungsmäßige Bildung und Ausübung einer Opposition."[15]

---

[10] Näher dazu *Roth*, in: Schenke/Graulich/Ruthig (Fn. 8), § 1 BVerfSchG Rn. 9 ff.

[11] Vgl. nur *Gusy*, AöR 195 (1980), 279 (283 f.); *Schliesky*, in: Isensee/Kirchhof (Hrsg.), Handbuch des Staatsrechts, Bd. XII, 2014, § 277 Rn. 16 ff. und aus der Judikatur zuletzt BVerwG, NJW 2021, 2818 (2020).

[12] Auch im einfachen Recht wird der Begriff verwendet – etwa in § 86 Abs. 2 StGB, § 1 Abs. 1 Satz 1 PartG oder § 7 Abs. 1 Nr. 2 und § 33 Abs. 1 BeamtStG –, nicht aber definiert. Erste Annäherungen finden sich bei *Leibholz* (1951) und *Kaufmann* (1952) in: Denninger (Hrsg.), Freiheitliche demokratische Grundordnung, Bd. I, 1977, 82 ff., 95 ff.

[13] Vgl. *Gusy* (Fn. 11), 282; *Stern*, Staatsrecht I, 1984, 557 jeweils m.w.N.

[14] Vgl. *Gusy* (Fn. 11), 283.

[15] BVerfGE 2, 1 (Leitsatz 2 u. 12 f.); bestätigend BVerfGE 5, 85 (112, 140 ff.).

Das KPD-Verbotsurteil erweiterte diese Beschreibung um den Sozialstaatsgedanken und das Ideal einer „sozialen Demokratie in den Formen des Rechtsstaats".[16] Diese enge Definition verlieh der „freiheitlichen demokratischen Grundordnung" in allen zitierten Bestimmungen eine einheitliche Bedeutung und hat im Wesentlichen Zustimmung gefunden.[17] Negativ abgrenzend dürften auch die eingangs zitierten einfachgesetzlichen Vorschriften allesamt an diese Formel anknüpfen.

In späteren Entscheidungen hat das Bundesverfassungsgericht diesen Katalog jedoch zunächst nochmals um weitere Elemente ergänzt,[18] 2017 in der NPD-Verbots-Entscheidung für Art. 21 GG wieder deutlich enger bestimmt[19] und in anderer jüngeren Entscheidungen sehr viel spezifischer „geradezu als Gegenentwurf zu dem Totalitarismus des nationalsozialistischen Regimes" gedeutet.[20] Immerhin fand die auf diesen Konkretisierungen aufbauende heutige Legaldefinition in § 4 Abs. 1 BVerfSchG[21] 2022 im Urteil zum des Bayerischen Verfassungsschutzgesetz die Billigung des Gerichts.[22]

Gleichwohl deuten diese Entwicklungen an, dass eine abschließende Fixierung des Schutzguts nicht in jeder Hinsicht möglich war, sondern sich auch die freiheitliche demokratische Grundordnung aus der Perspektive eines ‚law in action' in jeweils neuen Kontexten immer wieder ein Stück weit neu definiert. Damit aber dürften nicht nur beim Schutzgut der Verfassungsschutzbestimmungen, sondern erst recht bei der Definition dessen, was einfachgesetzlich in verschiedenen Kontexten als Extremismus anzusehen ist, durchaus gewisse Spielräume des Gesetzgebers bestehen.

3. Eingriffsschwellen der Bekämpfung der freiheitlichen demokratischen Grundordnung

In den genannten Verfassungsnormen bildet die Bekämpfung der freiheitlichen demokratischen Grundordnung eine tatbestandliche Voraussetzung dafür, dass gegen in diesem Sinne verfassungsfeindliche Kräfte die Instrumente der streit-

---

[16] BVerfGE 5, 85 (198); vgl. zur Bedeutung der Aussagen des Bundesverfassungsgerichts auch *Lautner*, Die freiheitliche demokratische Grundordnung, 1978, 61 f.
[17] Vgl. etwa BVerwGE 47, 330 (335); BVerwG, NVwZ-RR 2002, 204 f.; *Stern* (Fn. 13), 567 ff.; wohl auch *Gusy*, in: von Mangoldt/Klein/Starck (Hrsg.), GG, Kommentar, 2018, Art. 10 Rn. 98; kritisch aber mit unterschiedlichen Akzenten *Denninger*, in: ders. (Fn. 12), 7 f.
[18] Vgl. BVerfGE 137, 273 (303) sowie die Nachweise zu weiteren Entscheidungen wie auch zur Kritik in BVerfGE 144, 20 (204 f.); bilanzierend zuletzt VG Berlin, Urteil vom 31.5.2021 – VG 4 K 428.19 -, BeckRS 2021, 18151, Rn. 28.
[19] BVerfGE 144, 20 (202 ff.); kritisch zu dieser Reduktion auf formale Elemente wiederum *Linke*, DÖV 2017, 483 (487 ff.).
[20] Vgl. BVerfGE 144, 20 (224) und zuvor allgemeiner BVerfGE 124, 300 (328 ff.).
[21] Dabei handelt es sich um eine Übernahme der Elemente der Rechtsprechung, vgl. *Roth*, in: Schenke/Graulich/Ruthig (Fn. 8), § 4 BVerfSchG Rn. 49.
[22] BVerfG Urteil vom 26.4.2022 – 1 BvR 1619/17, NJW 2022, 1583 (1589 Rn. 184).

baren Demokratie zum Einsatz kommen. Die bloße Verfassungsfeindlichkeit einer inneren politischen Haltung allein reicht aber nicht aus, um den Sanktionsprozess zu legitimieren. Hinzutreten muss vielmehr eine äußere Dimension des Handelns.

a) Die Intensität der verfassungsfeindlichen Betätigung als Eingriffsschwelle

So dürfte der Verband der Königstreuen in Bayern, de facto eine Nachfolgeorganisation der früheren Bayerischen Heimat- und Königspartei, das offiziell aufgegebene verfassungsfeindliche Ziel des Sturzes der Republik und der Wiedereinführung der Monarchie in Bayern nach dem heimlichen Wunsch mancher Mitglieder weiterführen. Die angekündigten Aktionen – in diesem Jahr die anstehende Riegele-Bierkettenverleihung sowie die Förderung alpenländischer Trachten im Stile Ludwigs des II[23] – erreichen aber bei weitem nicht jene Eingriffsschwelle, die ein Eingreifen der Nachrichtendienste rechtfertigen könnte.

Dieser Ansatz deckt sich damit wieder mit den Aussagen der Politikwissenschaft, die eine politische Gruppierung überwiegend dann als extremistisch einstuft,

„… wenn sie kämpferisch gegen wesentliche Verfassungsprinzipien verstößt, die Grundwerte der Demokratie ablehnt und für eine andere politische Organisationsform eintritt, die nicht auf demokratisch-rechtsstaatlichen Pfeilern steht."[24]

Extremismus manifestiert sich nach alledem bereits nicht rein isoliert in bestimmten inneren Überzeugungen und Ansichten, sondern erst äußerlich in der *kämpferischen* Verbreitung derselben. Die Einordnung einer Gruppierung als extremistisch erfordert damit stets die Würdigung der Zweck-Mittel-Relation im Hinblick auf die zur Verbreitung solcher Ansichten eingesetzten kämpferischen Instrumente.

b) Kontextabhängigkeit der Eingriffsschwellen

Auch diese Eingriffsschwelle bleibt aber wiederum kontextabhängig. Für Partei- und Vereinsverbote fordert das Bundesverfassungsgericht bekanntlich in wechselnden Formulierungen eine über die bloße Ablehnung hinausgehende „aktiv kämpferische, aggressive Haltung" gegenüber der freiheitlichen demokratischen Grundordnung, mit der die Organisation „planvoll das Funktionie-

---

[23] Näheres zu alledem findet sich nicht in den Verfassungsschutzberichten des Freistaats Bayern, wohl aber auf der Homepage des Vereins unter http://www.verband-der-koenigstreuen.de/ (27.7.2022). Wie sich aus den Informationen in LT-Drs. 17/5164 vom 5.2.2015, 41 ergibt, nahm 2015 sogar der damalige Staatsminister der Finanzen, für Landesentwicklung und Heimat, Dr. Markus Söder, gemeinsam mit dem Verband an einen Festakt zum 150. Jahrestag der Thronbesteigung Ludwigs II. teil.
[24] So zusammenfassend *Jaschke* (Fn. 7), 180.

ren dieser Ordnung" zu beeinträchtigen und zu beseitigen sucht.[25] Auch unterhalb dieser Schwelle hält das Gericht aber die Bezeichnung einer Partei als verfassungsfeindlich im Verfassungsschutzbericht der Bundesregierung für
zulässig.[26] Selbst eine bloße Beobachtung erfordert aber jedenfalls Bestrebungen, die über bloße politische Kritik hinausgehen;[27] bei Einzelpersonen bedarf
es tatsächlicher Anhaltspunkte für verfassungsfeindliche Bestrebungen.[28] In
diesem Sinne erklärte das Verwaltungsgericht Köln im März die Einstufung der
AfD als Verdachtsfall und die Beobachtung der Partei für zulässig.[29]

Auch für andere Maßnahmen finden sich vielfältig differenzierte Eingriffsschwellen. Die eingangs erwähnten Weitergabevorschriften des BND-Gesetzes
fordern, dass die Durchsetzung politischer, religiöser oder ideologischer Ansichten extremistischen Inhalts entweder „gewaltbereit" oder auch nur „planvoll verborgen" betrieben wird. Bei Sicherheitsüberprüfungen hingegen können
bloße „… rechtsextremistische, ausländerfeindliche und rassistischen Äußerungen bereits Indizien für ein mangelndes Bekenntnis zur freiheitlich demokratischen Grundordnung darstellen.[30] Bei Einbürgerungen verfügt der Gesetzgeber, wie eingangs festgestellt, mangels eines verfassungsgesetzlich gewährleiste-
tem Einbürgerungsanspruchs sogar über nochmals größere Spielräume,[31] um
eine extremistische Grundhaltung von Bewerbern zu ermitteln und zu berücksichtigen.

4. Zwischenergebnis: Konkretisierungsbedarf bei der Bestimmung der Reaktionsschwelle

Letztlich ist damit auch die Eingriffsschwelle für staatliche Gegenreaktionen
auf extremistische Bestrebungen keineswegs starr durch das Grundgesetz vorgegeben. Die konkreten Maßstäbe folgen vielmehr kontextabhängig aus den
Grundrechtsschranken und implizieren Abwägungen, bei denen die Intensität
der extremistischen Betätigung, der Sozialbezug des jeweiligen Verhaltens und
die Grundrechtsrelevanz der staatlichen Gegenmaßnahme einzustellen sind.
Dieser Befund hat Bedeutung für das Generalthema dieser Veranstaltung: Will
man einer Radikalisierung als einem persönlichen Entwicklungsprozess hin
zum Extremismus entgegenwirken, so bedeutet dies, ggf. sehr viel früher anzu-

---

[25] So BVerfGE 5, 85 (141); 144, 20 (228) m.w.N.; BVerwGE 61, 218 (220) m.w.N.; *Klein*, in:
Dürig/Herzog/Scholz, GG, Kommentar, Art. 21 (Januar 2018) Rn. 525 ff.
[26] BVerfGE 40, 287 ff.; näher dazu *Klein*, in: Dürig/Herzog/Scholz (Fn. 25), Art. 21 (2018)
Rn. 574 f.
[27] So vorsichtig VG München, Beschluss vom 27.7.2017 – M 22 E 17.1861, BeckRS 2017,
119732; näher dazu in diesem Band *Shirvani*, S. 37.
[28] Vgl. BVerfGE 134, 141 ff. – Bodo Ramelow; BVerwG, NJW 2021, 2818 (2020); eingehend
dazu nunmehr *Linzbach*, GSZ 2022, 7 ff.
[29] VG Köln, Beschluss vom 10.3.2022 – 13 L 104/21M, BeckRS 2022, 3886.
[30] BVerwG, Beschluss vom 30.9.2021 – 1 WB 18/21, NVwZ-RR 2021, 1060 (1062 Rn. 38).
[31] Vgl. bereits oben in und bei Fn. 2 f.

setzen, als dies bei Beobachtungen oder Vereinsverboten der Fall wäre. Die Verfassung lässt solche Flexibilität im Grundsatz zu.

III. Wieweit ist der Verfassungsstaat des Grundgesetzes wehrhaft?

Wie verhält sich nun der wehrhafte Verfassungsstaat gegenüber dem Phänomen des Extremismus? Gibt es überhaupt eine durch den Verfassungsstaat vorgegebene Wehrhaftigkeit? Die im Titel meines Vortrags bemühte Metapher vom „wehrhaften Verfassungsstaat" hatte immer Konjunkturen,[32] scheint sich jedoch – angesichts der neuen Herausforderungen[33] wenig überraschend – derzeit wieder ein wenig im Aufwind zu befinden.[34]

1. Bild und Idee der Verfassung, die sich selbst verteidigt

Die Metapher vom „wehrhaften Verfassungsstaat" ist ein persuasives Bild, das tendenziell einen bestimmten Auslegungsbefund befördert. Der Staat als juristische Person wird vermenschlicht und mit Charaktereigenschaften versehen, die anschließend durch die Interpreten im Wege juristischer Auslegungskunst sichtbar gemacht werden. Solche Bilder sind hilfreich, um Normen plastisch zu verdeutlichen und zu plausibilisieren, befördern jedoch eine Überschätzung des Verfassungsrechts und zugleich eine Ausblendung der gestalterischen Rolle der Politik. Sie entlasten das interpretierende Subjekt, das die Verfassungsurkunde mit Inhalten anreichert, eliminieren aber auch die politische Entscheidung. Eine vergleichbare Chiffre ist etwa die Vorstellung der Völkerrechtsfreundlichkeit des Grundgesetzes,[35] die eine Reihe mehrdeutiger Einzelbestimmungen zu einem übergreifenden Grundsatz verallgemeinert und aus diesem wiederum Rechtsfolgen ableitet, von denen im Wortlaut der Verfassung nirgends die Rede ist[36] – aber das zu erwähnen wäre logischerweise völkerrechtsunfreundlich.

Zugegebenermaßen findet jedoch das Bild vom wehrhaften Verfassungsstaat im Grundgesetz jedenfalls ungleich mehr an Textgrundlage als die behauptete Völkerrechtsfreundlichkeit. Tatsächlich scheint das Grundgesetz insoweit einer geradezu mechanistischen Vorstellungswelt verhaftet. Mit der Trias der Grund-

---

[32] Bereits historisierend *Rigoll*, APuZG 32–33/2017, 40 ff.

[33] Vgl. nur *Gusy*, DÖV 2021, 757 ff.

[34] Dies legen jedenfalls neuere Veröffentlichungen nahe, vgl. nur *Beaucamp*, JA 2021, 1 ff.; *Gläß*, DÖV 2020, 263 ff.; *Thrun*, DÖV 2019, 65 ff.; *Voßkuhle/Kaiser*, JuS 2019, 1154 ff.

[35] Vgl. etwa BVerfGE 6, 309 (362 f.); 74, 358 (370); 111, 307 (317 ff.); 112, 1 (24 ff.); 128, 326 (366 ff.); 148, 296 (350 ff.); im Schrifttum *Knop*, Völkerrechtsfreundlichkeit als Verfassungsgrundsatz, 2013; *Reiling*, ZaöRV 2018, 311 ff.

[36] Vgl. nur die Kritik bei *Hillgruber*, in: Isensee/Kirchhof (Fn. 11), Bd. II, 2008, § 32 Rn. 125; allgemeiner *Abend*, Grenzen der Völkerrechtsfreundlichkeit, 2019.

rechtsverwirkung nach Art. 18 GG, des Vereinigungsverbots nach Art. 9 Abs. 2 GG und des Parteiverbots nach Art. 21 Abs. 2 GG stellt das Grundgesetz bereits auf Verfassungsebene ein scheinbar lückenloses System „verfassungsunmittelbarer Instrumente" (*Gärditz*)[37] der streitbaren Demokratie bereit und legt damit die – trügerische – Vorstellung nahe, die Verfassung selbst treffe bereits ausreichende Vorkehrungen zu ihrer Selbstbehauptung. Brennpunktartig verdeutlicht dieses mechanistische Denken das Detail, dass Art. 9 Abs. 2 und Art. 21 Abs. 2 GG mit ihrer kategorischen Formulierung „sind verboten" noch nicht einmal das politische Ermessen zum Ausdruck bringen und auch Art. 18 GG mit der Aussage „verwirkt diese Grundrechte" einen gänzlich unrealistischen Automatismus nahelegt. Entstehungsgeschichtlich stehen diese Regelungen im Zusammenhang der im Parlamentarischen Rat verbreiteten Vorstellung, die Weimarer Republik sei nicht etwa an ihren Akteuren, sondern primär an Konstruktionsmängeln ihrer Verfassung gescheitert, während bessere konstitutionelle Vorkehrungen die Diktatur verhindert hätten und künftig verhindern könnten.[38]

2. Die Verfassung wehrt sich jedoch nicht selbst

Letztlich klingt in all diesen Vorkehrungen jedoch die nochmals ungleich ältere, der Vorstellungswelt der frühen Neuzeit verhaftete Vorstellung des Staats als einer programmierten autonomen Maschine an.[39] Ähnliche Vorstellungen verbanden sich bereits mit der US-Verfassung: Auch die amerikanische Staatsgründung und ihr System der ‚Checks and Balances' waren der neuzeitlichen Vorstellung verhaftet, dass sich jede der drei Gewalten selbst verteidigen muss, kann und wird[40] und ein Abdriften in die Diktatur damit gleichsam wie in einer wohlaustarierten selbstgesteuerten Maschine vermieden werden kann.[41] Gerade in den letzten Jahren ist aber auch in den USA deutlich geworden, dass eine diffizile Gewaltenteilung allein noch keine gelebte Demokratie ersetzt.

Auch die „verfassungsunmittelbaren Instrumente" des Staatsschutzes mögen zumindest in Teilen als äußerstes Mittel der staatlichen Selbstverteidigung eine Reservefunktion erfüllen, entfalten aber für die Praxis – abgesehen vom Ver-

---

[37] *Gärditz*, in: Dietrich/Fahrner/Gazeas/Heintschel-Heinegg (Hrsg.), Handbuch Sicherheits- und Staatsschutzrecht, 2022, § 35.

[38] Vgl. nur die Nachweise bei *Dreier*, VVDStRL 60 (2001), 9 (67 ff.) sowie *Papier/Durner*, AöR 2003, 340 (347 f.).

[39] Vgl. dazu *Isensee* AöR 150 (2015), 169 (173 ff.) sowie aus der älteren Literatur speziell zu *Hobbes* und *Descartes C. Schmitt*, ARSP 30 (1936/37), 622 ff. Auch *Montesquieus* bekannte These, der Richter sei nicht mehr als „La bouche qui prononce les paroles de la loi" (De l'esprit des lois 1777, Buch XI Kapitel 4.), liegt in dieser Tradition und unterschlägt die gestalterische Dimension jeder Rechtsanwendung.

[40] „Ambition must be made to counteract ambition", so das 51. Federalist Paper.

[41] Näher *Paus*, Der U.S. Supreme Court als „Hüter des Kongresses"?, 2015, 160 ff. m.w.N.

einsverbot – kaum eine nennenswerte Bedeutung.[42] Zwar können die genannten Institute im Wege der Auslegung durchaus als Ausdruck einer „Entscheidung" des Verfassungsgebers für eine streitbare Demokratie gelten, die geeignete Instrumente zur Verteidigung der freiheitlichen demokratischen Grundordnung gegen Bedrohungen „von oben" wie „von unten" bereitstellen will. Diese Entscheidung mag auch im Rahmen der Verfassungsinterpretation berücksichtigt werden, bedarf jedoch konkreter Eingriffsermächtigungen und damit ihrer Verwirklichung durch den demokratischen Gesetzgeber.[43]

3. Der Vorbehalt des Gesetzes gilt auch für die Wehrhaftigkeit gegen Extremismus

Gesetzgeberischer Positionierungen bedarf der Einsatz gegen den Extremismus jedoch auch deshalb, weil die Verselbstständigung einer verfassungsunmittelbaren Wehrhaftigkeit Gefahr läuft, dass die Metapher am Ende mehr transportiert, als die Verfassung tatsächlich enthält. Nach einem Beschluss des Bundesverfassungsgerichts aus dem Jahr 1970 sollte nicht nur Beamte, sondern schlechthin alle Staatsbürger eine Pflicht zu aktiver Verfassungstreue treffen. Die Bundesrepublik sei „eine Demokratie, die von ihren Bürgern eine Verteidigung der freiheitlichen Ordnung erwartet". Unmittelbar aus dieser dem „Prinzip der streitbaren Demokratie" entlehnten allgemeinen bürgerlichen Treuepflicht und nicht etwa aus Art. 33 GG wurde dann eine Grundpflicht der Soldaten abgeleitet, „durch ihr gesamtes Verhalten für die Erhaltung der freiheitlichen Ordnung einzutreten".[44] In dieser Vorstellungswelt bildet die streitbare Demokratie eine verfassungsunmittelbare Grundrechtsschranke, auf die sich die Exekutive nach Maßgabe ihrer gerichtlichen Entfaltung ohne jede gesetzgeberische Handlungsanleitung berufen könnte.[45]

Zu Ende gedacht läuft ein solcher Ansatz aber auf nicht weniger hinaus als auf die Ausschaltung des Vorbehalts des Gesetzes. Weder aus der Perspektive des Demokratieprinzips noch aus jener der Grundrechte vermag diese längst über-

---

[42] Näher *Gärditz*, in: Dietrich/Fahrner/Gazeas/Heintschel-Heinegg, (Fn. 37), § 35 Rn. 46 ff. mit der Bilanz, diese Instrumente wirkten „wie aus der Zeit gefallen"; positiver indes *Voßkuhle/Kaiser*, JuS 2019, 1154 (1156) mit der Vorstellung, sogar der Grundrechtsverwirkung möge künftig „mehr Bedeutung zukommen".

[43] Vgl. nur OVG Münster, Urteil vom 4.11.2016 – 15 A 2293/15, NVwZ 2017, 1316 (1318 Rn. 54).

[44] BVerfGE 28, 36 (Leitsatz 2) und 48; zustimmend zu einer solchen allgemeinen bürgerlichen Verfassungstreuepflicht etwa BVerwG, DVBl. 1983, 1013, 1014; *Detterbeck*, in: Sachs (Hrsg.), GG, Kommentar, 2021, Art. 98 Rn. 12 ff.

[45] Sie wäre damit ein funktionales Äquivalent zur Generalklausel in Art. 5 der Schweizer Bundesverfassung, die eine verfassungsunmittelbare Rechtsgrundlage für das Handeln der Polizei bietet. Aufschlussreich zur ambivalenten Bewertung dieses Instituts – das leistungsstark, zugleich aber missbrauchsanfällig ist – aus Schweizer Sicht *Müller/Jenni*, Sicherheit & Recht 1/2008, 4 ff. Im Grundgesetz finden sich Reste dieser Regelungstechnik bis heute in Art. 13 Abs. 7, vgl. dazu *Papier*, in: Dürig/Herzog/Scholz (Fn. 25), Art. 13 (2015) Rn. 118 ff.

holte Konstruktion des Bundesverfassungsgerichts zu überzeugen. Der gerade im Recht der Gefahrenabwehr entwickelte Vorbehalt des Gesetzes[46] gilt selbstverständlich auch für die Abwehr der Gefahren des Extremismus: Der Gesetzgeber ist gehalten, die rechtlichen Grundlagen für den Einsatz von Institutionen und einfachgesetzlichen Instrumenten streitbarer Demokratie, insbesondere die Arbeit der Nachrichtendienste zu schaffen und die insoweit erforderlichen Grundrechtseingriffe zu legitimieren. Dieses einfachgesetzliche Recht der Extremismusabwehr erfüllt eine ungleich wichtigere Funktion als die überkommenen, zum Teil eher symbolischen Verfassungsbestimmungen, mit denen die Mütter und Väter des Grundgesetzes ein Abdriften in die Diktatur verhindern wollten.

4. Dreh- und Angelpunkt bleiben die Grundrechte und ihre Schranken

Der verfassungsrechtliche Dreh- und Angelpunkt dieses einfachen Rechts bleiben damit die Grundrechte und ihre Schranken. Die Grundrechte der Art. 2 ff. GG wiederum sind durchweg beschränkbar und lassen dabei angemessen Raum für die Wehrhaftigkeit gegen Extremismus. Dabei bedarf es keiner Annahme eines ungeschriebenen „Grundrechts auf Sicherheit".[47] So stellen die speziellen Gesetzesvorbehalte in Art. 10 Abs. 2, Art. 11 Abs. 2 GG explizit auf das Schutzgut der freiheitlichen demokratischen Grundordnung ab, dessen Verteidigung Eingriffe in die Kommunikations- und Mobilitätsgrundrechte legitimieren kann.[48] Der Sache nach identisch ist die Schranke der „verfassungsmäßigen Ordnung" in Art. 9 Abs. 2 GG, der Grundlage für die praktisch nicht unbedeutsamen Vereinsverbote.[49] Auch die Schranken der „allgemeinen Gesetze" nach Art. 5 Abs. 2 Satz 1 und der „Gefahren für die öffentliche Sicherheit" nach Art. 13 Abs. 4 und 7 GG sind zumindest in diesem Sinne interpretierbar.[50] Erst recht können daher mit einer solchen Stoßrichtung jene Grundrechte beschränkt werden, die unter allgemeinem Gesetzesvorbehalt stehen. Selbst gegenüber den vorbehaltlosen Grundrechten dürfte zudem – und darin liegt der berechtigte Kern der Annahme eines „Prinzips der streitbaren Demokratie"[51] – der Schutz der freiheitlichen demokratischen Grundordnung generell als verfassungsim-

---

[46] Vgl. nur das wegweisende Kreuzbergurteil des PreußOVG vom 14. Juni 1882, PrOVGE 9, 353 ff. = DVBl. 1985, 219 ff.

[47] In diesem Sinne indes der bedeutende Vorschlag von *Isensee*, Das Grundrecht auf Sicherheit, 1983.

[48] Vgl. nur die Ausführungen und Nachweise bei *Durner*, in: Dürig/Herzog/Scholz (Fn. 25), Art. 10 (2020) Rn. 184 ff. und 215 ff. sowie Art. 11 (2022), Rn. 168 ff.

[49] Näher dazu *Scholz*, in: Dürig/Herzog/Scholz (Fn. 25), Art. 9 (2020) Rn. 119 ff.

[50] *Dederer*, in: Dürig/Herzog/Scholz (Fn. 25), Art. 91 (2019) Rn. 36 begreift die „Gefahr für den Bestand oder die freiheitliche demokratische Grundordnung des Bundes oder eines Landes" zutreffend als einen Unterfall der Gefahr für die „öffentliche Sicherheit oder Ordnung in Fällen von besonderer Bedeutung".

[51] Vgl. bereits *Papier/Durner* (Fn. 38), 367 f.

manente Schranke anzuerkennen sein.[52] Aus diesem Befund ergeben sich beachtliche Spielräume, die es im Sinne des Demokratieschutzes zu nutzen gilt.

5. Die politische Neutralität des Staates bedeutet keine Neutralität gegenüber Extremismus

Nach der durch das Bundesverfassungsgericht postulierten sog. Neutralitätspflicht des Staates ist es den Staatsorganen grundsätzlich verwehrt, auf die Meinungs- und Willensbildung des Volkes einzuwirken, sodass dieser Prozess „grundsätzlich staatsfrei bleiben muss".[53] Dieses Neutralitätsgebot muss freilich immer wieder neu austariert werden[54] und impliziert jedenfalls gerade nicht, dass der Staat jeder Meinung und jeder politischen Position neutral gegenüberstehen müsste. Gewählte Amtsträger haben das Recht, sich politisch zu positionieren.[55] Unabhängig davon ist eine angemessene Öffentlichkeitsarbeit in fast allen Bereichen ein „expliziter oder impliziter Bestandteil der allgemeinen Staats- und Behördenaufgaben".[56] So darf sich der Staat etwa im Rahmen seiner Aufgaben im Bereich von Gesundheit und medizinischer Versorgung in den Debatten um die Sinnhaftigkeit einer Impfung an den herrschenden wissenschaftlichen Erkenntnissen orientieren, diese Standpunkte bevorzugen[57] und wissenschaftliche Behauptungen der Impfgegner kritisieren.

6. Spielräume für Streitbarkeit gegenüber dem Extremismus und seinen Vorstufen

Grundsätzlich eröffnen die Grundrechte damit auch hinreichende Spielräume, um unterhalb der Schwelle des kämpferischen Extremismus Position zu beziehen. Ein Einbürgerungsbewerber, der infolge einer fundamentalistischen Kultur- und Wertevorstellung das Händeschütteln mit jeglicher Frau deshalb ablehnt, nimmt zwar persönliche Freiheit in Anspruch. Der Staat muss auch diesem Verhalten jedoch nicht neutral gegenüberstehen. Allein in der Judikatur des letzten Jahres finden sich mehrere aussagkräftige Gerichtsentscheidungen, die – ganz im Sinne der Aussagen des Verwaltungsgerichtshofs Baden-Württem-

---

[52] Vgl. dazu BVerfG (1. Kammer des Zweiten Senats), Beschluss vom 6.5.2008 – 2 BvR 337/08, NJW 2008, 2568 f.; *Pieroth/Kingreen*, NVwZ 2001, 841 ff.

[53] BVerfGE 20, 56 (99 f.); 107, 339 (361); 138, 102 (111 Rn. 33); näher dazu in diesem Band die Beiträge von *Morlok*, S. 67 und *Murswiek*, S. 81.

[54] Vgl. zuletzt nur das Urteil vom 15.6.2022 – 2 BvE 4/20, 2 BvE 5/20, BeckRS 2022, 13335 Rn. 73 ff. zu den Äußerungen von Bundeskanzlerin Merkel zur Ministerpräsidentenwahl in Thüringen 2020.

[55] OVG Münster, Beschluss vom 12.7.2005 – 15 B 1099/05, NVwZ-RR 2006, 273 f.; Urteil vom 4.11.2016 – 15 A 2293/15, NVwZ 2017, 1316 ff.; aus dem Schrifttum *Gärditz*, NWVBl 2015, 165 ff.; *Gusy*, NVwZ 2015, 700 ff.

[56] *Gusy* (Fn. 55), 701.

[57] Grundlegend dazu *Münkler*, Expertokratie. Zwischen Herrschaft kraft Wissens und politischem Dezisionismus, 2020, 436 ff.

bergs – die entsprechenden Gestaltungsspielräume des Gesetzgebers betont und auf dieser Grundlage getroffene Verwaltungsentscheidungen bestätigt haben. So ist es nach den Vorgaben des Ausländergesetzes zulässig, eine Ausweisung darauf zu stützen, dass eine Person staatliche Normen aufgrund einer extremistischen Einstellung ablehnt.[58] Ein Soldat kann von einem Dienstposten wegversetzt werden, wenn er extremistische Ansichten äußert.[59] Verpflichtet der Landesgesetzgeber einen Rechtsreferendar mit Blick auf das Ziel der Funktionsfähigkeit der Rechtspflege auf Verfassungstreue, so kann dieses legitime Anliegen auch einen erheblichen Eingriff in die Berufswahlfreiheit rechtfertigen.[60] Auch unterhalb der Schwelle der kämpferischen Verbreitung extremistischer Standpunkte besteht also Spielraum, um einen Grundrechtsträger etwa bereits in einem frühen Stadium der Radikalisierung niedrigschwelligen Sanktionen zu unterwerfen.

Allerdings entspricht der Logik aller Grundrechtsschranken, dass die staatlichen Eingriffe am Ende einem Verhältnismäßigkeitstest unterworfen werden. Ob die dabei zuletzt entwickelte Balance der wechselseitigen Belange durch die Rechtsprechung durchweg überzeugt, hängt zweifellos von subjektiven Bewertungen ab. Ich selbst zähle mich zu denjenigen, die die vom Normtext der Verfassungsurkunde gänzlich losgelöste freihändige Ableitung zahlloser ungeschriebener Anforderungen aus dem Übermaßverbot etwa in dem Urteil vom 19. Mai 2020 zur Ausland-Ausland-Fernmeldeaufklärung nach dem BND-Gesetz[61] als bereits zu weitgehend ansehen.[62] Die ändert nichts daran, dass dem Gesetzgeber erhebliche Spielräume offenstehen.

IV. Auch das Völker- und Unionsrecht lassen Wehrhaftigkeit zu

Nichts anderes gilt, wenn wir den Blick auf das Verfassungsrecht im weiteren Sinne – nämlich die für Deutschland verbindlichen Vorgaben des Völker- und

---

[58] VGH Mannheim, Beschluss vom 21.6.2021 – 11 S 19/21 -, NVwZ-RR 2021, 914 (915 Rn. 15) zur Ausweisung eines Imams: „Die Ablehnung staatlicher Normen zugunsten religiöser Gebote sowie die Herabwürdigung etwa von Frauen oder von Menschen, die sich aus Sicht der Anhänger extremistisch-religiöser Ideologien nicht an dergleichen Gebote halten, gefährdet regelmäßig die freiheitliche demokratische Grundordnung." Vgl. demgegenüber (im Ansatz aber gleichsinnig) auch OVG Magdeburg, Beschluss vom 20.5.2021 – 2 M 25/21, BeckRS 2021, 12774.

[59] BVerwG, Beschluss vom 2.6.2021 – 1 WB 18.20, NVwZ-RR 2021, 1015 ff., wo ein solches Verhalten allerdings konkret verneint wird.

[60] ThürVerfGH, Beschluss vom 24.2.2021 – VerfGH 4/21, VerfGH 5/21, ThürVBl. 2021, 233 ff. – keine Aufnahme in den juristischen Vorbereitungsdienst wegen Betätigung in der Partei „Der III. Weg".

[61] BVerfG, Urteil vom 19.5.2020 – 1 BvR 2835/17, NJW 2020, 2235 ff.

[62] *Durner*, DVBl. 2020, 951 (953 f.); deutlich kritischer nochmals *Gärditz*, JZ 2020, 825 ff.

Unionsrechts lenken. Die Bundesrepublik ist zwar längst aufs engste in supranationale Strukturen eingebunden. Entgegen einer verbreiteten Vorstellung ist jedoch die streitbare Demokratie des Grundgesetzes kein deutscher Sonderweg: Nahezu alle Mitgliedstaaten der Europäischen Union kennen vergleichbare Strukturen und Rechtsinstitute, wenn auch die Details – geprägt durch die jeweilige Geschichte – unterschiedlich ausfallen.[63] Namentlich das Parteiverbot ist in den meisten europäischen Rechtsordnungen bekannt und nach der EMRK unter bestimmten Voraussetzungen durchaus zulässig,[64] während umgekehrt die – in ihrer Sinnhaftigkeit ohnehin zweifelhafte und jedenfalls für die Praxis entbehrliche – Verwirkung von Grundrechten eine deutsche Besonderheit darstellt, deren Vereinbarkeit mit den parallelen Gewährleistungen der EMRK und der Grundrechtecharta auf massive Probleme stoßen dürfte.[65] Im Übrigen weist vor allem die Verfassungsordnung der Staaten mit totalitären Erfahrungen zumeist ausgeprägte wehrhafte Elemente auf. Ein Kernbestand wehrhafter Demokratie kann mittlerweile wohl sogar als Element gemeineuropäischen Verfassungsrechts gelten.[66]

Ebenso fügt sich die Wehrhaftigkeit der deutschen Demokratie in den Kontext des Völkerrechts und insbesondere des internationalen Menschenrechtsschutzes ein. Bereits das Missbrauchsverbot nach Art. 5 des Internationalen Pakts über bürgerliche und politische Rechte gewährt seinen Vertragsstaaten insoweit erhebliche Freiräume zur Selbstverteidigung der Demokratie.[67] Auch die Europäische Menschenrechtskonvention enthält in Art. 17 ein entsprechendes Missbrauchsverbot[68] und lässt zudem regelmäßig solche Grundrechtseingriffe grundsätzlich zu, die als „notwendig in einer demokratischen Gesellschaft" gelten können.[69]

Die durch diesen Rahmen umrissenen nationalen Gestaltungsspielräume werden auch durch das Sekundärrecht der Union nur in einem jedenfalls operablen Umfang eingeschränkt. Namentlich vereinheitlicht die neue Datenschutz-Grundverordnung der Union zwar den Umgang mit personenbezogenen Daten. Datenerhebung und -austausch durch die Nachrichtendienste bemessen sich indes wegen der Bereichsausnahmen in Art. 2 Abs. 2 Buchst. d)

---

[63] Eingehend dazu die rechtsvergleichende Studie von *Klamt*, Die Europäische Union als Streitbare Demokratie, 2012, 36 ff. sowie die Beiträge bei Thiel (Hrsg.), The ‚Militant Democracy' Principle in Modern Democracies, 2009, 15 ff. Eine Ausnahme bilden demnach die Verfassungsordnungen von Belgien und Luxemburg.

[64] Näher dazu *Kontopodi*, Die Rechtsprechung des EGMR zum Verbot politischer Parteien, 2007.

[65] *Durner* (Fn. 38), 368.

[66] *Klamt* (Fn. 63), 184 ff. und 408 ff.

[67] Auch hierzu näher *Klamt* (Fn. 63), 212 ff.

[68] Näher etwa *Mensching*, in: Karpenstein/Mayer (Hrsg.), EMRK, Kommentar, 2022, Art. 17 Rn. 1 ff.

[69] Vgl. exemplarisch *Daiber*, in: Karpenstein/Mayer (Fn. 68), Art. 11 Rn. 31 ff. und allgemeiner *Nußberger*, NVwZ-Beilage 2013, 36 (39 ff.).

DSGVO auch weiterhin nach deutschem Verfassungsrecht.[70] Auch das Völker-
und Unionsrecht lassen eine Wehrhaftigkeit der mitgliedstaatlichen Verfassungsordnungen somit zu, überantworten die Ausgestaltung indes den Vertragsstaaten.

V. Wehrhafte Demokratie ist kein Verfassungsautomatismus, sondern gestaltungsbedürftig

1. Unausweichliche Konkretisierungsaufgaben des Gesetzgebers

Als Ergebnis der bisherigen Überlegungen ist festzuhalten, dass die Verfassung
einmal mehr auch im Hinblick auf die Fragen des Extremismus keinen „geisti-
gen Eisenbahnfahrplan" vorhält,[71] sondern ebenso wie das Völker- und Unionsrecht lediglich eine Rahmenordnung für die demokratische Konkretisierung
der Verfassungsziele bereitstellt.[72] Verfassungsrechtlicher Dreh- und Angelpunkt dieses Rahmens bleiben die Grundrechte und ihre Schranken.

Wie wehrhaft der wehrhafte Verfassungsstaat sein will oder sein soll und wie
auf Phänomene wie Radikalisierungen und Extremismus in der Gesellschaft
gerade mit Blick auf die Aufgabenfelder und Herausforderungen der Nachrichtendienste zu reagieren ist, bleibt damit ein Stück weit im demokratischen Diskurs verhandelbar. Da noch nicht einmal der Inhalt der „freiheitlichen demokratischen Grundordnung" abschließend fixiert ist, bedarf bereits die Frage einer partiellen Konkretisierung, was genau jenen Extremismus ausmacht, dem
entgegengewirkt werden soll. Kontextabhängig und damit konkretisierungsbe-
dürftig sind auch die korrespondierenden Eingriffsschwellen. Dabei bilden die
Betroffenheit des Schutzguts sowie die Eingriffsschwelle und Eingriffstiefe der
staatlichen Reaktionen ein System korrespondierender Röhren, in dem die Verhältnismäßigkeit jeweils konkret gewährleistet sein muss. Die Verantwortung
für die Ausgestaltung des Instrumentariums liegt wie stets beim demokratischen Gesetzgeber, der dabei einen Spielraum genießt, welches Maß an Wehrhaftigkeit er dem Extremismus gegenüber an den Tag legt. Im Vergleich zu diesem einfachgesetzlichen Instrumentarium haben die „verfassungsunmittelba-

---

[70] Zwar greift in den Bereichen dieser Ausnahme stattdessen die Datenschutzrichtlinie für Polizei und Strafjustiz (EU) 2016/680 (ABl. EU Nr. L 119/2016, 89 ff.), deren Mindeststandards allerdings in ihrem Anforderungsprofil grundsätzlich nicht über die Vorgaben des Grundgesetzes hinausgehen, vgl. eingehend *Bäcker*, in: Hill/Kugelmann/Martini (Hrsg.), Perspektiven der digitalen Lebenswelt, 2017, 63 ff.

[71] So die polemische Kritik verbreiteter Vorstellungen durch *Hennis*, Die mißverstandene Demokratie, 1965; 64.

[72] Vgl. zu diesem Verfassungsverständnis *Alexy*, VVDStRL (61) 2002, 7 (14 ff.); *Böckenförde* NJW 1999, 9 (13) sowie grundlegend *Hwang*, Verfassungsordnung als Rahmenordnung, 2018.

ren Instrumente" keine oder nur geringe praktische Relevanz und greifen allesamt erst sehr spät.

2. Wehrhaftigkeit unterhalb der verfassungsunmittelbaren Eingriffsschwellen

Dieser Befund führt unmittelbar zu Fragen an das geltende Verfassungsschutzrecht. Hat der Gesetzgeber die ihm eröffneten Spielräume sachgerecht genutzt? Passt das klassische Verbotsinstrumentarium der streitbaren Demokratie noch in jeder Hinsicht auf die gegenwärtigen Problemlagen und liefern seine Mechanismen passende Antworten? Bedarf der wehrhafte Verfassungsstaat womöglich einer einfachgesetzlichen Ertüchtigung?

Bereits das Programm der heutigen Tagung deutet auf solche Weiterentwicklungspotentiale: Begreift man gesellschaftliche und individuelle „Radikalisierung als Prozess",[73] dann ist das Kind bereits in den Brunnen gefallen, wenn die repressiven Verbotsmechanismen zum Tragen kommen und der klassische wehrhafte Verfassungsstaat überhaupt reagiert. Die meisten gesetzlichen Reaktionsmechanismen greifen tendenziell erst ab der Schwelle des politischen Strafrechts. Stellen aber nicht bereits die Verbreitung von Verschwörungstheorien und wissenschaftsfeindliche Desinformation Gefährdungen der freiheitlich demokratischen Grundordnung dar?[74] Sollte eine wehrhafte Demokratie nicht niedrigschwelliger reagieren und bereits Phänomene wie die Verrohung der politischen Diskurse in den Blick nehmen? Entfaltet nicht beispielsweise bereits die ökonomische Dolchstoßlegende der neuen Länder, die Treuhandanstalt habe nach 1990 die im Felde ungeschlagene blühende DDR-Wirtschaft gezielt und systematisch plattgewalzt, um westlichen Firmen die Konkurrenz vom Leibe zu halten, eine destruktive Kraft, die am Ende auch zersetzend an die Grundfeste unserer Demokratie rührt?[75] Der sächsische Ministerpräsident *Michael Kretschmer* erklärte in einem Interview im Januar, das eigentliche Gefahrpotential für die Demokratie sei mittlerweile die im Zuge der aktuellen Debatten sich vollziehende „... politische Zersetzung. Es ist das Verdrehen von Fakten, es ist das Spalten der Gesellschaft."[76] Dass das Bundesamt für Verfassungsschutz – wie vor kurzem bekanntgegeben wurde – im Zuge der Corona-Pandemie mittlerweile einen „neuen Phänomenbereich ‚Verfassungsschutzrelevante Delegitimierung des Staates' eingerichtet" hat,[77] unterstreicht die Tragweite dieser Entwicklungen.

---

[73] Vgl. dazu in diesem Band *Backes*, S. 23.

[74] Näher dazu *Engelstätter*, GSZ 2022, 109 ff.

[75] Vgl. zu alledem *Paqué/Schröder*, Gespaltene Nation? Einspruch! 30 Jahre Deutsche Einheit, 2020.

[76] Über uns lacht keiner mehr, Interview Michael *Kretschmer*, FAZ v. 11.1.2022, 11.

[77] Bundesministerin des Innern und für Heimat, Verfassungsschutzbericht 2021, 2022, 112 ff.

Die Politikwissenschaft diskutiert solche Fragen namentlich im Hinblick auf das Verhältnis von Populismus und Extremismus.[78] Bei aller Unschärfe solcher Unterscheidungen liegt diesen Debatten die zutreffende Einsicht zu Grunde, dass die Bedrohung des demokratischen Diskurses nicht erst durch Gewaltmaßnahmen einsetzt, sondern dass Rechts- und Linksextremismus, religiöser Fundamentalismus oder die propagandistische Betätigung ausländischer Diktaturen bereits in gezielten Desinformationen, in unfundierten Wahlfälschungsvorwürfen, in Verschwörungstheorien und in ihrer Abkehr vom rationalen Diskurs ein verbindendes extremistisches Kennzeichen aufweisen, das eine Erosion der demokratischen Grundlagen befördert und neue wehrhafte Antworten erfordert, selbst wenn die Schwelle zum Aggressiv-Kämpferischen noch nicht überschritten ist.[79] Ein solcher Schutz etwa der Bedrohung der Integrität der Berichterstattung erfordert dann freilich Formen der Wehrhaftigkeit unterhalb der verfassungsunmittelbaren Eingriffsschwellen und die Ergänzung der herkömmlichen repressiven Streitbarkeit um Formen des präventiven Demokratieschutzes[80] und weitere Stärkungen der politischen Bildung. Die entsprechenden Grenzen solcher „Frühwarnsysteme" sind erst noch auszuloten.[81] Auch hier liegt der Ball am Ende jedoch wieder beim demokratischen Gesetzgeber.

3. Neue Bedrohungen, neue wehrhafte Antworten

Bereits in der alten Regierungskoalition unternahm die SPD mehrere Anläufe für ein Demokratieförderungsgesetz. Das Projekt scheiterte letztlich an der CDU, die die gewünschten Förderungen offenbar als Klientelpolitik ansah und forderte, dass auch Projekte gegen Linksextremismus gefördert werden sollten. Gleichwohl beschloss das damalige Bundeskabinett *Merkel* noch am 12. Mai 2021 zumindest einige Eckpunkte für ein „Gesetz zur Stärkung und Förderung der wehrhaften Demokratie".[82] Obwohl auch schärfere Strafen für Angriffe auf Einsatzkräfte avisiert waren, sollten den Kern dieses Pakets keine repressiven Instrumente bilden, sondern eine gezielte „Fördertätigkeit des Bundes im Bereich der Demokratieförderung, Extremismusprävention und Vielfaltgestaltung", Maßnahmen zur „Stärkung des demokratischen Diskurses und der demokratischen Kultur im Netz und in den sozialen Medien" sowie eine „Stärkung des Bundesfreiwilligendienstes". Namentlich wollte man die bestehenden

---

[78] Vgl. namentlich den Teil 1 „Populismus und Extremismus" in dem Sammelband von *Jesse/Mannewitz/Panreck* (Hrsg.), Populismus und Demokratie: Interdisziplinäre Perspektiven, 2019, 29 ff.

[79] Dazu *Mafi-Gudarzi*, ZRP 2019, 65.

[80] Vgl. die Unterscheidungen bei *Jaschke* (Fn. 7), 102, 171 f. und 183 f.

[81] Vgl. dazu in diesem Band *Möstl*, S. 161.

[82] Dieses findet sich im Internet unter https://www.bmfsfj.de/resource/blob/179334/ 97576dd4a085ab28e0cb564132e87e4c/20210512-eckpunkte-wehrhafte-demokratie-gesetzdata.pdf (27.7.2022).

Förderprogramme des Bundes in den Bereichen Extremismusprävention und Demokratieförderung langfristig finanziell absichern. Nach Medienberichten scheiterte das Gesetz letztlich daran, dass die Unionsfraktion im Bundestag darauf bestand, nur Organisationen zu fördern, die sich schriftlich zur Demokratie bekennen, und die SPD-Fraktion dies für unnötig hielt.[83]

Dieser Ansatz bleibt auch für die heutige Bundesregierung aktuell. In den Worten des Grünen-Politikers *Volker Beck* ist es an der Zeit, neben „Strafrecht und Verboten als letzte Mittel" auch „die ersten Mittel, wie die politische Bildung als Tool der Selbstbehauptung der wehrhaften Demokratie, zu stärken."[84] Im Februar haben nunmehr das Bundesfamilienministerium und das Bundesinnenministerium ein gemeinsames Diskussionspapier veröffentlicht,[85] auf dessen Grundlage die Regierungsparteien bis zum Jahresende den Entwurf für ein „Demokratiefördergesetz" ins Kabinett einbringen wollen, das vor allem am Kampf gegen den Rechtsextremismus ausgerichtet sein soll und vor allem Projekte gegen Demokratiefeindlichkeit fördern will. Erneut findet der Entwurf Kritik nicht nur aus der Opposition, sondern auch von der FDP,[86] zugleich aber Unterstützung von „Die Linke". Bemerkenswerterweise mahnte zuletzt auch der Bundesverfassungsrichter *Peter Müller* explizit an, dass Demokratiefördergesetz müsse sich bei der Förderung von Nichtregierungsorganisationen neutral verhalten.[87]

Die Neutralität der avisierten Fördermaßnahmen wird im Einzelnen kritisch zu diskutieren sein. Gewiss wäre es unverantwortlich, wenn im Namen des wehrhaften Verfassungsstaats am Ende Klientelismus betrieben oder am Ende gar linksradikale Organisationen gefördert würden, die selbst gegen die freiheitliche demokratische Grundordnung agieren. Dennoch beruhen die Debatten um das Demokratiefördergesetz auf der durchaus zutreffenden Einsicht, dass das Instrumentarium der wehrhaften Demokratie erweitert werden sollte. Das bedeutet wiederum keineswegs, dass neben solchen Fördermaßnahmen zur Stärkung der Resilienz der Demokratie nicht auch die tradierten Eingriffsmaßnahmen ihren Platz behalten werden. Einer gezielten Delegitimierung der staat-

---

[83] So der Beitrag von *Groß*, Warum die Unionsfraktion das „Wehrhafte-Demokratie-Gesetz" blockiert, SZ v. 6.4.2021, im Internet unter https://www.sueddeutsche.de/politik/demokratie-foerdergesetz-blockade-seehofer-1.5256848 (27.7.2022).

[84] *Beck*, Eckpunkte-Papier für ein Wehrhafte-Demokratie-Gesetz, 2021, 3.

[85] Diskussionspapier von BMFSFJ und BMI für ein Demokratiefördergesetz vom 25.2.2022, im Internet unter https://www.bmfsfj.de/bmfsfj/aktuelles/alle-meldungen/beteiligungsprozess-fuer-geplantes-demokratiefoerdergesetz-gestartet-193568 (27.7.2022).

[86] Vgl. den das Interview mit der FDP-Bundestagsabgeordneten *Linda Teuteberg*, „NGOs betreiben ihre Art des Lobbyismus", FAZ v. 30.5.2022, im Internet unter https://www.faz.net/aktuell/politik/inland/fdp-politikerin-linda-teuteberg-zweifelt-am-demokratiefoerdergesetz-18066600.html (27.7.2022).

[87] Der entsprechende Podcast findet sich im Internet unter: https://www.faz.net/aktuell/politik/staat-und-recht/podcast-f-a-z-einspruch-zeitenwende-auch-im-extremismus-neue-bedrohungen-fuer-das-grundgesetz-18078565.html (27.7.2022).

lichen Pandemiepolitik durch querdenkerische Lehrkräfte einer Schule etwa kann und muss ggf. auch mit den Mitteln des Disziplinarrechts begegnet werden.[88] Insgesamt könnte aber das künftige Instrumentarium der wehrhaften Demokratie deutlich vielgestaltiger, strategischer und fluider werden, den verwaltungsrechtlichen Instrumentenkasten differenzierter in Anspruch nehmen sowie harte und weiche Maßnahmen nebeneinander zum Einsatz bringen, damit aber zugleich diffizile grundrechtliche Abwägungen im Einzelfall erfordern.[89] Gewiss birgt ein solcher Ansatz eigene Gefahren und könnte zu Aufladungen der politischen Diskurse führen oder zur Diffamierung politischer Gegner missbraucht werden.[90] Dennoch wird die Demokratie die Tendenz zur postfaktischen Politik nicht unbeantwortet lassen können. *Aristoteles* postulierte in seiner Metaphysik als grundlegendes Prinzip jedes Denkens – also auch des politischen Denkens – den elementaren Satz vom Widerspruch: „Es ist nämlich unmöglich, dass jemand annehme, dasselbe sei und sei nicht."[91] Auch wenn politisches Entscheiden nicht auf einen rationalen Diskurs verengt werden kann,[92] erfordern auch die Politik und vor allem die Demokratie doch in diesem Sinne ein Mindestmaß an argumentativer Rationalität. Dieser unverzichtbare Rationalitätskern bildet einen Grundstein jeder Demokratie und darf im Verfassungsstaat auch wehrhaft verteidigt werden.

---

[88] Vgl. dazu bereits EGMR, Urteil vom 26.9.1993 – 7/1994/454/535, NJW 1996, 375 (378) mit der Feststellung, das spezifische dienstrechtliche Risiko des Berufs einer Lehrerin liege „in der Möglichkeit, daß sie entgegen den Lehrern obliegenden besonderen Pflichten und Verantwortungen ihre Position ausnutzen konnte, um ihre Schüler während der Unterrichtsstunden zu indoktrinieren oder anderweitig einen unangemessenen Einfluß auf sie auszuüben." Darauf gestützte Eingriffe hätte der EGMR für grundsätzlich legitim gehalten.

[89] Vgl. nur exemplarisch *Attendorn/Schnell*, NVwZ 2020, 1224 ff.

[90] Vgl. die Kritik bei *Lautsch*, in: Verfassungen – ihre Rolle im Wandel der Zeit, 2019, 37 ff.

[91] *Aristoteles*, Metaphysik, 1005 b, 31.

[92] Vgl. zum Ganzen nur *Isensee* (Fn. 39), 169 ff.; *Lienbacher* und *Grzeszick*, VVDStRL 71 (2012), 7 ff. und 49 ff. sowie umfassend *Steinbach*, Rationale Gesetzgebung, 2017, 19 ff.

Radikalisierung als Mehrebenenproblem

Ein Forschungsüberblick

Uwe Backes

Inhaltsverzeichnis

I. Einleitung

Radikalisierung lautet das derzeit beliebteste Label für ein Forschungsfeld, das weitaus länger existiert als sein Name. In *Martha Crenshaws* vielrezipiertem Aufsatz zu den „Causes of Terrorism" aus dem Jahr 1981, der viele Autoren auf der Suche nach den Ursachen des Phänomens in den folgenden Jahrzehnten inspirierte,[1] kommt der Terminus „radicalisation" nicht ein einziges Mal vor. Und in den für die Erforschung politisch motivierter Gewalt in Deutschland wegweisenden „Analysen zum Terrorismus" aus der ersten Hälfte der 1980er Jahre bildete „Radikalisierung" kein Schlüsselwort, auch wenn sich darin fast alle Forschungsfelder und Kategorien finden, die wir heute mit Radikalisierung verbinden: Ideologien und Strategien, Lebensläufe und individuelle Vorprägungen, Gewaltkarrieren, Gruppendynamiken, Eskalations- und Interaktionsprozesse zwischen radikalen Akteuren, deren politischen Kontrahenten sowie den Staatsorganen.[2] Radikalisierung als „analytisches Paradigma"[3] erfuhr einen

---

[1] *Crenshaw*, Comparative Politics 13 (1981), 379 ff. Zur Suche nach den „root causes" siehe etwa: *Schmid*, Democracy and Security 1 (2005), 127 ff.

[2] *Fetscher/Rohrmoser*, Ideologien und Strategien, Opladen 1981; *Jäger/Schmidtchen/Süllwold*, Lebenslaufanalysen, 1981; *von Baeyer-Katte/Claessens/Feger/Neidhardt*, Gruppenprozesse, 1982; *Matz/Schmidtchen*, Gewalt und Legitimität, 1983; *Sack/Steinert*, Protest und Reaktion, 1984.

[3] *Malthaner*, European Journal of Sociology 58 (2017), 369 ff.

Durchbruch mit den Terroranschlägen vom 11. September 2001 in den USA samt der Folgen in den Jahren danach, nicht zuletzt einer bedrohlichen Zunahme des „home-grown terrorism" in mehreren europäischen Ländern. Drei Forschergemeinschaften, die vorher wenig Berührungspunkte untereinander hatten (Extremismus/Terrorismus, Sicherheitspolitik, Internationale Beziehungen und Konflikte), rekurrierten in der Folgezeit zunehmend auf den Begriff und entwickelten ihn konzeptionell fort.[4] Autoren unterschiedlicher Disziplinen nutzten ihn, und seine internationale Verbreitung erlebte einen steilen Anstieg. Eine Analyse des Literaturaufkommens bei Google Scholar ergab eine Erhöhung der Zahl der Einträge von ca. 500 im Jahr 2000 auf fast 2500 2013. In den folgenden Jahren blieb die Publikationsfrequenz auf hohem Niveau.[5] Die Forschungsbeiträge zum Thema Radikalisierung sind folglich nur noch schwer zu überschauen.

Dieser Beitrag will der Orientierung dienen. Er klärt Begriffe und skizziert den Forschungsstand auf mehreren analytischen Ebenen der Radikalisierung. Dabei bedient er sich der Unterscheidung zwischen Radikalisierung in den Extremismus und im Extremismus einerseits, Radikalisierung in die Gewalt und in der Gewalt andererseits.[6] Auf diese Weise können Handlungsfelder mit ihren unterschiedlichen Rahmenbedingungen, Gelegenheitsstrukturen und Akteurskonstellationen diskutiert sowie die zwischen ihnen bestehenden Wechselbeziehungen und Interdependenzen erörtert werden.

II. Radikalisierung in der Demokratie

Radikalisierung bezeichnet schon wortlogisch einen Prozess, eine Steigerung[7] oder – im Sinne des lateinischen Ursprungs – eine Vertiefung im Bereich des Denkens und/oder des Handelns. Bei dessen Beschreibung und Analyse können die gesellschaftlichen Wertmuster und Sinnwelten nicht ausgeblendet werden, weil Legitimitätsprobleme, also die Frage der Anerkennungswürdigkeit der sozialen und politischen Ordnung aus der Perspektive der sich Radikalisierenden, dabei eine zentrale Rolle spielen. Radikalisierung in etablierten und konsolidierten Demokratien,[8] darauf beschränkt sich dieser Beitrag, kann innerhalb des normativen Rahmens des demokratischen Verfassungsstaates erfol-

---

    [4] Vgl. *Sedgwick*, Terrorism and Political Violence 22 (2010), 479 (479–482).
    [5] *Kemmesies/Heimerl*, in: Kemmesies u.a. (Hrsg.), MOTRA-Monitor 2021, Bundeskriminalamt, 2022, 304 (314).
    [6] Vgl. *Gaspar/Daase/Deitelhoff/Junk/Sold*, in: Daase/Deitelhoff/Junk (Hrsg.), Gesellschaft Extrem. Was wir über Radikalisierung wissen, 2019, 15 ff.
    [7] Vgl. *Eckert*, in: Ben Slama/Kemmesies (Hrsg.), Handbuch Extremismusprävention. Gesamtgesellschaftlich, Phänomenübergreifend, 2020, 213 (215).
    [8] Zu den Voraussetzungen siehe *Merkel*, Systemtransformation. Eine Einführung in Theorie und Empirie der Transformationsforschung, 2. überarb. und erw. Aufl., 2010.

gen, ihn aber auch sprengen und weit aus ihm herausführen. Wenn eine „radical left" per definitionem die „,root-and-branch' transformation of capitalism"[9] anstrebt, wird angenommen, das sei auch unter Beachtung der Werte und Spielregeln freiheitlicher Demokratie möglich. In diesem Sinne mag Radikalisierung unter Umständen sogar der Demokratie dienen, indem vernachlässigte Probleme erhellt, neue Lösungswege aufgezeigt und Entwicklungsperspektiven eröffnet werden. Sie kann aber auch die Aufkündigung des unerlässlichen Minimalkonsenses einer offenen Gesellschaft implizieren und auf Entwicklungswege führen, die ein freiheitliches und friedliches Miteinander akut gefährden. Der Rechtsphilosoph und liberale Bundesinnenminister *Werner Maihofer* hat Mitte der 1970er Jahre vorgeschlagen, Radikalisierung (sinngemäß) innerhalb der freiheitlichen demokratischen Grundordnung als Radikalismus, Radikalisierung gegen die freiheitliche demokratische Grundordnung hingegen als Extremismus zu bezeichnen.[10] Diese Differenzierung ist unverändert von Bedeutung, auch wenn ihr viele Autoren terminologisch aus unterschiedlichen Gründen nicht folgen. Radikalisierung in den Extremismus wird gelegentlich auch als „Extremisierung"[11] bezeichnet, um das erste vom zweiten unmissverständlich zu trennen.

III. Radikalisierung in den Extremismus

Radikalisierung in den Extremismus geht mit dem Bruch der Basisnormen freiheitlicher Demokratie einher.[12] Vor allem in der Literatur zum Rechtsextremismus erscheint dieser Prozess in der Regel als Aufkündigung oder Missachtung emanzipatorischer Standards und Ziele, die sich aus der Menschenrechtsidee und den damit verbundenen Antidiskriminierungspostulaten ableiten lassen. Oft übersehen oder verkannt wird die Bedeutung der spezifischen Merkmale und Anforderungen politischer Ordnung, ohne die emanzipatorische Forderungen leere Versprechen blieben: effektive Gewaltenkontrolle, insbesondere durch parlamentarische Repräsentativkörperschaften und unabhängige Gerichte, verantwortliche Regierung, das verbriefte Recht auf legale Ausübung politischer Opposition, politischer Pluralismus, der kompetitive Wahlen und regelbasierte Regierungsalternanz ermöglicht. Die vom Bundesverfassungsgericht

---

[9] *March*, in: Wennerhag/Fröhlich/Piotrowski (Hrsg.), Radical Left Movements in Europe, 2018, 22 (23).

[10] Vgl. *Maihofer*, in: Meyers Enzyklopädisches Lexikon, Bd. 14, Mannheim 1975, 365 ff. Zum Kontext: *Backes*, Politische Extreme. Eine Wort- und Begriffsgeschichte von der Antike bis zur Gegenwart, 2006, 198.

[11] *Kailitz*, in: ders. (Hrsg.), Rechtsextremismus und Rechtspopulismus in Sachsen, Dresden 2021, 55 (61).

[12] Vgl. *Jesse*, in: ders./Mannewitz (Hrsg.), Extremismusforschung. Handbuch für Wissenschaft und Praxis, 2018, 22 ff.

seit den Verbotsurteilen der 1950er Jahre entwickelte und zuletzt im NPD-Urteil von 2017 nochmals nachjustierte juristische Systematik der „freiheitlichen demokratischen Grundordnung"[13] befindet sich im Einklang mit den Prüflisten der internationalen politikwissenschaftlichen Komparatistik, die im Zusammenhang mit Problemen der Demokratiemessung, der Bestimmung von „Demokratiedefekten" oder autoritärer Demokratieregression Mindestbedingungen demokratischer Verfassungsstaaten formuliert.[14]

Wer kritisiert, ein darauf aufbauender Extremismusbegriff sei „statisch auf ein bestimmtes Ideal der Demokratie und dabei konkretisiert auf den Rahmen des bundesdeutschen Verfassungsstaates fixiert"[15] und leiste daher keinen substanziellen Beitrag zur Auseinandersetzung mit dem Rechtsextremismus, verwechselt offenbar die Beschreibung und Analyse von Phänomenen mit deren Definition. Auch ein „dynamischer Extremismusbegriff", der „Bezüge zwischen extremistischen und demokratischen Bewegungen" erfassen will und „berücksichtigt, dass die Grenzen zwischen (radikal-)demokratischen und extremen politischen Einstellungen fließend sind",[16] kommt nicht umhin, die Trennlinie zwischen Demokratie und Extremismus präzise zu ziehen. Dazu bedarf es klarer Kriterien. Dies ist schon deswegen unerlässlich, weil die Deklaration einer Vereinigung als „extremistisch" exkludierend wirkt und staatliche Institutionen zu dosierten Eingriffen in individuelle Freiheitsrechte ermächtigen kann. Transparenz und Nachvollziehbarkeit der so getroffenen Entscheidungen sind in Rechtsstaaten oberstes Gebot.

Es dürfte aber weniger an Problemen der Operationalisierung als am fluiden und oft subkutanen Charakter von Radikalisierungsprozessen liegen, wenn deren demokratietheoretische Qualität in Grenz- und Übergangszonen nicht selten erst aus größerer zeitlicher Distanz genauer zu bestimmen ist. Die 2013 gegründete Partei Alternative für Deutschland (AfD) bietet eines der aktuellen Beispiele für die Probleme der Bestimmung des Ausmaßes von Radikalisierungsprozessen: Die Gewichtsverteilung der innerparteilichen Strömungen veränderte sich nach der Abspaltung der wirtschaftsliberalen Gründer (2015)

---

[13] Vor allem BVerfG v. 17. Januar 2017 – 2 BvB 1/13 – Rn. 529–556. Siehe dazu auch: *Backes*, in: Backes/Gallus/Jesse (Hrsg.), Jahrbuch Extremismus & Demokratie, Bd. 29, 2017, 13; *Warg*, Neue Zeitschrift für Verwaltungsrecht. Beilage 36 (2017), 42 ff.

[14] Siehe etwa *Lauth*, Demokratie und Demokratiemessung. Eine konzeptionelle Grundlegung für den interkulturellen Vergleich, 2004; *Coppedge/Gerring/Altman/Bernhard/Fish/ Hicken/Kroenig/Lindberg/McMann/Paxton/Semetko/Skaaning/Staton/Teorell*, Perspectives on Politics 9 (2011), 247 ff.

[15] *Salzborn/Quent*, Warum wird rechtsextremer Terror immer wieder unterschätzt? Empirische und theoretische Defizite statischer Perspektiven, unter: https://www.idz-jena.de/ wsddet/wsd6-3/, 22. (22.12.2022)

[16] *Deutz-Schröder*, Pro Extremismusmodell: „Vergleich von Strukturmerkmalen", unter: https://www.bpb.de/themen/linksextremismus/dossier-linksextremismus/261959/pro-ex tremismusmodell-vergleich-von-strukturmerkmalen/ (18.12.2017).

und gestaltete sich von Landesverband zu Landesverband unterschiedlich.[17] Die in der wissenschaftlichen Literatur wie auch in öffentlichen Diskussionen verwendeten Begriffe „rechtspopulistisch" und „völkisch" erfassen unterschiedliche Facetten, können auf gegensätzliche Weise aber auch den Charakter von Radikalisierungsprozessen verschleiern: „Rechtspopulistisch" begünstigt die Interpretation, es lasse sich ein gemäßigterer Populismus von einem verfassungsfeindlichen Extremismus unterscheiden,[18] während das Attribut „völkisch" die Ähnlichkeiten mit der NS-Bewegung hervorkehrt und über die Neuerungen hinwegsehen lässt, ohne die der Wahlerfolg der Partei kaum angemessen zu erklären wäre.[19]

Das Verständnis von Radikalisierungsprozessen in den Extremismus erfordert demgegenüber einen Blick auf die Herausbildung neuer Konfliktlinien im Parteiensystem (etwa zwischen „Kosmopoliten" und „Kommunitaristen",[20] Verteidigern und Kontrahenten einer Immigration, insbesondere aus dem islamischen Kulturkreis),[21] die über das Spektrum der klassischen konflikttheoretischen Kategorien (soziale Schichtung, Konfession, Stadt-Land) hinausgehen. Dies gilt auch für Radikalisierungsprozesse, wie sie insbesondere im Anti-Corona-Protest sichtbar geworden sind, wo neue Akteure wie die „Querdenker" mit altbekannten Zweckbündnisse schlossen und Verbindungen eingingen.[22] Das Handlungsrepertoire von sich selbst als „links" und „fortschrittlich" verstehenden Protestakteuren hat zunehmend Eingang in die politische Praxis von Gruppen gefunden, die gegen ein wahrgenommenes „linkes Establishment" Front machen und dessen Politik als Bedrohung eigener Identität und Besitzstände empfinden.[23] Nicht nur in Deutschland, sondern auch in anderen europäischen Ländern trug eine verstärkte migrations- und elitenfeindliche Mobilisierung zur Herausbildung vigilantistischer Gruppen und zum Anstieg der

---

[17] Vgl. zur damit verbundenen Einordnungsproblematik am Beispiel von AfD und NPD: *Akel*, Strukturmerkmale extremistischer und populistischer Ideologien. Gemeinsamkeiten und Unterschiede, 2021; *Decker*, in: ders./Henningsen/Lewandowsky/Adorf, Aufstand der Außenseiter. Die Herausforderung der europäischen Politik durch den neuen Populismus, 2022, 133; *Pfahl-Traughber*, Die AfD und der Rechtsextremismus. Eine Analyse aus politikwissenschaftlicher Perspektive, 2019.

[18] Dazu kritisch: *Jesse/Panreck*, Zeitschrift für Politik 64 (2017), 59 ff.

[19] Zu dieser Problematik: *Backes/Moreau*, Europas moderner Rechtsextremismus. Ideologien, Akteure, Erfolgsbedingungen und Gefährdungspotentiale, 2021, 18–22.

[20] Vgl. zu dieser Unterscheidung nur: *Merkel*, in: Harfst/Kubbe/Poguntke (Hrsg.), Parties, Governments and Elites. The Comparative Study of Democracy, 2017, 9 ff.

[21] Siehe nur: *Berntzen*, Liberal Roots of Far Right Activism. The Anti-Islamic Movement in the 21st Century, 2020.

[22] Vgl. *Reichardt* (Hrsg.), Die Misstrauensgemeinschaft der „Querdenker". Die Corona-Proteste aus kultur- und sozialwissenschaftlicher Perspektive, 2021; *Goertz*, in: Backes/Gallus/Jesse/Thieme (Hrsg.), Jahrbuch Extremismus & Demokratie, Bd. 34, 2022, 177 (177–192).

[23] Die Dresdener „Pegida" verkörpert diesen Trend. Vgl. *Patzelt/Klose*, PEGIDA. Warnsignale aus Dresden, 2016; *Vorländer/Herold/Schäller*, PEGIDA. Entwicklung, Zusammensetzung und Deutung einer Empörungsbewegung, 2015.

Hassgewalt bei.[24] In diesem Kontext hat sich die früher meist von linksextremen Szenen gepflegte Staatsfeindlichkeit zum Merkmal radikalisierter Protestmilieus eigener Art entwickelt, in denen klassische rechtsextreme Akteure neben neuen mit abweichenden Orientierungsmustern auf den Plan treten.[25]

IV. Radikalisierung im Extremismus

Radikalisierung in den Extremismus und in die Gewalt gehen keineswegs Hand in Hand. Zwar erhöht politische Polarisierung (zunehmende Distanz zwischen den Flügelpositionen im etablierten Kräftegefüge) und damit einhergehende Zuspitzung von Positionen oft das Risiko gewaltsamer Entwicklungen.[26] Aber „kognitive Radikalisierung" mündet nicht immer in politische Praxis. Die Kluft ist aus sozialpsychologischen Studien seit den 1920er Jahren bekannt.[27] Verhaltensprädispositionen auf der Einstellungsebene müssen nicht manifest werden. Umgekehrt basiert regelverletzendes Verhalten in demokratischen Verfassungsstaaten keineswegs immer auf antikonstitutionellen oder antidemokratischen Überzeugungen. Dies gilt für Extremismus-Radikalisierung generell, besonders aber für Gewalt-Radikalisierung. Von dem psychologisch geschulten Sicherheitsexperten *Randy Borum* stammt die Feststellung: Die meisten Menschen mit „radikale[n] Ideen"[28] träten nicht als Terroristen in Erscheinung, während viele Terroristen nicht hochgradig ideologisiert handelten. Offensichtlich gibt es keine „mechanische" Verbindung zwischen „kognitiver" und Verhaltensradikalisierung.[29] So unterscheiden *Gilbert McLaughlin* und *Christian Robitaille* auf der Grundlage einer von dem französischen Soziologen *Raymond Boudon* inspirierten erweiterten Theorie rationalen Handelns drei Typen: „Radikalisierte Kämpfer" schreiten ideologiegetrieben zur (gewaltsamen) Tat. „Radikalisierte Denker" verbinden hochgradige Ideologisierung mit geringer Handlungskonsequenz, weil etwa konkurrierende Lebensziele (Beruf, Familie, Freizeit) Zurückhaltung geraten erscheinen lassen. Und schließlich beschreiben

---

[24] Vgl. *Caiani/della Porta/Wagemann*, Mobilizing on the Extreme Right. Germany, Italy, and the United States, 2012.

[25] Die aus dem Protest gegen die Corona-Schutzmaßnahmen entstandenen „Querdenker" werden seit 2021 unter der neuen Rubrik „Verfassungsschutzrelevante Delegitimierung des Staates" des Bundesamtes für Verfassungsschutz geführt: Bundesministerium des Innern und für Heimat, Verfassungsschutzbericht 2021, Berlin 2022, 112–120.

[26] Vgl. nur *Russo*, POLITIKON: The IAPSS Journal of Political Science 48 (2021), 7ff.

[27] Vgl. nur *Ajzen/Fishbein*, in: Albarracín/Johnson/Zanna (Hrsg.), The Handbook of Attitudes, Mahwah, 2005, 173ff.

[28] *Borum*, Journal of Strategic Security 4 (2011), 7 (8).

[29] Vgl. *Neumann*, International Affairs 89 (2013), 873 (879f.); *Neumann,* Aus Politik und Zeitgeschichte 63 (2013), B 29–31, 3ff.

sie Personen als „skeptische Kämpfer", wenn diese extrem handeln, aber Zweifel gegenüber den ideologischen Grundannahmen ihrer Gruppe hegen.[30]

Auch die Forschung über rechtsextreme Parteien zeigt, dass Extremismus-Radikalisierung nur in einer Minderzahl von Fällen eine individuelle Gewalt-Radikalisierung zur Folge hat.[31] Oft führen strategisch-taktische Erwägungen zur Konzentration auf legale Betätigungsformen.[32] Die Wahrscheinlichkeit gewaltsamer Entwicklung steigt, wenn Parteien nach einer Erfolgsserie jäh an Bedeutung verlieren. Besonders jugendliche Aktivisten mit hohem Ideologisierungsgrad können dann zu einer „Strategie der Spannung" übergehen, die militante Optionen einschließt. Wo eine Gewaltneigung insbesondere bei jungen Aktiven besteht, mögen Prozesse der Akkulturation zur Adaptation an zivile Verhaltensformen führen.[33] Denn das Gros der organisierten Rechts- und Linksextremisten ist ebenso wie die große Überzahl politisch-religiöser Fundamentalisten Teil der „Mitte der Gesellschaft" insofern, als sie die Grenzen der Legalität im Großen und Ganzen beachten. Zudem wäre es realitätsblind, sie in ihrer Mehrheit als Mitglieder sozialer Randgruppen zu sehen. Nur wer sich nie systematisch mit den Biografien von Extremisten beschäftigt hat, kann auf die Idee kommen, extremistische Einstellungen und soziale Marginalisierung bildeten meist eine Einheit.[34] Extremisten entstammen vielmehr unterschiedlichen sozialen Milieus, sind oft keineswegs soziale Außenseiter, verhalten sich als Bürger vielfach unauffällig, verbinden Rollen in unpolitischen Vereinen mit der Unterstützung von Organisationen, deren Verfassungsloyalität mehr als zweifelhaft ist. Selbst die symbiotische Beziehung zu militanten Gruppierungen, wie sie etwa für die NPD ab der zweiten Hälfte der 1990er Jahre typisch war,[35] kann nicht als verallgemeinerbares Merkmal gelten. Generell lösen bei Wahlen erfolgreiche extremistische Parteien nicht nur gewaltstimulierende, sondern auch gewaltabsorbierende Effekte aus[36] – etwa durch die Einbindung junger Aktiver in alimentierte Parteistrukturen.

---

[30] Vgl. *McLaughlin/Robitaille*, Behavioral Sciences of Terrorism and Political Aggression (2021), 1 ff., unter: https://doi.org/10.1080/19434472.2021.2007979 (30.11.2021).

[31] Vgl. nur *Merkl*, in: Bjørgo (Hrsg.), Terror from the Extreme Right, 1995, 96 ff.

[32] Vgl. *Busher/Holbrook/Macklin*, Behavioral Sciences of Terrorism and Political Aggression 11 (2019), 3 ff.

[33] Vgl. am Beispiel legalistischer türkischer Islamisten: *Schiffauer*, Nach dem Islamismus. Eine Ethnographie der Islamischen Gemeinschaft Milli Görüs, 2010.

[34] Die Meinung, Extremismus schließe per definitionem eine Radikalisierung der Mittelschichten aus und sei daher als Begriff und Konzept unbrauchbar, wird durch häufige Wiederholung nicht überzeugender. Den „Extremismus der Mitte" im sozialstrukturellen Sinne hat bereits *Seymour M. Lipset* ausführlich behandelt, auch wenn seine Phänomenbeschreibungen (insbesondere der Wähler und Anhänger des Faschismus/Nationalsozialismus) durch die historische Forschung überholt worden sind. Siehe dazu nur *Falter*, Hitlers Wähler, 1991; ders., Hitlers Parteigenossen. Die Mitglieder der NSDAP 1919–1945, 2020.

[35] Vgl. nur *Brandstetter*, Die NPD unter Udo Voigt. Organisation, Ideologie, Strategie, 2013.

[36] Vgl. nur *Backes*, Revue des sciences sociales (2011), Nr. 46, 44 ff.; ders./Mletzko/Stoye,

V. Radikalisierung in die/in der Gewalt

Radikalisierung wird in der internationalen Forschung oft auf die Entwicklung zu gewaltförmigem Handeln verengt.[37] In diesem spezifischen Sinne wurde der Begriff schon in der Bewegungsforschung der 1970er Jahre gelegentlich verwendet, wo gewaltsame Eskalationen innerhalb oder am Rande von politischen Protestmilieus ins Zentrum der Betrachtung rückten.[38] Der Soziologe *Friedhelm Neidhardt* schrieb 1981 über den Entstehungskontext der Baader-Meinhof-Gruppe: „Für die Radikalisierung solcher uninstitutionalisierter Bewegungen bis hin zu einer Schwelle, an der terroristische Gruppierungen sich abspalten, sind dann Rückkopplungsprozesse verantwortlich, die den Konflikt aufschaukeln. Terrorismus ist neben allem anderen Eskalationsprodukt.“[39] An ihn anknüpfend hob *Donatella della Porta* Mitte der 1990er Jahre in einer deutsch-italienischen Vergleichsstudie die Bedeutung der Interaktion zwischen politischen Bewegungsakteuren, ihren Gegnern und dem Staat als bedeutendsten Treiber der Radikalisierung hervor.[40]

Die nach 9/11 vor dem Hintergrund des steilen Anstiegs dschihadistischer Anschläge florierende Radikalisierungsforschung wich von diesem Muster auch deswegen ab, weil die islamistisch motivierten Gewaltakteure sich zu großen Teilen nicht am Rande sozialer Bewegungen im Inneren der zum Zielobjekt gewordenen Staaten entwickelt hatten, sondern ihre politische Identität über Konfliktherde im Ausland gewannen und ihre Opfer in erster Linie als Feinde an internationalen Kampffronten verstanden. Islamismus-Experten wie *Olivier Roy* oder *Marc Sageman* hoben daher Entstehungsfaktoren wie Rassismuserfahrungen entwurzelter Migranten oder die Traumatisierung durch Gewalterfahrungen infolge militärischer Interventionen der USA in Ländern der arabischen Welt hervor.[41] Und die Radikalisierungsmodelle, die Psychologen wie *Randy Borum* oder *Fathali M. Moghaddam*[42] entwickelten, stellten die indivi-

---

NPD-Wahlmobilisierung und politisch motivierte Gewalt. Sachsen und Nordrhein-Westfalen im konstrastiven Vergleich, 2010, 186f.

[37] Demgegenüber ist die Unterscheidung zwischen „Radikalisierung in die Gewalt", „Radikalisierung in der Gewalt" und „Radikalisierung ohne Gewalt" von hohem analytischem Wert: *Gaspar/Daase/Deitelhoff/Junk/Sold*, Vom Extremismus zur Radikalisierung, 23.

[38] Vgl. *della Porta/LaFree*, in: International Journal of Conflict and Violence 6 (2012), 4ff.

[39] *Neidhardt*, in: FS König, 1981, 243 (244).

[40] Vgl. *della Porta*, Social movements, political violence, and the state: A comparative analysis of Italy and Germany, 1995. Siehe dazu auch: *Malthaner*, Radicalization, 373–376.

[41] Vgl. *Roy*, Der islamische Weg nach Westen. Globalisierung, Entwurzelung und Radikalisierung, 2006; *Sageman*, Leaderless Jihad. Terror Networks in the Twenty-first Century, 2008, 82f.

[42] *Borum*, Journal of Strategic Security 4 (2012), 37ff.; *Moghaddam*, American Psychologist 60 (2005), 161ff. Zur Entwicklung der Forschung siehe den kenntnisreichen Überblick bei: *Baehr*, Der Weg in den Jihad. Radikalisierungsursachen von Jihadisten in Deutschland, 2019, 113–174.

duelle Entwicklung der Täter in den Vordergrund. Im Anschluss daran hoben viele Untersuchungen Schlüsselfaktoren wie das Gefühl sozialen Ausgeschlossenseins, der Demütigung, Erniedrigung und Minderwertigkeit hervor.[43] Nach den Motivlagen der Täter unterschieden *Julia Reiter* und *Bertjan Doosje* „Bedeutungssucher" (Streben nach Anerkennung und sozialem Status), „Sensationssucher" (Risiko und emotionale Bindung) und „Gerechtigkeitssucher", die den Kampf gegen wahrgenommene unfaire Behandlung zum Lebensinhalt machten.[44]

Das Milieu und politische Bewegungsumfeld der Täter blieb demgegenüber unterbelichtet und spielte allenfalls bei der Bestimmung ihrer Zugehörigkeit zu ausländischen terroristischen Organisationen eine Rolle. Diese Blickrichtung hat sich in den letzten zehn Jahren wieder geändert,[45] auch weil zuerst in den europäischen Ländern mit einer langen muslimischen Immigrationsgeschichte neue innere Konfliktfronten entstanden, die zumindest auf der Seite islamophober/muslimfeindlicher[46] Gruppierungen – Entwicklungsprodukte einer „reaktiven Co-Radikalisierung"[47] – Bewegungscharakter annahmen und sich in neuen oder sich transformierenden älteren rechtspopulistischen Parteien auskristallisierten.[48] Den insbesondere salafistischen Milieus, die in ihrem Aktionsrepertoire zudem äußerst heterogen sind und dem Dschihadismus zum Teil auch kritisch bis ablehnend begegnen,[49] fehlt es in europäischen Ländern hingegen selbst in den muslimischen Gemeinschaften an ausreichender Unterstützung, um ähnlich dauerhafte und für den politischen Prozess relevante Strukturen ausbilden zu können.

Die am Dschihadismus ausgerichtete Radikalisierungsforschung inspirierte die Rechtsextremismus-Gewaltforschung, die in Deutschland insbesondere nach der Aufdeckung des NSU einen neuen Aufschwung nahm. Allerdings blieben diese Forschungen auf strategisch vorgehende Täter mit umfangreichem planerischen Vorlauf konzentriert.[50] Um deren Besonderheiten zu erfassen,

---

[43] Vgl. zuletzt: *Pfundmair/Wood/Hales/Wesselmann*, Journal of Social Issues (2022), 1 ff.; *Posluszna*, Polish Political Science Yearbook 51 (2022), 119–129.

[44] Vgl. Julia Reiter/Bertjan Doosje, Identity, Significance, Sensation or Justice? Different Motives which Attract to Radical Ideas, in: International Journal of Conflict and Violence 15 (2021), 1 ff.

[45] Siehe vor allem *Malthaner/Waldmann* (Hrsg.), Radikale Milieus. Das soziale Umfeld terroristischer Gruppen, 2012.

[46] Siehe zur Begriffsproblematik: *Pfahl-Traughber*, in: ders. (Hrsg.), Jahrbuch Extremismus- und Terrorismusforschung 2009/2010, 2010, 604 ff.

[47] So *Pratt*, Islam and Christian-Muslim Relations 26 (2015), 205 ff.

[48] Vgl. *Backes/Moreau*, Europas moderner Rechtsextremismus. Ideologien, Akteure, Erfolgsbedingungen und Gefährdungspotentiale, 2021, 31 f.

[49] Vgl. *Logvinov*, Salafismus, Radikalisierung und terroristische Gewalt. Erklärungsansätze – Befunde – Kritik, 2017; Hummel/Logvinov (Hrsg.), Gefährliche Nähe. Salafismus und Dschihadismus in Deutschland, 2014.

[50] Siehe vor allem: *Köhler*, Right-Wing Terrorism in the 21th century. The „National Socialist Underground" and the History of Terror from the Far-Right in Germany, 2017; *Vir-*

lohnt sich der Vergleich mit Radikalisierungsprozessen, die in sozialen Gruppen mit vorwiegend spontanen Tatbegehungsweisen zu finden sind.[51] Was begünstigt den Übergang zu stärker planvollem Vorgehen? Auf welche Weise kristallisieren sich aus Hassgewalt-affinen Milieus terroristische Akteure heraus?

Die Angebotsstrukturen im unmittelbaren Lebensumfeld der potenziellen Täter spielen eine zentrale Rolle. Gelingt es gewaltgeneigten Gruppen, sich in sozialen Räumen zu etablieren (mit Treffpunkten, charismatischen Bezugspersonen, Netzwerken, Ressourcen), steigt das Risiko gewaltsamer Radikalisierung. „Provokationsgewinnen" (Symbole, Plakate, Graffitis) können „Räumungsgewinne" (Verdrängung von Kontrahenten), „Raumgewinne" (Erlangung lokaler Wirkungsmacht) und „Normalisierungsgewinne" (Anerkennung der räumlichen Präsenz durch etablierte Akteure) folgen – so eine im Rahmen von Lokalstudien zur rechtsextremen Militanz im östliche Deutschland erarbeitete Differenzierung.[52] Auf die komplizierte Verkoppelung kultureller und sozial-ökonomischer Faktoren verweist das Konzept der „verteidigten Nachbarschaften": Personen mit homogenisierenden Identitätskonstruktionen („wir" gegen die „anderen") neigen dazu, ihr „Revier" gegen „Eindringlinge" notfalls mit Gewalt zu verteidigen.[53] Im sozialen Nahbereich wirkt das Fehlen von Mechanismen wirksamer Problemlösung und Konfliktschlichtung („soziale Desorganisation")[54] gewaltstimulierend. Generell kann eine Beschleunigung von Transformationsprozessen („Systemwandel", „Systemwechsel") mit einer gravierenden Beeinträchtigung der Leistungsfähigkeit des Staates (bis hin zum „Staatsversagen") Terrorismus begünstigen.[55] Zudem scheinen gewaltorientierte politische Strategien dann an Attraktivität zu gewinnen, wenn gewaltfreie Handlungsoptionen (Straßenprotest, Wahlmobilisierung) aus der Sicht der Akteure nicht zum gewünschten Ergebnis führen.[56] Akteurskonstellationen können mithin für die Eruierung von Push- und Pull-Faktoren der Radikalisierung von zentraler Bedeutung sein: im Inneren terroristischer Gruppen und der sie

---

chow, Nicht nur der NSU. Eine kleine Geschichte des Rechtsterrorismus in Deutschland, 2016.

[51] Vgl. *Gräfe*, Rechtsterrorismus in der Bundesrepublik Deutschland. Zwischen erlebnisorientierten Jugendlichen, „Feierabendterroristen" und klandestinen Untergrundzellen, 2017; *Backes/Gräfe/Haase/Kreter/Logvinov/Segelke*, Rechte Hassgewalt in Sachsen. Entwicklungstrends und Radikalisierung, 2019.

[52] Vgl. *Borstel*, in: Institut für interdisziplinäre Konflikt- und Gewaltforschung (Hrsg.), Rechtsextreme Strukturen, Gruppenbezogene Menschenfeindlichkeit und bürgerschaftliches Engagement gegen Rechtsextremismus in der Landeshauptstadt Dresden, Bielefeld 2010, 6 (14 f.).

[53] Vgl. etwa *Entorf/Lange*, Refugee Welcome? Understanding the Regional Heterogeneity of Anti-Foreigner Hate Crimes in Germany, ZEW-Discussion Paper Nr. 19-005, 2019, 28 f.

[54] Vgl. *Schwind*, Kriminologie. Eine praxisorientierte Einführung mit Beispielen, 2008, 140–143.

[55] Vgl. *Fahey/LaFree*, Terrorism and Political Violence 27 (2015), 81 ff.

[56] Vgl. *Ravndal*, European Journal of Political Research 56 (2017), 845 ff.

tragenden Milieus (z.B. personelle Veränderungen, Abspaltungen, abnehmende oder steigende Unterstützung) wie auch in deren Umfeld (neue Konkurrenten, veränderte Antiterrorpolitik des Staates, neue Refugien innerhalb oder außerhalb des Staatsgebiets).[57] Auf diese Weise lassen sich auch Hotspots der Radikalisierung identifizieren, die sich verfestigen und Ausstrahlungskraft entfalten können.[58]

Eine wichtige Rolle spielen Intergruppenkonflikte zwischen politischen Kontrahenten. Das von *Sofia Lygren* und *Jacob Aasland Ravndal* entwickelte Konzept der „Reziproken Intergruppenradikalisierung"[59] lässt sich nicht nur auf Auseinandersetzungen zwischen Islamisten und Antiislamisten beziehen, sondern auch auf die klassischen Rechts-Links-Auseinandersetzungen. Dabei sollte zwischen interaktiven Sequenzen militanter Gruppen und weitläufigeren Formen der Polarisierung auf politischer oder kultureller Ebene unterschieden werden.[60] Neben organisatorischen Ressourcen und dem Verhalten staatlicher Sicherheitsorgane spielen die Selbst- und Fremdbilder der interagierenden gewaltgeneigten Gruppen eine zentrale Rolle im Radikalisierungsprozess. Bereits zuvor bestehende Ressentiments können sich durch Gewalterfahrung zu manichäischen Feindbildern verdichten.

Die wechselseitigen Feindbeziehungen sind oft asymmetrisch: Der Feind Nr. 1 von Gruppe A muss Gruppe A nicht als Feind Nr. 1 betrachten. Dies ist für die Frage nach der Wahl geeigneter Zielobjekte von hoher Bedeutung. Allerdings können sich Feinderklärungen auch gegen als schädlich wahrgenommene Gruppen richten, von denen keine unmittelbaren aggressiven Handlungen ausgehen. *Hannah Arendts* Unterscheidung zwischen objektiven und subjektiven Feinden[61] erfasst diese Differenz mit hoher analytischer Trennschärfe. Gegen „objektive Feinde" kann selbst dann mit entfesselter Gewalt vorgegangen werden, wenn der Täter von ihnen niemals Leid erfahren hat. Werden diese Feinde dann mit dehumanisierenden Schimpfwörtern versehen (Ratten, Pigs, Schweine, Zecken), ist erhöhte Gewaltbereitschaft zu vermuten. Einige wichtige Indikatoren der Gewalt-Radikalisierung sind damit verknüpft: die Gewaltaffinität der Feindbekämpfung, das Ausmaß der perzipierten Bedrohung durch die Feinde, die Einschätzung des Risikos gewaltsamer Feindbekämpfung und der Grad der reziproken Legitimation durch die Feinde und deren Bekämpfung.[62]

---

[57] Siehe die Diskussion der wichtigsten Faktoren bei: *Schmid*, Root Causes, 134.

[58] Diesen Ansatz verfolgen: *Sawyer/Zinigrad*, Trends of Radicalisation. Synthesis Report, 2021.

[59] Lygren/Ravndal, Terrorism and Political Violence 2021, unter: e: https://doi.org/10.1080/09546553.2021.1933957 (26.7.2021), 1 ff.

[60] Vgl. *Busher/Macklin*, Terrorism and Political Violence 27 (2015), 884 ff.

[61] Vgl. *Arendt*, Elemente und Ursprünge totaler Herrschaft. Antisemitismus, Imperialismus, totale Herrschaft, 10. Aufl., München/Zürich 2005, 877.

[62] Vgl. *Backes*, Kriminalistik 72 (2020), 3 ff.

Terrorismus-Radikalisierung ist eine besondere Form der Gewalt-Radikalisierung. Denn die Masse politisch motivierter Gewalttaten wird von Tätern mit geringem planerischen Vorlauf verübt. Terrorismus-Radikalisierung setzt eine spezifische Gruppenidentität voraus.[63] Nach *Ehud Sprinzak* steigt die Terrorgefahr u.a. mit der Intensität der Delegitimierung der Feinde und der Einschätzung der Bedrohung durch sie, dem Grad der Enttabuisierung von Gewalt sowie der Unfähigkeit zu abwägender Risikokalkulation.[64]

Dies hat Konsequenzen für die Gruppendynamik. Allerdings spielen auch Faktoren eine Rolle, die unabhängig von den jeweiligen Orientierungsmustern und Wertepräferenzen der Gruppenmitglieder sind. So fällt auf, dass Terrorgruppen, also nicht-staatliche Personenzusammenschlüssen zur systematischen Verfolgung politischer Ziele durch den kalkulierten Einsatz schwerwiegender Gewalttaten mit Überraschungseffekt,[65] im Durchschnitt einen höheren Frauenanteil aufweisen als eher spontan agierende Cliquen. Dies scheint vor allem für Terrorgruppen mit linker Ideologie zu gelten, wo Frauen nicht selten eine aktive Rolle im „Kampfgeschehen" übernahmen.[66] Ein ausgeglichenes Geschlechterverhältnis erhöht offenbar die Stabilität eines längerfristigen Operierens in Untergrundstrukturen.[67] Auch das Durchschnittsalter ist in solchen Gruppen höher, weil planerisches Vorgehen im Untergrund umfangreichere organisatorisch-technische Fähigkeiten erfordert. Bezeichnenderweise stellen Studien über Täter aus unterschiedlichen ideologischen Kontexten die Bedeutung von Gruppenmitgliedern mit ausgeprägtem allgemeinkriminellem Knowhow heraus.[68] Derartige Fertigkeiten bringen sie in eine arbeitsteilige Gruppenstruktur ein. Für die Terrorismus-Radikalisierung ist dies höchst bedeutsam. Dies gilt vor allem für das Training im Umgang mit Geräten, Waffen und Sprengmitteln, wie sie paramilitärische Gruppierungen oder rückkehrende „foreign fighters" aus Kriegsgebieten besitzen.[69]

---

[63] Vgl. *Sischka*, in: Rothenberger/Krause/Jost/Frankenthal (Hrsg.), Terrorismusforschung. Interdisziplinäres Handbuch für Wissenschaft und Praxis, 2022, 359 ff.; Zick, in: (Fn. 7), 269 ff.

[64] Vgl. *Sprinzak*, From Theory to Practice. Developing Early Warning Indicators for Terrorism, 1998.

[65] Siehe zur Definitionsproblematik zuletzt: *Schmidt*, Contemporary Voices. The St. Andrews Journal of International Relations 2020, Terrorism: Its Past, Present & Future Study – A Special Issue to Commemorate CSTPV at 25, unter: https://cvir.st-andrews.ac.uk/ar ticles/10.15664/jtr.1601/ (12.4.2022).

[66] Siehe nur: *Diewald-Kerkmann*, Frauen, Terrorismus und Justiz. Prozesse gegen weibliche Mitglieder der RAF und der Bewegung 2. Juni, 2009; *Matusitz/Berisha*, Female Terrorism in America. Past and Current Perspectives, 2021.

[67] Siehe bereits *Neidhardt*, in: *Baeyer-Katte/Claessens/Feger/Neidhardt* (Hrsg.), Gruppenprozesse, 435 (450).

[68] Vgl. etwa (Fn. 51), Rechte Hassgewalt, 131.

[69] Vgl. *Stojarová*, in: Backes/Moreau (Hrsg.), The Extreme Right in Europe. Current Trends and Perspectives, Göttingen 2012, 265 ff.; *Tammikko*, Terrorism and Political Violence 30 (2018), 844 ff.; *MacKenzie/Kaunert*, Social Sciences 10 (2021), 1 ff.

Erfolgt Terrorismus-Radikalisierung stets in Gruppen? Angesichts der steigenden Zahl der Fälle rechtsterroristischer Einzeltäter in den vergangenen zwei Jahrzehnten drängt sich die These auf, „gruppenförmig organisierter Terrorismus" gehöre alsbald der Vergangenheit an, da „einsame Wölfe" in der virtuellen Welt mit den neuen Möglichkeiten der Erlangung von Informationen und der Kommunikation ihr Bedürfnis nach gemeinschaftlichem Handeln ohne persönlichen Kontakt befriedigen und die Befähigung zur terroristischen Aktion „autodidaktisch"[70] erlernen könnten. Soziale Milieus in der realen Welt verlören zunehmend an Bedeutung. (Ab-)Wege sozialen Lernens in der virtuellen Welt entstehen neben den eingetretenen Pfaden der Aneignung politisch-devianten Verhaltens.[71]

Allerdings dürften reine Online-Radikalisierungen eher selten sein. Vielmehr ist von einem komplexen Zusammenspiel von Online- und Offline-Aktivitäten auszugehen. Soziale Medien können den Einstieg in radikalisierte Kommunikations- und Aktionsgemeinschaften begünstigen. Besondere Attraktivität gewinnen sie für sozial isolierte Individuen, die dort einen Ersatz für fehlende soziale Bindungen finden und das Gefühl der Zugehörigkeit zu einer Gemeinschaft entwickeln.[72] Ihre identitäts- und gemeinschaftsstiftenden Angebote insbesondere für junge Menschen entfalten Soziale Medien aber auch in der realen Welt.[73]

Dennoch könnte der Typus des Online-Einzeltäters im neuen kommunikativen Zeitalter weiter an Bedeutung gewinnen. Denn die Echokammern der Sozialen Medien treten teilweise an die Stelle realweltlicher Gruppendynamiken. In ihnen können Gesinnungsgenossen in großer Zahl und mit einfachen Mitteln angesprochen, angeworben und zu gemeinsamem Handeln befähigt werden. Die technologischen Eigenschaften Sozialer Plattformen sind daher mit Recht Gegenstand der Modellierung spezifischer Radikalisierungsfaktoren.[74] Zudem bieten sie nach erfolgter Radikalisierung abgeschlossene Kommunikationsräume, in denen kriminelle Handlungen geplant werden können. Für die Analyse von Radikalisierungsprozessen bleiben aber auch in der virtuellen Welt die In-

---

[70] Vgl. nur *Hartleb*, Einsame Wölfe. Der neue Terrorismus rechter Einzeltäter, 2020, 78. Siehe zum Lone-wolf-terrorism auch: *Spaaij*, Understanding lone wolf terrorism: Global patterns, motivations and prevention, 2012; *Kaplan/Lööw/Malkki* (Hrsg.), Lone Wolf and Autonomous Cell Terrorism, 2015.

[71] Vgl. *Regan*, Behavioral Sciences of Terrorism and Political Aggression (2022), unter: https://doi.org/10.1080/19434472.2022.2039750 (17.2.2022), 1 (4 f.); *Schulze/Hohner/Rieger*, in: Rothenberger/Krause/Jost/Frankenthal (Hrsg.), Terrorismusforschung, 319 ff.

[72] Vgl. *Mølmen/Ravndal*, Behavioral Sciences of Terrorism and Political Aggression 2021, 1 ff., unter: https://doi.org/10.1080/19434472.2021.1993302 (30.10.2021); *Ohlrogge/Selck*, Radikalisierung rechtsextremistischer Lone Actor Terroristen. Zum Einfluss sozialer Isolation und des Internets, 2021.

[73] Vgl. *Lehmann/Schröder*, BPJM Aktuell (2021), 10 ff.

[74] Vgl. *Bayerl/Sahar/Akhgar*, in: Akhgar/Wells/Blanco (Hrsg.), Investigating Radicalization Trends. Case Studies in Europe and Asia, 2020, 29 ff.

teraktionen und Wechselbeziehungen einander feindlich begegnender Individu-
en und Gruppen von zentraler Bedeutung.

VI. Fazit

Radikalisierung ist ein Mehrebenenproblem, dass angemessen nur analysiert
werden kann, wenn es nicht auf einen Phänomenbereich (wie die Gewalt-Radikalisierung) verengt wird. Die wichtige Unterscheidung zwischen radikalisierenden (oder deradikalisierenden) Faktoren auf der Mikro- (Individuen) und
Makroebene (nationale und internationale politische, sozial-ökonomische und
kulturelle Rahmenbedingungen)[75] bedarf somit einer Ergänzung durch die Unterscheidung von Handlungsfeldern, innerhalb derer Individuen und Gruppen
interagieren: im Parteienwettbewerb, auf dem Feld sozialer Bewegungen und
Protestmilieus und/oder militanter Szenen an deren Rändern. Dabei bilden „ge-
mäßigte" und „radikale", demokratiekompatible wie demokratieinkompatible
(extremistische) Alternativen ein komplexes Beziehungsgefüge, dessen Dynamik nicht zuletzt vom jeweiligen Problemhaushalt und dessen Wahrnehmung
bestimmt wird.

Dass Extreme sich dabei wechselseitig hochschaukeln, ist kein Naturgesetz.
„Kumulative Radikalisierung" kann aber die Folge sein, wenn sich zwei radi-
lisierte Akteursgruppen jeweils als Feinde Nr. 1 wahrnehmen und unerbittlich
bekämpfen.[76] Radikalisierung in einer „Arena" (auf der Ebene des Parteiensys-
tems) begünstigt dann möglicherweise auch Radikalisierung in einer anderen
(im Straßenprotest und/oder dessen gewaltgeneigten Rändern). Neben stimu-
lierenden Effekten dieser Art sind stets absorbierende Wirkungen zu beachten,
wie sie durch Akkulturation oder die Attraktivität nicht-gewaltsamer Aktionsformen entstehen.

Wer alle Push- und Pull-Faktoren, die in unterschiedlichen Forschungskon-
texten als radikalisierungsrelevant identifiziert worden sind, sorgsam gegenein-
ander abwägt, gelangt letztlich zu dem ernüchternden Ergebnis: Angesichts der
Vielfalt und Verwobenheit der Wirkmechanismen mit bedeutsamen situativen
Anteilen können individuelle wie kollektive Radikalisierungsprozesse[77] zwar
im Nachhinein erklärt, aber noch weit weniger als lokale Wetterereignisse zu-
verlässig vorausgesagt werden.

---

[75] Vgl. *Beelmann*, International Journal of Conflict and Violence 14 (2020), 1 ff.; *Schmid*,
Radicalisation, De-Radicalisation, Counter-Radicalisation: A Conceptual Discussion and
Literature Review, ICCT Research Paper, 2013.
[76] Vgl. *Bartlett/Birdwell*, Cumulative Radicalisation between the Far-Right and Islamist
Groups in the UK: A Review of Evidence, 2013; *Carter*, Cumulative Extremism. A Comparative Historical Analysis, 2019; *Eatwell*, The Political Quarterly 77 (2006), 204 ff.
[77] Vgl. zu den Möglichkeiten und Grenzen der Radikalisierungsprognostik: *Kemmesies*,
in: Rothenberger/Krause/Jost/Frankenthal (Hrsg.), Terrorismusforschung, 781 ff.

Grenzen der Beobachtung von Parteien und Abgeordneten durch den Verfassungsschutz

Foroud Shirvani

Inhaltsverzeichnis

I. Parteien und Abgeordnete im Blickfeld des Verfassungsschutzes

Parteien und Abgeordnete gehören zweifelsohne zu den Grundeinheiten des politischen Systems der Bundesrepublik. In der parlamentarisch-repräsentativen Demokratie des Grundgesetzes sind Parteien und Abgeordnete diejenigen Institutionen, die den demokratischen Willensbildungs- und Entscheidungsfindungsprozess maßgeblich organisieren und den Bürgern dadurch einen wirksamen Einfluss auf die staatlichen Organe ermöglichen.[1] Parteien und Abgeordnete üben jeweils eine den demokratischen Prozess strukturierende, intermedi-

---

[1] Vgl. zu den Parteien BVerfGE 41, 399 (416).

äre Funktion aus: Sie beobachten die verschiedenen Meinungen in der Bevölkerung, sie kommunizieren mit den Bürgern, sie diskutieren öffentlich über politische Themen, sie nehmen an Wahlen teil und verfolgen das Ziel, politische Positionen in den staatlichen Entscheidungsorganen durchzusetzen.[2]

Parteien und Abgeordnete wirken im parlamentarisch-repräsentativen Modell des Grundgesetzes systemstabilisierend, wenn sie diese intermediäre Funktion leitbildkonform wahrnehmen.[3] Sie können allerdings auch systemunterminierend wirken, wenn sie unter Inanspruchnahme der ihnen zustehenden Verfassungsverbürgungen die freiheitliche demokratische Grundordnung gefährden oder gar zerstören wollen.[4] Hier setzt die Aufgabe des Verfassungsschutzes an, der aus Gründen der demokratischen Selbstverteidigung verfassungsfeindliche Betätigungen im Vorfeld konkreter Gefahrenlagen beobachtet.[5] Auch Parteien und Abgeordnete können sich verfassungsfeindlich betätigen und dadurch ins Visier des Verfassungsschutzes geraten. Dabei ist aber die Frage zentral, welche Grenzen das Grundgesetz der Beobachtung der Parteien und Abgeordneten durch den Verfassungsschutz setzt. Um dieses Problem näher zu beleuchten, werden in einem ersten Schritt der Beobachtungsauftrag und die Beobachtungsmethoden des Verfassungsschutzes in Grundzügen skizziert; Referenzpunkt sind dabei die Befugnisse des Bundesamtes für Verfassungsschutz (Abschn. II). In einem zweiten Schritt werden die gemeinsamen dogmatischen Verbindungslinien aufgezeigt, die bei der Erörterung der Grenzen der Beobachtung von Parteien und Abgeordneten durch das Bundesamt für Verfassungsschutz relevant werden (Abschn. III). In einem dritten und vierten Schritt werden die erwähnten Grenzen hinsichtlich der Beobachtung von Parteien und Abgeordnete diskutiert (Abschn. IV und V).

II. Beobachtungsauftrag, Beobachtungsobjekt und Beobachtungsmethoden

§ 3 Abs. 1 BVerfSchG definiert als Aufgabe der Verfassungsschutzbehörden die Sammlung und Auswertung von Informationen über Bestrebungen, die gegen die freiheitliche demokratische Grundordnung gerichtet sind oder sonst die Grundlagen des freiheitlichen Staates gefährden.[6] Der Zweck der Informations-

---

[2] Vgl. zu den Parteien BVerfGE 44, 125 (145 f.); zu den Abgeordneten BVerfGE 134, 141 Rn. 95 f., wo von der „Transformationsfunktion" der Abgeordneten die Rede ist; s. ferner *Shirvani*, Das Parteienrecht und der Strukturwandel im Parteiensystem, 2010, 53 f. m.w.N.

[3] Vgl. *Shirvani*, (Fn. 2), 54.

[4] Vgl. BVerfGE 30, 1 (19 f.); 134, 141 Rn. 112; 144, 20 Rn. 418; *Lindner/Unterreitmeier*, DVBl 2019, 819.

[5] Vgl. BVerfGE 40, 287 (288).

[6] Vgl. auch *Droste*, Handbuch des Verfassungsschutzrechts, 2007, 92; *Lindner/Unterreitmeier*, (Fn. 4), 820.

sammlung und -auswertung, also der „Beobachtung", besteht darin, aufzu-klären, ob verfassungsfeindliche Bestrebungen gegeben sind.[7] Nach der Legal-definition des § 4 Abs. 1 S. 1 lit. c) BVerfSchG sind Bestrebungen gegen die freiheitliche demokratische Grundordnung solche politisch bestimmten, ziel- und zweckgerichteten Verhaltensweisen in einem oder für einen Personenzu-sammenschluss, der darauf gerichtet ist, einen der in § 4 Abs. 2 BVerfSchG ge-nannten Grundsätze der freiheitlichen demokratischen Grundordnung zu be-seitigen oder außer Geltung zu setzen. Beobachtungsobjekt ist prinzipiell ein Personenzusammenschluss, worunter eine Personenmehrheit zu verstehen ist, die unabhängig von ihrer Rechtsform einen gemeinsamen Zweck verfolgt.[8] Vor-aussetzung für die Sammlung und Auswertung von Informationen durch den Verfassungsschutz ist das Vorliegen tatsächlicher Anhaltspunkte über verfas-sungsfeindliche Bestrebungen (s. § 4 Abs. 1 S. 5 BVerfSchG). Tatsächliche An-haltspunkte im Sinne dieser Vorschrift liegen vor, wenn „konkrete und in gewis-sem Umfang verdichtete Umstände als Tatsachenbasis für den Verdacht" verfas-sungsfeindlicher Bestrebungen existieren.[9] Bloße Vermutungen genügen nicht.[10]

Das Bundesamt für Verfassungsschutz verfügt zur Wahrnehmung seines Be-obachtungsauftrags über Befugnisse, die in den §§ 8 ff. BVerfSchG geregelt sind. Nach der Generalklausel des § 8 Abs. 1 S. 1 BVerfSchG darf das Bundesamt für Verfassungsschutz die zur Erfüllung seiner Aufgaben erforderlichen Informati-onen einschließlich personenbezogener Daten verarbeiten.[11] Die Verarbeitung erfasst insbesondere jeden mit oder ohne Hilfe automatisierter Verfahren ausge-führten Vorgang im Zusammenhang mit personenbezogenen Daten, wie das Erheben, das Erfassen oder die Speicherung.[12] § 8 Abs. 1 S. 1 BVerfSchG ist Grundlage für die Informationserhebung aus allgemein zugänglichen Quel-len.[13] Daneben kann das Bundesamt für Verfassungsschutz nach § 8 Abs. 2 S. 1 BVerfSchG Methoden der heimlichen Informationsbeschaffung (sog. nachrich-tendienstliche Mittel) anwenden, namentlich V-Leute und Gewährspersonen einsetzen, Observationen vornehmen oder Bild- und Tonaufzeichnungen durchführen. Die genauen Voraussetzungen für die eingriffsrelevanten Metho-den der heimlichen Informationsbeschaffung werden in den §§ 9 ff. BVerfSchG

---

[7] BVerwGE 137, 275 Rn. 31; *Roth*, in: Schenke/Graulich/Ruthig (Hrsg.), Sicherheitsrecht des Bundes, 2. Aufl. 2019, § 4 BVerfSchG Rn. 86 f.

[8] OVG NRW, Urt. v. 13.3.2018, Az.: 16 A 906/11, Rn. 106 und 108 (juris); *Droste*, (Fn. 6), 168 f.; *Schneider*, ZD 2021, 360 (361); *Warg*, in: Dietrich/Eiffler (Hrsg.), Handbuch des Rechts der Nachrichtendienste, 2017, Teil V § 1 Rn. 29.

[9] BVerfG, NJW 2022, 1583, Rn. 188 f.; BVerwGE 114, 258 (268); 137, 275 Rn. 30; 171, 59 Rn. 23; *Roth*, in: (Fn. 7), § 4 BVerfSchG Rn. 101.

[10] BVerwGE 137, 275 Rn. 30.

[11] S. dazu auch *Bergemann*, in: Lisken/Denninger, Handbuch des Polizeirechts, 7. Aufl. 2021, Abschn. H Rn. 73; *Droste*, (Fn. 6), 225.

[12] § 27 Nr. 2 BVerfSchG i.V.m. § 46 Nr. 2 BDSG.

[13] BVerwGE 137, 275 Rn. 15 und 18; *Bergemann*, in: (Fn. 11), Abschn. H Rn. 73; *Droste*, (Fn. 6), 227.

normiert. Nach § 9 Abs. 1 S. 1 Nr. 1 BVerfSchG darf das Bundesamt für Verfassungsschutz Informationen mit den Mitteln nach § 8 Abs. 2 BVerfSchG insbesondere erheben, wenn Tatsachen die Annahme rechtfertigen, dass auf diese Weise Erkenntnisse über Bestrebungen oder Tätigkeiten nach § 3 Abs. 1 BVerfSchG oder die zur Erforschung solcher Erkenntnisse erforderlichen Quellen gewonnen werden können.

III. Grenzen der Beobachtung von Abgeordneten und Parteien: dogmatische Konvergenzen

Soweit das Bundesamt für Verfassungsschutz Parteien und Abgeordnete, die verfassungsfeindlicher Aktivitäten verdächtig sind,[14] beobachtet, stellen sich mit Blick auf die verfassungsrechtlichen Grenzen der Beobachtung sowohl bei Parteien wie auch bei Abgeordneten ähnlich gelagerte Fragen:[15] Es geht jeweils um den Status der Freiheit, aber auch um den Status der Öffentlichkeit der Parteien und Abgeordneten. Zudem ist zu thematisieren, ob die allgemeinen Befugnisnormen des BVerfSchG aus rechtsstaatlicher Perspektive ausreichen oder ob spezielle Befugnisnormen zur Beobachtung der Parteien und Abgeordneten erforderlich sind, die ggf. auch besondere Verfahrensregelungen vorsehen müssen. Daneben geht es um das grundlegende Problem, inwieweit zwischen den Freiheitsrechten der Parteien und Abgeordneten und dem Prinzip der streitbaren Demokratie ein verhältnismäßiger Ausgleich hergestellt werden kann.

IV. Beobachtung von Parteien durch den Verfassungsschutz

1. Parteienfreiheit und ihre Schranken

Das Grundgesetz schützt in Art. 21 Abs. 1 S. 2 GG die Gründungsfreiheit der Parteien und garantiert diesen eine Reihe weiterer Freiheitsrechte, wie etwa die Betätigungsfreiheit einschließlich der Organisations- und Wettbewerbsfreiheit.[16] Die Parteien haben das Recht der Selbstbestimmung und können ohne staatliche Einflussnahme oder Überwachung über ihre Ziele, Organisation und Aktivitäten eigenständig entscheiden.[17] Art. 21 Abs. 1 S. 2 GG hat die Funktion

---

[14] Die verfassungsrechtlichen Maßstäbe können divergieren, wenn es sich um eine erwiesen extremistische (s. zu dieser Kategorie *Warg*, in: Kipker (Hrsg.), Cybersecurity, 2020, Kap. 14 Rn. 18) Partei und ihre Abgeordneten handelt. Dann können die verfassungsrechtlichen Anforderungen an die Beobachtung tendenziell niedriger sein.

[15] Ähnlich *Krüper*, in: Dietrich/Eiffler (Fn. 8), Teil III § 1 Rn. 94.

[16] Vgl. *Grzeszick/Rauber*, in: Schmidt-Bleibtreu, GG, 15. Aufl. 2022, Art. 21 Rn. 44 f.; *Klein*, in: Dürig/Herzog/Scholz, GG, Art. 21 (2012) Rn. 272 ff.; *Waldhoff*, in: Herdegen/Masing/Poscher/Gärditz (Hrsg.), Handbuch des Verfassungsrechts, 2021, § 10 Rn. 30.

[17] BVerwGE 110, 126 (131 f.); 137, 275 Rn. 23.

eines Abwehrrechts und beinhaltet ein an den Staat adressiertes Beeinträchtigungsverbot.[18] Die Bestimmung schützt die Parteien vor hoheitlichen Beeinträchtigungen rechtlicher oder faktischer Art.[19] Daher kann ein Eingriff in die Parteienfreiheit vorliegen, wenn Informationen über eine Partei aus offen zugänglichen Quellen systematisch erhoben und ausgewertet werden oder eine Partei durch den Verfassungsschutz heimlich beobachtet wird.[20]

Die Parteienfreiheit ist allerdings nicht schrankenlos gewährleistet.[21] Sie findet eine verfassungsunmittelbare Schranke im Prinzip streitbarer Demokratie, das namentlich in Art. 9 Abs. 2, 18 und 21 Abs. 2 GG verankert ist, und den Grundgedanken beinhaltet, den freiheitlichen Verfassungsstaat nicht wehrlos den Gegnern der Demokratie zu überlassen, sondern vor verfassungsfeindlichen Angriffen – verübt etwa durch Individuen, Vereinigungen und Parteien – zu schützen.[22] Nach der Rechtsprechung des Bundesverwaltungsgerichts hat die Beobachtung von Parteien durch die Verfassungsschutzbehörden nicht allein den Zweck, die Einleitung eines Parteiverbotsverfahrens vorzubereiten, sondern dient vor allem dazu, Informationen über verfassungsfeindliche Kräfte im Vorfeld einer Gefährdung der freiheitlichen demokratischen Grundordnung zu gewinnen.[23] Damit sollen Regierung und Öffentlichkeit in die Lage versetzt werden, Art und Ausmaß möglicher Gefahren zu erkennen und diesen insbesondere mit politischen Mitteln entgegenzuwirken.[24] Die Beobachtung durch Verfassungsschutzbehörden ist demnach prinzipiell verfassungsrechtlich gerechtfertigt, wenn sie auf gesetzlicher Grundlage beruht, zum Schutz der freiheitlich demokratischen Grundordnung erfolgt und dem Grundsatz der Verhältnismäßigkeit genügt.[25] Dabei muss die Parteienfreiheit mit dem Prinzip der streitbaren Demokratie in einen verhältnismäßigen Ausgleich gebracht werden.[26]

---

[18] Vgl. *Shirvani*, (Fn. 2), 161; *Tsatsos/Morlok*, Parteienrecht, 1982, 75; *Wietschel*, Der Parteibegriff, 1996, 196.

[19] Vgl. *Jarass*, in: Jarass/Pieroth, GG, 17. Aufl. 2022, Art. 21 Rn. 20.

[20] Vgl. BVerfGE 107, 339 (366); *Grzeszick/Rauber*, in: (Fn. 16), Art. 21 Rn. 159; *Junggeburth*, Die Beobachtung politischer Parteien durch das Bundesamt für Verfassungsschutz im Lichte der V-Mann-Affäre des NPD-Verbotsverfahrens, 2012, 155 f.; *Klein*, in: (Fn. 16), Art. 21 (2012) Rn. 577 f.; s. ferner BVerfGE 134, 141 Rn. 107 hinsichtlich der Freiheit des Abgeordneten.

[21] Vgl. *Morlok*, in: Dreier (Hrsg.), GG, Bd. II, 3. Aufl. 2015, Art. 21 Rn. 66; *Shirvani*, AöR 134 (2009), 572 (585 f.); *Streinz*, in: v. Mangoldt/Klein/Starck, GG, Bd. 2, 7. Aufl. 2018, Art. 21 Rn. 117 f.

[22] Vgl. BVerfGE 5, 85 (139); 30, 1 (19 f.); 144, 20 Rn. 418; *Schliesky*, in: Isensee/Kirchhof (Hrsg.), Handbuch des Staatsrechts, Bd. XII, 3. Aufl. 2014, § 277 Rn. 11 ff.

[23] BVerwGE 110, 126 (134).

[24] BVerwGE 110, 126 (134).

[25] Vgl. BVerfGE 107, 339 (365 f.); 144, 20 Rn. 418; s. auch *Klafki*, in: v. Münch/Kunig, GG, 7. Aufl. 2021, Art. 21 Rn. 99.

[26] BVerwGE 110, 126 (133); 137, 275 Rn. 25.

2. *Gesetzliche Grundlage für den Eingriff*

Das BVerfSchG regelt, wie bereits angesprochen, die allgemeinen Voraussetzungen über die Beobachtung verfassungsfeindlicher Bestrebungen und normiert die Informationsbefugnisse des Bundesamtes für Verfassungsschutz, enthält aber keine Sonderregelungen über die Beobachtung bestimmter Organisationen, wie etwa Parteien. Im Schrifttum werden zum Teil Sonderregelungen für Parteien gefordert, da die Befugnisnormen des BVerfSchG auf Eingriffe in die Rechte von Einzelpersonen gerichtet seien und der besonderen verfassungsrechtlichen Stellung der Parteien nicht ohne weiteres gerecht würden.[27]

Allerdings bieten die Regelungen des BVerfSchG bereits eine hinreichende Rechtsgrundlage für die Beobachtung der Parteien und ihrer Mitglieder. Die verfassungsschutzbehördliche Beobachtung richtet sich auf Personenzusammenschlüsse gemäß § 4 Abs. 1 S. 1 lit. a) – c) BVerfSchG, die ein politisch bestimmtes, ziel- und zweckgerichtetes Verhalten aufweisen, d.h. ein aktives Verhalten zeigen, das objektiv geeignet ist, über kurz oder lang politische Wirkungen zu entfalten.[28] Personenzusammenschlüsse in diesem Sinne sind auch politische Parteien.[29] Denn gerade die zielgerichtete politische Betätigung in einem organisierten Mitgliederverband ist das Proprium der Parteien. Die von Parteien ausgehende „beobachtungsbedürftige Bedrohung" folgt „aus der organisierten Verfasstheit verfassungsfeindlicher Ideen".[30] Der Beobachtungsauftrag der Verfassungsschutzbehörden wird mit Blick auf den Grundsatz streitbarer Demokratie aktiviert, wenn Parteien im Vorfeld einer konkreten Gefährdung der demokratischen Grundordnung verfassungsfeindliche Bestrebungen verfolgen. Da die Parteien erst über ihre Organe, Funktionäre und sonstigen Mitglieder handlungsfähig werden, können auch diese ins Visier des Verfassungsschutzes geraten, wenn über die Parteien Informationen erhoben werden.[31] Dementsprechend spricht § 4 Abs. 1 S. 1 lit. a) – c) BVerfSchG von „Verhaltensweisen in einem [...] Personenzusammenschlu[ss]" und verdeutlicht, dass Einzelpersonen aufgrund ihrer Mitgliedschaft in einem Personenzusammenschluss sich mit den Zielen des Personenzusammenschlusses identifizieren und dessen verfassungsfeindliche Zielsetzungen unterstützen.[32]

Im Übrigen enthalten die Befugnisnormen des BVerfschG mittlerweile konkrete Regelungen über diejenigen Instrumente des Verfassungsschutzes, die ty-

---

[27] Vgl. *Krüper*, in: Dietrich/Eiffler (Fn. 8), Teil III § 1 Rn. 51.

[28] BVerfG, NJW 2022, 1583 Rn. 185; BVerwGE 137, 275 Rn. 59; 171, 59 Rn. 20; *Droste*, (Fn. 6), 165; *Roth*, in: (Fn. 7), § 4 BVerfSchG Rn. 23.

[29] BVerwGE 137, 275 Rn. 20; *Roth*, in: (Fn. 7), § 4 BVerfSchG Rn. 8; *Warg*, in: (Fn. 8), Teil V § 1 Rn. 27.

[30] Vgl. BVerfG, NJW 2022, 1583 Rn. 163; s. auch *Schneider*, (Fn. 8), 361.

[31] *Gusy*, Vorgänge 2012, 109 (110, 115).

[32] Vgl. BVerwGE 137, 275 Rn. 65 f.; *Droste*, (Fn. 6), 173; *Roth*, in: (Fn. 7), § 4 BVerfSchG Rn. 30; *Warg*, in: (Fn. 8), Teil V § 1 Rn. 30.

pischerweise gegenüber Parteien eingesetzt werden. Gemeint sind die Regelungen über verdeckte Mitarbeiter und Vertrauensleute in den §§ 9a und 9b BVerfSchG, die – ungeachtet der erforderlichen gesetzgeberischen Überarbeitung des Normtextes aufgrund der neuesten Rechtsprechung des Bundesverfassungsgerichts über die Überwachungsmaßnahmen der Verfassungsschutzbehörden[33] – prinzipiell als parlamentsgesetzliche Grundlage für eine Beschränkung der Parteienfreiheit figurieren. Aus rechtsstaatlichen Gründen ist es demnach nicht geboten, ein Sonderrechtsregime für die Beobachtung von Parteien vorzusehen.[34]

3. Verhältnismäßigkeit des Eingriffs

a) Offene Beobachtung

Sind nach den bisherigen Ausführungen Eingriffe in die Parteienfreiheit nach Maßgabe der Bestimmungen des BVerfSchG prinzipiell möglich, bildet der Verhältnismäßigkeitsgrundsatz das maßgebliche rechtsstaatliche Regulativ für diese Eingriffe.[35] Der Verhältnismäßigkeitsgrundsatz ist im BVerfSchG in einigen Vorschriften gesetzlich konkretisiert, wie etwa in § 8 Abs. 5 S. 1 und 2 BVerfSchG.[36] Nach der Judikatur des Bundesverwaltungsgerichts folgt aus dem Verhältnismäßigkeitsgrundsatz, dass „Eingriffe in das Selbstbestimmungsrecht der Parteien auf das zur Selbstverteidigung der freiheitlichen Demokratie zwingend Gebotene beschränkt bleiben" müssten.[37] Staatliche Maßnahmen müssten „desto strengeren Anforderungen unterliegen, je stärker sie in das Selbstbestimmungsrecht der Parteien" eingriffen.[38]

Demnach ist ein durch die Beobachtung erfolgender Eingriff in die Parteienfreiheit unverhältnismäßig, wenn mit der Beobachtung kein legitimer Zweck verfolgt wird. Das läge etwa vor, wenn die Regierung das Ziel verfolgte, unbequeme oppositionelle Parteien politisch unter Druck zu setzen oder im Parteienwettbewerb zu benachteiligen.[39] Zudem ist die zeitliche Perspektive des Verhältnismäßigkeitsgrundsatzes zu beachten. So dürfen „einmal gegebene Verdachtsmomente" nicht „zu einer ‚Dauerbeobachtung' […] führ[…]en, obwohl sich nach umfassender Aufklärung durch eine mehrjährige Beobachtung der Verdacht verfassungsfeindlicher Bestrebungen nicht bestätigt hat und die für die Beobachtung maßgeblichen tatsächlichen Umstände im Wesentlichen unverändert geblieben sind."[40]

---

[33] Vgl. BVerfG, NJW 2022, 1583 Rn. 174 ff., 337 ff., 349 ff.; s. dazu Abschn. IV 3 b).
[34] So im Ergebnis auch BVerwGE 110, 126 (134); Nds. OVG, NVwZ-RR 2002, 242 (243); *Krüper*, in: Dietrich/Eiffler (Fn. 8), Teil III § 1 Rn. 51.
[35] Vgl. auch *Krüper*, in: Dietrich/Eiffler (Fn. 8), Teil III § 1 Rn. 53.
[36] Vgl. ferner §§ 8 Abs. 2 S. 3; 9 Abs. 1 S. 2 – 4 BVerfSchG.
[37] BVerwGE 110, 126 (133).
[38] BVerwGE 110, 126 (133).
[39] Vgl. *Klein*, in: (Fn. 16), Art. 21 (2012) Rn. 579; *Shirvani*, (Fn. 21), 586 f.
[40] Vgl. BVerwGE 110, 126 (138); s. auch BVerwGE 137, 275 Rn. 85.

Der Verhältnismäßigkeitsgrundsatz kann der Beobachtung weitere Grenzen setzen, insbesondere eine Beschränkung der Beobachtung auf eine Gruppe oder einzelne Gruppierungen einer Partei gebieten. Nach der verwaltungsgerichtlichen Rechtsprechung sind Anhaltspunkte für verfassungsfeindliche Bestrebungen einer Partei nicht nur dann gegeben, wenn eine Partei insgesamt solche Bestrebungen verfolgt, sondern können sich auch aus den verfassungsfeindlichen Bestrebungen einzelner Gruppierungen ergeben.[41] Letzteres sei zu bejahen, wenn die Gruppierungen z.B. nach ihrer satzungsmäßigen Stellung, Mitgliederzahl oder Finanzen „nennenswertes Gewicht innerhalb der Partei" hätten.[42] Dann müsse beobachtet werden, in welche Richtung die Partei sich insgesamt bewege.[43] Daraus wird man die Schlussfolgerung ziehen, dass die Beobachtung auf einzelne Gruppierungen einer Partei zu beschränken ist, wenn sich nach einer gewissen Beobachtungsphase ergibt, dass die Gruppierungen verfassungsfeindliche Bestrebungen verfolgen, aber auf den Gesamtkurs der Partei ohne nennenswerten Einfluss sind, also etwa „unbedeutende [...] Splittergruppen" bilden.[44]

b) Heimliche Beobachtung

Wie die beiden NPD-Verbotsverfahren vor dem Bundesverfassungsgericht plastisch gezeigt haben, wenden die Verfassungsschutzbehörden mitunter auch nachrichtendienstliche Mittel gegenüber verfassungsfeindlichen Parteien an.[45] Dazu gehören insbesondere der Einsatz von Verdeckten Mitarbeitern und V-Leuten. Die Beobachtung einer Partei mit nachrichtendienstlichen Mitteln stelle, so das Bundesverfassungsgericht, einen schwerwiegenden Eingriff in die Parteienfreiheit dar, der neben einer gesetzlichen Grundlage einer besonderen Rechtfertigung nach dem Verhältnismäßigkeitsgrundsatz bedürfe.[46] Das Bundesverwaltungsgericht verlangt, dass bei in den Binnenbereich der Parteien hineinwirkenden Maßnahmen, die die interne Willensbildung ausforschten oder gar beeinflussten, der Verdacht verfassungsfeindlicher Bestrebungen hinreichend gewichtig sein müsse und der Einsatz weniger belastender Aufklärungsmittel nicht ausreiche.[47]

Ungeachtet der von ihm selbst attestierten Schwere des Eingriffs hat das Bundesverfassungsgericht den Einsatz nachrichtendienstlicher Mittel im zweiten

---

[41] BVerwGE 137, 275 Rn. 45; OVG NRW, Urt. v. 13.2.2009, Az.: 16 A 845/08, Rn. 45 (juris); *Roth*, in: (Fn. 7), § 4 BVerfSchG Rn. 114 f.

[42] Vgl. BVerwGE 137, 275 Rn. 46 f.; OVG NRW, Urt. v. 13.2.2009, Az.: 16 A 845/08, Rn. 70 (juris).

[43] Vgl. BVerwGE 137, 275 Rn. 45.

[44] Vgl. auch BVerwGE 137, 275 Rn. 46; OVG NRW, Urt. v. 13.2.2009, Az.: 16 A 845/08, Rn. 70 (juris).

[45] Vgl. BVerfGE 107, 339 (372 ff.); 144, 20 Rn. 428 ff.

[46] BVerfGE 107, 339 (366); 144, 20 Rn. 409.

[47] BVerwGE 110, 126 (133).

NPD-Verbotsurteil prinzipiell gebilligt, sogar im laufenden Verbotsverfahren.[48] Nach Auffassung des Bundesverfassungsgerichts müssen staatliche Stellen vor der Einreichung eines Verbotsantrags ihre Quellen, insbesondere V-Leute, lediglich im Bundesvorstand und in den Landesvorständen einer Partei abgeschaltet haben, da diese Gremien auf die Willensbildung der Partei während des Verbotsverfahrens entscheidenden Einfluss haben.[49] Außerhalb von Parteiverbotsverfahren können V-Leute demnach grundsätzlich in sämtlichen Parteigremien eingesetzt werden, wenn die erwähnten einschränkenden Voraussetzungen vorliegen.

Erörtert man vor dem Hintergrund dieser Rechtsprechung die Thematik, ob die Beobachtung einer Partei mit nachrichtendienstlichen Mitteln verhältnismäßig ist, wird man nicht nur den Grundsatz der streitbaren Demokratie, sondern auch den Öffentlichkeitsstatus der Parteien berücksichtigen. Der Öffentlichkeitsstatus der Parteien ist ein Pflichtstatus, folgt aus dem allgemeinen Öffentlichkeitsprinzip der Demokratie und ist für den Bereich der Parteienfinanzen in Art. 21 Abs. 1 S. 4 GG ausdrücklich verankert.[50] Er verlangt von jeder Partei, die Bürger über ihre Organisationsstrukturen, ihre programmatischen Konzepte und ihre grundsätzlichen politischen Bestrebungen zu unterrichten.[51] Verweigert sich eine Partei dieser Aufgabe und verheimlicht sie ihre wahren Ziele, dürfen Verfassungsschutzbehörden in einem rechtsstaatlich determinierten Rahmen auch das Innenleben der Partei ausleuchten und hierüber die Bürger und die Regierung informieren. Das betrifft insbesondere extremistische Parteien, die sich nach außen hin bieder und grundgesetzkonform gerieren, aber verfassungsfeindliche Bestrebungen an den Tag legen.

Auch wenn der Einsatz heimlicher Beobachtungsmethoden prinzipiell zulässig ist, muss er den Verhältnismäßigkeitsanforderungen genügen. Dabei gilt zunächst der prinzipielle Vorrang der offenen gegenüber der heimlichen Beobachtung. Denn der Eingriff in die Parteienfreiheit ist in der Regel schonender, wenn Informationen aus allgemein zugänglichen Quellen erhoben werden.[52]

Im Übrigen müssen die Anforderungen beachtet werden, die sich aus der jüngsten Rechtsprechung des Bundesverfassungsgerichts über heimliche Überwachungsmaßnahmen der Verfassungsschutzbehörden ergeben.[53] Nach dieser Rechtsprechung bestimmen sich die Verhältnismäßigkeitsanforderungen an heimliche Überwachungsmaßnahmen der Verfassungsschutzbehörden prinzi-

---

[48] BVerfGE 144, 20 Rn. 418.

[49] BVerfGE 144, 20 Rn. 408.

[50] Vgl. *Kluth*, in: BeckOK GG, Stand: 15.02.2022, Art. 21 Rn. 140 ff.; *Shirvani*, (Fn. 21), 577 ff.; *Streinz*, in: (Fn. 21), Art. 21 Rn. 176 ff.

[51] Vgl. *Klein*, in: (Fn. 16), Art. 21 (2012) Rn. 316 f.; *Shirvani*, (Fn. 21), 594.

[52] Vgl. § 9 Abs. 1 S. 2 BVerfSchG.

[53] Vgl. BVerfG, NJW 2022, 1583 Rn. 174 ff. zum Bayerischen Verfassungsschutzgesetz (BayVSG) vom 12. Juli 2016 (BayGVBl 145), geändert durch Gesetz vom 12. Juni 2018 (BayGVBl 382).

piell nach dem jeweiligen Eingriffsgewicht der Maßnahmen.[54] Grundsätzlich muss ein „hinreichender verfassungsschutzspezifischer Aufklärungsbedarf bestehen".[55] Das bedeutet, dass „die Überwachungsmaßnahme [...] zur Aufklärung einer bestimmten, nachrichtendienstlich beobachtungsbedürftigen Aktion oder Gruppierung im Einzelfall geboten sein und auf hinreichenden tatsächlichen Anhaltspunkten beruhen" muss.[56] Hierbei gilt die Leitlinie, dass die überwachte Aktion oder Gruppierung umso beobachtungsbedürftiger sein muss, je schwerer der Eingriff ist.[57] Bei verfassungsfeindlichen Bestrebungen können Größe und gesellschaftlicher Einfluss Indizien für die Einschätzung der Beobachtungsbedürftigkeit sein.[58] „Dabei können die Situation der Bestrebung (Mitglieder- und Sympathisantenbestand und -entwicklung, Organisationsstruktur, Mobilisierungsgrad, Kampagnenfähigkeit, finanzielle Lage), ihre Wirkkraft in die Gesellschaft (Publikationen, Bündnisse, Unterstützerstrukturen) und ihre Vertretung in Ämtern und Mandaten Aufschluss darüber geben, ob eine Umsetzung der von der Bestrebung verfolgten Ziele möglich erscheint".[59]

Wendet man diese Gesichtspunkte auf eine verfassungsfeindliche Partei an, lässt sich jedenfalls festhalten, dass intensive Überwachungsmaßnahmen besonders rechtfertigungsbedürftig werden, wenn die Umsetzung der verfassungsfeindlichen Ziele der Partei aufgrund ihrer schwachen Struktur und Wirkkraft kaum möglich erscheint. Auch bei einflussreicheren Parteien kann die Beobachtungsbedürftigkeit im Laufe der Zeit sinken, je länger die Beobachtung andauert, ohne dass Indizien dafür vorliegen, dass ihr verfassungsfeindliches Verhalten erfolgreich sein könnte.[60]

Die soeben skizzierte Rechtsprechung des Bundesverfassungsgerichts betrifft unmittelbar die heimlichen Überwachungsmaßnahmen nach dem Bayerischen Verfassungsschutzgesetz.[61] Sie lässt sich aber auf ähnlich konstruierte Regelungen des Verfassungsschutzrechts übertragen, namentlich auf die §§ 9a, 9b BVerfSchG, die als Rechtsgrundlagen für den Einsatz von Verdeckten Mitarbeitern und V-Leuten fungieren. Da diese Bestimmungen den verfassungsrechtlichen Direktiven nicht vollständig genügen, müssen sie durch den Bundesgesetzgeber überarbeitet werden. Der Gesetzgeber muss insbesondere die Eingriffsschwellen und die zulässigen Adressaten der nachrichtendienstlichen

---

[54] BVerfG, NJW 2022, 1583 Rn. 174.
[55] BVerfG, NJW 2022, 1583 Rn. 181. Etwas anderes gilt für Maßnahmen, die zu einer besonders weitgehenden Erfassung der Persönlichkeit führen können. Diese müssen denselben Anforderungen wie polizeiliche Überwachungsmaßnahmen genügen, vgl. BVerfG, ebd., Rn. 175.
[56] BVerfG, NJW 2022, 1583 Rn. 181.
[57] BVerfG, NJW 2022, 1583 Rn. 190.
[58] Vgl. BVerfG, NJW 2022, 1583 Rn. 195.
[59] BVerfG, NJW 2022, 1583 Rn. 195.
[60] Vgl. BVerfG, NJW 2022, 1583 Rn. 198.
[61] Vgl. BVerfG, NJW 2022, 1583 Rn. 337 ff., 349 ff.

Maßnahmen regeln und eine unabhängige Vorabkontrolle durch eine externe Stelle festlegen.[62] Die Notwendigkeit der Vorabkontrolle wird aus dem Verhältnismäßigkeitsgrundsatz hergeleitet.[63] Die Vorabkontrolle ist ein „bedeutsames Element eines effektiven Grundrechtsschutzes und gewährleistet, dass die Entscheidung über eine heimliche Maßnahme auf die Interessen der Betroffenen hinreichend Rücksicht nimmt, wenn diese selbst ihre Interessen aufgrund der Heimlichkeit der Maßnahme im Vorwege nicht wahrnehmen können."[64] Angesichts der besonderen Vertraulichkeit der Arbeit des Verfassungsschutzes muss die Vorabkontrolle nach Auffassung des Bundesverfassungsgerichts nicht notwendig durch ein Gericht, sondern kann auch durch eine andere, den Geheimhaltungserfordernissen entsprechende unabhängige Stelle erfolgen.[65]

V. Beobachtung von Abgeordneten durch den Verfassungsschutz

1. Eingriff in das freie Mandat

Beobachtet der Verfassungsschutz Abgeordnete, ergeben sich, wie erwähnt, strukturell ähnliche Fragen wie bei der Beobachtung von Parteien. Die Thematik erhält aber eine zusätzliche verfassungsdogmatische Akzentuierung, weil Abgeordnete einerseits als Parlamentsmitglieder einen besonderen verfassungsrechtlichen Schutz genießen, andererseits in der Regel Parteifunktionäre und im Parteiapparat aktiv sind.

Das Grundgesetz gewährleistet in Art. 38 Abs. 1 S. 2 das freie Mandat des Abgeordneten.[66] Der Abgeordnete „hat einen repräsentativen Status inne, übt sein Mandat in Unabhängigkeit, frei von jeder Bindung an Aufträge und Weisungen, aus und ist nur seinem Gewissen unterworfen."[67] Art. 38 Abs. 1 S. 2 GG schützt die Freiheit des Abgeordneten gegen Regelungen oder Maßnahmen, „die seine auf Bestand und Ausübung des Mandats bezogene Selbstständigkeit und Unabhängigkeit als Volksvertreter in Frage stellen."[68] Der Abgeordnete hat dabei eine Scharnierfunktion zwischen den Bürgern, den Parteien und dem Parlament: Er ist in einen kommunikativen Prozess eingebunden, in dem er unterschiedliche politische Auffassungen aufnimmt bzw. ausgleicht und sie in den

---

[62] Vgl. BVerfG, NJW 2022, 1583 Rn. 342 ff., 352 ff.

[63] BVerfG, NJW 2022, 1583 Rn. 213.

[64] BVerfGE 120, 274 (331 f.); BVerfG, NJW 2022, 1583 Rn. 214 .

[65] BVerfG, NJW 2022, 1583 Rn. 224.

[66] S. dazu etwa *P. Müller*, in: v. Mangoldt/Klein/Starck (Fn. 21), Art. 38 Rn. 44 ff.; *Waldhoff*, in: (Fn. 16), § 10 Rn. 124 ff.; *Wiefelspütz*, in: Morlok/Schliesky/Wiefelspütz (Hrsg.), Parlamentsrecht, 2016, § 12 Rn. 13 ff.

[67] BVerfGE 76, 256 (341); 118, 277 (324) ; 134, 141 Rn. 93.

[68] *Butzer*, in: BeckOK GG, Stand: 15.02.2022, Art. 38 Rn. 122.

parlamentarischen Willensbildungsprozess überführt sowie umgekehrt den Bürgern die getroffenen politischen Entscheidungen erklärt und um Zustimmung wirbt.[69] Zudem kontrolliert der Abgeordnete Regierung und Verwaltung, nimmt also die parlamentarische Kontrollfunktion gegenüber der Exekutive wahr.[70]

Beobachtet der Verfassungsschutz den Abgeordneten, indem er z.B. öffentlich zugängliche Informationen über ihn systematisch sammelt und auswertet, stellt dies nach der Entscheidung des Bundesverfassungsgerichts in Sachen „Bodo Ramelow" eine Beeinträchtigung der Freiheit des Abgeordneten dar.[71] Insbesondere werde die Kommunikationsbeziehung zwischen den Abgeordneten und den Wählern nachteilig beeinflusst, da bereits die Möglichkeit einer staatlichen Registrierung von Kontakten des Abgeordneten eine abschreckende Wirkung auf die Wähler entfalten und die Kommunikation stören könne.[72] Zudem werde durch die Beobachtung der im Grundgesetz vorgesehene typische Kontrollzusammenhang zwischen Legislative und Exekutive umgekehrt.[73] Demnach impliziert die offene Beobachtung des Abgeordneten durch den Verfassungsschutz einen Eingriff in das freie Mandat. Das muss erst recht dann gelten, wenn der Abgeordnete mit den deutlich eingriffsintensiveren nachrichtendienstlichen Instrumenten beobachtet wird.

2. Eingriffsschranken

a) Offene Beobachtung

Genauso wenig wie die Parteienfreiheit ist auch die Abgeordnetenfreiheit schrankenlos gewährleistet. Die Freiheit des Abgeordneten kann durch Rechtsgüter bzw. Belange von Verfassungsrang begrenzt werden.[74] Im „Ramelow"-Beschluss führt das Bundesverfassungsgericht aus, dass der durch die Beobachtung erfolgende Eingriff in das freie Mandat „im Einzelfall im Interesse des Schutzes der freiheitlichen demokratischen Grundordnung gerechtfertigt sein" könne.[75] Die Beobachtung durch den Verfassungsschutz unterliege aber dem Gesetzesvorbehalt und „strengen Verhältnismäßigkeitsanforderungen".[76] Es müsse im Einzelfall abgewogen werden, ob der Schutz der freiheitlichen demokratischen Grundordnung gegenüber den Abgeordnetenrechten Vorrang ha-

---

[69] BVerfGE 134, 141 Rn. 96.

[70] BVerfGE 134, 141 Rn. 101.

[71] BVerfGE 134, 141 Rn. 107; s. zu dieser Entscheidung *Morlok/Sokolov*, DÖV 2014, 405 ff.; *Warg*, NVwZ 2014, 36 ff.; *Wolff*, JZ 2014, 93 ff.

[72] BVerfGE 134, 141 Rn. 108.

[73] BVerfGE 134, 141 Rn. 109 im Anschluss an *Möllers*, JZ 2011, 48 (50).

[74] BVerfGE 99, 19 (32); 118, 277 (324); 134, 141 Rn. 112; *Klein/Schwarz*, in: Dürig/Herzog/Scholz (Fn. 16), Art. 38 (2021) Rn. 243.

[75] BVerfGE 134, 141 Rn. 110.

[76] BVerfGE 134, 141 Rn. 110.

be.[77] Ein überwiegendes Interesse sei zu bejahen, wenn Anhaltspunkte gegeben seien, dass der Abgeordnete sein Mandat zum Kampf gegen die freiheitliche Grundordnung missbrauche oder diese aktiv und aggressiv bekämpfe.[78] Ansonsten sei entscheidend, ob und in welchem Umfang der Abgeordnete von verfassungsfeindlichen Gruppierungen in der Partei beeinflusst werde, insbesondere ob er selbst verdächtig sei, verfassungsfeindliche Bestrebungen zu verfolgen.[79] Eine Sonderregelung im BVerfSchG für die Beobachtung von Abgeordneten hält das Bundesverfassungsgericht im Übrigen für nicht erforderlich.[80]

b) Heimliche Beobachtung

Die vom Bundesverfassungsgericht formulierten Maßstäbe über die Verhältnismäßigkeit der Beobachtung eines Abgeordneten aus offen zugänglichen Quellen werfen die Frage auf, welche Maßstäbe für die heimliche Beobachtung eines Abgeordneten gelten. Wenn die offene Beobachtung nur „im Einzelfall" zulässig sei und „strengen Verhältnismäßigkeitsanforderungen" unterliege,[81] müssten für eine heimliche Beobachtung, die deutlich eingriffsintensiver ist, noch höhere Barrieren bestehen.

Bei näherem Hinsehen schließt das Grundgesetz allerdings auch eine heimliche Beobachtung von Abgeordneten durch den Verfassungsschutz nicht aus.[82] Ähnlich wie bei den Parteien sprechen für die prinzipielle Zulässigkeit der heimlichen Beobachtung das Prinzip der streitbaren Demokratie und der Öffentlichkeitsstatus des Abgeordneten. Abgeordnete üben ein öffentliches Amt aus und unterliegen der demokratischen Kontrolle durch den Wähler, der über die politische Tätigkeit des Abgeordneten informiert werden will.[83] Verfolgt der Abgeordnete verfassungsfeindliche Bestrebungen, obwohl er vorgibt, sich politisch auf dem Boden des Grundgesetzes zu bewegen, ist es legitim, wenn der Verfassungsschutz ihn – unter Einhaltung rechtsstaatlicher Vorgaben – auch mit heimlichen Methoden beobachtet, um die Öffentlichkeit über die Erkenntnisse zu informieren.

Für die prinzipielle Zulässigkeit der Anwendung heimlicher Beobachtungsmethoden streitet auch der Rechtsgedanke, der einigen sicherheitsrechtlichen Vorschriften zugrunde liegt, namentlich den § 62 Abs. 1 und 4 BKAG sowie § 3b Abs. 1 und 4 G 10. Nach § 62 Abs. 1 BKAG sind Maßnahmen zur Terroris-

---

[77] BVerfGE 134, 141 Rn. 120.
[78] BVerfGE 134, 141 Rn. 121.
[79] Vgl. BVerfGE 134, 141 Rn. 123 und 138; s. dazu auch *Warg*, (Fn. 71), 37.
[80] Vgl. BVerfGE 134, 141 Rn. 133 f.
[81] BVerfGE 134, 141 Ls. 2 und Rn. 110.
[82] *Schnieder*, Politische Freiheit und Verfassungsschutz, 2018, 565 ff., 567 f.
[83] *Morlok*, in: Morlok/Schliesky/Wiefelspütz (Fn. 66), § 3 Rn. 50; *ders.*, in: Dreier (Fn. 21), Art. 38 Rn. 176; s. auch *Trute*, in: v. Münch/Kunig, GG, Bd. 1, 7. Aufl. 2021, Art. 38 Rn. 108.

musabwehr, zu denen die besonderen Mittel der Datenerhebung gehören,[84] unzulässig, wenn sie sich insbesondere gegen Parlamentsabgeordnete richten und
voraussichtlich Erkenntnisse erbringen würden, über die der Abgeordnete das
Zeugnis verweigern dürfte. Das gilt aber nicht, sofern Tatsachen die Annahme
rechtfertigen, dass der Abgeordnete für die Gefahr verantwortlich ist (§ 62
Abs. 4 BKAG). Eine ähnliche Regelung enthält § 3b Abs. 1 und 4 G 10, der Maßnahmen der Telekommunikationsüberwachung durch die Nachrichtendienste
betrifft. Das zeigt, dass der Abgeordnete im Bereich der Gefahrenabwehr einschließlich des Vorfelds konkreter Gefahrenlagen[85] vor staatlichen Überwachungsmaßnahmen nicht gänzlich gefeit ist.[86] Dieser Befund wird auch durch
einige Vorschriften im Landesverfassungsschutzrecht bestätigt, die davon ausgehen, dass gegenüber Abgeordneten nachrichtendienstliche Mittel eingesetzt
werden können.[87] Daher wird man auch im Rahmen des § 8 Abs. 2 S. 1 BVerf-
SchG die Anwendung nachrichtendienstlicher Mittel gegenüber Abgeordneten
nicht ausschließen können, wenn diese dem Schutz des hochrangigen Verfas-
sungsbelangs der freiheitlichen demokratischen Grundordnung dienen.

Allerdings gelten auch für den Einsatz nachrichtendienstlicher Mittel gegenüber Abgeordneten enge verfassungsrechtliche Grenzen. Der Einsatz muss
prinzipiell den bereits skizzierten Verhältnismäßigkeitsanforderungen genügen, die nach der neuesten Rechtsprechung des Bundesverfassungsgerichts über
heimliche Überwachungsmaßnahmen der Verfassungsschutzbehörden gelten.[88]
Diese Rechtsprechung dürfte in ihren wesentlichen Rechtsgedanken auch auf
die nachrichtendienstliche Beobachtung von Abgeordneten anwendbar sein.

Daneben setzen weitere Verhältnismäßigkeitsaspekte der nachrichtendienstlichen Beobachtung von Abgeordneten Grenzen: Ein grundsätzlich unverhält-
nismäßiger Eingriff in das freie Mandat läge beispielsweise vor, wenn der Abgeordnete in der Arbeit mit Menschen seines Vertrauens heimlich beobachtet
würde.[89] Das wäre etwa der Fall, wenn im Abgeordnetenbüro eine Vertrauensperson des Verfassungsschutzes arbeiten und Informationen über die Tätigkeit
des Abgeordneten weitergeben würde.[90] Das würde faktisch zu einer permanenten Überwachung eines wesentlichen Teils der Abgeordnetentätigkeit führen.

---

[84] Vgl. § 45 Abs. 2 BKAG.
[85] Nach § 1 Abs. 1 Nr. 1 G 10 können Nachrichtendienste zur „Abwehr von drohenden
Gefahren" für die demokratische Grundordnung die Telekommunikation überwachen. Dabei
geht es um Maßnahmen im Bereich der Gefahrerforschung, vgl. *Huber*, in: Schenke/Grau-
lich/Ruthig (Fn. 7), § 1 Artikel 10-Gesetz Rn. 33.
[86] S. auch *Ruthig*, in: Schenke/Graulich/Ruthig (Fn. 7), § 62 BKAG Rn. 10.
[87] Vgl. dazu Abschn. V 3 b).
[88] Vgl. BVerfG, NJW 2022, 1583 Rn. 174 ff.; s. dazu Abschn. IV 3 b).
[89] Vgl. auch BVerwGE 137, 275 Rn. 100.
[90] Vgl. zu dieser Konstellation auch § 10 Abs. 2 S. 2 ThürVerfSchG 2015.

Eine weitere Grenze ergibt sich aus der Indemnitätsbestimmung des Art. 46 Abs. 1 GG. Demnach darf ein Abgeordneter zu keiner Zeit wegen seiner Abstimmung oder wegen einer Äußerung, die er im Bundestag oder in einem seiner Ausschüsse getan hat, gerichtlich oder dienstlich verfolgt oder sonst außerhalb des Bundestages zur Verantwortung gezogen werden. Die Vorschrift „verbietet […] jede beeinträchtigende Maßnahme außerhalb des Parlaments als Folge innerparlamentarischen Verhaltens eines Abgeordneten".[91] Sie wird weit ausgelegt und erfasst auch Maßnahmen des Verfassungsschutzes, insbesondere solche der Informationserhebung und -sammlung.[92] Demnach dürfen z.B. Äußerungen eines Abgeordneten in einer nichtöffentlichen Fraktionssitzung[93] mit nachrichtendienstlichen Mitteln prinzipiell nicht aufgezeichnet werden.[94] Vom Indemnitätsschutz nicht erfasst werden allerdings Äußerungen des Abgeordneten außerhalb des Bundestages, wie etwa solche in Parteigremien.[95]

Eine zusätzliche Grenze folgt aus Art. 47 S. 1 GG, der die Abgeordneten berechtigt, über Personen, die ihnen in ihrer Eigenschaft als Abgeordnete oder denen sie in dieser Eigenschaft Tatsachen anvertraut haben, sowie über diese Tatsachen selbst das Zeugnis zu verweigern. Die Vorschrift schützt das Vertrauensverhältnis zwischen dem Abgeordneten und einem Dritten und soll die vertrauliche Kommunikation des Abgeordneten gewährleisten.[96] Das Zeugnisverweigerungsrecht bezieht sich insbesondere auf vertrauliche Mitteilungen gegenüber dem Abgeordneten, die im unmittelbaren Zusammenhang mit seiner parlamentarischen Tätigkeit stehen.[97] Das Zeugnisverweigerungsrecht nach Art. 47 S. 1 GG darf prinzipiell nicht dadurch umgangen werden, dass der Verfassungsschutz durch heimliche Beobachtungsmethoden die vertrauliche Kommunikation des Abgeordneten mit einem Bürger abhört und Informationen sammelt.[98] Etwas anderes mag in den Fällen gelten, in denen die Kommunikation verfassungsfeindliche Bestrebungen zum Inhalt hat und der unmittelbare Bezug zur parlamentarischen Tätigkeit des Abgeordneten fehlt.

---

[91] BVerfGE 144, 20 Rn. 568.

[92] BVerfGE 134, 141 Rn. 124; *Brenner*, in: FS Badura, 2004, 25 (39 f.); *Schulze-Fielitz*, in: Dreier (Fn. 21), Art. 46 Rn. 18.

[93] Vgl. zur Anwendung des Art. 46 Abs. 1 GG auf Äußerungen des Abgeordneten in den Fraktionen *Butzer*, in: BeckOK GG (Fn. 68), Art. 46 Rn. 6; *Klein*, in: Dürig/Herzog/Scholz (Fn. 16), Art. 46 (2008) Rn. 43.

[94] S. auch BVerwGE 137, 275 Rn. 100, wonach die Freiheit des Mandats im Kern betroffen wäre, wenn die parlamentarische Arbeit des Abgeordneten, soweit sie sich unter Ausschluss der Öffentlichkeit vollziehe, heimlich beobachtet werde.

[95] Vgl. *Magiera*, in: Sachs (Hrsg.), GG, 9. Aufl. 2021, Art. 46 Rn. 5; *Schulze-Fielitz*, in: Dreier (Fn. 21), Art. 46 Rn. 16.

[96] BVerfGE 108, 251 (268 f.); 134, 141 Rn. 97; *Jarass*, in: (Fn. 19), Art. 47 Rn. 1.

[97] *Magiera*, in: (Fn. 95), Art. 47 Rn. 5; *Schulze-Fielitz*, in: Dreier (Fn. 21), Art. 47 Rn. 8.

[98] Vgl. auch *Schwabenbauer*, Heimliche Grundrechtseingriffe, 2013, 304 f.; *Shirvani*, VerwArch 101 (2010), 86 (109 f.) mit einer Differenzierung zwischen Maßnahmen zur Abwehr konkreter Gefahren und im Gefahrvorfeldbereich.

Jenseits der soeben erwähnten geschützten Sphären kommt der Einsatz nachrichtendienstlicher Instrumente gegenüber einem Abgeordneten in Betracht,
wenn er z.B. in Partei- oder sonstigen Verbandsgremien sich aufhält und dort
mit anderen kommuniziert. Will man den Schutz des Abgeordneten in den
Parteigremien vor geheimer Beobachtung stärken, müsste man tendenziell auch
den rechtlichen Schutz der Parteien vor heimlichen Eingriffen durch den Verfassungsschutz intensivieren.

3. Prozedurale Vorkehrungen

Ist nach den bisherigen Ausführungen die offene und heimliche Beobachtung
von Abgeordneten prinzipiell möglich, ist zu eruieren, ob die Verhältnismäßigkeit der Überwachung durch zusätzliche prozedurale Vorgaben gesichert werden kann. Dabei ist zwischen der Rechtslage de lege lata und de lege ferenda zu
unterscheiden.

a) De lege lata

Während das BVerfSchG für die Informationserhebung aus allgemein zugänglichen Quellen nach § 8 Abs. 1 BVerfSchG keine zusätzlichen prozeduralen Vorgaben vorsieht, formuliert es für heimliche Informationserhebungen verfah-
rensrechtliche Vorschriften. Dazu gehört § 9 Abs. 3 BVerfSchG, der bei eingriffsintensiven heimlichen Beobachtungsmethoden wie dem Abhören und
Aufzeichnen des nicht öffentlich gesprochenen Wortes unter anderem die Unterrichtung des Parlamentarischen Kontrollgremiums vorsieht. Zudem verpflichtet § 9b Abs. 1 S. 2 BVerfSchG die Bundesregierung, dem Parlamentarischen Kontrollgremium mindestens einmal jährlich einen Lagebericht über den
Einsatz von Vertrauensleuten vorzutragen.

b) De lege ferenda

Wie erwähnt, müssen aufgrund der neuesten Rechtsprechung des Bundesverfassungsgerichts über die heimlichen Überwachungsmaßnahmen der Verfassungsschutzbehörden auch einige Regelungen des BVerfSchG überarbeitet werden.[99] In prozeduraler Sicht müssen namentlich die Regelungen über den Einsatz von Verdeckten Mitarbeitern und Vertrauensleuten sowie über eine
längerfristige Observation auch eine unabhängige Vorabkontrolle der Maßnahmen vorsehen.[100] Nach Auffassung des Bundesverfassungsgerichts stehen die
„Struktur und das Wesen nachrichtendienstlicher Tätigkeit […] der kontrollie-
renden Vorabeinbindung externer Stellen nicht entgegen".[101] Demnach müssen

[99] S. Abschn. IV 3 b).
[100] Vgl. BVerfG, NJW 2022, 1583 Rn. 348, 354 und 361.
[101] BVerfG, NJW 2022, 1583 Rn. 221.

beispielsweise die längerfristige Observation eines Abgeordneten oder der Einsatz einer Vertrauensperson gegenüber einem Abgeordneten künftig der unabhängigen Vorabkontrolle unterliegen.

Jenseits dieses prozeduralen Aspekts stellt sich die Frage, ob aufgrund der besonderen Stellung der Abgeordneten eine stärkere parlamentarische Kontrolle des Bundesamtes für Verfassungsschutz geboten ist, wenn es Abgeordnete beobachtet. In Betracht kommen mehrere Regelungsmodelle, die zum Teil bereits im Landesrecht verwirklicht sind und sich auf den Einsatz nachrichtendienstlicher Mittel beziehen.

Das erste Regelungsmodell ist im sächsischen Verfassungsschutzrecht vorgesehen. Nach § 5 Abs. 4 SächsVSG bedarf der Einsatz nachrichtendienstlicher Mittel, die sich gezielt gegen einen Abgeordneten des Sächsischen Landtages richten, der vorherigen Genehmigung des Landtagspräsidenten. Die Regelung lässt offen, ob der Landtagspräsident eine reine Rechtskontrolle vornimmt oder ob er eine Ermessensentscheidung trifft, bei der auch Zweckmäßigkeitsaspekte eine Rolle spielen. Die Bestimmung ist zudem jedenfalls verfassungspolitisch äußerst bedenklich, weil sie den – in der Regel der größten Parlamentsfraktion – angehörenden Parlamentspräsidenten ermächtigt, womöglich eine eingriffsintensive heimliche Maßnahme zu genehmigen, von der Abgeordnete einer Oppositionsfraktion betroffen sein könnten. Das ist mit der Funktion des Parlamentspräsidenten als einer unparteiischen neutralen Instanz schwer vereinbar.[102]

Das zweite Modell, das mit Unterschieden im Detail in Sachsen-Anhalt, Schleswig-Holstein und Thüringen verwirklicht ist, sieht die Unterrichtung des Landtagspräsidenten und – zum Teil – auch des Parlamentarischen Kontrollgremiums vor, wenn nachrichtendienstliche Mittel gegen einen Abgeordneten eingesetzt werden.[103] Zudem wird mitunter eine Mitteilungspflicht gegenüber dem betroffenen Abgeordneten normiert, wenn eine Gefährdung des Maßnahmenzwecks ausgeschlossen werden kann.[104] Bei diesen Regelungen ist wiederum zweifelhaft, inwieweit eine Unterrichtung des Parlamentspräsidenten sinnvoll ist, zumal offen bleibt, welche Maßnahmen dieser nach einer Unterrichtung überhaupt ergreifen könnte. Jedenfalls dürften die bloße Unterrichtung der genannten Instanzen sowie die spätere Benachrichtigung des Abgeordneten gegenüber der unabhängigen Vorabkontrolle verfahrensrechtlich nicht gleichwertig sein.

Das dritte, im Schrifttum diskutierte Modell plädiert dafür, die Zustimmung des Parlamentarischen Kontrollgremiums einzuholen, bevor ein Abgeordneter

---

[102] Vgl. § 4 Abs. 2 S. 1 Geschäftsordnung des Sächsischen Landtags (GO), 7. Wahlperiode vom 1. Oktober 2019 (SächsABl. S. 1515); s. ferner § 7 Abs. 1 S. 2 GOBT.

[103] Vgl. § 29 Abs. 1 VerfSchG-LSA; § 28 S. 1 LVerfSchG SH; § 10 Abs. 2 S. 1 ThürVerfSchG 2015.

[104] Vgl. § 29 Abs. 2 S. 1 VerfSchG-LSA; § 28 S. 3 LVerfSchG SH.

beobachtet wird.[105] Allerdings ist fraglich, ob die Etablierung eines solchen Zustimmungsvorbehalts angesichts der Zuständigkeiten und der Zusammensetzung des Parlamentarischen Kontrollgremiums des Bundestages sachgerecht ist. Denn erstens hat das Parlamentarische Kontrollgremium nur Informations-, Akteneinsichts- und Befragungsrechte sowie das Recht auf Amtshilfe, aber prinzipiell keine Genehmigungsbefugnisse gegenüber der Bundesexekutive.[106] Das Kontrollgremium überwacht die Bundesregierung hinsichtlich der Tätigkeit der Nachrichtendienste des Bundes (s. § 1 Abs. 1 PKGrG), entscheidet aber grundsätzlich nicht selbst über operative Einzelmaßnahmen der Dienste. Zweitens gibt es aufgrund des – vom Bundesverfassungsgericht gebilligten – Verfahrens der Wahl der Mitglieder des Kontrollgremiums keine Garantie, dass jede Fraktion im Kontrollgremium vertreten ist.[107] Demnach wäre es möglich, dass Abgeordnete der Mehrheitsfraktionen im Kontrollgremium der nachrichtendienstlichen Überwachung eines Oppositionsabgeordneten zustimmen würden, dessen Fraktion im Kontrollgremium gar nicht vertreten wäre. Dadurch könnte das Kontrollgremium dem Vorwurf ausgesetzt werden, die Opposition mit Hilfe des Verfassungsschutzes zu bekämpfen.

Insgesamt sind die drei skizzierten Regelungsmodelle rechtlich bzw. rechtspolitisch problematisch. Will man das Parlament bei der Beobachtung von Abgeordneten durch das Bundesamt für Verfassungsschutz stärker einbeziehen, lässt sich dies am ehesten durch die – in Ansätzen bereits vorgesehene – frühzeitige Unterrichtung des Parlamentarischen Kontrollgremiums bewerkstelligen.[108] Die Unterrichtung kann aber – im Lichte der neuesten Rechtsprechung des Bundesverfassungsgerichts – die Regelung einer unabhängigen Vorabkontrolle nicht ersetzen.[109]

VI. Schluss

Durch die Beobachtung von extremistischen Parteien und Abgeordneten erfüllen die Behörden des Verfassungsschutzes ihre grundlegende Aufgabe, Informationen über verfassungsfeindliche Bestrebungen zu gewinnen und Art und

---

[105] Vgl. *Basakoglu*, Die Beobachtung von Abgeordneten durch den Verfassungsschutz, 2017, 214 ff.; *Morlok/Sokolov*, (Fn. 71), 412 f.

[106] Vgl. § 5 PKGrG. Nur vereinzelt sind Zustimmungsbefugnisse vorgesehen, vgl. § 8 Abs. 2 S. 1 G 10.

[107] Vgl. § 2 Abs. 1 – 3 PKGrG; s. ferner BVerfGE 70, 324 (362 ff.); *Hornung*, in: Morlok/Schliesky/Wiefelspütz (Fn. 66), § 30 Rn. 13; *Klein*, in: Dürig/Herzog/Scholz (Fn. 16), Art. 45d (2019) Rn. 30 ff.

[108] Vgl. § 9 Abs. 3 Nr. 2 BVerfSchG.

[109] Vgl. dazu Abschn. IV 3 b).

Ausmaß möglicher Gefahren frühzeitig zu erkennen.[110] Die Beobachtung von Parteien und Abgeordneten ist aber, wie Beispiele aus der Praxis zeigen, ein tatsächlich und rechtlich komplexes Unterfangen, was auch damit zusammenhängt, dass die Markierung der Grenzen der Beobachtung im Einzelfall schwierig ist. Rechtsprechung und Literatur haben bislang die Grenzen der Beobachtung von Parteien und Abgeordneten überwiegend separat untersucht und rechtliche Maßstäbe aufgestellt, die miteinander nicht stets harmonieren. Bedenkt man, dass Parteien und Abgeordnete vielfach in einem wechselbezüglichen Verhältnis zueinanderstehen, ist es sachgerecht, diese Wechselbezüglichkeit in die dogmatische Analyse der Grenzen der Beobachtung durch den Verfassungsschutz einzubeziehen. Um die Verhältnismäßigkeit der Überwachung durch den Verfassungsschutz im Übrigen sicherzustellen, müssen die einschlägigen Regelungen des BVerfSchG der neuesten Rechtsprechung des Bundesverfassungsgerichts über die Überwachungsmaßnahmen der Verfassungsschutzbehörden angepasst werden.

---

[110] BVerfGE 120, 274 (330); BVerwGE 110, 126 (134); *Roth*, in: (Fn. 7), § 4 BVerfSchG Rn. 87.

Rechtspraktischer Standpunkt

Vom Prüffall zum Verdachtsfall zur extremistischen Bestrebung

Volker Krichbaum

Inhaltsverzeichnis

I. Einleitung

Dieser Beitrag soll einen Einblick in die Bearbeitung von Prüffällen und Beobachtungsobjekten beim Bundesamt für Verfassungsschutz (BfV) geben.

Zunächst soll dargestellt werden, was das BfV unter den Begriffen Prüffall, Verdachtsfall und erwiesen extremistischer Bestrebung versteht.

In einem nächsten Teil sollen Beispiele aus der Praxis genannt werden und kurz auf die Beobachtung politischer Parteien eingegangen, sowie auf die Bedeutung des nachrichtendienstlichen Erfahrungswissens bei der Bewertung von Personenzusammenschlüssen hingewiesen werden.

Zunächst soll aber noch ganz kurz die Entscheidung des Bundesverfassungsgerichts (BVerfG) vom 26. April 2022 zum BayVSG erwähnt werden. Das Gericht hat in dieser zwar die weitere Ausdifferenzierung der Normen des BayVSG, u.a. zu den Übermittlungsvoraussetzungen und zum Einsatz nachrichtendienstlicher Mittel, eingefordert. Das BVerfG hat aber auch ausdrücklich betont, dass das Grundgesetz sich für eine streitbare Demokratie entschieden hat und die Verfassungsschutzbehörden bereits im Vorfeld polizeilicher

Gefahrerforschung grundsätzlich legitim Aufklärung betreiben dürfen.[1] Das
soll einleitend nochmals hervorgehoben werden.

II. Begriffsbestimmungen

Die gesetzliche Grundlage für das BfV bei der Bearbeitung von Personenzusammenschlüssen sind die §§ 3 und 4 BVerfSchG. Diese Normen enthalten jedoch keine Definition der Begriffe Prüf- oder Verdachtsfall, sie stellen auf den
Begriff der Bestrebung ab. Dieser ist in § 4 Abs. 1 S. 1 BVerfSchG legal definiert
und bezeichnet solche politisch bestimmten, ziel- und zweckgerichteten Verhaltensweisen, die darauf gerichtet sind, die Schutzgüter der Verfassungsschutzbehörden, insbesondere die freiheitliche demokratische Grundordnung, erheblich
zu beeinträchtigen oder zu beseitigen. Die Begrifflichkeiten Prüf-, Verdachtsfall
und erwiesen extremistische Bestrebung wurden von der Behördenpraxis und
Rechtsprechung geprägt.

1. Prüffall

Unter den genannten Kategorien ist die des Prüffalls wohl diejenige, die rechtlich am stärksten hinterfragt wird und daher – auch im Rahmen der Gesetzessystematik – besonders erklärungsbedürftig erscheint.

   Zunächst ist festzuhalten, dass für die Bearbeitung von Prüffällen ein drin-
gender fachlicher Bedarf besteht. Extremistische Personenzusammenschlüsse
verfolgen in vielen Fällen ihre verfassungsfeindlichen Ziele nicht offen und verschleiern entsprechende Verhaltensweisen teilweise sehr geschickt.[2] Das BfV
könnte seine Funktion als Frühwarnsystem jedoch kaum erfolgreich wahrnehmen, wenn es in solchen Fällen abwarten müsste, bis die Organisation diese
Ziele selbst offenbart oder sogar eine ganz konkrete Gefahr für die freiheitliche
demokratische Grundordnung offensichtlich wird. Eine Prüfung der Zuständigkeit der Verfassungsschutzbehörden muss daher bereits vorher ansetzen und
schließlich ist eine zumindest kurze Prüffallbearbeitung denknotwendige Voraussetzung für die Entscheidung über die Aufnahme einer nachrichtendienstlichen Beobachtung.[3]

   Es herrscht Uneinigkeit, ob der Prüffall außerhalb oder innerhalb der Aufgaben gem. §§ 3, 4 BVerfSchG liegt.[4] Wenn man davon ausginge, dass der Prüffall
noch unterhalb der Schwelle erster tatsächlicher Anhaltspunkte für verfas-

---

[1] BVerfG, Urteil v. 26.04.2022 – 1 BvR 1619/17 – Rn. 150, 154.
[2] *Murswiek*, Verfassungsschutz und Demokratie, 2020, 38.
[3] Vgl. dazu *Murswiek* (Fn. 2), 63; *Warg*, in: Dietrich/Eiffler (Hrsg.), Handbuch des Rechts
der Nachrichtendienste, 2017, Teil V § 1 Rn. 19.
[4] Vgl. *Schneider*, DÖV 2022, 372 (373 f.) m.w.N.

sungsfeindliche Bestrebungen anzusiedeln wäre, dann würden reine Vermutungen und Hypothesen für ein solches Tätigwerden des BfV ausreichen, was rechtspolitisch und auch rechtssystematisch problematisch wäre. Denn wenn ein Tätigwerden außerhalb des Auftrags der §§ 3, 4 BVerfSchG vorliegen würde, stellt sich die berechtigte Frage, woher die Befugnisnorm für Datenverarbeitungen genommen werden sollte, die in diesem Stadium – wenn auch in vergleichsweise geringerem Maße – erforderlich sind, um eine sachgerechte Bewertung vornehmen zu können. Eine Anlage von Sachakten zu Prüffällen ist nämlich regelmäßig erforderlich. Richtigerweise ist daher davon auszugehen, dass das BfV bei ersten tatsächlichen Anhaltspunkten innerhalb des Auftrags nach §§ 3, 4 BVerfSchG tätig wird[5], jedoch wird die Prüffallbearbeitung noch nicht als Beobachtung bezeichnet.

Zusammenfassend kann also festgehalten werden, dass ein Prüffall erste Verdachtssplitter, d.h. zumindest geringe tatsächliche Anhaltspunkte für das Vorliegen einer verfassungsfeindlichen Bestrebung voraussetzt, ohne dass diese Anhaltspunkte bereits so verdichtet wären, dass eine unmittelbare Einstufung als Beobachtungsobjekt gerechtfertigt wäre. Allerdings darf das BfV in dieser Prüfphase natürlich nicht unverhältnismäßig in die Rechte der Betroffenen eingreifen. Das heißt etwa, dass keine systematische Beobachtung erfolgt und kein zielgerichteter Einsatz nachrichtendienstlicher Mittel stattfindet, sondern die Auswertung konzentriert sich auf offen zugängliche Materialien. Es werden zudem nur Sachakten, aber keine Personenakten zum Prüffall angelegt. Weiterhin ist die Bearbeitung als Prüffall zeitlich eng auf das dafür notwendige Maß zu begrenzen.[6]

Ein Prüffall ist ausdrücklich kein Beobachtungsobjekt.

2. Beobachtungsobjekte

Eine Einstufung als Beobachtungsobjekt findet statt, wenn hinreichende tatsächliche Anhaltspunkte für verfassungsfeindliche Bestrebungen und damit das Vorliegen der gesetzlichen Beobachtungsvoraussetzungen festgestellt werden. Anderenfalls wird der Prüffall eingestellt.

Bei den Beobachtungsobjekten (als Oberbegriff) werden zwei Kategorien unterschieden:

Der Verdachtsfall und die gesichert extremistische Bestrebung.

Beim Begriff Beobachtungsobjekt handelt es sich ebenfalls um keinen gesetzlichen Terminus, sondern die Einrichtung von Beobachtungsobjekten dient dazu, um in einem strukturierten Verfahren das Vorliegen einer Bestrebung

---

[5] *Schneider* (Fn. 4), 374; *Lindner/Unterreitmeier* DVBl 2019, 819 (823); a.A. *Warg*, in: Dietrich/Eiffler (Fn. 3), Teil V § 1 Rn. 19.
[6] *Warg*, in: Dietrich/Eiffler (Fn. 3), Teil V § 1 Rn. 19a.

festzustellen und eine systematische Bearbeitung zu ermöglichen – dient also letztlich arbeitspraktischen Zwecken.

a) Verdachtsfall

Beim Verdachtsfall liegen hinreichend gewichtige tatsächliche Anhaltspunkte für Extremismus vor, es ist aber noch nicht gesichert, dass es sich um eine extremistische Bestrebung handelt. Bei einem Verdachtsfall findet eine systematische Beobachtung statt und es ist auch der zielgerichtete Einsatz nachrichtendienstlicher Mittel unter strenger Beachtung des Verhältnismäßigkeitsgrundsatzes im Einzelfall zulässig.[7] Allerdings führen die Verhältnismäßigkeitserwägungen und die gesetzlichen Voraussetzungen für bestimmte nachrichtendienstliche Mittel auch dazu, dass deren Einsatz bei Verdachtsfällen zurückhaltender erfolgt. So dürfte auch ein hinreichender Verdacht für eine Katalogstraftat zur Begründung einer G10-Maßnahme[8] regelmäßig nur bei erwiesen extremistischen Personenzusammenschlüssen oder Einzelpersonen vorliegen.

Eine Speicherung personenbezogener Daten findet bei Verdachtsfällen nach den Vorschriften des BVerfSchG statt, allerdings ist die Beobachtung von Verdachtsfällen und damit die Speicherung von personenbezogenen Daten zeitlich auf das erforderliche Maß zu begrenzen. Das heißt insbesondere, dass eine Dauerbeobachtung wegen der ursprünglichen, sich im Laufe der Beobachtung nicht bestätigenden Anhaltspunkte, unzulässig ist;[9] das Gesetz gibt aber keine absolute Obergrenze vor.[10]

b) Gesichert extremistische Bestrebung

Eine gesichert extremistische Bestrebung liegt dann vor, wenn sich die tatsächlichen Anhaltspunkte zur Gewissheit verdichtet haben,[11] der Extremismus erwiesen ist.

Welche Kriterien müssen dafür erfüllt sein? Es wäre einfach, wenn es nicht nur zur Bestimmung des pH-Wertes in der Chemie einen Lackmustest, sondern auch einen zur Anzeige des Extremismusgehaltes einer Organisation geben würde. Einen solchen schematischen Test gibt es nicht und er würde auch der teilweise komplexen Lebenswirklichkeit in den verschiedenen extremistischen Phänomenbereichen nicht gerecht. Jeder Einzelfall muss für sich analysiert und im Rahmen einer Gesamtschau bewertet werden.

---

[7] Aktuell bestätigt durch VG Köln, Urteil v. 08.03.2022 – 13 K 326/21 – Rn. 966.

[8] Vgl. zu den Voraussetzungen § 3 Abs. 1 G 10.

[9] BVerwGE 110, 126 (138).

[10] So auch aktuell festgestellt durch VG Köln, Urteil v. 08.03.2022 – 13 K 326/21 – Rn. 961, 963 m.w.N.

[11] Vgl. VG Köln, Urteil vom 08.03.2022 – 13 K 326/21 – Rn. 736 ff.

III. Praxisbeispiel

Aktuelles Beispiel für Hochstufung eines Beobachtungsobjektes vom Verdachtsfall zur erwiesen extremistischen Bestrebung ist die linksextremistische Internetplattform de.indymedia.

Die Plattform wurde bereits 2002 online geschaltet und ist *nicht zu verwechseln* mit dem Internetportal linksunten.indymedia.org. Die Betreibergruppe von linksunten.indymedia wurde am 25. August 2017 durch den Bundesinnenminister nach § 3 Abs. 1, S. 1, Alt. 1 und 2 VereinsG verboten, weil deren Zweck und Tätigkeiten auf der Internetplattform den Strafgesetzen zuwiderliefen und sich gegen die verfassungsmäßige Ordnung richteten. Das Verbot wurde unter anderem damit begründet, dass auf der Plattform von Linksextremisten öffentlich zur Begehung von Straftaten aufgerufen worden war – auch im Zusammenhang mit dem G20-Gipfel 2017 in Hamburg. Nahezu täglich propagierten Linksextremisten dort mit Unterstützung der Plattformbetreiber Tatbekennungen sowie strafbare und verfassungsfeindliche Inhalte.[12]

Diese Vorgeschichte von linksunten.indymedia ist wichtig, um die Entwicklung des Internetportals de.indymedia.org nachvollziehen zu können: Vom Prüffall über den Verdachtsfall (erstmalige Erwähnung als solcher im Verfassungsschutzbericht des Bundes 2019)[13] bis hin zur erwiesen linksextremistischen Bestrebung, über die am 7. Juni 2022 bei der Vorstellung des Verfassungsschutzberichts des Bundes 2021 auch öffentlich berichtet worden ist.

Welche tatsächlichen Anhaltspunkte führten schließlich zu dieser Bewertung des BfV? Festzustellen ist zunächst, dass weder das ursprünglich propagierte Ziel der Plattform, eine Gegenöffentlichkeit frei von staatlicher Kontrolle zu schaffen, noch allein die Nutzung unter anderem von Linksextremisten dazu geführt hätte, dass die Schwelle vom Prüffall zum Beobachtungsobjekt überschritten wird. Denn die Plattform wird nach dem Prinzip des „Open-Posting" betrieben: Jeder Nutzer hat die Möglichkeit Beiträge anonym zu veröffentlichen. Diese Konstruktion eröffnet potentiell einen „Markt der Meinungen" und lässt eine Zurechenbarkeit verfassungsfeindlicher Inhalte zu den Betreibern zweifelhaft erscheinen.[14]

Nach dem Verbot von linksunten.indymedia entwickelte sich de.indymedia zum wichtigsten Informations- und Propagandamedium für die linksextremistische Szene. Auf der Seite erschienen vermehrt Selbstbezichtigungsschreiben

---

[12] Vgl. Pressemitteilung des BMI vom 25.08.2017, https://www.bmi.bund.de/SharedDocs/pressemitteilungen/DE/2017/08/vereinsverbot.html (Abruf 08.07.2022) und Verbotsverfügung des BMI vom 14.08.2017, https://www.bmi.bund.de/SharedDocs/downloads/DE/veroeffentlichungen/2017/verbotsverfuegung-linksunten.pdf?__blob=publicationFile&v=2 (Abruf 08.07.2022).

[13] Verfassungsschutzbericht 2019 (Bund), 145 ff.

[14] Vgl. zur Frage der Zurechenbarkeit von Inhalten zur Redaktion einer Zeitung BVerfG, Beschluss v. 24.05.2005 – 1 BvR 1072/01 – Rn. 75 f.

zu linksextremistischen Gewalttaten und gleichzeitig wird dazu aufgerufen, weitere Straftaten zu begehen. Diese Anhaltspunkte sind der Betreibergruppe zurechenbar, da die Moderationskollektive nach eigener Darstellung sicherstellen, dass „keine unerwünschten Inhalte" in Beiträgen zu finden sind.[15] Diese Anhaltspunkte haben sich im Jahr 2021 in der Gesamtschau immer mehr verdichtet. Zum einen zeigen Äußerungen aus dem Betreiberkreis, dass sich dieser mit gewaltorientierten Linksextremisten immer stärker identifiziert. Zum anderen begründet die festgestellte Moderation mittlerweile gesichert eine Zurechenbarkeit der verfassungsfeindlichen Inhalte: Obwohl die Moderatoren regelmäßig Spam-Beiträge und Inhalte „unter falscher Flagge" löschen, werden gerade zahlreiche Selbstbekennungen zu linksextremistischen Brandanschlägen und Gewalttaten sowie etliche Gewaltaufrufe nicht zeitnah entfernt. Auch zum G7-Gipfel 2022 in Elmau findet man auf der Internetseite gewaltbefürwortende Artikel.[16] Damit bieten die Betreiber wissentlich und offensichtlich auch willentlich der Propagierung linksextremistischer Gewalt eine reichweitenstarke Plattform.

Die Subsumtion dieser Sachverhalte führt zu einem eindeutigen Ergebnis: Der Schutz der körperlichen Integrität jeder Person ist im Kern durch die Garantie der Menschenwürde geschützt; die Propagierung von Gewalt zur Durchsetzung politischer Ziele richtet sich eindeutig gegen das Gewaltmonopol des Staates und damit gegen das Rechtsstaatsprinzip.[17] Insgesamt konnten daher zuletzt keine vernünftigen Zweifel mehr daran bestehen, dass bei dem Betreiberkreis von de.indymedia erwiesenermaßen Bestrebungen gegen die freiheitliche demokratische Grundordnung vorliegen und sich ein gesichert linksextremistischer Personenzusammenschluss gebildet hat.[18]

IV. Beobachtung von Parteien

Grundgesetzlich besonders geschützte Personenzusammenschlüsse sind politische Parteien gem. Art. 21 GG; ihre Staatsfreiheit setzt das Grundgesetz voraus, es gewährleistet ihre Unabhängigkeit vom Staat[19] sowie ihre Chancengleichheit. Den deutschen Verfassungsschutzbehörden ist es – im Gegensatz zur Praxis in mehreren anderen europäischen Staaten[20] – gestattet, politische Parteien zu be-

[15] Vgl. Verfassungsschutzbericht 2019 (Bund), 145ff.
[16] Vgl. Beitrag „G7 in Bayern – Darf's ein bisschen Militanz sein?" vom 23.06.2022, https://de.indymedia.org/node/201166 (Abruf 04.07.2022).
[17] Vgl. zum Gewaltmonopol des Staates als Teil der freiheitlichen demokratischen Grundordnung BVerfG, Urteil v. 17.01.2017 – 2 BvB 1/13 – Rn. 547.
[18] Vgl. Verfassungsschutzbericht (Bund), 2021, 162ff.
[19] BVerfGE 85, 164 (287).
[20] Vgl. Ausarbeitung der Wissenschaftliche Dienste des Deutschen Bundestages „Beobachtung politischer Parteien durch Inlandsnachrichtendienste in ausgewählten Mitgliedstaa-

obachten. In diesem Zusammenhang ist zu konstatieren, dass eine Beobachtung mit Grundrechtseingriffen verbunden ist und eine solche – insbesondere wenn sie mit einer öffentlichen Berichterstattung, etwa im Verfassungsschutzbericht einhergeht – den demokratischen Willensbildungsprozess beeinflussen kann.[21] Es wird daher auch von dem sog. Dilemma der streitbaren Demokratie gesprochen.[22] Allerdings hat das Grundgesetz mit seiner Entscheidung für eine streitbare Demokratie dem Selbstbestimmungsrecht der Parteien eine Schranke gesetzt.[23] Das Bundesverwaltungsgericht hat ausdrücklich festgestellt, dass die widerstreitenden Prinzipien der Parteienfreiheit und der streitbaren Demokratie mit Hilfe des Verhältnismäßigkeitsgrundsatzes einem angemessenen Ausgleich zuzuführen sind.[24] Auch deshalb müssen Verfassungsschutzbehörden bei der Prüfung der Beobachtungsvoraussetzungen und entsprechender Maßnahmen bei politischen Parteien eine gesteigerte Sorgfalt walten lassen.

Allerdings schließt eine besonders sorgfältige Prüfung nicht aus, dass eine Partei bei entsprechender Erkenntnislage bereits kurze Zeit nach ihrer Gründung *direkt nach* einer kurzen Prüfphase als erwiesen extremistische Bestrebung zum Beobachtungsobjekt wird – ohne vorher, wenigstens für kurze Zeit – als Verdachtsfall eingestuft worden zu sein. Anders als der Titel des Beitrags suggerieren könnte, gibt es im Verfassungsschutz *keine standardmäßige Abfolge* Prüffall – Verdachtsfall – erwiesen extremistische Bestrebung. Das BfV orientiert sich immer am Einzelfall.

Als Beispiel dafür kann etwa die rechtsextremistische Partei „DIE RECHTE" angeführt werden:

Die Kleinstpartei „DIE RECHTE" wurde bereits 2012 gegründet und hat sich seitdem mit aktuell 500 Mitgliedern im rechtsextremistischen Spektrum etabliert.[25] Erster und seit August 2021 auch wieder aktueller Bundesvorsitzender ist der langjährig aktive Neonazi Christian Worch.[26] Zuletzt gelang es der Partei, mit der Ankündigung, am 30. Juli 2022 auf Westerland (Sylt) eine Demonstration gegen den „absoluten Niedergang des Bahnnetzes und das Verschachern von Staatseigentum" durchführen zu wollen, kurzfristig mediale Aufmerksamkeit zu erzielen.[27] Obwohl der bereits bei der Gründung 2012 an-

---

ten der EU" vom 27.04.2021 – WD 3 – 3000 -032/21, 5 ff., https://www.bundestag.de/resour ce/blob/847922//3201f87b16549793943c4b89a4e103a8/WD-3-032-21-pdf-data.pdf (Abruf 08.07.2022).

[21] Vgl. dazu *Murswiek* (Fn. 2), 20 und 22.

[22] Vgl. *Michaelis*, Politische Parteien unter der Beobachtung des Verfassungsschutzes, 2000, 20 m.w.N.; *Gusy*, AöR 105 (1980), 279 (280 f.).

[23] Vgl. BVerwGE 110, 126 (132).

[24] BVerwGE 110, 126 (133).

[25] Verfassungsschutzbericht 2021 (Bund), 95.

[26] Verfassungsschutzbericht 2021 (Bund), 85 f.

[27] Vgl. „Nach den Punkern kommen die Nazis: ‚Die Rechte' will auf Sylt demonstrieren" vom 16.06.2022, https://www.focus.de/panorama/welt/aufruf-auf-telegram-nach-den-pun

gestrebte Parteienstatus, das Bekenntnis zur freiheitlichen demokratischen Grundordnung im Parteiprogramm, etliche Forderungen ohne extremistischen Gehalt in diesem Programm als auch eine gewisse Bandbreite an Mitgliedern verschiedener ideologischer Überzeugungen, Anlass für das BfV hätten sein können, eine etwas längere Prüffallphase und dem folgend eine entsprechende Bearbeitung als Verdachtsfall folgen zu lassen, war hier anders zu verfahren. Relativ kurze Zeit nach der Parteigründung wurde die Partei bereits als erwiesen extremistischer Personenzusammenschluss zum Beobachtungsobjekt erklärt und wurde als rechtsextremistische Organisation in den Verfassungsschutzberichten des Bundes und verschiedener Länder[28] für das Jahr 2021 als solche erwähnt.

Maßgebliche Gründe für die relativ kurze Prüfung und das Auslassen einer Verdachtsfallphase waren hier, dass die bei den Verfassungsschutzbehörden bereits vorliegenden Erkenntnisse über die maßgeblichen Protagonisten dieser Partei sowie das entsprechende nachrichtendienstliche Erfahrungswissen keine vernünftigen Zweifel daran zuließen, dass diese Partei – trotz einiger plakativer öffentlicher Bekenntnisse zu Verfassungswerten – insgesamt eindeutig verfassungsfeindliche Ziele verfolgt: Die in der Gründungsphase für die Partei prägende Kraft war der zu diesem Zeitpunkt bereits seit 35 Jahren rechtsextremistisch aktive Christian Worch[29]. Dessen verfestigte rechtsextremistische Überzeugungen hatten sich bereits 2012 durch zahlreiche einschlägige Aktivitäten manifestiert. Da es keine Anzeichen für eine weltanschauliche Wandlung gab, wäre es lebensfremd gewesen, dass er als Bundesvorsitzender diese neue Partei etwa als rechtspopulistische, nicht verfassungsfeindliche Kraft würde etablieren wollen.

Dieser Fall zeigt exemplarisch auf, dass in dem vom BfV aufzuklärenden Vorfeldbereich Bewertungen aufgrund zunächst noch geringer Tatsachendichte in besonderem Maße von nachrichtendienstlichen Erkenntnissen sowie Fach- und Erfahrungswissen der Auswerter abhängig sind. Das hat das BVerfG in seinem jüngsten Urteil zum BayVSG grundsätzlich anerkannt.[30] Auch in der Literatur wird konstatiert, dass die Interpretation von konkreten Verdachtsmomenten maßgeblich von nachrichtendienstlichem Erfahrungswissen getragen wird.[31] Allerdings entbindet das die Verfassungsschutzbehörden nicht davon, die Tatbestandsvoraussetzungen für die Beobachtung bei Bedarf auch einer externen

---

kern-kommen-die-nazis-die-rechte-will-auf-sylt-demonstrieren_id_107969087.html (Abruf 08.07.2022).

[28] Vgl. Verfassungsschutzbericht 2012 (Bund), 106 ff.; Verfassungsschutzbericht NW 2012, 78 ff.; Verfassungsschutzbericht HE 2012, 88 ff.

[29] Vgl. Verfassungsschutzbericht 2012 (Bund), 107.

[30] Vgl. BVerfG, Urteil v. 26.04.2022 – 1 BvR 1619/17 – Rn. 205, 221.

[31] Vgl. *Gitter/Marscholleck*, GSZ 2021, 191 (196); *Warg*, in: Dietrich/Eiffler (Fn. 3) V §1, 526, Rn. 16; *Roth*, in: Schenke/Graulich/Ruthig (Hrsg.), Sicherheitsrecht des Bundes, 2019, § 4 BVerfSchG, Rn. 106.

Stelle – etwa einem Verwaltungsgericht oder einem gesetzlichen Kontrollgremium – plausibel darzulegen. Darauf hat das BVerfG im letztgenannten Urteil deutlich hingewiesen.[32]

V. Fazit

Dieser Beitrag sollte einen kleinen Einblick in die Arbeit des BfV geben und aufzeigen, dass das von den Behörden und der Rechtsprechung entwickelte abgestufte System von Prüffall – Verdachtsfall – erwiesen extremistischer Bestrebung in der Praxis keinesfalls schematisch, sondern einzelfallbezogen ausgefüllt wird. Dazu erfüllt es auch einen arbeitspraktischen Zweck.

Es dient jedoch insbesondere gerade auch dazu, den Verfassungsschützern eine verhältnismäßige und vor allem auch grundrechtsschonende Prüfung und Bearbeitung von Personenzusammenschlüssen unterschiedlicher Erkenntnisdichte zu ermöglichen.

---

[32] Vgl. BVerfG, Urteil v. 26.04.2022 – 1 BvR 1619/17 – Rn. 221.

Verfassungsschutz und demokratische Willensbildung

Martin Morlok

Inhaltsverzeichnis

I. Notwendigkeit und Legitimität des Verfassungsschutzes

Wenn die Menschen Engel wären, bräuchte es keine Regierung, so die bekannte Überlegung von James Madison in den *Federalist Papers*.[1] Einen ähnlichen Gedanken findet man bei Kant. Er führt an, viele meinten, für eine „republikanische Verfassung" – wir würden wohl von einer guten demokratischen Verfassung sprechen, – sei ein Staat von Engeln notwendig. Kant vertritt demgegenüber die Auffassung: „das Problem der Staatseinrichtung ist, so hart es auch klingt, selbst für ein Volk von Teufeln (wenn sie nur Verstand haben), auflösbar [...]". Er vertraut also nicht auf die moralische Besserung der Menschen, sondern auf den aufgeklärten Eigennutz, sodass die bösen Gesinnungen in Schach gehalten werden.[2]

Dieses Vertrauen in die Vernunft und ihre Kraft, böse Absichten und Eigensüchtigkeit im Zaum zu halten, haben wir nicht mehr. Auch ganz aktuell sehen wir, dass das einleuchtende Konzept der Friedenserhaltung durch wechselseitige Abhängigkeit nicht notwendigerweise funktioniert, wenn die rationale Ver-

---

[1] *Hamilton/Madison/Jay*, Die Federalist Papers, Nr. 51, München 2007, 320.
[2] *Kant*, Zum ewigen Frieden, in: Kant, Werke in sechs Bänden, herausgegeben von Weischedel, Bd. VI, Darmstadt 1983, 200 (223 f.) B 60, 61 = A 60.

folgung von Eigeninteressen durch historisch argumentierenden Größenwahn behindert wird. Auch eine gute freiheitliche Verfassung bietet per se keine sichere Gewähr dafür, dass sie nicht angegriffen wird oder gar beseitigt werden soll oder auch tatsächlich beseitigt wird.

1. Die wehrhafte Demokratie des Grundgesetzes

Das Grundgesetz hat sich deswegen das Konzept der wehrhaften Demokratie[3] zu eigen gemacht. Dieses leuchtet ein: Wer wirklich eine freiheitliche demokratische Ordnung auf Dauer behalten will, muss alle Freiheiten gewähren – mit einer Ausnahme: der Freiheit, diese Ordnung abzuschaffen. Das wäre ein Selbstwiderspruch. Eine freiheitliche Ordnung darf also dafür sorgen, dass die Freiheit nicht zur Aufhebung dieser Ordnung selbst missbraucht wird.[4]

Demgemäß finden sich (in Art. 9 Abs. 2, 18, 21 Abs. 2, 3, 4 und in Art. 87 Abs. 1 Abs. 2 und 73 Abs. 1 Nummer 10 b) GG) im Grundgesetz die rechtlichen Voraussetzungen für eine institutionalisierte Praxis der wehrhaften Demokratie, nämlich in Gestalt der Möglichkeiten des Vereinsverbots, der Grundrechtsverwirkung, des Verbots von politischen Parteien und der Einstellung ihrer staatlichen Finanzierung und auch der Einrichtung von Verfassungsschutzbehörden auf den Ebenen der Länder und des Bundes.

2. Die Verfassungsschutzbehörde und ihre Aufgaben

Auf dieser Grundlage wurden in Bund und Ländern Verfassungsschutzbehörden errichtet. Deren Aufgaben und Befugnisse sind in den Verfassungsschutzgesetzen der Länder und des Bundes geregelt. Ich halte mich im Folgenden an das Bundesverfassungsschutzgesetz.[5]

Das Ziel der Arbeit des Verfassungsschutzes ist in § 1 bestimmt: Sie dient dem Schutz der freiheitlichen demokratischen Grundordnung, des Bestandes und der Sicherheit des Bundes und der Länder.

In Verfolgung dieses Ziels liegen die Aufgaben der Verfassungsschutzbehörden in der „Sammlung und Auswertung von Informationen, insbesondere von sach- und personenbezogenen Auskünften, Nachrichten und Unterlagen, über Bestrebungen, die gegen die freiheitliche demokratische Grundordnung, den Bestand oder die Sicherheit des Bundes oder eines Landes gerichtet sind […]“

---

[3] *Loewenstein*, Militant Democracy and Fundamental Rights, in: The American Political Science Review 31 (1937), 417, 638 ff.; aus der weiteren Diskussion siehe etwa *Papier/Durner*, Streitbare Demokratie, in: AöR 128 (2003), 340 ff.; *Thiel* (Hrsg.), Wehrhafte Demokratie, 2003.

[4] BVerfGE 144, 20 (195).

[5] Gesetz über die Zusammenarbeit des Bundes und der Länder in Angelegenheiten des Verfassungsschutzes und über das Bundesamt für Verfassungsschutz, Gesetz vom 20. Dezember 1990, BGBl. I 2954, 2970) zuletzt geändert durch Gesetz vom 5. Juli 2021 (BGBl. I 2274).

und gegen weitere die Sicherheit gefährdende oder auf den Einsatz von Gewalt zielende Handlungen. Auch sind sie befasst mit der Sicherheitsüberprüfung von Personen. Zur Unterstützung ihrer Tätigkeiten wird den staatlichen Behörden in §§ 18 ff. BVerfSchG die Pflicht auferlegt, einschlägige Informationen dem Bundesamt für Verfassungsschutz und den Verfassungsschutzbehörden der Länder zu übermitteln.

Vor allem aber wird der Verfassungsschutz ermächtigt, die zur Erfüllung seiner Aufgaben notwendigen Informationen zu sammeln und zu verarbeiten (§ 8 Abs. 1 BVerfSchG). Grundrechtseingriffe sind unter den Vorbehalt spezieller gesetzlicher Befugnisse gestellt. Demgemäß ist die Informationserhebung mit geheimdienstlichen Mitteln, also etwa durch Abhörmaßnahmen, ebenso eigens geregelt (§ 8 Abs. 2 BVerfSchG) wie der Einsatz von verdeckten Mitarbeitern und von Vertrauensleuten (§§ 9a und 9b BVerfSchG). Ob diese Bestimmungen in allen Einzelheiten den Anforderungen gerecht werden, die das Bundesverfassungsgericht in seinem Urteil zum Bayerischen Verfassungsschutzgesetz vom 26. April 2022[6] aufgestellt hat, kann hier in diesem Beitrag dahinstehen. Es geht in dieser Entscheidung um die Voraussetzungen für heimliche Überwachungsmaßnahmen und um die Übermittlung ihrer Ergebnisse an andere Behörden.

Für mein Thema steht demgegenüber im Mittelpunkt die Aufgabe der Verfassungsschutzbehörden, die Öffentlichkeit über Bestrebungen und Tätigkeiten gegen die freiheitliche demokratische Grundordnung zu informieren, § 16 BVerfSchG. Diese Informationstätigkeit soll im Weiteren betrachtet werden unter dem Gesichtspunkt ihrer Verträglichkeit mit einer demokratischen politischen Willensbildung.

II. Eigenart und Voraussetzungen demokratischer Willensbildung

Über seine öffentlich gemachten Berichte wirkt der Verfassungsschutz auf die politische Willensbildung ein. Aus Gründen der Klarheit zunächst ein Wort zum Begriff der politischen Willensbildung.

1. Politische Willensbildung

Mit dem Begriff sollen alle kommunikativen Beiträge erfasst werden, die sich auf die Herstellung verbindlicher politischer Entscheidungen beziehen. Verbindliche Entscheidungen sind solche der staatlichen Institutionen, die von Rechts wegen Befolgung für alle oder einen bestimmten Kreis von Adressaten beanspruchen. Der Begriff des Politischen wird also über den letztlichen Staatsbezug verstanden, genau betrachtet können nur staatliche Institutionen legiti-

---

[6] BVerfG 1 BvR 1619/17.

merweise Befolgung ihrer Entscheidungen beanspruchen. Selbstverständlich zählen zu den Beiträgen der politischen Willensbildung auch gesellschaftliche Auseinandersetzungen über politische Ziele und die zu ihrer Verfolgung geeigneten Mittel. Diese öffentlichen Debatten werden indes geführt im Horizont, schlussendlich die staatliche Entscheidungsfindung zu beeinflussen.

Auch wenn die politische Willensbildung meist auf die Instanzen der Politik zielt, also auf Parteien, Parlamente und Regierungen, so wird auch die kritische Begleitung der Entscheidungstätigkeit der Verwaltung und der Gerichtsbarkeit zum Begriff der politischen Willensbildung zu zählen sein. Trotz ihrer Rechtsbindung kennen auch diese Organe Entscheidungsspielräume und sind nicht völlig unsensibel gegenüber der öffentlichen Meinung.

So viel zum Begriff der politischen Willensbildung.

2. Demokratischer Charakter der politischen Willensbildung

Deren demokratischer Charakter wird dadurch konstituiert, dass jedenfalls im Ansatz alle Bürger gleiche Teilhabemöglichkeiten an dieser Kommunikation haben. Die verfassungsrechtliche Grundlage der demokratischen politischen Willensbildung liegt in der Volkssouveränität: Alle sollen zu der Erörterung der Positionen zur politischen Entscheidungsfindung beitragen dürfen und können. Die Volkssouveränität ist insofern die verfassungsrechtliche Grundlage der demokratischen Öffentlichkeit.

Öffentlichkeit ist die Kommunikation zwischen einer unbestimmten Zahl von Sendern und Empfängern. Die Volkssouveränität beschränkt sich also nicht auf die institutionalisierten Formen der Beeinflussung und Legitimitätsverschaffung für die Organe der verbindlichen Entscheidungsfindung, sondern stellt auch die Grundlage der permanenten kommunikativen Begleitung der Herrschaft und des politischen Prozesses überhaupt dar. Die Volkssouveränität erschöpft sich also nicht in Akten der Wahl oder denen des Volksentscheids, sondern eröffnet die Möglichkeit der laufenden Kommentierung und damit Beeinflussung der politischen Akteure und ihrer Entscheidungen. Die demokratische Öffentlichkeit stellt insofern das Feld der vielseitigen wechselseitigen Beobachtung und kritischen Kommentierung der gesellschaftlichen Akteure dar. Diese haben damit die Möglichkeit, aufeinander zu reagieren und sich zu beeinflussen. Der öffentliche Meinungsbildungsprozess ist damit auch das Medium der Selbstverständigung einer Gesellschaft über ihre Werte und Ziele. Sie erfolgt wesentlich über die Massenmedien.

Dieses idealtypische Bild der vielstimmigen, oft spontanen freien gesellschaftlichen Selbstverständigung ist in zwei Hinsichten zu korrigieren. Zum einen gibt es gezielte Einwirkung auf die Öffentlichkeit: „Öffentlichkeitsarbeit".[7] So haben Unternehmen, Verbände, aber auch staatliche Stellen eigene

---

[7] *Habermas* hat dies auf den Begriff des „Strukturwandels der Öffentlichkeit" gebracht,

Abteilungen, über die sie sich an die Öffentlichkeit wenden. Zum anderen gibt es gesellschaftliche Machtverhältnisse und damit unterschiedliche Möglichkeiten, auf die öffentliche Meinung Einfluss zu nehmen. Die Erfolgschancen der Öffentlichkeitsarbeit hängen ab von den dafür zur Verfügung stehenden Ressourcen.

Auch wegen ihrer Mittel spielt die staatliche Öffentlichkeitsarbeit in ihren verschiedenen Ausprägungen eine besondere Rolle. Staatliche Stellen dürfen, ja sollen sich auch an der Bildung der öffentlichen Meinung beteiligen. Sie sollen die Öffentlichkeit mit geeigneten Informationen versorgen, sie können versuchen, anstatt durch Befehl und Zwang, durch Empfehlungen und Ratschläge politische Ziele zu befördern; man denke etwa an den Umweltschutz oder die Kampagne zur Aids-Bekämpfung.

Die demokratische politische Willensbildung stellt eine 2-Wege-Kommunikation dar, es gibt kommunikative Beiträge von unten nach oben, aber auch von oben nach unten. Um der Chancengleichheit willen, die von dem egalitären Moment des Demokratieprinzips gefordert wird, ist die staatliche Einwirkung auf die politische Willensbildung aber in verschiedener Weise begrenzt. Mehrere Entscheidungen des Bundesverfassungsgerichts zur Öffentlichkeitsarbeit der Regierung und ihrer Mitglieder haben diese Grenzen herausgearbeitet[8] und in jüngerer Zeit einen Akzent auf die Neutralität der öffentlichen Äußerung von Amtsträgern gesetzt.

Für diese limitierenden Vorgaben der staatlichen Beiträge zur politischen Willensbildung sprechen zwei Gründe:

Zum einen soll die Herrschaft demokratisch, d.h. also vom Volk her legitimiert werden und deswegen nicht durch selbstlegitimierende Akte der Einflussnahme auf die politische Willensbildung durch die aktuell an der Macht sich befinden Kräfte beeinflusst werden. Die legitimierende Wirkung demokratischer Hervorbringung staatlicher Einrichtungen, zumal des Parlaments, wird reduziert im Maße der Beeinflussung durch staatliche Propaganda.

Zum anderen verlangt die demokratische *Chancengleichheit* der politischen Teilhabe eine Begrenzung der staatlichen Einwirkung auf die politische Willensbildung. Diejenigen Kräfte, die aktuell an der Macht sind, sollen die staatlichen Mittel nicht zur Sicherung ihrer eigenen Machtpositionen nutzen können. Die staatliche Kommunikation in politischen Angelegenheiten soll die Wettbewerbslage zwischen den politischen Kräften nicht verfälschen.

---

erste Auflage 1962, neue Ausgabe 1991 mit einem ausführlichen neuen Vorwort. Zur aktuellen Situation *ders.*, Überlegungen und Hypothesen zu einem erneuten Strukturwandel der politischen Öffentlichkeit, in: Seeliger/Sevignani, (Hrsg.), Ein neuer Strukturwandel der Öffentlichkeit?, Sonderband Leviathan 37 (2021), 470 ff.

[8] Grundlegend BVerfGE 44, 125 ff.

III. Rechtliche Probleme der Tätigkeit
des Verfassungsschutzes

1. Beobachtung

Bei der rechtlichen Beurteilung der Beobachtungstätigkeit ist zu differenzieren, ob die Informationssammlung aus allgemein zugänglichen Quellen erfolgt oder ob geheimdienstliche Methoden eingesetzt werden. Mit diesen Fragen setzt sich der Beitrag von *Foroud Schirvani* in diesem Band auseinander. Die Grenzen der Beobachtung und Informationserhebung wirken sich im weiteren Verlauf auf das aus, was der Verfassungsschutz der Öffentlichkeit mitteilen kann.

Ich komme damit zur Information der Öffentlichkeit durch den Verfassungsschutz.

2. Unterrichtung der Öffentlichkeit

Im Zentrum der Frage der demokratischen Willensbildung steht die Information der Öffentlichkeit über die Erkenntnisse des Verfassungsschutzes zu Aktivitäten, die von den Verfassungsschutzbehörden beobachtet werden. Zunächst gilt es, die Rechtmäßigkeit dieser Berichterstattung zu prüfen, es geht dabei insbesondere um den Verfassungsschutzbericht. In diesem werden gegebenenfalls Gruppierungen, auch Parteien, benannt, die nach Ansicht des Verfassungsschutzes Bestrebungen gegen die freiheitliche demokratische Grundordnung verfolgen.

Eine solche Kennzeichnung einer Organisation, insbesondere einer Partei, ist für diese durchaus abträglich. Sie wirkt abschreckend auf potentielle Mitglieder, sie lässt bei aktuellen Mitgliedern die Frage aufkommen, ob sie sich wegen ihrer Mitgliedschaft möglicherweise Nachteile zuziehen, insbesondere dann, wenn sie im öffentlichen Dienst beschäftigt sind. Auch für das allgemeine Publikum sind solche Charakterisierungen eine Information, die Bürger davon Abstand nehmen lassen können, sich für eine in solcher Art stigmatisierte Partei bei der Wahl zu entscheiden. Diese Auswirkungen auf – potentielle – Mitglieder und Wähler sind zwar nicht rechtlicher, sondern lediglich tatsächlicher Art, sie sind gleichwohl aber eine spürbare Beeinträchtigung der Erfolgschancen der betroffenen Partei. Sie verschlechtern ihre Wettbewerbslage. Eine solche Erwähnung im Verfassungsschutzbericht beeinträchtigt also die Chancengleichheit der Parteien und ist als Eingriff in deren Recht auf Chancengleichheit aus Art. 21 i.V.m. Art. 3 Abs. 1 GG zu qualifizieren. Der früheren Wertung des Bundesverfassungsgerichts,[9] diese rein faktischen Auswirkungen seien rechtlich irrelevant und hinzunehmen, ist insofern also zu widersprechen. *Dietrich Murswiek* hat

---

[9] BVerfGE 39, 334 (360 f.); 40, 287 (291 ff.), wonach rein tatsächliche Nachteile hinzunehmen seien.

den Eingriffscharakter wiederholt eindringlich begründet.[10] Karlsruhe ist dem mittlerweile zu Recht gefolgt.[11]

Ein solcher Eingriff ist aber gegebenenfalls rechtfertigungsfähig zum Schutze der freiheitlichen demokratischen Grundordnung entsprechend der Verfassungsentscheidung für die streitbare Demokratie.[12] Falls die gesetzlich dafür vorgesehenen Voraussetzungen erfüllt sind, ist eine solche öffentliche Kennzeichnung als verfassungsfeindliche Bestrebungen verfolgend zulässig.

Allerdings könnte man daran denken, dass eine öffentliche Charakterisierung einer Partei als verfassungsfeindliche Bestrebungen verfolgend gegen die *Sperrwirkung* aus Art. 21 Abs. 2 –4 GG verstößt, wonach keine rechtlichen Konsequenzen aus der (behaupteten) Verfassungsfeindlichkeit einer Partei gezogen werden dürfen, ehe eine einschlägige Entscheidung des Bundesverfassungsgerichts ergangen ist. Diese Sperrwirkung ist durchaus strikt zu handhaben, sie kennt aber eine notwendige Ausnahme: nämlich die Tätigkeiten der Verfassungsschutzbehörden. Es wäre widersinnig, wenn die Verfassungsschutzbehörden gehindert würden, vor einer Entscheidung des Bundesverfassungsgerichts extremistische Bestrebungen in den Blick zu nehmen und gegebenenfalls daraus Konsequenzen zu ziehen. Gerade die Verbotsmöglichkeit oder das Instrument der Finanzierungssperre setzen einschlägige Erkenntnisse voraus, um gegebenenfalls ein Verfahren vor dem Bundesverfassungsgericht zu initiieren.[13] Das Anknüpfungsverbot kann mithin nicht für den Verfassungsschutz gelten.

Wenn das Grundgesetz das Konzept der wehrhaften Demokratie übernommen hat und die entsprechenden Instrumente vorsieht, also Verfassungsschutzbehörden und gegebenenfalls Grundrechtsverwirkung und Organisationverbote oder Finanzentzug, dann liegt es nahe, einschlägige Erkenntnisse auch der Öffentlichkeit mitzuteilen. Das liegt in der Logik der Prävention, einem wesentlichen Element des Konzepts der wehrhaften Demokratie.[14]

Der Schutz der freiheitlichen demokratischen Grundordnung liegt nämlich in erster Linie in den Händen der Bürger. Die Bürger müssen die Grundlagen dieser freiheitlichen Ordnung wollen und praktizieren. Administrativer Verfassungsschutz kann nur eine begleitende Rolle spielen. Letztlich kann eine freiheitliche Ordnung nicht durch Überwachung und Repression erhalten werden, sie braucht die Akzeptanz und Aktualisierung durch die Bürger. Wenn die maßgebliche Gewährleistung der freiheitlichen Ordnung durch die Bürger

---

[10] *Murswiek,* DVBl 1997, 1021 ff.; *ders.,* NVwZ 2004, 769 ff.; *ders.,* Verfassungsschutz und Demokratie, 2020, 20: bereits die Beobachtung stelle einen Eingriff dar, zum Verfassungsschutzbericht 65 ff.

[11] BVerfGE 113, 63 (77 f.); s.a. BVerwG Urt. v. 26.6.2013 – 6 C 4/12 Rn. 26.

[12] BVerfG, Urt. v. 26.4.2022 – 1 BvR 1619/17, Rn. 150 m.w.N. aus der eigenen Rspr.

[13] BVerwGE 110, 126 (130 f.); BVerfGE 107, 339 ff., Sondervotum 378 (391).

[14] Siehe nur BVerfGE 144, 20 (199 f. Rn. 522) m.w.N. aus der eigenen Rspr.

selbst erfolgt, so tragen die Informationen über Bestrebungen gegen diese freiheitliche Ordnung dazu bei, die gesellschaftlichen Abwehrkräfte zu stärken.
Verfassungsschutzberichte sollen das demokratische Immunsystem aktivieren.
Genau deswegen haben die Verfassungsschutzbehörden die Aufgabe, die Öffentlichkeit über ihre Erkenntnisse zu informieren: Sie ist wichtiger als die Vorbereitung von Verboten.

Jedenfalls stellt die Erwähnung im Verfassungsschutzbericht ein milderes
Mittel dar gegenüber Verbot oder Entzug der Finanzmittel. Insofern ist es zulässig, bei hinreichend gesicherten Erkenntnissen über Bestrebungen gegen die
freiheitliche demokratische Grundordnung diese auch als solche öffentlich
namhaft zu machen. Hier mag auch der Gesichtspunkt der Störerhaftung herangezogen werden: Wer gegen seine Pflicht verstößt – hier nicht gegen die freiheitliche demokratische Grundordnung zu kämpfen – muss die Konsequenzen
tragen, mindestens als ein solcher „Störer" benannt zu werden.

Verfassungsrechtlich ist ein weiterer Gesichtspunkt heranzuziehen. Ich meine den *Status der Öffentlichkeit der politischen Parteien*. Das Grundgesetz
selbst hat in Art. 21 Abs. 1 S. 4 die Parteien auf die Veröffentlichung ihrer Finanzen verpflichtet. Auch das ihnen in Art. 21 Abs. 3 GG auferlegte Demokratieprinzip enthält als ein wichtiges Moment die Öffentlichkeit. Über diese beiden
Anknüpfungspunkte im Grundgesetz hinaus wurde, zunächst von Konrad
Hesse, ein Status der Öffentlichkeit der Parteien entwickelt, der deren Status
der Freiheit und Gleichheit ergänzt.[15] Die Tätigkeit der Parteien richtet sich an
die Bürger; diese sollen wissen können, was in den Parteien geschieht, wer die in
ihnen maßgebenden Kräfte sind. Demgemäß verlangt auch das Parteiengesetz,
dass Satzung und Programm der Partei und die Namen der Vorstandsmitglieder
dem Bundeswahlleiter mitzuteilen sind, § 6 Abs. 3 PartG, Informationen, die
der Bundeswahlleiter öffentlich zugänglich macht. Der Bürger soll mit seiner
Entscheidung für eine Partei nicht die Katze im Sack kaufen müssen. Deswegen
unterliegen die Parteien verfassungsrechtlichen Publizitätspflichten, zu denen
auch die grundsätzliche Öffentlichkeit der Parteitage gehört.[16]

Die öffentliche Bekanntgabe von einschlägigen Erkenntnissen der Verfassungsschutzbehörden ergänzt die Transparenzanforderungen an die Parteien
durch staatlicherseits gegebene Informationen. So wie die Berichtspflichten
über die Parteifinanzen oder die innerparteiliche Auseinandersetzung auf einem Parteitag die Chancen einer Partei beeinträchtigen können, kann dies auch
durch den Verfassungsschutzbericht geschehen. Die Bürger sollen aber informiert sein über das, was Parteien tatsächlich anstreben und wie es in ihnen aus-

---

[15] *Hesse*, Die verfassungsrechtliche Stellung der politischen Parteien im modernen Staat,
VVDStRL 17 (1959), 11 (27 ff.); *ders.*, Grundzüge des Verfassungsrechts der Bundesrepublik
Deutschland, 20. Aufl. 1995, Rn. 172 ff.; s. weiter *Morlok*, in: Dreier (Hrsg.), Grundgesetz-
Kommentar Bd. II: 3. Aufl. 2015, Art. 21 Rn. 46 ff.

[16] Zum Ganzen *Jürgensen*, Politische Parteien und Öffentlichkeit, 2022.

sieht. Deswegen sind die Parteien Publikationspflichten unterworfen und deswegen haben sie gegebenenfalls die Nennung im Verfassungsschutzbericht als verfassungsfeindliche Bestrebungen verfolgend hinzunehmen.[17]

Die Rechtfertigungsgrundlagen tragen allerdings nur, wenn eine im Verfassungsschutzbericht als verfassungsfeindliche Ziele verfolgend benannte Partei tatsächlich solche Bestrebungen betreibt oder wenn es dafür jedenfalls belastbare Anhaltspunkte gibt.

Der Verfassungsschutz arbeitet regelmäßig in einer Situation des *Verdachtes*. Ein Verdacht ist aber seiner Natur nach von Ungewissheit gekennzeichnet, man verfügt nur über unzureichendes Wissen. Um den Grundrechtseingriff zu rechtfertigen, wird deswegen ein besonders *qualifizierter Verdacht* verlangt.

Die Rechtsgrundlage in § 16 Abs. 1 und 2 BVerfSchG macht dies deutlich: Es braucht „hinreichend gewichtige tatsächliche Anhaltspunkte" für die Verfolgung solcher Bestrebungen, wie sie in § 3 Abs. 1 BVerfSchG genannt sind.[18]

Richtigerweise haben die Verwaltungsgerichte in jüngerer Zeit diese Voraussetzungen insofern ernst genommen, als sie eine Berichterstattung für rechtswidrig erklärt haben, die öffentlich machte, es werde geprüft, ob eine Gruppierung verfassungswidrige Ziele verfolge. Ein Verdacht ist schnell geschöpft. Einem ersten Verdacht ist durch weitere Aufklärung nachzugehen. Die Situation ist vergleichbar mit der eines Gefahrerforschungseingriffs im Polizeirecht. Es ist zu sehen, dass die Auseinandersetzung mit missliebigen politischen Gruppierungen in der strukturellen Versuchung steht, diese ins politische Abseits zu schieben. Deswegen braucht es tatsächliche Belege dafür, dass eine Partei verfassungsfeindliche Bestrebungen verfolgt.

Dass der Verfassungsschutz eine Gruppierung auf ihre verfassungsfeindlichen Bestrebungen hin „prüft", ein so genannter „Prüffall" vorliegt, reicht mithin nicht für eine Veröffentlichung im Verfassungsschutzbericht aus. Gleiches gilt für die öffentliche Äußerung eines anderen Amtsträgers, etwa eines Ministers, unter Berufung auf den Verfassungsschutz.[19] Ein Verdacht kann ausgeräumt werden, die Prüfung kann zum Ergebnis kommen, dass der Verdacht sich eben nicht hinreichend begründen lässt.

---

[17] So auch *Shirvani*, Parteienfreiheit, Parteienöffentlichkeit und die Instrumente des Verfassungsschutzes, AöR 134 (2009), 572 (594).

[18] Zu diesen Voraussetzungen jetzt auch BVerfG, Urt. v. 26.4.2022 – 1 BvR 1619/17 Rn. 183 ff. m.w.N.

[19] VG Düsseldorf, Urt. v. 24.02.2021 – 20 K 5100/19; VG Weimar, Urt. v. 12.07.2021 – 8 K 1151/19, 8 K 498/20 We; VG Köln, Urt. v. 08.03.2022 – 13 K 326/21, 13 K 207/20, 13 K 208/20, 13 K 325/21.

IV. Verletzung des demokratischen Charakters
der politischen Willensbildung?

Verfassungsschutzberichte über verfassungsfeindliche Bestrebungen nehmen Einfluss auf die politische Willensbildung des Volkes – und sie intendieren dies auch: Sie wollen das politische Publikum auf diese Gefahren aufmerksam machen, nicht zuletzt, um Gegenreaktionen zu initiieren. Freilich: Das steht in einem Spannungsverhältnis zum Gebot der demokratischen Willensbildung, die von unten nach oben und nicht unter maßgeblicher staatlicher Beeinflussung erfolgen soll.[20]

Allerdings gilt das Gebot der staatsfreien Willensbildung nicht absolut und nicht strikt.

Ein *absolutes* Verbot soll bedeuten, dass keine Gegengründe existieren, die einen staatlichen Einfluss auf die Willensbildung rechtfertigen. Die *Striktheit* des Verbots steht dafür, dass es keine Abstufungsmöglichkeiten gibt in der Praktizierung dieses Gebotes. Beides ist nicht der Fall. Es gibt Gründe, staatliche Informationstätigkeit zulässig zu machen und es gibt abgestufte Formen dieses Verbotes.

Wie gezeigt (II. 2.) dürfen und sollen staatliche Stellen mit den Bürgern kommunizieren; eine komplizierte Gesellschaft wie die unsere kann sich nicht allein auf Gebote und Verbote als Instrumente staatlichen steuernden Handelns beschränken, es braucht in vielen Fällen die freiwillige Mitwirkung der Bürger, wofür der Staat werben kann, um so durch die Zurverfügungstellung von Informationen erwünschtes Verhalten wahrscheinlicher zu machen. Insofern spricht man auch vom präzeptoralen Staat.[21]

Man denke etwa an Warnungen vor gefährlichen Produkten,[22] an Kampagnen zur Eindämmung einer ansteckenden Krankheit oder zur Energieeinsparung. All dies geschieht und ist im Grundsatz zulässig.

Unzulässig kann die staatliche Kommunikationstätigkeit dann werden, wenn sie auf Wettbewerbsverhältnisse der Bürger einwirkt. Das kann sowohl im Bereich der Wirtschaft wie dem der Politik geschehen. So kann die Berufsfreiheit durch staatliche Informationen und deren wettbewerbsverzerrende Wirkung beeinträchtigt werden.[23]

---

[20] So bes. BVerfGE 20, 56 (99 f.): „vom Volk zu den Staatsorganen hin", „grundsätzlich staatsfrei"; aus jüngerer Zeit BVerfGE 154, 320 (334 ff. Rn. 44 ff.); s.a. zur gebotenen Staatsferne der Aufsichtsgremien des öffentlich-rechtlichen Rundfunks BVerfGE 136, 9 (33 ff. Rn. 37 ff.).

[21] *Di Fabio*, Grundrechte im präzeptoralen Staat, JZ 1993, 689 ff.

[22] Siehe etwa BVerfGE 105, 252 ff. – Glykol (265 ff.); OLG Stuttgart, Urt. v. 21.03.1990 – 1 U 132/89, „Flüssig-Ei-Skandal".

[23] Siehe BVerfGE 148, 40 (51): Lebensmittelpranger. Zum Ganzen *Michael/Morlok*, Grundrechte, 8. Aufl. 2023, Rn. 355.

Auf dem Felde der Politik ist die Staatsfreiheit der Willensbildung grundsätzlich zu achten; zugleich ist die Notwendigkeit staatlicher Öffentlichkeitsarbeit anzuerkennen, um den demokratischen Konsens im Gemeinwesen lebendig zu erhalten und um die Bürger zur eigenverantwortlichen Mitwirkung an der politischen Willensbildung zu befähigen.[24]

Problematisch wird die staatliche Informationstätigkeit, wenn sie den politischen Wettbewerb der Parteien verzerrt. Jedenfalls zielgerichtete Eingriffe, um einzelne Parteien zu bevorzugen oder zu benachteiligen, sind zu unterlassen. Die Chancengleichheit der Parteien aus Art. 21 Abs. 1 S. 1 GG steht solchen Interventionen entgegen.[25]

Die Balance zwischen zulässiger staatlicher Informationstätigkeit und Wahrung der gleichen Wettbewerbschancen der politischen Kräfte ist durch Differenzierungen herzustellen. Insbesondere in Vorwahlzeiten hat sich die staatliche Öffentlichkeitsarbeit zurückzuhalten, die Möglichkeiten der staatlichen Öffentlichkeitsarbeit unterliegen also Abstufungsgeboten.[26] Diese Art von staatlicher Informationstätigkeit ist sachlich zu halten und darf keinen für eine politische Seite werbenden Charakter aufweisen.[27] Die Pflicht der staatlichen Organe, die vorgefundene Wettbewerbslage zwischen den Parteien nicht zu verzerren,[28] wurde in jüngerer Zeit wiederholt konkretisiert anlässlich von Äußerungen staatlicher Amtsinhaber, die konkret sich gegen eine bestimmte Partei wandten.[29] Ich meine also die Fälle Schwesig, Wanka, Seehofer und zuletzt Merkel. Ob diese Rechtsprechung den Amtsinhabern, die ihr Amt eben auch als Vertreter einer bestimmten Partei gewonnen haben und im parlamentarischen System agieren, zu streng ist, braucht hier nicht vertieft zu werden.[30] Das Sondervotum Wallrabenstein im Falle Merkel[31] enthält jedenfalls Bedenkenswertes. Falls im politischen Meinungskampf Gruppierungen betroffen sind, die keinen Parteistatus haben, greift nicht Art. 21 GG, sondern nach der Rechtsprechung ein Sachlichkeitsgebot, das gleichfalls politische Bewertungen disziplinieren soll.[32]

Ob die Linien des Erlaubten überschritten werden, ist im Einzelfall zu diskutieren. Dabei spielen neben der zeitlichen Situierung und der Sachlichkeit drei

---

[24] Siehe auch BVerfGE 154, 320 (336 f. = Rn. 49.).

[25] Siehe etwa BVerfGE 44, 125 (148 ff.); 63, 230 (243 f.); 138, 102 (115 = Rn. 46); 148, 111 (28 f. = Rn. 44); 154, 320 (327 f. = Rn. 51); Urt. v. 15.6. 2022 – 2 BvE 4/20, 2 BvE 5/20 Rn. 72. ff. (Merkel).

[26] Zur Zurückhaltung in Zeiten des Wahlkampfs bereits BVerfGE 44, 125 (140 ff., 149 ff.).

[27] BVerfGE 44, 125 (149 ff.).

[28] BVerfGE 20, 56 (118); 20, 119 (133); 41, 399 (414); 42, 53 (59); 52, 63 (89); 69, 92 (109); 73, 40 (89); 85, 264 (297); 104, 287 (300); 111, 382 (398).

[29] BVerfGE 138, 102 ff. (Schwesig); 140, 225 ff. (Wanka); 148, 11 (Seehofer).; Urt. v. 15.6.2022 – 2 BvE 4/20, 5/20 Rn. 73 ff. (Merkel); BVerwG, Urt. v. 26.6.2013 – 6 C 4/12 Rn. 25.

[30] Zu solchen Überlegungen *Payandeh*, Der Staat 55 (2016), 519.

[31] BVerfG, Urt. v. 15.9.2022 – 2 BvE 4/20, 5/20 Rn. 78.ff.

[32] BVerwG, Urt. v. 13.9.2017 – 10 C 6.16, JZ 2018, 357 ff.

weitere Kriterien eine Rolle: die Benutzung der Ressourcen des Amtes,[33] der Genuss der Amtsautorität[34] und die Aufmerksamkeit für staatliche Ämter.

Die Verwendung der *Amtsausstattung* für politische Einflussnahme ist immer untersagt, freilich kann man zweifeln, ob die Einstellung eines Textes auf die Internetseite des Amtes schon einen relevanten *materiellen* Vorteil darstellt. Welche Bedeutung die *Autorität* hat, die einer staatlichen Stelle zuerkannt wird, dürfte stark zwischen unterschiedlichen Bürgern variieren, von Obrigkeitshörigkeit bis zu pauschaler Ablehnung und Verdachtshaltung gegenüber staatlichen Äußerungen. Eine Demokratie muss aber – gegebenenfalls etwas kontrafaktisch – die Mündigkeit ihrer Bürger in politischen Dingen voraussetzen. Ganz ähnlich kennt man ja im Verbraucherschutzrecht die Figur des „mündigen Verbrauchers". Sehr gewagt dürfte diese Unterstellung nicht sein. Unproblematisch erscheint mir die Tatsache, dass Äußerungen von Amtsträgern und sonstiger staatlicher Stellen besondere *Aufmerksamkeit* genießen. Eben deswegen gibt es staatliche Instanzen, die aus einem demokratischen Prozess hervorgehen, weil diese Instanzen besondere Bedeutung haben sollen und ihre Äußerungen bevorzugte Aufmerksamkeit verdienen in der unübersehbaren Flut von öffentlich gemachten Informationen.

Wie sind auf dieser Grundlage die öffentlich gemachten Informationen der Verfassungsschutzbehörden zu beurteilen?

Die Verfassungsschutzberichte werden jedenfalls erstellt und in die Öffentlichkeit gegeben unter Einsatz der staatlichen Mittel. Dieses sonst greifende K.-O.-Kriterium für politisch intendierte staatliche Meinungsäußerungen kann hier bereits im Ansatz nicht greifen, weil gerade die Verfassungsschutzbehörden zur Verfolgung ihrer Tätigkeit eingerichtet und ausgestattet werden. Wenn es staatliche Verfassungsschutzbehörden kraft Verfassung gibt, mehr noch, geben soll, dürfen diese für ihre Tätigkeit auch aus Steuermitteln finanziert werden. Auch Aufmerksamkeit und Autorität soll ihnen zukommen, wenn ihre Existenz nicht ins Leere laufen soll. Die vom Grundgesetz gewollte Tätigkeit der Verfassungsschutzbehörden deckt also im Ansatz ihre Tätigkeit, einschließlich ihrer öffentlichen Berichte.

Dies rechtfertigt aber nicht jedwede öffentliche Information durch den Verfassungsschutz. Die Informationen, die dieser gibt, müssen sachlich zutreffend sein, bei den auf Tatsachen gestützten Wertungen müssen diese begründet werden, zumal die Einstufung als „verfassungsfeindlich" interpretationsabhängig ist. Wenn man etwa gleiche Rechte nur sogenannten „Bio-Deutschen" zuerkennt, so verstößt dies nachvollziehbar gegen die mit der Menschenwürdegarantie gewährleistete Gleichberechtigung aller Menschen. Das Verdikt, eine

---

[33] Dazu etwa BVerfGE 132 (337 Rn. 50) und BVerfG, Urt. v. 15.6.2022 – 2BvE 4/20, 5/20 Rn. 78.

[34] Damit argumentiert etwa VG Weimar, Urt. v. 11.6.2021 – 8 K 1151/19 We, Rn. 19; auch BVerfG, Urt. v. 15/6/2022 – 2 BvE 4/20, 5/20, Rn 80.

Gruppierung verfolge Bestrebungen gegen die freiheitliche demokratische Grundordnung, hat also die in ihm enthaltenen Wertungen darzustellen und zu begründen. Dies dient auch der Klärung der Grenzen zur Verfassungsfeindlichkeit.[35]

Die Verfassungsschutzberichte sprechen die Bürger in deren Rolle als Verfassungsschützer im weiteren Sinne an. Die Berichte wollen Verfassungsschutz durch Aufklärung[36] betreiben. Man kann demgemäß den Verfassungsschutz auch als Informationsdienstleister für die Demokratie bezeichnen.[37] Seine Berichte sollen dazu dienen, dass die Bürger ihren politischen Willen informiert bilden können. Nicht nur in der Medizin ist der *informed consent* wichtig. Informationsmöglichkeiten stellen eine Voraussetzung einer verantwortlichen Entscheidung dar und bilden zugleich eine strukturelle Bedingung eines funktionierenden Wettbewerbs,[38] hier zwischen den politischen Parteien. Gerade extremistische Bestrebungen werden unter den Bedingungen der wehrhaften Demokratie dazu neigen, ihre Ziele nicht in aller Schärfe öffentlich dazustellen, vielmehr oft eine geschönte Selbstdarstellung zu geben. Deswegen ist ja auch gegebenenfalls der Einsatz nachrichtendienstlicher Mittel angezeigt. Die Erkenntnisse aus solchen Recherchen sollen den Bürgern zugänglich gemacht werden. Eine Partei hat unter dem Status der Öffentlichkeit kein Recht darauf, die Bürger im Unklaren über ihre wahren Absichten zu lassen.

Schaut man nun auf die Voraussetzungen, welche die Verfassungsschutzgesetze von Bund und Ländern für ihre Tätigkeit und insbesondere für die Unterrichtung der Öffentlichkeit aufstellen, so ist festzustellen, dass bei Einhaltung dieser Vorgaben die Unterrichtung der Öffentlichkeit durch die Verfassungsschutzbehörden über extremistische Bestrebungen zulässig ist. Die gesetzlichen Voraussetzungen sind hinreichend streng, es kommt darauf an, sie zu beachten.

---

[35] *Banzhaf,* Die Ämter für Verfassungsschutz als Präventionsbehörden, 2021, 145.
[36] BVerfGE 113, 63 (77); BVerwG, Urt. v. 26.6.2013 – 6 C 4/12 Rn. 17.
[37] *Banzhaf,* (Fn. 35), 27 im Anschluss an H. G. Maaßen.
[38] BVerfGE 105, 252 (266f.).

Die Einwirkung des Verfassungsschutzes auf demokratische Willensbildungsprozesse

Dietrich Murswiek

Inhaltsverzeichnis

I. Öffentlichkeitsarbeit – eine untypische Nachrichtendienstaufgabe

Die typische Aufgabe eines Nachrichtendienstes besteht darin, der Regierung sicherheitsrelevante Informationen zu verschaffen, die sie sich nicht aus den Medien verschaffen kann. Dass ein Nachrichtendienst zusätzlich mit der Aufgabe betraut ist, die Bürger zu erziehen, dürfte eine seltene Ausnahme sein. Vielleicht ist die Aufgabe des deutschen Verfassungsschutzes, im Wege der Öffentlichkeitsarbeit auf die politische Bewusstseinsbildung einzuwirken, sogar weltweit singulär.[1]

Verfassungsrechtlich problematisch ist diese Aufgabe nicht von vornherein. Aber sie ist nicht nur deshalb heikel, weil im demokratischen Staat die politische Willensbildung grundsätzlich von unten nach oben und nicht umgekehrt ver-

---

[1] Die Untersuchung von *Backes*, Governmental reporting practice on extremism – Germany in comparison, Journal of Intelligence History, https://doi.org/10.1080/16161262.2022.20 80922, (31.5.2022), S. 1 ff., hat keine funktional vergleichbare Berichterstattung durch andere Geheimdienste europäischer Staaten aufgezeigt.

laufen soll. Sie ist auch deshalb heikel, weil die geheimdienstliche Informationserhebung und die staatliche Einwirkung auf die öffentliche Willensbildung unterschiedlichen Sachgesetzlichkeiten folgen und unterschiedlichen rechtlichen
Anforderungen unterliegen. Wird beides vermischt, kann die Demokratie Schaden nehmen.

Wie der Verfassungsschutz auf die demokratische Willensbildung einwirkt,
will ich jetzt nicht in extenso darstellen, sondern mich auf ausgewählte verfassungsrechtliche Probleme konzentrieren. Daher nur ein paar Stichworte: Der
Verfassungsschutz wirkt auf die Willensbildung ein durch die typischen Instrumente der Öffentlichkeitsarbeit, vor allem durch die Verfassungsschutzberichte, außerdem durch Informationsbroschüren, Pressekonferenzen, Informati-
onsportale im Internet. Indirekt wird aber auch Einfluss genommen durch die
öffentlich verkündete Einstufung von Organisationen, insbesondere von politischen Parteien, als Verdachtsfall oder als Fall erwiesener Verfassungsfeindlichkeit. Vielleicht ist dies sogar das wichtigste Mittel der Einwirkung auf die demokratische Willensbildung, weil die Einstufung als extremistisch die politischen
Erfolgschancen der Parteien stark beeinflusst.

II. Der Ausnahmecharakter der hoheitlichen Einwirkung
auf die demokratische Willensbildung – Verfassungswidrigkeit
der Verdachtsberichterstattung

Dem Staat ist es nicht verboten, sich an der öffentlichen Willensbildung zu beteiligen. Aber im Unterschied zu den einzelnen Menschen steht Staatsorganen
keine Meinungsfreiheit zu. Staatliche Einwirkungen auf die Willensbildung
sind rechtfertigungsbedürftig. In der Regel rechtfertigt sich staatliche Öffentlichkeitsarbeit dadurch, dass der Staat die Bürger über seine Maßnahmen informiert und sie ihnen erklärt. Der Staat darf aber grundsätzlich nicht den Bürgern
vorschreiben oder mit hoheitlichen Mitteln darauf hinwirken, wie sie denken,
was sie meinen oder wen sie wählen sollen. Er ist zur Neutralität im politischen
Meinungskampf verpflichtet.[2]

Einwirkungen des Verfassungsschutzes auf die öffentliche Willensbildung
lassen sich daher nur rechtfertigen, wenn und soweit sich eine Rechtfertigung
aus dem Grundgesetz ableiten lässt.[3] Dies ist ohne weiteres beim „positiven Ver-

---

[2] Vgl. BVerfGE 44, 125 (139 ff.) – Öffentlichkeitsarbeit; BVerfG, Urt. v. 15.6.2022 – 2 BvE
4/20 u.a. – „Südafrika", Rn. 73 ff. Im Gegensatz zur Senatsmehrheit verneint Richterin *Wallrabenstein* zwar eine Neutralitätspflicht der Bundesregierung für öffentliche Äußerungen,
ebd. Rn. 1 ff. Sie unterscheidet aber zwischen Regierung und Exekutive und richtet ihre Kritik
nur gegen die Neutralitätsverpflichtung der Regierung im Unterschied zur Verwaltung, ebd.
Rn. 12 f.
[3] Vgl. BVerfGE 20, 56 (99) – Parteienfinanzierung II; BVerfG, Urt. v. 15.6.2022 – 2 BvE
4/20 u.a. – „Südafrika", Rn. 92.

fassungsschutz"[4] durch Öffentlichkeitsarbeit der Fall: Der Staat darf – ja er muss sogar – edukatorisch auf die Wahrung des Grundkonsenses über die fundamentalen Verfassungsprinzipien hinwirken. Gerade der freiheitliche Staat ist darauf angewiesen, dass seine Verfassung und seine Institutionen von den Bürgern aus innerer Überzeugung bejaht werden. Verfassungsbewusstsein lässt sich nicht verordnen und schon gar nicht erzwingen. Es bildet sich in einem gesellschaftlichen Integrationsprozess, und auf diesen darf der Staat – vor allem durch sein Bildungssystem – einwirken. Er darf die Bürger nicht nur über die freiheitliche demokratische Grundordnung informieren, sondern darf und muss auch darauf hinwirken, dass sie ihre Prinzipien verstehen und wertschätzen.[5] Nur darf er diese Überzeugungsarbeit nicht mit politischen Inhalten beladen, die gar nicht Bestandteile der freiheitlichen demokratischen Grundordnung sind.

Schwieriger ist es mit dem „negativen Verfassungsschutz".[6] Zur öffentlichen Bewusstseinsbildung im Sinne einer Demokratieerziehung stellt der Verfassungsschutz in den Verfassungsschutzberichten dar, welche politischen Bestrebungen *nicht* mit der freiheitlichen demokratischen Grundordnung vereinbar sind. Dies ist im Ansatz ein sinnvolles Mittel staatlicher Öffentlichkeitsarbeit, weil so anhand konkreter Beispiele anschaulich gemacht werden kann, welche Zielsetzungen und Verhaltensweisen in unserer Grundordnung nicht akzeptiert werden können. So tritt vor der Folie des Inakzeptablen der Inhalt der freiheitlichen demokratischen Grundordnung plastisch hervor. Zugleich und vor allem werden die Feinde der freiheitlichen demokratischen Grundordnung geschwächt.[7]

Verfassungsrechtliche Probleme gibt es hierbei auf einer allgemeinen Ebene und im Hinblick auf spezielle Bewertungen und die Maßstabsbildung hierfür. Das allgemeine Problem ist die Verdachtsberichterstattung. Darauf gehe ich nur ganz kurz ein, um mich dann den speziellen Bewertungen zuzuwenden.

Der Verfassungsschutz berichtet im Bund und in manchen Bundesländern nicht nur über Beobachtungsobjekte, die er für erwiesen verfassungsfeindlich hält, sondern auch über Verdachtsfälle. Dies ist meines Erachtens verfassungswidrig,[8] auch wenn – sofern eine gesetzliche Grundlage für die Verdachtsbe-

---

[4] Dazu *Murswiek*, Verfassungsschutz und Demokratie. Voraussetzungen und Grenzen für die Einwirkung der Verfassungsschutzbehörden auf die demokratische Willensbildung, 2020, S. 66 f.

[5] Vgl. *Murswiek*, Verfassungsfragen der staatlichen Selbstdarstellung. Anmerkungen zur Staatspflege und zur staatlichen Selbstdarstellung im demokratischen Verfassungsstaat in: FS für Helmut Quaritsch, 2000, S. 307 (310 ff., 315 ff.). Dieser „positive Verfassungsschutz" ist vor allem Aufgabe des Bildungssystems, nicht der Verfassungsschutzbehörden.

[6] Vgl. *Murswiek* (Fn. 4), S. 67 f.

[7] Vgl. *Murswiek* (Fn. 4), S. 68 ff.

[8] Mit ausführlicher Begründung *Murswiek* (Fn. 4), S. 85 ff.

richterstattung gegeben ist – die Verwaltungsgerichte die gegenteilige Auffassung vertreten.[9]

Mit der Erwähnung im Verfassungsschutzbericht wird die betroffene Organisation als extremistisch stigmatisiert, auch wenn ausdrücklich gekennzeichnet wird, dass es sich um einen Verdachtsfall handelt. Dieser Eingriff in die Grundrechte der Betroffenen (bei einer politischen Partei in deren Statusrechte) ist besonders schwerwiegend. Denn es besteht die Möglichkeit, dass sich bei längerer Beobachtung und genauerer Analyse herausstellt, dass die betroffene Organisation keine verfassungsfeindlichen Bestrebungen verfolgt. Daher ließe sich dieser Eingriff nur rechtfertigen, wenn er bei strenger Erforderlichkeitsprüfung zur Abwehr einer Gefahr für die freiheitliche demokratische Grundordnung unerlässlich wäre. Dies ist in aller Regel nicht der Fall.[10]

III. Meinungsäußerungen als Gegenstand von Bewertungen durch den Verfassungsschutz

1. Zur Problematik der Meinungstabuisierung

Lenkungswirkung hat der Verfassungsschutzbericht nicht nur in Bezug auf die Organisationen, die er als „extremistisch" einstuft und vor denen er auf diese Weise warnt. Nicht nur diese Organisationen werden durch den Verfassungsschutzbericht geächtet, sondern zugleich auch die Meinungen, die im Verfassungsschutzbericht als Belege für die verfassungsfeindliche Zielsetzung der betreffenden Organisationen zitiert werden.

Als Beweisstücke beziehungsweise als tatsächliche Anhaltspunkte für die vom Verfassungsschutz behauptete verfassungsfeindliche Zielsetzung werden im Verfassungsschutzbericht in der Regel Meinungsäußerungen von Funktionsträgern, Mitgliedern oder Anhängern einer Organisation präsentiert, aus denen sich die verfassungsfeindliche Zielsetzung ergeben soll. Dies bedeutet umgekehrt: Eine Meinung, die im Verfassungsschutzbericht als Extremismus-Beleg zitiert wird, wird damit hoheitlich als verfassungsfeindlich – also als von einem Demokraten unter keinen Umständen vertretbar – disqualifiziert. Nicht nur bestimmte Organisationen werden vom Verfassungsschutzbericht angeprangert, sondern auch die Meinungen, die als Anhaltspunkte für Extremismus aufgeführt werden. Wer solche Meinungen äußert, ist in den Augen des Verfassungsschutzes ein Extremist; er muss damit rechnen, selbst im Verfas-

---

[9] Vgl. z.B. BVerwG, Urt. v. 26.6.2013 – 6 C 4/12 – juris, Rn. 12; BayVGH, Urt. v. 22.10.2015 – 10 B 15.1320 – juris, Rn. 32ff. – Zur Auseinandersetzung mit dieser Rechtsprechung vgl. *Murswiek* (Fn. 4), S. 94ff. Soweit die Verwaltungsgerichte sich zur Begründung ihrer Auffassung auf den JF-Beschluss des BVerfG (BVerfGE 113, 63 [80f.]) beziehen, ist dies unzutreffend, dazu *Murswiek* (Fn. 4), S. 95f.
[10] Dazu ausführlich *Murswiek* (Fn. 4), S. 88ff., 98ff., 102ff.

sungsschutzbericht zu erscheinen, vom Verfassungsschutz beobachtet zu werden oder beispielsweise als Beamter entlassen zu werden. Die Beweisführung im Verfassungsschutzbericht hat Tabuisierungscharakter: Die Meinungen und sonstigen Verhaltensweisen, die dort als Extremismus-Belege aufgeführt werden, muss man unterlassen, wenn man nicht selbst in Extremismus-Verdacht geraten will. Auch wenn die Äußerung solcher Meinungen nicht verboten und schon gar nicht strafbar ist, so sind diese Meinungen doch geächtet und damit faktisch aus dem politischen Diskurs ausgeschlossen[11].

Dies ist durchaus konsequent. Man kann verfassungsfeindliche Organisationen und speziell politische Parteien nicht politisch bekämpfen, wenn man nicht zugleich die von ihnen vertretenen verfassungsfeindlichen Meinungen bekämpft. Das eine bedingt das andere, und wirksamer Schutz der Verfassung mittels Information und Öffentlichkeitsarbeit setzt voraus, dass man nicht nur die Bedeutung der grundlegenden Verfassungsprinzipien positiv hervorhebt, sondern auch diejenigen Auffassungen negativ darstellt, die mit der freiheitlichen demokratischen Grundordnung unvereinbar sind. Der Staat verletzt seine grundsätzliche Pflicht zur politischen Neutralität im demokratischen Willensbildungsprozeß nicht, wenn er dies tut.

Aber der Verfassungsschutzbericht ist ein zweischneidiges Schwert: Er dient der Demokratie, wenn er verfassungsfeindliche Meinungen als extremistisch brandmarkt und so zu einer öffentlichen Meinungsbildung beiträgt, die auf die Wahrung der fundamentalen Verfassungsprinzipien gerichtet ist; er schadet hingegen der Demokratie, wenn er Meinungen als angeblich extremistisch ausgrenzt, die in Wirklichkeit nicht gegen die freiheitliche demokratische Grundordnung gerichtet sind.[12]

Die Verfassungsschutzbehörden müssen also sehr sorgfältig prüfen, welche Meinungsäußerungen sie als Anhaltspunkte für eine verfassungsfeindliche Zielsetzung im Verfassungsschutzbericht zitieren. Sie dürfen nur solche Meinungsäußerungen zitieren, die entweder eine verfassungsfeindliche Zielsetzung expressis verbis formulieren, oder die zwar nicht ausdrücklich, aber in ihrem konkreten Kontext eine verfassungsfeindliche Zielsetzung zum Ausdruck bringen. In letzterem Fall muss dieser Kontext aber ebenfalls dargestellt werden. Denn ohne den Kontext würde eine für sich genommen verfassungskonforme Äußerung als extremistisch stigmatisiert. Mit dem Grundrecht auf Meinungsfreiheit und mit der Offenheit des demokratischen Willensbildungsprozesses ist die hoheitliche Einwirkung mittels Tabuisierung bestimmter Meinungsinhalte

---

[11] Zu dieser Thematik ausführlicher *Murswiek*, Meinungsäußerungen als Belege für eine verfassungsfeindliche Zielsetzung. Zu den rechtlichen Anforderungen und zur Praxis der Verfassungsschutzberichte, in: FS von Arnim, 2004, S. 481 ff., insb. S. 484 f. = in *Murswiek* (Fn. 4), Annex 1, S. 105 (107 f.).

[12] Vgl. *Murswiek*, Der Verfassungsschutzbericht – das scharfe Schwert der streitbaren Demokratie, NVwZ 2004, S. 769 (774).

im Verfassungsschutzbericht nur dann vereinbar, wenn die im Verfassungsschutzbericht angeprangerten Meinungsinhalte tatsächlich verfassungsfeindlich sind. Wird der Verfassungsschutzbericht zur Durchsetzung der *political
correctness*, zur Absicherung der Macht etablierter Parteien, zur Behinderung
politischer Konkurrenz oder zur Tabuisierung unerwünschter – aber verfassungsmäßiger – Ansichten eingesetzt, dann ist dies ein schwerwiegender Miss-
brauch. Selbst wenn der Verfassungsschutzbericht nicht gezielt missbräuchlich
eingesetzt wird, sondern lediglich aufgrund von mangelnder Sorgfalt oder falscher juristischer Bewertung manche Meinungen zu Unrecht als Extremismus-Belege verwendet, schadet er in schwerwiegender Weise der Demokratie,
zumal der Rechtsschutz gegen solche Fehlqualifizierungen bislang unterentwi-
ckelt ist.

Als Anhaltspunkte beziehungsweise als verfassungsschutzrelevant[13] dürfen
also nur solche Meinungsäußerungen darstellt werden, die entweder auf die Beseitigung eines Elements der freiheitlichen demokratischen Grundordnung gerichtet sind (etwa seine Abschaffung fordern) oder die inhaltlich mit einem Element der freiheitlichen demokratischen Grundordnung unvereinbar sind.

Dass diese Gefahr einer fehlerhaften Meinungstabuisierung nicht nur theoretisch besteht, sondern ein praktisch großes Problem ist, habe ich an anderer
Stelle mit verschiedenen Beispielen gezeigt.[14] Es ist eine geradezu typische Vor-
gehensweise der Verfassungsschutzberichte, die extremistische Zielsetzung der
Berichtsobjekte indirekt aus Meinungsäußerungen oder anderen Verhaltensweisen abzuleiten, die für sich genommen nicht verfassungswidrig sind. Die
Gefahr, dass hierbei Anforderungen an eine verfassungsrechtlich gerechtfertigte Beweisführung[15] nicht beachtet werden, ist groß.

Auch unter diesem Aspekt ist eine strenge rechtsstaatliche Kontrolle der Verfassungsschutzberichte unerläßlich, damit nicht dieses Instrument des Schutzes
der Verfassung gegenteilige Wirkungen entfaltet.

Das gilt insbesondere für die Bewertung mehrdeutiger Meinungsäußerungen. Lässt eine Äußerung eine verfassungsfeindliche und eine verfassungskonforme Auslegung zu, darf der Verfassungsschutz nicht einfach unterstellen, die
verfassungsfeindliche Auslegungsmöglichkeit sei vom Sprecher gemeint.[16]

---

[13] Verfassungsschutzrelevant kann eine Äußerung auch dann sein, wenn sich aus ihr – wie
bei inhaltlich mit der freiheitlichen demokratischen Grundordnung unvereinbaren Äußerungen – für sich betrachtet noch keine verfassungsfeindliche Zielsetzung ableiten lässt, aber bei
hartnäckiger Wiederholung eine solche Ableitung möglich ist, dazu eingehend *Murswiek*
(Fn. 4), S. ff.

[14] *Murswiek* (Fn. 4), S. 113 ff.; 143 ff.

[15] Kriterien dafür bei *Murswiek* (Fn. 4), S. 40 ff., 110 ff.

[16] Dazu ausführlich *Murswiek* (Fn. 4), S. 46 ff.

2. Beispiel

Ich möchte die verfassungsrechtlichen Anforderungen an die Verwendung von Meinungsäußerungen als Anhaltspunkte für verfassungsfeindliche Bestrebungen an einem Beispiel verdeutlichen.

Ein Politiker sagt: „Putin ist ein lupenreiner Demokrat." Wenn dieser Politiker der kommunistischen Plattform oder der AfD angehört, kann man ziemlich sicher sein, dass der Verfassungsschutz dieses Zitat als Anhaltspunkt notiert und gegebenenfalls als Beleg für die verfassungsfeindliche Zielsetzung seiner Partei veröffentlicht. Da das Zitat aber von einem Bundeskanzler stammt, taucht es in Verfassungsschutzberichten nicht auf. Das ist jedoch nicht mein Thema. Mir geht es darum, dass Verfassungsschutzberichte jede Menge von Zitaten mit derselben Struktur[17] enthalten, und ich möchte die verfassungsrechtliche Prüfsonde hier an ein Zitat ansetzen, dessen Urheber man nicht von vornherein in eine Extremismus-Schublade einordnet.

Ist also dieses Zitat Ausdruck einer verfassungsfeindlichen Zielsetzung? Dass Putin kein Demokrat ist, wissen wir ja nicht erst seit dem Ukraine-Krieg. Indirekt lässt sich der Aussage die Auffassung entnehmen, Russland unter Putin sei ein demokratischer Staat. Insofern liegt das Zitat auf einer Ebene mit der These, die Türkei unter Erdogan sei demokratisch, oder auch auf einer Ebene mit der umgekehrten Ansicht, die Bundesrepublik Deutschland sei *keine* wirkliche Demokratie.

Eine falsche Aussage über die Demokratie lässt aber nicht ohne weiteres eine antidemokratische politische Zielsetzung erkennen. Würde jemand sagen, er trete dafür ein, dass die deutsche Demokratie nach dem Vorbild Russlands organisiert werde, dann brächte er damit eine verfassungsfeindliche Zielsetzung zum Ausdruck. Aber ob die Behauptung, Putin sei ein „lupenreiner Demokrat" eine Zielsetzung, und dazu noch auf das Inland bezogen, zum Ausdruck bringt, lässt sich dem Zitat nicht entnehmen. Es gibt viele denkbare Motive für diese Aussage, und was den Betreffenden zu seiner Aussage motiviert hat und was er über den Wortlaut hinaus damit gemeint hat, lässt sich bestenfalls aus dem Kontext erkennen. Wenn sich der Autor bei Putin einschleimen oder dem heimischen Publikum Wirtschaftsbeziehungen zu Russland schmackhaft machen will, ist das Zitat – so falsch die Aussage auch ist – verfassungsschutzrechtlich irrelevant. Und das bedeutet, ohne Kontext ist das Zitat verfassungsschutzrechtlich irrelevant. Als Beleg für eine gegen die Demokratie gerichtete Zielsetzung lässt es sich nur verwenden, wenn der Kontext ergibt, dass der Autor möchte, dass Deutschland so regiert wird, wie Putin Russland regiert.

---

[17] Gemeint sind Äußerungen, die ihrem Wortlaut nach keine gegen die freiheitliche demokratische Grundordnung gerichtete Intention zum Ausdruck bringen, vom Verfassungsschutz aber als Extremismus-Beleg verwendet werden.

Mit „Kontext" meine ich hier den Kontext des konkreten Zitats. Es reicht nicht aus, dass der Autor einer Organisation angehört, die vom Verfassungsschutz schon aus anderen Gründen als extremistisch eingeordnet wird. Ein verfassungsfeindlicher Aussagegehalt darf nicht einfach unterstellt werden, wenn die Aussage von einem Mitglied oder Funktionär einer extremistischen Organisation stammt. Andernfalls könnte der Verfassungsschutz die Anhaltspunkte für extremistische Bestrebungen beliebig vermehren, indem er für sich betrachtet belanglosen Äußerungen eine extremistische Zielsetzung einfach unterstellt.

Wenn also jemand sagt, Stalin sei ein bedeutender Politiker gewesen, ist das verfassungsschutzrechtlich irrelevant, selbst wenn er einer stalinistischen Vereinigung angehört. Wenn er sagt, so wie Stalin mit den Feinden des Sozialismus umgegangen ist, müssten wir das auch in Deutschland machen, ist das verfassungsfeindlich.

Entscheidend für die Öffentlichkeitsarbeit des Verfassungsschutzes ist, dass eine Meinungsäußerung, die nicht aus sich selbst heraus als verfassungsfeindlich verstanden werden muss, nur dann als Extremismusbeleg verwendet werden darf, wenn zugleich der Kontext mitgeteilt wird, aus dem sich die Verfassungsfeindlichkeit ergibt. Gibt es einen solchen – konkret diese Äußerung betreffenden – Kontext nicht, darf die Äußerung nicht öffentlich als Beispiel für extremistisches Verhalten verwendet werden.

3. Notwendigkeit einer deutlichen Unterscheidung von Anhaltspunkten für verfassungsfeindliche Bestrebungen und wertungsfreier Darstellung des politischen Zusammenhangs

Wenn die Verfassungsschutzberichte dem Leser eine als extremistisch bewertete Organisation vorstellen, machen sie oft nicht nur Angaben über verfassungsfeindliche Ziele und Tätigkeiten der Organisation, sondern auch über ihre nicht verfassungsfeindlichen Ziele und Tätigkeiten. Das ist legitim, damit der Leser ein Gesamtbild erhält und vielleicht auch erkennen kann, wie extremistische sich mit verfassungskonformen Zielsetzungen verbinden und die Organisation unter Umständen gerade dadurch für andere attraktiv wird und Einfluss gewinnt.

Nicht nur problematisch, sondern rechtswidrig ist es aber, verfassungskonforme Zielsetzungen und Tätigkeiten in einem Atemzug mit verfassungsfeindlichen Zielsetzungen und Tätigkeiten, die als Anhaltspunkte gewertet werden, zu nennen, ohne ihre Bewertung in der Darstellung zu unterscheiden und für den Leser deutlich zu machen, welche der beschriebenen Verhaltensweisen oder Meinungsäußerungen als Anhaltspunkte für verfassungsfeindliche Bestrebungen oder als inhaltlich verfassungsfeindlich gewertet werden und welche nicht.

Fehlt es an dieser Unterscheidung, dann erstreckt sich die Tabuisierungswirkung des Verfassungsschutzberichts nämlich auch auf die dort zitierten verfassungskonformen Meinungsäußerungen und anderen Verhaltensweisen. Das kommt in der Praxis häufig vor.[18]

Eine rechtswidrige Stigmatisierungswirkung hat es auch, wenn im Verfassungsschutzbericht eine Organisation als extremistisch eingeordnet und über ihre Aktivitäten berichtet wird, ohne dass überhaupt verfassungsfeindliche Äußerungen oder Verhaltensweisen, sondern nur verfassungsmäßige Verhaltensweisen mitgeteilt werden. Das erweckt dann beim Leser den Eindruck, als kritisiere der Verfassungsschutz die mitgeteilten Verhaltensweisen als seiner Auffassung nach verfassungsfeindlich.

4. Verfehlte Maßstäbe

Wenn der Verfassungsschutz mit seiner Öffentlichkeitsarbeit gegen bestimmte Meinungsinhalte vorgeht, setzt dies voraus, dass er diese zuvor sauber unter den verfassungsrechtlichen Obersatz subsumiert hat, der ihre öffentliche Diskreditierung rechtfertigt. Denn jede Diskreditierung von Meinungsinhalten als angeblich extremistisch verstößt ihrerseits gegen das Demokratieprinzip und gegen die Meinungsfreiheit, wenn diese Inhalte nicht gegen die freiheitliche demokratische Grundordnung gerichtet oder inhaltlich nicht mit ihr unvereinbar sind.

An einer solchen Subsumtion fehlt es, wenn der Verfassungsschutz zur Bewertung von Meinungsäußerungen und anderen Verhaltensweisen Maßstäbe erfindet, die sich nicht oder nicht in ihrem ganzen Bedeutungsspektrum aus dem Maßstab der freiheitlichen demokratischen Grundordnung ableiten lassen.

Wenn der Verfassungsschutz selbstgebildete Maßstäbe wie „Verächtlichmachung von demokratisch legitimierten Repräsentantinnen und Repräsentanten"[19] als Suchfilter verwendet, um verfassungsfeindliche Äußerungen zunächst behördenintern aufzuspüren und aus den Ergebnissen dann diejenigen herauszufischen, die tatsächlich verfassungsfeindlich sind, mag das angehen. Werden solche Maßstäbe aber unmittelbar in der Öffentlichkeitsarbeit angewendet und wird dem Publikum alles, was der Verfassungsschutz unter „Verächtlichmachung" versteht, ohne erkennbaren Bezug zur Verfassungsfeindlichkeit als Ausgeburt extremistischen Denkens und Handelns präsentiert, dann überschreitet der Verfassungsschutz seine Aufgabe.

Die Gefahr einer überschießenden Diskreditierung nicht nur verfassungsfeindlicher, sondern auch verfassungsmäßiger Äußerungen ist besonders im Zu-

---

[18] Vgl. z.B. VSB 2017, S. 80 f.; VSB 2018, S. 82–84; VSB BW 2017, S. 176–183. Im Ansatz (wenn auch nicht immer in der Durchführung) vorbildlich der VSB NRW, der seine Darstellungen als extremistisch bewerteter Organisationen klar gliedert und insbesondere die Gliederungspunkte „Kurzportrait/Ziele" und „Grund der Beobachtung/Verfassungsfeindlichkeit" unterscheidet, z.B. VSB NRW 2018, z.B. S. 166 f.; ebenso der VSB Sachsen-Anhalt 2017, z.B. S. 118, oder 2018 (Pressefassung), S. 28 f.

[19] *BMI*, Verfassungsschutzbericht (VSB) 2021, S. 112.

sammenhang mit den Themen gegeben, die der Verfassungsschutz mit dem Stichwort „verfassungsschutzrelevante Delegitimierung des Staates"[20] bezeichnet. Mit der Einführung eines neuen „Phänomenbereichs" speziell hierfür[21] ist diese Gefahr noch angewachsen.

Maßstäbe sind für das BfV insbesondere „eine ständige Agitation gegen und Verächtlichmachung von demokratisch legitimierten Repräsentantinnen und Repräsentanten sowie Institutionen des Staates und seiner Einrichtungen". Hierdurch könne das Vertrauen in das staatliche System insgesamt erschüttert und dessen Funktionsfähigkeit beeinträchtigt werden.[22]

Diese Formulierung ist viel zu weit gefasst. Agitation, verstanden als aggressive, nachdrückliche, stetig wiederholte Beteiligung am politischen Meinungskampf ist nicht per se verfassungsfeindlich, auch dann nicht, wenn sie sich gegen Politiker und Staatsorgane richtet. Kritik, auch scharfe, polemische und überzogene Kritik an staatlichem Handeln ist in der Demokratie nicht verboten; sie darf auch nicht per se als extremistisch bewertet werden. Und „Verächtlichmachung" ist ein Gummibegriff, der vom BfV anscheinend schon darauf angewendet werden soll, dass jemand den Eindruck erweckt, staatliche Stellen seien bei der Bewältigung der Flutkatastrophe im Ahrtal „komplett überfordert" gewesen.[23]

Selbst gesetzwidriges Verhalten kann – entgegen der Ansicht, die das BfV anscheinend vertritt[24] – nicht ohne weiteres als verfassungsfeindlich bewertet werden. Wenn beispielsweise Demonstrationsverbote nicht eingehalten oder Demonstrationsauflagen nicht beachtet werden, ist das eine Sache des Versammlungs- und nicht des Verfassungsschutzrechts.

Es ist auch nicht Aufgabe des Verfassungsschutzes, dafür zu sorgen, dass das „Vertrauen in die parlamentarische Demokratie, in staatliche Institutionen sowie in Wissenschaft und Medien" nicht „untergraben" wird.[25] Demokratie ist, damit sie gut funktioniert, auf das Vertrauen der Bürger angewiesen. Aber das Vertrauen ist nicht verfassungsrechtlich garantiert.[26] Die gewählten Politiker müssen das Vertrauen der Bürger stets neu erwerben. Wer bestimmten Politikern oder konkreten Staatsorganen nicht vertraut, ihre Politik für verhängnis-

---

[20] Vgl. VSB 2021, S. 111 ff.; dazu *Gusy*, GSZ 2022, S. 101 ff.

[21] Vgl. VSB 2021, S. 112.

[22] VSB 2021, S. 112.

[23] Vgl. VSB 2021, S. 120.

[24] Vgl. VSB 2021, S. 116.

[25] Anders offenbar das BfV, vgl. VSB 2021, S. 119.

[26] Das Vertrauen der Bürger in die Staatsorgane gehört zu den faktischen (im Unterschied zu den rechtlichen) Verfassungsvoraussetzungen. Die Erfüllung von Verfassungsvoraussetzungen, die in die verfassungsrechtlich garantierte Freiheitssphäre der Bürger fallen, lässt sich nur erhoffen, aber nicht erzwingen. Zu dieser Thematik z.B. *Isensee*, Grundrechtsvoraussetzungen und Verfassungserwartungen, in: HStR IX, 3. Aufl. 2011, § 190, insb. Rn. 50 ff., 81 ff. m.w.N.

voll hält, und wer dies anderen Menschen vermittelt, handelt nicht verfassungs-feindlich. Ein Verfassungsschutz, der die „Untergrabung" des Vertrauens in Politik und sogar in „Wissenschaft und Medien" öffentlich als extremistisch brandmarkt, schützt damit nicht die Verfassung, sondern die jeweils Herr-schenden.

Am Beispiel des Themenbereichs „verfassungsschutzrelevante Delegitimie-rung des Staates" wird deutlich, dass der Verfassungsschutz auf die öffentliche Meinungsbildung nicht nur durch Bewertung konkreter Meinungsäußerungen einwirkt, sondern schon durch die abstrakte Maßstabsbildung. Denn wer sich nicht an die Vorgaben des Verfassungsschutzberichts hält, beispielsweise das Vertrauen in Staatsorgane oder in die Amtswalter nicht zu „untergraben" und keine staatlichen Funktionsträger „verächtlich zu machen" oder „herabzuwür-digen", muss ja damit rechnen, selbst zum Objekt der Beobachtung durch den Verfassungsschutz zu werden.[27] Die abstrakten Maßstäbe für die Bewertung von Meinungsäußerungen als extremistisch, die der Verfassungsschutz öffent-lich verkündet, müssen daher in jeder Hinsicht den Anforderungen des Grund-gesetzes genügen. Sofern sie begrifflich nicht nur verfassungsfeindliche, son-dern auch verfassungskonforme Verhaltensweisen diskreditieren, müssen sie präzisiert und auf einen nur verfassungsfeindliche Verhaltensweisen umfassen-den Anwendungsbereich eingegrenzt werden. Da ist einiges nachzubessern.

---

[27] *Gusy* (Fn. 20), S. 107, 108, weist darauf hin, dass die Einschüchterungswirkung im Hin-blick auf die Meinungsfreiheit problematisch sei und ihrerseits delegitimierend wirken könne.

Extremismus im öffentlichen Dienst[1]

Grundfragen und aktuelle Trends – dargestellt anhand ausgewählter Fälle aus dem Beamten-, Soldaten und Richterdienstrecht

Ralf Brinktrine

Inhaltsverzeichnis

---

[1] Verschriftlichte und aktualisierte Fassung des mündlichen, PowerPoint-basierten Vortrags, den der Verfasser am 30.06.2022 in Berlin gehalten hat. Die mündliche Form der Ausführungen wurde so weit als möglich beibehalten. Der Beitrag befindet sich inhaltlich auf dem Stand von Anfang Oktober 2022 (mit späteren redaktionellen Änderungen).

I. Einführung in die Vortragsthematik

Auch die Angehörigen des öffentlichen Dienstes sind nur Menschen. Wie in anderen Teilen der Bevölkerung finden sich bei einigen Beamten, Richtern und Soldaten[2] sowie Angestellten im öffentlichen Dienst[3] ebenfalls Einstellungen und Verhaltensweisen, die man als „extrem", „extremistisch",[4] „staatsfeindlich" oder „staatsfern" bezeichnen kann. Allerdings unterscheiden sich insbesondere Beamte, Richter und Soldaten im öffentlichen Dienst von anderen Personen explizit dadurch, dass sie aufgrund ihres besonderen – je nach Status etwas unterschiedlich ausgestalteten – Dienst- und Treueverhältnisses[5] zum Staat diesem eben nicht gleichgültig oder gar feindlich gegenüberstehen dürfen.[6] Ebenso sind sie aufgrund ihrer durch die Beamtengesetze, Richtergesetze und das Soldaten-

---

    [2] Die im Folgenden durchgehende Verwendung des generischen Maskulinums „Beamte", „Richter" und „Soldat" schließt selbstverständlich Beamtinnen, Richterinnen und Soldatinnen mit ein.

    [3] Zur Unterscheidung von Beamten und Angestellten des öffentlichen Dienstes aufgrund ihrer unterschiedlichen Rechtsstellung, sog. Zweigleisigkeit bzw. Zweispurigkeit des öffentlichen Dienstes, siehe *Battis*, in: Battis, BBG (6. Aufl. München 2022) § 4 Rn. 3 u. § 5 Rn. 9 und *Brinktrine*, in: Brinktrine/Voitl, Beamtenrecht Bayern (München 2020), Grundlagen des Beamtenrechts in Deutschland, Rn. 1 mw.N.

    [4] Zum Begriff des Extremismus sowie seiner Varianten siehe statt vieler *Jesse*, in: Görres-Gesellschaft (Hrsg.), Staatslexikon, Band 2 (8. Aufl. Freiburg 2017), Stichwort „Extremismus" Rn. 1.2 sowie Rn. 3.1–3.3.

    [5] Zu den Gemeinsamkeiten und Divergenzen im Hinblick auf den Status von Beamten, Richtern und Soldaten siehe *Brinktrine*, in: (Fn.3), Rn. 3; *Brinktrine*, in: Dietrich/Fahrner/Gazeas/von Heintschel-Heinegg, Handbuch Sicherheits- und Staatsschutzrecht (München 2022), § 46 Staatsschutz und Dienstrecht (Beamten-, Soldaten- und Richterrecht), S. 46 Rn. 1 mit Fn. 1.

    [6] Dazu unten unter IV.1. und ausführlich *Brinktrine*, in: (Fn. 5), § 46 Rn. 17 ff., 63 ff. u. 86.

gesetz geregelten Dienstpflichten gehalten, sich nicht politisch einseitig, rassistisch oder in anderer Weise ehr- und persönlichkeitsverletzend gegenüber Kollegen oder Bürgern zu äußern oder zu verhalten.

Der rechtlich außerordentlich komplexen Thematik des Extremismus im öffentlichen Dienst kann im Rahmen dieses kurzen Tagungsvortrags nur überblicksartig nachgegangen werden.[7] Schon aus Zeitgründen müssen Einschränkungen in inhaltlicher und personenbezogener Hinsicht vorgenommen werden. So geht der Vortrag vornehmlich auf die Personengruppen des öffentlichen Dienstes ein, deren Dienstverhältnis durch eine besonders intensive Staatsnähe charakterisiert wird, nimmt also – aufgrund ihres Dienst- und Treueverhältnisses – insbesondere Beamte, Richter und Soldaten in den Blick, wobei die Ausführungen sich wiederum schwerpunktmäßig auf die Beamten konzentrieren. Inhaltlich geht der Vortrag in erster Linie auf Vorkommnisse ein, die im Widerspruch zur politischen Treuepflicht[8] von Beamten, Soldaten und Richtern stehen und daher zugleich auch als „extremistisch" eingeordnet werden können.

Strukturell nähert sich der Vortrag der Fragestellung in folgender Weise: Zunächst wird in einem ersten Schritt der Frage nachgegangen, ob und in welchem Umfang überhaupt Verhaltensweisen im öffentlichen Dienst ausgemacht werden können, die gemeinhin als „extremistisch" oder „staatsfeindlich" verstanden werden (II.). Zur Ermittlung dieser tatsächlichen Ausgangslage wird auf veröffentlichte Judikate, Mitteilungen verschiedener Behörden und Presseberichte rekurriert werden. Anschließend soll den Tagungsteilnehmern anhand von aktuellen Fallbeispielen illustriert werden, mit welchen Formen von problematischen Äußerungen oder Aktionen man es zu tun hat, wie schwierig die Einordnung sich rechtlich möglicherweise gestalten kann (III.). Auch sollen die Teilnehmer mit der Frage konfrontiert werden, welche Sanktionen die angesprochenen Fallgestaltungen zur Folge haben können oder sollten. Damit eine solche Einordnung rechtlich sicher erfolgen kann, wird sodann der Rechtsrahmen skizziert, in dem Beamte sich bewegen (IV.). Im nächsten Abschnitt werden dann Beispiele aus der Vergangenheit aufgeführt, bei denen dienstrechtlich relevante Pflichtverletzungen festgestellt worden sind (V.). Ein weiteres zentrales Problem ist die Frage, wie diese Pflichtverletzungen aufgedeckt worden sind bzw. wie sie entdeckt werden können (VI.). Daran anknüpfend ist zu thematisieren, wie der Dienstherr bzw. die Vorgesetzten auf derartige Pflichtverletzungen reagieren können. Das Disziplinarrecht spielt insoweit eine wichtige Rolle, ist aber – wie zu zeigen sein wird – bei weitem nicht die einzige Option (VII. und VIII.). Der Vortrag führt sodann die unter III. angesprochenen Fallgestaltungen einer Auflösung zu (IX.) und endet schließlich mit einer kurzen Zusam-

---

[7] Ausführlich zur Frage des Staatsschutzes und Dienstrechts die Darlegungen von *Brinktrine*, in: (Fn. 5), § 46 Staatsschutz und Dienstrecht (Beamten-, Soldaten- und Richterrecht), S. 46 Rn. 1 ff.

[8] Zu dieser näher *Brinktrine*, in: (Fn. 5), § 46 Rn. 63 ff. m.w.N.

menfassung sowie einem Ausblick auf Fragestellungen, die weiterer Forschung bedürfen (X.).

II. Das Phänomen Extremismus im öffentlichen Dienst – die tatsächliche Ausgangslage

1. Existenz und Umfang von Extremismus und Staatsfeindlichkeit – empirische Unsicherheiten

Dass „Extremismus" und „Staatsfeindlichkeit" im öffentlichen Dienst existieren, kann aufgrund des Vorliegens mehrerer thematisch einschlägiger gerichtlicher Entscheidungen sowie der Berichterstattung in den Medien in den letzten Jahren schlichtweg nicht ernsthaft bestritten werden.[9] So lässt sich sicher sagen, dass jedenfalls Verhaltensweisen, die mit dem Rechtsextremismus in Verbindung gebracht werden, bei Beamten und Soldaten aufgetreten sind. Beispielhaft zu erwähnen sind hier das Zeigen des Hitlergrußes[10], die Verwendung nationalsozialistischer Kennzeichen[11] oder den Holocaust leugnende oder verharmlosende Äußerungen[12]. Aber auch Verhaltensformen, die als weltanschaulich-religiöse Formen des Extremismus eingeordnet werden, sind dokumentiert. So lassen sich der Judikatur Beispiele islamistisch geprägten Handelns und Denkens entnehmen.[13] Linksextremismus ist hingegen vor allem als dienstlich ermöglichtes Unterstützungshandeln für Dritte in Erscheinung getreten.[14]

Unklar ist allerdings der Grad der Verbreitung extremistischen oder staatsfeindlichen Denkens und Handelns unter den Angehörigen des öffentlichen Dienstes. Die in juristischen Fachzeitschriften abgedruckten Entscheidungen sowie die mediale Berichterstattung bieten insoweit lediglich Anhaltspunkte; sie lassen aber keine Folgerungen zu, ob es sich um bloße Einzelfälle oder ein strukturelles Phänomen handelt.[15] Genauere Aufschlüsse über den Umfang ex-

---

[9] Siehe hierzu den Überblick bei *Brinktrine*, in: (Fn. 5), § 46 Rn. 3 ff. mit zahlreichen Beispielen.

[10] Siehe exemplarisch BVerwG NVwZ-RR 2021, 770 (771).

[11] Hierzu beispielsweise die Berichterstattung zu Polizisten in NRW in FAZ, Die Leute bekennen sich offen zu braunem Gedankengut (24.11.2020), abrufbar unter https://www.faz.net/aktuell/politik/inland/wieder-razzien-nach-rechtsextremen-chats-bei-nrw-polizei-170 68109.html (Abruf 23.12.2022). Vergleichbare Verhaltensweisen wurden auch von hessischen Polizeibeamten berichtet, siehe z.B. FAZ, Rechtsextreme Chats – Mehr Polizisten angeklagt als bisher bekannt (25.02.2021), abrufbar unter https://www.faz.net/-gzg-a8zx4 (Abruf 23.12.2022).

[12] Siehe etwa VG Berlin DVBl. 2021, 1580 (1580f.).

[13] Vgl. etwa OVG Koblenz GSZ 2019, 251 (251); OVG Münster BeckRS 2015, 46129.

[14] Vgl. hierzu beispielsweise Die Welt, 339 Datenabfragen – Klinik-Mitarbeiterin soll linksextremer Szene zugearbeitet haben (9.10.2021), abrufbar unter https://www.welt.de/234 309150 (Abruf 23.12.2022).

[15] Zu den methodischen Problemen *Brinktrine*, in: (Fn. 5), § 46 Rn. 6. Zur Frage, ob es ei-

tremistischer oder staatsfeindlicher Haltungen und Handlungen im öffentlichen Dienst könnten systematisch angelegte empirische Untersuchungen geben; diese fehlen aber vielfach.[16] Allerdings existiert für den Bereich der Bundeswehr in mehreren Berichten dokumentiertes Datenmaterial[17]; solche spezifischen Erhebungen wären auch für andere Teile der vollziehenden Gewalt wünschenswert.

2. Aus dem vorhandenen Datenmaterial zumindest eingeschränkt ableitbare tatsächliche Feststellungen

Immerhin lassen sich – bei aller gebotenen Vorsicht – aus den veröffentlichten Judikaten sowie der Berichterstattung der Medien einige Schlussfolgerungen in tatsächlicher Hinsicht ableiten. Dies betrifft zunächst die betroffenen Gruppen bzw. Bereiche des öffentlichen Dienstes, in denen kritische Verhaltensweisen aufgetreten sind.

Als extremistisch bzw. verfassungsfeindlich charakterisierte Verstöße treten – soweit ersichtlich – nicht bei allen Gruppen von Beamten in gleicher Häufung auf. Aus dem bislang vorliegenden Fallmaterial sowie aus der Berichterstattung der Medien ergibt sich vielmehr, dass bestimmte Beamtengruppen und Beamte bestimmter Dienstgrade häufiger aufgefallen sind, während andere Teile der Beamtenschaft so gut wie gar nicht in Erscheinung getreten sind. So sind vor allem Polizeibeamte des Polizeivollzugdienstes in den Besoldungsstufen A 7–9 prominent vertreten.[18] Ebenso ist von kritischen Vorgängen bei Justizvollzugsbeamten berichtet worden.[19] Hingegen gehören Hochschullehrer oder Finanzbeamte bislang nicht zu den Personalkategorien, die besonders auffällig geworden sind; bei diesen handelt es sich bislang eher um sehr wenige Einzelfälle. Gleiches gilt für die Richterschaft. Soweit hier kritische Fälle in Form von Mitgliedschaften in oder Abgeordnetentätigkeit für als nicht eindeutig als verfassungstreu einzustufende/n Parteien zu verzeichnen sind, haben sie allerdings ein besonders großes mediales Interesse hervorgerufen.[20]

---

nen „strukturellen Rassismus" im öffentlichen Dienst gibt, siehe u.a. *Nitschke*, „Struktureller Rassismus" in der Beamtenschaft, ZRP 2022, 91 ff.

[16] Zur bisherigen empirischen Forschung siehe etwa *Brinktrine*, in: (Fn.5), §46 Rn.6 mit Fn.21. Die Berichte des Verfassungsschutzes können weitere Anhaltspunkte geben, hierzu *Brinktrine*, in: (Fn.5), §46 Rn.6 mit Fn.18, dort auch zu den Reaktionen aus der Politik in Rn.6 mit Fn.20.

[17] Siehe die Berichte der Koordinierungsstelle für Extremismusverdachtsfälle, abrufbar über https://www.bmvg.de/de/aktuelles/extremismus-bundeswehr-bericht-zeichnet-diffe renziertes-bild-5035908 (Abruf 23.12.2022).

[18] Siehe *Brinktrine*, in: (Fn.5), §46 Rn.3; siehe auch die Fallkonstellationen in OVG Münster BeckRS 2016, 54011 oder BVerwGE 160, 370 (387 ff.).

[19] Vgl. z.B. VGH München BeckRS 2021, 30980 (Justizvollzugsbeamter und „Reichsbürgerbewegung"); OVG Münster BeckRS 2021, 15659 („Hitlergruß").

[20] Siehe hierzu etwa die Kontroverse um den Richter und ehemaligen Abgeordneten der AfD Jens Maier, beispielsweise die Berichte in der SZ, Sachsen will rechtsextremen Richter

Ebenso wie Polizeibeamte bilden Soldaten eine Gruppe, die im Hinblick auf das Vortragsthema quantitativ besonders hervorsticht.[21] Allerdings sind die berichteten problematischen Fallkonstellationen nicht auf Mannschafts- oder Unteroffiziersgrade beschränkt, sondern lassen sich ausweislich des veröffentlichen Fallmaterials vielmehr auch bei Offizieren[22] nachweisen.

Was die Frage der Erscheinungsformen des Extremismus angeht, so lässt sich konstatieren, dass in den gerichtlichen Entscheidungen – wie oben bereits angedeutet – nach meinen Beobachtungen vor allem Einstellungen, Äußerungen und Handlungen als Pflichtverletzungen dominieren, die dem Bereich des Rechtsextremismus zugeordnet werden; hierzu wird später noch mehr zu sagen sein. Gleichwohl darf nicht übersehen werden, dass auch – wie schon erwähnt – linksextremistische und islamistische Verhaltensweisen Gegenstand gerichtlicher Verfahren waren. Überdies ist anzumerken, dass auch Verhaltensformen auftreten, die dienstrechtlich, insbesondere disziplinarrechtlich relevant sind, aber nicht ohne weiteres mit dem Etikett des Extremismus oder der Staatsfeindlichkeit versehen werden können. Dies soll nunmehr anhand einiger Beispiele veranschaulicht werden.

III. Aktuelle Fallbeispiele problematischen Verhaltens – Extremismus oder nicht?

Ob ein Verhalten schon dem Bereich des Extremismus zuzuordnen ist oder lediglich ein sonst dienstrechtlich zu ahndendes Verhalten darstellt, ist nicht immer einfach zu beantworten. Dazu sind die Begriffe „Extremismus" und „extremistisch" ihrerseits zu schillernd und unscharf.[23] Sie bilden zudem keine (beamten)rechtlich definierte Kategorie. Rechtlich relevant und Grundlage für etwaige Sanktionen der Vorgesetzten sind lediglich die konkreten, gesetzlich normierten Dienstpflichten. Anhand folgender aktueller Beispiele, die am Ende des Vortrags dann dienst- und disziplinarrechtlich eingeordnet werden, soll die

---

Maier in Ruhestand schicken (13.2.2022), abrufbar unter https://www.sueddeutsche.de/poli tik/jens-maier-richter-afd-1.5527720 (Abruf 23.12.2022) sowie Die Welt, Sächsische Justizministerin will AfD-Richter Maier in Ruhestand versetzen (12.2.2022), abrufbar unter https://www.welt.de/politik/deutschland/article236853825/Jens-Maier-Rechtsextremer-AfD-Richter-soll-in-Ruhestand-versetzt-werden.html (Abruf 23.12.2022). Zur Reaktion aus rechtswissenschaftlicher Sicht beispielsweise *Wittkowski*, Maßnahmen zur Verhinderung der Dienstrückkehr von Richtern, ZRP 2022, 87 ff.

[21] Siehe hierzu die zahlreichen bei *Brinktrine*, in: (Fn. 5), § 46 Rn. 65 ff., 75 f., 78 ff. u. 84 versammelten Fallkonstellationen.

[22] Siehe hierzu beispielsweise die Sachverhalte BVerwGE 113, 48 (Propagierung ausländerfeindlicher Thesen und Gewalttaten im Sinne der NS-Ideologie durch einen Kapitänleutnant der Reserve); BVerwG BeckRS 2020, 10048 (Aufruf zum Putsch durch einen Stabsoffizier).

[23] Zur Kritik am Extremismusbegriff siehe *Jesse*, in: (Fn. 4), Stichwort „Extremismus" Rn. 4.

Schwierigkeit der Qualifizierung von problematischen Verhaltensweisen illustriert werden.

1. Antrag auf Ausstellung eines Ausweises

Ein Beamter (Besoldungsgruppe A7) im Bundesdienst und mit Verwendung beim BND beantragte bei dem Landratsamt S im Freistaat Bayern die Ausstellung eines Staatsangehörigkeitsausweises. Dabei gab er in seinem Antrag als Geburts- und Wohnsitzstaat auch für die Zeit nach Gründung der Bundesrepublik durchgehend „Königreich Bayern" an. Überdies bezog er sich mehrfach auf das Reichs- und Staatsangehörigkeitsgesetz (RuStAG) „Stand 1913".[24]

2. Minister- und Vorgesetztenkritik

Ein Offizier der Bundeswehr im Rang eines Oberleutnants postete in einer Whats-App Gruppe (sic!) Äußerungen wie „Der Feind ist die eigene Führung", die seinerzeitige Bundesministerin der Verteidigung (Frau Dr. von der Leyen) gehöre „der jüdischen Wehrzersetzungsverschwörung" an, dem (damaligen) Generalinspekteur der Bundeswehr sei „eins mit meinem Karabiner über (den Kopf zu ziehen) und dann wird er vom Hof gejagt", dem Hitler-Zitat „Die gesamte Generalität (sei) nichts weiter als ein niederträchtiger Haufen treuloser Feiglinge …" und „ich bin Reichsbürger, die können mich".[25]

3. Erzählen von „Witzen" in einem Chat

Ein Leutnant im Soldatenverhältnis auf Zeit postete im März 2017 – ebenfalls in einer WhatsApp Gruppe – ein Bild mit einer Schildkröte mit dem Text: „My name is lonesome George. I was born in 1912 and I am the last of my kind. It is up to me to preserve the values and morals of my time. HEIL FUCKING HITLER". Überdies postete der Soldat wenig später das Foto des Schreibens eines Fußballfanclubs mit folgendem Inhalt, der sich auf ein Fußballspiel bezog: „Für den Sturm zwei Juden, denn diese dürfen im Spiel nicht verfolgt werden. Für das Mittelfeld einen Neger und einen Chinesen, damit das Spiel farbiger wird. Für die Abwehr drei Schwule, damit mehr Druck von hinten kommt".[26]

In allen drei Fällen wurde ein Disziplinarverfahren nach den jeweils einschlägigen gesetzlichen Bestimmungen des Beamten- und Soldatendisziplinarrechts eingeleitet; im Fall 2 wurden überdies vorläufige Maßnahmen nach § 126 Abs. 2 WDO ergriffen. Lassen Sie mich an dieser Stelle folgende Fragen an das Audi-

---

[24] Vereinfachter Sachverhalt nach BVerwG BeckRS 2021, 47865 = ZBR 2022, 197 (197 f.).

[25] Wiedergabe des Sachverhalts mit den problematischen Originalzitaten nach BVerwG NVwZ 2022, 794 (794 f.). Die Schreibweise „Whats-App" findet sich im Originalsachverhalt des Urteils und wird hier ebenfalls durchgehend verwendet.

[26] Gekürzter Sachverhalt mit den problematischen Originalzitaten nach BVerwG NVwZ-RR 2022, 385 (385).

torium stellen: Handelt es sich nach Ihrer Meinung bei den zitierten Sachverhalten um dienstrechtlich relevante Pflichtenverstöße? Wenn ja, wie sind sie nach Ihrer Ansicht disziplinarrechtlich zu ahnden? Und schließlich: Stellen diese Fälle nach Ihrer Einschätzung Konstellationen von Extremismus dar?

IV. Rechtsrahmen für die Einordnung von Verhaltensweisen als extremistisch oder staatsfeindlich – die dienstrechtlichen Pflichten von Beamten, Soldaten und Richtern

Um beurteilen zu können, ob ein Verhalten dienstrechtlich einen Pflichtenverstoß darstellt, bedarf es einer Vorstellung der einschlägigen Pflichten, die Beamte, Richter und Soldaten rechtlich zu beachten haben. Zu betonen ist in diesem Zusammenhang allerdings nochmals, dass es eine eigene Kategorie oder Pflicht, sich nicht „extremistisch" zu verhalten, im Dienstrecht nicht gibt. Vielmehr kann erst im Umkehrschluss gefolgert werden, dass bestimmte Verhaltensweisen, die einen Verstoß gegen rechtlich normierte Pflichten begründen, zugleich als Ausdrucksformen „extremistischen" oder „staatsfeindlichen" Denkens oder Agierens gedeutet werden können. Nicht jeder Pflichtenverstoß ist daher auch eine Manifestation von Extremismus. Folgende dienstrechtliche Pflichten sind für den Gegenstand des Vortrags von besonderer Bedeutung, wobei aus Zeitgründen die Pflichten von Beamten im Vordergrund der Betrachtung stehen; in gebotener Kürze ist ihr wesentlicher Gehalt darzustellen.[27]

1. Die verfassungsrechtliche Treuepflicht als Kernpflicht von Beamten, Soldaten und Richtern

Die im Kontext des Vortrags wichtigste Pflicht von Beamten, Soldaten und Richtern ist die Pflicht zur Verfassungstreue als Kernpflicht der im öffentlichen Dienst tätigen Personen. Sie gilt für alle hier herangezogenen Dienstverhältnisse.[28] Beispielhaft konkretisiert für das Beamtenverhältnis bedeutet sie, dass es die Pflicht des Beamten ist, sich durch das gesamte Verhalten zu der freiheitlich demokratischen Grundordnung zu bekennen und für deren Erhaltung einzutreten.[29] Sie greift schon für den Eintritt in das Beamtenverhältnis und gilt für dessen gesamte Dauer, also auch für Ruhestandsbeamte.[30] Ihre gesetzliche Grundlage findet sie für Bundesbeamte in §§ 7 Abs. 1 Satz 1 Nr. 2, 60 Abs. 1 Satz 3 BBG, für Beamte im Sinne des § 1 BeamtStG in §§ 7 Abs. 1 Satz 1 Nr. 2,

---

[27] Ausführlich hierzu *Brinktrine*, in: (Fn. 5), § 46 Rn. 12 ff., 62 ff. u. 85 ff.

[28] Siehe *Brinktrine*, in: (Fn. 5), § 46 Rn. 12, 63 u. 86.

[29] *Brinktrine*, in: (Fn. 5), § 46 Rn. 12, 17 ff. m.w.N.

[30] *Brinktrine*, in: (Fn. 5), § 46 Rn. 13 f.

33 Abs. 1 Satz 3 BeamtStG. Es ist ohne weiteres erkennbar, dass diese Pflicht für die Extremismus-Problematik überragende Bedeutung entfaltet.

2. Die Zurückhaltungs- und Mäßigungspflicht

Eine weitere Grundpflicht des Beamten ist es, die beamtenrechtlichen politischen Mäßigungsgebote zu beachten.[31] Gesetzlich geregelt ist die Zurückhaltungs- und Mäßigungspflicht in § 60 Abs. 2 BBG respektive § 33 Abs. 2 BeamtStG. Ihr wesentlicher Inhalt ist, dass der Beamte sich im Dienst bei der Vornahme von Amtshandlungen einer politischen Meinungsäußerung gänzlich zu enthalten hat.[32] Auch dürfen dienstliche Entscheidungen nicht von den persönlichen politischen Entscheidungen des Beamten beeinflusst sein.[33] Außerhalb des Dienstes genießt der Beamte mit Blick auf die Äußerung politischer Auffassungen eine größere Freiheit; gleichwohl dürfen sie keine Zweifel an der grundsätzlichen Rechts- und Verfassungstreue des Beamten begründen.[34]

3. Pflicht zur Unparteilichkeit und Neutralität

Des Weiteren hat der Beamte eine Pflicht zur Unparteilichkeit und zur Neutralität.[35] Die allgemeine Neutralitätspflicht gebietet, dass der Amtsträger allen Bürgern gegenüber unvoreingenommen handeln und entscheiden muss. Der Beamte muss „bei seinem dienstlichen Handeln Unparteilichkeit gegenüber den in der Gesellschaft vorhandenen Parteiungen im weitesten Sinn wahren und auf Distanz achten"[36]. Der Beamte hat folglich alles zu unterlassen, was einen gegenteiligen Eindruck erwecken könnte.[37] Darüber hinaus muss der Beamte uneigennützig handeln.[38] Rechtlich kommt diese Pflicht in § 60 Abs. 1 Satz 1 und Satz 2 BBG bzw. § 33 Abs. 1 Satz 1 und Satz 2 BeamtStG zum Ausdruck, z.T. ergänzt durch § 61 Abs. 1 Satz 2 BBG bzw. § 34 Abs. 1 Satz 2 BeamtStG („uneigennützig").

4. Verschwiegenheitspflicht

Eine weitere bedeutsame Pflicht ist die Pflicht zur Amtsverschwiegenheit.[39] Sie beinhaltet, dass über dienstliche Angelegenheiten gegenüber Dritten Stillschweigen zu bewahren ist.[40] Es gilt in dieser Hinsicht der Grundsatz der

---

[31] Hierzu näher *Brinktrine*, in: (Fn. 5), § 46 Rn. 29 ff.
[32] Vgl. *Grigoleit*, in: Battis, BDG (6. Aufl. München 2022), § 60 Rn. 18.
[33] Vgl. *Ullrich*, Beamtentum und Neutralität, ZBR 2021, 227 (229).
[34] Vgl. *Grigoleit* in: (Fn. 32), § 60 Rn. 21; strenger aber BVerfG NJW 1989, 93 (93).
[35] Hierzu näher *Brinktrine*, in: (Fn. 5), § 46 Rn. 37 ff.
[36] *Ullrich*, (Fn. 33), (335).
[37] So *Ullrich*, (Fn. 33), (335).
[38] Hierzu *Grigoleit*, in: (Fn. 32), § 60 Rn. 10, § 61 Rn. 7.
[39] Hierzu näher *Brinktrine*, in: (Fn. 5), § 46 Rn. 46 ff.
[40] *Brinktrine*, in: (Fn. 5), § 46 Rn. 48 m.w.N.

Amtskausalität, d.h., der Beamte muss Kenntnis aufgrund seiner Amtstätigkeit erhalten haben.[41] Verankert ist die Verschwiegenheitspflicht in § 67 Abs. 1 Satz 1 BBG respektive § 37 Abs. 1 Satz 1 BeamtStG.

5. Pflicht zu achtungswürdigem Verhalten

Schließlich hat der Beamte eine Pflicht zu achtungswürdigem Verhalten.[42] Das Verhalten der Beamten muss der Achtung und dem Vertrauen gerecht werden, die ihr Beruf erfordert. Aber dies bedarf der Präzisierung: Der Beamte soll danach kein „Mustermensch" oder erzieherisches Vorbild sein,[43] sondern sich vielmehr so verhalten, dass bei der Allgemeinheit keine Beeinträchtigung des Vertrauens in die ordnungsgemäße Amtsführung oder Integrität des Beamten entsteht.[44] Rechtlich geregelt ist diese Pflicht in § 61 Abs. 1 Satz 3 BBG bzw. § 34 Abs. 1 Satz 3 BeamtStG. Auch diese Pflicht spielt für die Frage, ob Verhalten oder Äußerungen von Beamten als „extremistisch" zu charakterisieren sind, eine bedeutsame Rolle.

6. Exkurs: Die Pflicht zum treuen Dienen als spezifische Pflicht von Soldaten

Soldaten trifft neben der Tapferkeitspflicht eine allgemeine Verpflichtung zur gewissenhaften Erfüllung der militärischen Aufgaben,[45] die als „Pflicht zum treuen Dienen" bezeichnet wird[46]. Konkreter Ausdruck dieser Treuepflicht ist die „Pflicht zur Loyalität gegenüber dem Staat, seinen Organen und seiner Rechtsordnung".[47] Die Pflicht zum treuen Dienen ist verankert in § 7 SG, mit weiteren Konkretisierungen in den §§ 8 ff. SG.

V. Konkrete Beispiele für Verhaltensweisen, die als Pflichtenverstöße von Amtsträgern eingeordnet wurden

Vor dem Hintergrund der dargestellten dienstlichen Pflichten wurden als Pflichtenverstoß in Rechtsprechung oder Literatur bei Beamten und Soldaten beispielsweise eingestuft[48]

---

[41] *Grigoleit*, in: (Fn. 32), § 67 Rn. 6; *Reich*, BeamtStG (3. Aufl. München 2018), § 37 Rn. 4.
[42] Hierzu näher *Brinktrine*, in: (Fn. 5), § 46 Rn. 52 ff.
[43] Vgl. *Grigoleit*, in: (Fn. 32), § 61 unter Hinweis auf BVerwG NJW 2001, 1080, dort insbesondere 1081.
[44] Vgl. *Reich*, (Fn. 41), § 34 Rn. 12 f.; *Grigoleit* in: (Fn. 32), § 61 Rn. 9.
[45] Hierzu näher *Brinktrine*, in: (Fn. 5), § 46 Rn. 73 ff.
[46] Vgl. *Poretschkin/Lucks*, Soldatengesetz (11. Aufl. München 2022), § 7 SG Rn. 5.
[47] BVerwGE 120, 305 (307).
[48] Ausführlich zu Pflichtenverstößen bei Beamten, Soldaten und Richtern *Brinktrine*, in: (Fn. 5), § 46 Rn. 12 ff., 62 ff. u. 84 ff. mit weiteren Beispielen.

– tatsächliche Handlungen wie die Verwendung nationalsozialistischer Kennzeichen wie z.B. Hakenkreuze,[49] das Tragen von Tattoos mit verfassungsfeindlichem Inhalt wie z.B. Sieg-Runen,[50] die Mitwirkung in einer als rechtsextremistisch einzuordnenden Rockband[51] oder das Abspielen von Liedern mit verfassungsfeindlichem Inhalt,[52]

– verbale Äußerungen wie judenfeindliche Bekundungen[53] oder sonstige rechtsextremistische und menschenverachtende Äußerungen (Propagierung der NS-Ideologie),[54] Leugnung oder Verharmlosung des Holocausts[55] sowie die Verbreitung von Gewalt- und Tötungsfantasien oder das Bekenntnis zum Salafismus und zur Scharia,[56]

– diskriminierende Handlungen wie die religiös begründete Weigerung, einer Kameradin oder überhaupt einer Frau die Hand zu schütteln,[57]

– das Teilen und Verbreiten von Gedankengut der „Reichsbürgerbewegung"[58] sowie die Zugehörigkeit zu verbotenen verfassungsfeindlichen Gruppierungen wie „Combat 18" oder einer verfassungsfeindlichen und verbotenen Partei;[59] uneinheitlich ist in Judikatur und Schrifttum aber die Beurteilung der Mitgliedschaft in einer „bloß" verfassungsfeindlichen, aber nicht verbotenen Partei wie der NPD.[60]

Bei Richtern ist zum Beispiel die Zweckentfremdung des Kernbereichs richterlicher Tätigkeit[61] durch persönlich motivierte Kritik an politischen Entscheidungen, etwa der Migrationspolitik der Bundesregierung, in Urteilen beanstandet worden.[62]

---

[49] Vgl. BVerwG NVwZ 2004, 354 (354, 356); *Schönrock*, Die charakterliche Eignung im Sinne des Art. 33 Abs. 2 GG – eine besondere Herausforderung in Sicherheitsberufen, ZBR 2021, 73 (76).

[50] Vgl. BVerwGE 160, 370 (387 ff.).

[51] Vgl. OVG Münster BeckRS 2016, 54011.

[52] Vgl. OVG Münster BeckRS 2008, 39437.

[53] OVG Berlin DVBl. 2021, 603 (604 f.).

[54] Vgl. VG Berlin DVBl. 2021, 1580 (1582).

[55] Siehe BVerwG 86, 321 (326 f.), VG Berlin DVBl. 2021, 1580 (1582) sowie die aufgeführten Fälle bei *Brinktrine*, in: (Fn. 5), § 46 Rn. 69.

[56] Vgl. OVG Münster BeckRS 2015, 46129.

[57] OVG Koblenz GSZ 2019, 251 (251).

[58] Vgl. z.B. BVerwG BeckRS 2021, 47865; VGH München BeckRS 2021, 30980.

[59] Siehe *Brinktrine*, in: (Fn. 5), § 46 Rn. 25, 28 u. 66 f.

[60] Hierzu zusammenfassend *Brinktrine*, in: (Fn. 5), § 46 Rn. 28 m.w.N., dort auch zur AfD-Problematik.

[61] Zu dieser *Brinktrine*, in: (Fn. 5), § 46 Rn. 88 m.w.N.

[62] Vgl. BGH JZ 2021, 681 (682).

VI. Die Entdeckung von Pflichtenverstößen

Eine der schwierigsten Fragen ist, wie Pflichtenverstöße, die als „extremistisch" charakterisiert werden, überhaupt entdeckt werden können. Folgende Konstellationen sind aufgetreten oder vorstellbar.

1. Informationserhebungen im Rahmen des Einstellungsverfahrens

Der Prüfung auf Verfassungstreue bei der Einstellung von Beamten, Richtern und Soldaten kommt für die Aufdeckung verfassungsfeindlicher Haltungen und Aktivitäten eine große Bedeutung zu.[63] Da der Anwärter die materielle Beweislast für seine Verfassungstreue hat[64] und somit im eigenen Interesse die an ihn gestellten Fragen mit Blick auf die Aufnahme in das jeweilige Dienstverhältnis zutreffend zu beantworten hat[65], kann bereits hier festgestellt werden, ob der Bewerber die Anforderungen der Verfassungstreue erfüllt oder nicht. So kann verhindert werden, dass Personen in den öffentlichen Dienst gelangen, bei denen in dieser Hinsicht deutliche Zweifel bestehen.[66] In der Vergangenheit ist von manchen Gerichten sogar die Verweigerung der Aufnahme in den juristischen Referendardienst wegen Unwürdigkeit für rechtmäßig erachtet worden;[67] allerdings ist die Rechtsprechung hier wegen des Ausbildungsmonopols des öffentlichen Dienstes uneinheitlich.[68]

Unterstützende Regelanfragen beim Verfassungsschutz sind i.d.R. nicht vorgesehen und – nach verbreiteter Ansicht – auch nur eingeschränkt zulässig[69]. Indes gibt es in dieser Hinsicht Ausnahmen für sicherheitsrelevante Bereiche,[70] aber auch länderspezifische Besonderheiten wie z.B. in Bayern. Dort ist nach Teil 2 und 3 der Bekanntmachung über die Pflicht zur Verfassungstreue im öffentlichen Dienst (Verfassungstreue-Bekanntmachung – VerftöDBek)[71] in be-

---

[63] Siehe hierzu *Brinktrine*, in: (Fn. 5), § 46 Rn. 90 ff.

[64] Zur Beweislast und zum Überprüfungsverfahren statt vieler *Battis*, in: (Fn. 3), § 7 Rn. 25.

[65] *Wichmann*, in: Wichmann/Langer, Öffentliches Dienstrecht (8. Aufl. Stuttgart 2017), Rn. 104.

[66] Vgl. BVerwG DVBl. 1981, 455 (456 f.); *Wichmann*, in: (Fn. 65), Rn. 104; siehe auch *Brinktrine*, in: (Fn. 5), § 46 Rn. 90 ff.

[67] Vgl. VGH Kassel NVwZ-RR 2021, 905 (905 f.); OVG Weimar NVwZ-RR 2021, 493 ff.: Versagung der Aufnahme in den juristischen Vorbereitungsdienst wegen verfassungsfeindlichen Handelns (Mitgliedschaft in der Partei „III. Weg").

[68] Der SächsVerfGH hat – anders als die zuvor genannten Gerichte – den Zugang zum juristischen Vorbereitungsdienst bei verfassungsfeindlichem Handeln für eröffnet erachtet, vgl. SächsVerfGH GSZ 2022, 80 ff.

[69] Zum Streitstand in dieser Frage *Battis*, in: (Fn. 3), § 7 Rn. 25; v. *Roetteken*, in: v. Roetteken/Rothländer, BeamtStG (Loseblatt Heidelberg Stand 33. Lfg. September 2022) sowie *Brinktrine*, in: (Fn. 5), § 46 Rn. 119.

[70] Zu diesen *Battis*, in: (Fn. 3), § 7 Rn. 26; *Brinktrine*, in: (Fn. 5), § 46 Rn. 120.

[71] Vom 03.12.1991 (BayAllMBl. 895; BayFMBl. 510; BayStAnz. Nr. 49).

stimmten Fällen eine Regelanfrage beim Bayerischen Landesamt für Verfassungsschutz vorgesehen.

2. Selbstoffenbarung

Bei Beamten, Richtern oder Soldaten, die sich bereits in einem Dienstverhältnis befinden, spielen eigene Angaben des Beamten, Richters oder Soldaten für die Entdeckung von Pflichtenverstößen eine nicht zu unterschätzende Rolle. So mögen Angaben in Nebentätigkeitsanzeigen oder Anträgen auf Genehmigung von Nebentätigkeiten den Dienstvorgesetzten über fragwürdige Aktivitäten informieren.[72] Aber auch freiwillige Angaben, die als Eingeständnis von Pflichtverletzungen zu werten sind, kommen in der Praxis vor.

3. Informationen durch Kollegen

Eine weitere bedeutsame Informationsquelle sind Hinweise von Kollegen des Beamten auf mögliches Fehlverhalten. Bei der Mitgliedschaft in Chatgruppen, etwa bei Whats-App,[73] ist es nicht selten der Fall, dass der informierende Beamte damit zugleich ein eigenes Fehlverhalten einräumt.[74]

4. Mitteilungen anderer Dienststellen

Manchen Entscheidungen der Verwaltungsgerichte ist zu entnehmen, dass Mitteilungen anderer Behörden den Anstoß für Ermittlungen gegeben haben. So haben beispielsweise Kommunalverwaltungen im Falle von Beamten, die als Angehörige der Reichsbürgerszene Anträge auf Stellung von Ausweispapieren gestellt haben, den Dienstherrn des Beamten über fragwürdige Angaben informiert.[75] Eine ganz wesentliche Rolle spielen aber die Mitteilungen von Strafverfolgungsbehörden.[76]

5. Mitteilungen privater Dritter

Auch betroffene Bürger haben den Stein für dienstinterne Untersuchungen ins Rollen gebracht, wenn sie sich über das dienstliche Auftreten beschwert haben. Darüber hinaus ist ebenfalls außerdienstliches Verhalten moniert worden, insbesondere im Zusammenhang mit gesellschaftlichen Veranstaltungen.[77]

---

[72] Siehe hierzu *Brinktrine*, in: (Fn. 5), § 46 Rn. 100 ff. u. 122.

[73] Mitteilungen und Chats in sozialen Medien geben in neuerer Zeit besonders häufig Anlass für die Einleitung dienstrechtlicher Maßnahmen, vgl. neben den oben erwähnten Fallbeispielen 2 und 3 die Konstellationen in OVG Münster DVBl. 2021, 1258 ff., VG Berlin DVBl. 2021, 1580 ff. oder VG Freiburg MMR 2021, 274 ff.

[74] Vgl. zu dieser Konstellation VG Berlin DVBl. 2021, 1580 ff.

[75] So beispielsweise geschehen in BVerwG BeckRS 2021, 47865 = ZBR 2022, 197 (197).

[76] Vgl. *Brinktrine*, in: (Fn. 5), § 46 Rn. 124.

[77] Vgl. die Fallkonstellation in BVerwGE 86, 321 (321 f.): Die NS-Herrschaft glorifizierende Äußerungen und Holocaust-Leugnung im Rahmen einer privaten Einladung.

6. Mediendarstellungen

In zunehmendem Maße tragen Recherchen der Medien zur Entdeckung extremistischen oder gegen den Staat gerichteten Verhaltens bei. Aus der jüngeren Vergangenheit lassen sich hierfür mehrere Beispiele anführen.[78] Der medialen Berichterstattung kommt sogar ein besonderer Stellenwert zu, wenn Vorgesetzte, die eigentlich zur Aufklärung verpflichtet wären, dienstintern gegen die Aufdeckung des problematischen Verhaltens der ihnen unterstellten Beamten arbeiten.[79]

VII. Rechtliche Konsequenzen von Pflichtenverstößen

Pflichtenverstöße können in rechtlicher Hinsicht in verschiedenen Formen bewältigt werden. So können sie erstens innerdienstliche Maßnahmen zur Folge haben. Auch für statusrechtliche Entscheidungen können sie Wirkung entfalten. Schließlich sind auch disziplinarrechtliche Konsequenzen vorstellbar.

1. Innerdienstliche Maßnahmen

Als innerdienstliche Maßnahmen als Reaktion auf gegenwärtig bestehendes oder zukünftig zu erwartendes fragwürdiges Verhalten kommen zunächst konkrete Anordnungen an den Beamten im Hinblick auf Aufgabenerfüllung, sonstiges innerdienstliches Verhalten sowie das Tragen von Bekleidung im Dienst in Betracht.[80] Auch die Untersagung von Nebentätigkeiten ist möglich, wenn sie einen Pflichtenverstoß begründen.[81] Ferner sind Umsetzungen denkbar, insbesondere dann, wenn das Verhalten des Beamten gegenüber bestimmten Gruppen von Bürgern Anlass zu Beanstandungen gibt. In diesem Kontext ist zu betonen, dass derartige interne Maßnahmen nicht ausschließen, dass auch disziplinarrechtlich gegen den Beamten vorgegangen wird.

2. Statusentscheidungen

Pflichtenverstöße dürfen nach der Rechtsprechung bei verschiedenen statusrechtlich relevanten Entscheidungen wie Abordnungen, Versetzungen oder Be-

---

[78] *Brinktrine*, in: (Fn. 5), § 46 Rn. 3 f.

[79] Siehe hierzu die Berichterstattung in der Hessenschau, Rechte Chats bei der Frankfurter Polizei (5.8.2022), abrufbar unter https://www.hessenschau.de/panorama/rechte-chats-bei-frankfurter-polizei-drei-beschuldigte-waren-fuehrungskraefte,polizisten-konsequenzen-100.html (Abruf 23.12.2022), sowie in der taz, Polizist warnte vor Ermittlungen (9.8.2022); abrufbar unter https://taz.de/Skandal-um-rechte-Chats-in-Hessen/!5870439/ (Abruf 23.12.2022).

[80] *Brinktrine*, in: (Fn. 5), § 46 Rn. 97.

[81] *Brinktrine*, in: (Fn. 5), § 46 Rn. 100 ff.

förderungen berücksichtigt werden.[82] Für die Möglichkeit der Entlassung von
Beamten spielen sie hingegen in aller Regel keine Rolle.[83] Anders ist dies jedoch
nach dem Soldatengesetz für die Entlassung nach § 55 Abs. 5 SoldG bei Zeitsol-
daten. Hier kann der Pflichtenverstoß – unabhängig von einem Disziplinarverfahren – die Grundlage für die fristlose Entlassung aus dem Dienstverhältnis als
Soldat darstellen.[84]

3. Disziplinarrechtliche Konsequenzen

Gegen Verstöße gegen die erwähnten Dienstpflichten, insbesondere bei Missachtung der Verfassungstreuepflicht, sind in der Vergangenheit Disziplinarverfahren eingeleitet worden. Als mögliche Maßnahmen kommen – je nach
Schweregrad – nach dem Bundesdisziplinargesetz (BDG) sowie den Diszipli-
nargesetzen der Länder der Verweis, die Geldbuße, die Gehaltskürzung, die
Zurückstufung oder die Entfernung aus dem Dienst in Betracht. Die ersten drei
Maßnahmen können nach den Bestimmungen des BDG und den meisten Lan-
desdisziplinargesetzen durch Disziplinarverfügung verhängt werden, während
für die Zurückstufung und die Entfernung aus dem Dienst Disziplinarklage bei
den Verwaltungsgerichten erhoben werden muss.[85] Für Soldaten kommt die
Wehrdisziplinarordnung (WDO) zur Anwendung, die vergleichbare Maßnahmen vorsieht.[86]
    Die verwaltungsgerichtliche Sanktionierung von Pflichtenverstößen erfolgt
dabei in durchaus differenzierter Weise. Für die Zumessung spielen Stellung
und Funktion des Beamten sowie die Art und Gewicht des Verstoßes eine zentrale Rolle. Insbesondere werden an Beamte mit Vollzugsfunktion sowie Beamte und Soldaten mit Vorgesetzteneigenschaft strengere Maßstäbe angelegt als an
andere Beamte oder Soldaten. Einige Beispiel mögen dies näher belegen:
– Das Teilen und Vertreten von Gedankengut der „Reichsbürgerbewegung"
   führt in aller Regel zur Entfernung aus dem Dienst[87], nur in absoluten Aus-
   nahmekonstellationen kommt eine Gehaltskürzung in Betracht[88].
– Für die Verwendung von NS-Symbolen reicht die Sanktionierungsbandbreite
   von der Gehaltskürzung über die Zurückstufung bis hin zur Entfernung aus
   dem Dienst.[89]

---

[82] Hierzu *Brinktrine*, in: (Fn. 5), § 46 Rn. 96 u. 127 m.w.N.

[83] Hierzu *Brinktrine*, in: (Fn. 5), § 46 Rn. 110 ff.

[84] Siehe *Brinktrine*, in: (Fn. 5), § 46 Rn. 132.

[85] Vgl. zu den Disziplinarmaßnahmen und dem Disziplinarverfahren den Überblick bei
Brinktrine, in: (Fn. 5), § 46 Rn. 152 ff. u. 164 ff., jeweils mit weiteren Nachweisen.

[86] Siehe den Überblick bei *Brinktrine*, in: (Fn. 5), § 46 Rn. 171 ff.

[87] Siehe BVerwG BeckRS 2021, 47865; VG Hannover BeckRS 2022, 15874.

[88] VGH München BeckRS 2021, 47171.

[89] Vgl. die Zusammenstellung bei *Brinktrine*, in: (Fn. 5), § 46 Rn. 170 u. 179 ff.

– Bei diskriminierenden verbalen Äußerungen ist – je nach Schweregrad – sogar eine Entfernung aus dem Dienst ausgesprochen worden; der Regelfall ist dies indes nicht. Auch ein NS-Bezug führt nicht zwangsläufig zur Verhängung der schwersten Disziplinarmaßnahme.[90]
– Bei verfassungsfeindlichen Tattoos haben die Verwaltungsgerichte ebenfalls mitunter die Entfernung aus dem Dienst ausgesprochen;[91] bei anderen Tattoos dagegen ist eine Sanktion häufig unterblieben.[92]
– Verstöße gegen die beamtenrechtliche Verschwiegenheitspflicht haben ebenfalls die Entfernung aus dem Dienst zur Folge gehabt.[93]

VIII. Sonstige Reaktionsmöglichkeiten zur Bekämpfung von Extremismus

Extremistischen, rassistischen und staatsfeindlichen Einstellungen, Äußerungen und Taten ist möglichst früh zu begegnen, damit keine Kultur der Akzeptanz entsteht. Hier sind die Vorgesetzten in einer besonderen Verantwortung. Als niederschwellige Maßnahme von Vorgesetzten und Kollegen kann bereits die persönliche Ansprache und Kritik eingesetzt werden, die verdeutlicht, dass in der jeweiligen Dienststelle solche Verhaltensweisen nicht geduldet werden. Schweigen oder Wegschauen sind hingegen nicht akzeptabel; die Akzeptanz solcher Verhaltensweisen kann sogar ihrerseits ein Dienstvergehen darstellen.[94] Noch verwerflicher ist es, wenn – wie jüngst in der Presse zu lesen war – Vorgesetzte Dienstpflichtverletzungen ihrer Untergebenen in Form rassistischer Äußerungen zu vertuschen suchen.[95]

Auf der anderen Seite sollten Vorgesetzte Beamten, die sich ihnen anvertrauen und über fragwürdige Vorgänge berichten, die in sozialen Medien oder bei gesellschaftlichen Veranstaltungen verbreitet werden, jegliche Unterstützung gewähren. Kaum verständlich ist es hingegen, wenn solche Beamte wegen ihrer Zugehörigkeit zu der Gruppe oder der Teilnahme an gesellschaftlichen Zusammenkünften dann auch noch sanktioniert werden, obwohl sie erkennbar den Weg zurück zur Rechtstreue beschreiten wollen, während die eigentlichen Urheber unbehelligt davonkommen.[96] In diesem Kontext ist auch darauf zu hinzuweisen, dass aufgrund der Whistleblowing-Richtlinie (RL 2019/1937/EU)

---

[90] Vgl. *Brinktrine*, in: (Fn. 5), § 46 Rn. 170 u. 179 ff.
[91] Siehe BVerwGE 160, 370 ff.
[92] Siehe VGH Kassel NVwZ-RR 2021, 267 ff. („Kalaschniwkow").
[93] Vgl. *Urban*, in: Urban/Wittkowski, BDG (2. Aufl. München 2017), Anh. zu § 13 BDG Rn. 57.
[94] Vgl. *Nitschke*, Anmerkung zu OVG Münster DVBl. 2021, 1258 ff., DVBl. 2021, 1264 (1265); a.A. aber OVG Münster DVBl. 2021, 1258 (1264).
[95] Siehe die Ausführungen oben unter VI.6. mit den dort angegebenen Fundstellen.
[96] Siehe die Sachverhaltskonstellation in OVG Münster DVBl. 2021, 1258 ff. = BeckRS

auch der öffentliche Dienst in Zukunft gehalten ist, Stellen einzurichten, bei denen Beamte Mitteilung über aus ihrer Sicht problematische Vorkommnisse in der Behörde machen können.[97]

Des Weiteren mögen Veranstaltungen zur politischen und gesellschaftlichen Bildung einen Beitrag leisten, Extremismus und Staatsfeindlichkeit entgegenzuwirken.

In neuerer Zeit wieder stärker ins Spiel gebracht worden ist das Mittel der Regelanfrage beim Verfassungsschutz,[98] um extremistische, rassistische und staatsfeindliche Haltungen und Verhaltensformen bereits vor der Verbeamtung oder der Aufnahme in den richterlichen Dienst oder das Soldatenverhältnis aufzudecken und so einen Eintritt der Person in den öffentlichen Dienst zu verhindern. Für manche Funktionen sowie in manchen Ländern existieren – wie aufgezeigt – solche Anfragen bereits,[99] so für bestimmte Teilbereiche, namentlich für sicherheitsrelevante Aufgaben und Tätigkeiten, und in konkreten Verdachtsfällen. Flächendeckend eingeführt ist die anlassunabhängige Regelanfrage aber derzeit noch nicht, zumal hier auch die rechtlichen Grenzen solcher Anfragen genauer zu bestimmen wären.

IX. Auflösung der Fallbeispiele

Wie sind nun nach dem bisher Gesagten die oben unter III. vorgestellten Fallbeispiele einzuordnen und zu bewerten?

1. Antrag auf Ausstellung eines Ausweises

Im obigen Fallbeispiel 1 ordnete das Bundesverwaltungsgericht das Verhalten des Beamten der Reichsbürgerszene zu („Leugnung der Existenz der Bundesrepublik Deutschland") und stellte einen Verstoß gegen die beamtenrechtliche Verfassungstreuepflicht fest.[100] Begründet wurde diese Feststellung mit dem Argument, dass es schlechterdings unmöglich sei, die rechtliche Existenz der Bundesrepublik Deutschland zu leugnen und sich zugleich zu deren Grundord-

---

2021, 5594 und die dort deutliche gerichtliche Kritik am Vorgehen des Polizeipräsidiums gegen die sich ohne Not offenbarende Kommissaranwärterin auf S. 1263 f.

[97] Hierzu *Gerdemann*, Unmittelbar bevorstehende Pflichten zur Einrichtung verwaltungsinterner Whistleblowing-Stellen rechtliche Vorgaben und praktische Gestaltungsmöglichkeiten, NVwZ 2021, 1721 ff.

[98] Zum im Frühjahr 2022 unterbreiteten Vorschlag von Bundesinnenministerin Faeser, den Kreis der Überprüfungen im öffentlichen Dienst deutlich auszuweiten, siehe beispielsweise den Bericht in Die Welt, Check auf rechte Gesinnung? Faesers Plan stößt auf harten Widerstand (13.05.2022), abrufbar unter https://www.welt.de/238745121 (Abruf 23.12.2022).

[99] Siehe die Ausführungen oben unter VI.1.

[100] BVerwG BeckRS 2021, 47865 Rn. 30 ff.

nung zu bekennen und sich für diese einzusetzen.[101] Der Verstoß wurde disziplinarrechtlich mit der Höchstmaßnahme, nämlich der Entfernung aus dem
Dienst, geahndet.[102]

2. Minister- und Vorgesetztenkritik

Im Fallbeispiel 2 lag eine besondere Prozesskonstellation in Gestalt einer Einbe-
haltensanordnung von Teilen der Besoldung nach § 126 Abs. 2 WDO vor; Gegenstand der Entscheidung war somit keine Disziplinarmaßnahme als solche.[103]
Das Truppendienstgericht hob die verfügte vorläufige Einbehaltung von
Dienstbezügen zunächst auf. Das BVerwG stellte die ursprüngliche Verfügung
indes wieder her, denn im gerichtlichen Disziplinarverfahren werde der Soldat
voraussichtlich aus dem Dienst entfernt werden.[104] Zur Begründung führte das
Gericht aus, dass die im Chat gemachten Äußerungen einen Verstoß gegen § 8
SG begründeten.[105] Mit der Pflicht aus § 8 SG sei ein Verhalten unvereinbar, das
objektiv geeignet oder gar darauf angelegt sei, die Ziele des NS-Regimes zu ver-
harmlosen sowie Kennzeichen, Symbole oder sonstige Bestandteile der
NS-Ideologie wieder gesellschaftsfähig zu machen.[106] Milderungsgründe für
das Verhalten sah das Gericht nicht.[107] Die Einbehaltensverfügung war nach
Ansicht des Senats auch in der Höhe verhältnismäßig.[108] Mittelbar ergibt sich
hieraus, dass im gerichtlichen Disziplinarverfahren gegen den Soldaten für sein
Verhalten die Höchstmaßnahme verhängt werden wird.

3. Erzählen von „Witzen" in einem Chat

Im Fallbeispiel 3 wurde der Soldat vom Truppendienstgericht im gerichtlichen
Disziplinarverfahren zunächst freigesprochen. Das BVerwG stufte das Verhalten des Soldaten hingegen als Dienstvergehen ein, das mit einer einfachen Disziplinarmaßnahme zu ahnden gewesen wäre. Die erwähnten Postings ließen
nach Auffassung des Gerichts indes keine ausreichenden Rückschlüsse auf eine
fehlende Verfassungstreue zu.[109] Die Wendung „Heil fucking Hitler" sei mehr-
deutig, missachte aber jedenfalls die Zurückhaltungspflicht nach § 10 Abs. 6
SG.[110] Gleiches gelte für die zweite Äußerung.[111] Bei der zweiten wiedergege-be-

---

[101] BVerwG BeckRS 2021, 47865 Rn. 31.
[102] Siehe BVerwG BeckRS 2021, 47865 Rn. 51 ff.
[103] BVerwG NVwZ 2022, 794 (795 f.).
[104] BVerwG NVwZ 2022, 794 (796).
[105] BVerwG NVwZ 2022, 794 (796).
[106] BVerwG NVwZ 2022, 794 (796 f.).
[107] BVerwG NVwZ 2022, 794 (797).
[108] BVerwG NVwZ 2022, 794 (797 f.).
[109] BVerwG NVwZ-RR 2022, 385 (388 Rn. 41 ff.).
[110] BVerwG NVwZ-RR 2022, 385 (387 Rn. 33 f. i.V.m. 387 Rn. 35 f.).
[111] BVerwG NVwZ-RR 2022, 385 (387 Rn. 33 f. i.V. 387 Rn. 37).

nen Äußerung handele es sich um eine äußerst geschmacklose, auf einen „Lacheffekt" angelegte Äußerung.[112] In beiden Fällen nahm das Gericht zudem auch einen Verstoß gegen die Wohlverhaltenspflicht nach § 17 Abs. 2 Satz 3 SG an.[113] Allenfalls sei – so das Gericht – für diese Verstöße eine Kürzung der Dienstbezüge angemessen. Vorliegende Milderungsgründe in der Person führten am Ende jedoch lediglich zu einer Einstufung als einfache Disziplinarmaßnahme nach § 22 WDO.[114] Da eine einfache Disziplinarmaßnahme aber nach § 17 Abs. 2 WDO nicht mehr verhängt werden darf, wenn sechs Monate seit dem Dienstvergehen verstrichen sind, stellte das BVerwG das Verfahren ein.[115]

X. Zusammenfassung und Ausblick

Extremistische Verhaltensformen sowie staatsfeindliche Einstellungen im öffentlichen Dienst müssen als Problem ernst genommen werden. Sie sind aber – soweit ersichtlich – quantitativ derzeit eher noch ein Ausnahmephänomen. Dessen unbeschadet besteht in empirischer Hinsicht noch erheblicher Forschungsbedarf über den Umfang problematischer Haltungen und Taten, vor allem sind Langzeitstudien und breite Erhebungen erforderlich, um ein besseres Bild gewinnen zu können.

Das ausgewertete Fallmaterial zeigt aber, dass Extremismus und Staatsfeindlichkeit in vielfältigen Erscheinungsformen auftreten und ganz verschiedene Personalkategorien betroffen sind. Augenfällig ist vor allem, dass die gerichtlichen Verfahren in den letzten fünf Jahren ganz überwiegend die Polizei und das Militär betreffen, weniger hingegen die Justiz und den Hochschulbereich. Auch in dieser Hinsicht wäre zu erforschen, warum Vollzugsbeamte und Waffenträger – ausweislich der vorliegenden Judikate – besonders im Mittelpunkt stehen.

Extremismus und Staatsfeindlichkeit innerhalb des öffentlichen Dienstes kann mit einer Vielzahl von Reaktionsmöglichkeiten entgegengetreten werden. Neben statusbezogenen dienstrechtlichen Vorgehensweisen sowie Disziplinarmaßnahmen können auch rechtlichen Schritten vorgelagerte Instrumente eingesetzt werden. Wichtig ist die Etablierung einer extremismusabwehrenden Führungskultur sowie der Gebrauch von Schulungs- und Präventionsmaßnahmen.

Abschließend ist zu konstatieren, dass das geltende Dienstrecht durchaus in der Lage ist, Extremismus und staatsfeindliches Agieren im öffentlichen Dienst wirksam zu bekämpfen. Jedenfalls kann nach Lage der Dinge nicht die Rede davon sein, dass Dienstherrn und Verwaltungsgerichte auf diesem Auge blind

---

[112] BVerwG NVwZ-RR 2022, 385 (387).
[113] BVerwG NVwZ-RR 2022, 385 (387 f.).
[114] BVerwG NVwZ-RR 2022, 385 (390).
[115] BVerwG NVwZ-RR 2022, 385 (386 Rn. 20 i.V.m. 390 Rn. 67).

sind; dagegen spricht bereits der Umstand, dass Verwaltung und Gerichte sich dieser Problemstellung bewusst annehmen und in ihren Maßnahmen und Sanktionen – wie die vorgestellten Fallbeispiele belegen – klar für einen demokratischen öffentlichen Dienst Stellung beziehen und sich auch nicht scheuen, in den Fällen, in denen es angebracht ist, von der disziplinarischen Höchstmaßnahme Gebrauch zu machen.

Die Rolle der Nachrichtendienste in der Extremismusbekämpfung[1]

Konstantin von Notz

Inhaltsverzeichnis

I. Einleitung

In diesem Text möchte ich über die Rolle der Nachrichtendienste angesichts multipler Krisen und aus meiner Sicht notwendige Reformen nachdenken. Die Dienste und ihre Arbeit sind das Thema, das mich persönlich von allem, was einem in der Innen- und Rechtspolitik begegnen kann, am meisten interessiert, und ich bin sehr froh über das Privileg, in dieser Legislaturperiode diesen Bereich als Vorsitzender des Parlamentarischen Kontrollgremiums des Bundestags mitbegleiten und gestalten zu dürfen – in einer Zeit, die nach Bewegung, Veränderung und Entschlossenheit fragt.

Lassen Sie mich ganz zu Anfang festhalten: Frau Rita Schwarzelühr-Sutter[2] ist seit der derzeitigen Legislaturperiode Parlamentarische Staatssekretärin im Bundesministerium des Innern und für Heimat, aber die Damen sind leider sehr spärlich gesät in der Innenpolitik insgesamt, in diesem Themengebiet, in den wissenschaftlichen Foren und auch in den Behörden.

Das ist keine Petitesse, sondern schlecht in der Sache. Und ich hoffe, dass es in Zukunft gelingt, die vielen engagierten und kompetenten weiblichen Köpfe in diesem Bereich besser zu fördern und zur Geltung zu bringen.

---

[1] Dieser Text wurde anlässlich des 4. Symposiums des Rechts der Nachrichtendienste als Dinnerspeech gehalten und für diesen Tagungsband die Form betreffend angepasst.

[2] Frau Schwarzelühr-Sutter sprach das Grußwort, das dieser Dinnerspeech vorangestellt war, worauf sich diese Anmerkung nun bezieht.

II. Die Genese der Nachrichtendienste

Um sich der heutigen Rolle der Nachrichtendienste zu nähern, sollte man sich zunächst fragen, woher wir kommen:

Sowohl der Bundesnachrichtendienst als auch der Verfassungsschutz wurden nach Ende der Terrorherrschaft der Nationalsozialisten und dem Zweiten Weltkrieg zu allervorderst gegründet, um die neu geschaffene, westdeutsche Demokratie zu schützen, das Wiedererstarken und eine erneute Machtergreifung der soeben Niedergerungenen zu verhindern und insbesondere Informationen aus und über „den Osten" zu generieren.

Die sich immer weiter intensivierende globale Systempolarisierung, die ihren Anfang im Warschauer Pakt und ihr Ende im Fall der Berliner Mauer nahm, prägte die Sicherheitsarchitektur der frühen Bundesrepublik und prägt sie – man hatte es fast vergessen und kriegt es derzeit täglich sehr schmerzhaft vor Augen geführt – bis heute.

Die Freund-/Feind-Struktur der Welt des Kalten Krieges war lange Zeit einigermaßen klar und der weit überwiegende Teil der Kräfte der Nachrichtendienste – ob des inländischen oder des Auslandsdienstes – wurden zielgerichtet darauf angesetzt, ein rivalisierendes Herrschafts- und Wirtschaftssystem, sowie seine Vertreterinnen und Vertreter bestmöglich zu kennen, ihnen zuvorkommen zu können und sie politisch wie militärisch in Schach zu halten.

Nach dem Fall der Berliner Mauer jedoch, schien diese Logik nicht mehr zu passen, der Feind war (*vermeintlich*) weg – und somit der gewichtigste Grund für eine starke Spionageabwehr ebenfalls. Insbesondere die Neunzigerjahre waren geprägt von dem Gefühl, man könne und müsse sich der vermeintlichen Paranoia der vorangegangenen Jahrzehnte entledigen. Das kam vielen zupass. Ideologisch, haushalterisch und auch psychologisch, denn natürlich war die alte Konfrontationslogik mit einem über Jahrzehnte potentiell im Raum stehenden nuklearen Showdown für viele belastend bis traumatisierend.

III. Die heutige Bedrohungslage: Das Ende vom Ende der Geschichte

Dieses Verständnis des Endes der Geschichte, aller relevanten Konflikte und Bedrohungen, hat sich aus heutiger Perspektive jedoch als geradezu fataler Trugschluss erwiesen.

Unsere demokratische Gesellschaft, unsere Freiheit und Rechtsstaatlichkeit werden zunehmend angefeindet und auch angegriffen. Die Zunahme und Dynamik dieser Entwicklungen sind im höchsten Maße beunruhigend. Die Bedrohungslage heute ist im Vergleich zu den Sechziger-, Siebziger- und Achtzigerjahren des letzten Jahrhunderts diffuser, diverser und ernster.

In den letzten Jahren haben wir feststellen können, dass ausländische Nachrichtendienste mit praktisch allen ihnen zur Verfügung stehenden Mitteln und einer immer geringeren Beißhemmung in der Bundesrepublik tätig werden und zum Teil empörende und erschreckend kaltschnäuzige Verbrechen begehen. Ich denke hier bspw. an zahlreiche, teils erfolgreiche Anwerbeversuche, an Entführungen von eigenen Staatsbürgerinnen und Staatsbürgern, bis hin zu kaltblütigen Morden politischer Gegner am helllichten Tag mitten im Berliner Tiergarten.

Ein solches Agieren war über viele Jahre einfach undenkbar und man fragt sich, ob hier nicht auch sehr bewusst ausgenutzt wurde und wird, dass unsere Dienste vielleicht nicht immer mit der notwendigen Entschlossenheit im Bereich der Spionageabwehr agierten – und die Politik bei der Sanktionierung derjenigen, die für derartige Taten verantwortlich sind, wiederholt nach allgemeiner Lesart durchaus milde vorging.

Der Wendepunkt *hätte* die völkerrechtswidrige Annexion der Krim sein müssen, aber spätestens seit dem 24. Februar dieses Jahres kann sich *niemand* mehr etwas über die absolute Ernsthaftigkeit der Bedrohung und der Entschlossenheit der Feinde von Rechtsstaatlichkeit und Freiheit vormachen.

Wir erleben nicht erst seit gestern einen aus dem Ausland sehr bewusst gesteuerten Extremismus, subtile und teils weniger subtile Einflussnahmen, eine gezielte Unterstützung extremistischer Gruppierungen in Deutschland, in ganz Europa und in Nordamerika, lancierte Desinformationskampagnen mit dem Ziel, demokratische Diskurse intransparent zu manipulieren, Gesellschaften zu spalten und demokratische Institutionen zu diskreditieren und offen in Frage zu stellen.

Was früher – zumindest vermeintlich – klar trennbar war, verschwimmt, vermischt sich und nimmt neue Formen an. Dies hat zur Folge, dass die Sicherheitsarchitektur der jungen Bundesrepublik in Teilen nicht mehr recht zu passen scheint, auch für die Nachrichtendienste.

Auf das – im wahrsten Sine des Wortes – völlig entgrenzte Agieren von Despoten, Autokraten, Diktatoren wie auch von Extremistinnen und Extremisten, die die Chancen der Digitalisierung für Manipulation, Sabotage und neue Kriegsformen für sich entdeckt haben, fehlt den westlichen Demokratien noch eine passende und vor allem entschiedene Antwort. Doch genau das müssen wir leisten, und zwar sehr schnell.

IV. Rechtsstaatlichkeit als Gegenreaktion

Wir brauchen neue Allianzen und neue Kooperationen, mit denen wir auf diese veränderte Sicherheitslage ebenso rechtsstaatlich wie entschlossen reagieren können. Wir brauchen eine strukturelle Neuaufstellung der Nachrichtendienste.

Und ich weiß: Das sind große Worte gelassen ausgesprochen. Denn: Ein solcher Prozess ist komplex, herausfordernd und teilweise schmerzhaft: Es ist ein disruptiver, aber eben dringend notwendiger Prozess.

Denn der Druck auf den Rechtsstaat führt zu einer noch einmal gesteigerten, massiven und diffusen Bedrohungslage. Diese resultiert nicht nur aus dem völkerrechtswidrigen Angriffskrieg auf die Ukraine und einem immer offener imperialistisch agierenden China, sondern auch aus neuen Phänomenen wie beispielsweise Corona-Leugnerinnen und -Leugnern, Reichsbürgerinnen und Reichsbürgern sowie Gelbwesten.

Wenn wir uns und die Nachrichtendienste für diese teils neuen, teils gar nicht so neuen Aufgaben wappnen wollen, ist es essentiell, dass wir uns die Frage stellen, was uns als Demokratien westlichen Typs von denjenigen Mächten, die uns derzeit so massiv unter Druck setzen, unterscheidet.

Und die Antwort ist: Unsere Rechtsstaatlichkeit. Die Klarheit von Rechtsgrundlagen, von Verfahren und der Kontrolle zum Schutz der im Grundgesetz, in der EMRK und der Menschenrechtscharta der Vereinten Nationen verbrieften Bürger- und Freiheitsrechte. Sie müssen gleichermaßen Grund und Grundlage für das Handeln der Nachrichtendienste sein.

Und gerade deshalb sind diese Aspekte auch die Leitplanken, anhand derer eine strukturelle Reform des Rechts und der Aufstellung der Dienste geplant und umgesetzt werden muss.

Der interne Umbau der drei deutschen Dienste hat längst begonnen. Die inhaltliche Neuausrichtung des BfV nach dem (überfälligen) Wechsel an der Spitze, die organisatorische und anhaltend inhaltliche Modernisierung des BAMAD und die Umstrukturierung des BND sind essentiell und müssen entschlossen weiter vorangetrieben werden.

Dies ist auch durch die jüngste Rechtsprechung des Bundesverfassungsgerichts dringend geboten.

V. Eine neue Agilität des nachrichtendienstlichen Frühwarnsystems

Wenn wir über die Rolle der Nachrichtendienste bei der Extremismusbekämpfung sprechen, dann sprechen wir über das berühmte Frühwarnsystem. Was beinhaltet dies?

Es ist eben längst nicht nur das reine Sammeln von Informationen und die Beobachtung extremistischer Bestrebungen, sondern – und das ist der weitaus umfangreichere und aufwändigere Teil – es geht auch und vor allem darum, aus den gesammelten Informationen Zusammenhänge zu erkennen, sie zu verstehen, wissenschaftlich zu kontextualisieren und entsprechende Handlungsempfehlungen und Warnungen auszusprechen.

Und in diesem Bereich – der Analysefähigkeit – gibt es nach wie vor einen spürbaren Stärkungsbedarf. Wir müssen, gerade im Bereich der Extremismusbekämpfung, wegkommen von dem begrenzenden Silo-Denken der letzten Jahrzehnte.

Wir müssen akzeptieren, dass Extremismusbekämpfung und Spionageabwehr möglicherweise enger zusammenhängen als wir es glauben woll(t)en. Die Vorstellung, dass beispielsweise russische Spionage und Einflussnahmeversuche völlig unabhängig vom Agieren deutscher und internationaler Rechtsextremistinnen und Rechtsextremisten zu sehen sind, ist bestenfalls naiv.

Die gezielten Desinformationskampagnen in rechtsextremen Kreisen, die Nutzung dieser Netzwerke für Destabilisierung und Einflussnahme und die Finanzierung des internationalen Rechtsextremismus aus bestimmten Ländern ist mittlerweile weitestgehend offensichtlich – auch durch eine extrem wertvolle journalistische Recherche in diesem Bereich.

Eine bis heute oft unflexible behördliche Logik von Zuständigkeiten, Arbeits- und Weisungssträngen führt dazu, möglicherweise ganz wesentliche Zusammenhänge *nicht* zu erkennen und damit auch nicht bekämpfen zu können.

Aus diesem Grund ist auch die kooperative Arbeit beispielsweise in den gemeinsamen Zentren GETZ und GTAZ ein ganz wesentlicher Bestandteil einer modernen Sicherheitsarchitektur. Diese aber einfach zu deklarieren ist *nicht* ausreichend. Ein Update des rechtlichen Rahmens und der Kontrollorgane müssen die Modernisierung begleiten, um in der Bekämpfung des nationalen und internationalen Extremismus weiterhin gut aufgestellt zu sein.

Es bedarf klarer Rechtsgrundlagen der Zusammenarbeit und der Datenübermittlung sowie glasklarer Verantwortlichkeiten innerhalb dieser Kooperationsmodelle. Das ist auch eine der wesentlichen Erkenntnisse der Arbeit des parlamentarischen Untersuchungsausschusses zum Anschlag auf den Weihnachtsmarkt auf dem Berliner Breitscheidplatz.

Gerade in Zeiten, in denen der Respekt vor der parlamentarischen Demokratie und ihrer Institutionen im In- und Ausland immer wieder unverhohlen und offen infrage gestellt wird, ist ein funktionierendes, kooperatives Frühwarnsystem essentiell.

Die Nachrichtendienste müssen ein solches in einer Art und Weise sein, die den Strafverfolgungsbehörden und insbesondere der Polizei die Arbeit erleichtert und nicht erschwert. Die Dienste müssen ihren Teil dazu beitragen, die außen- und sicherheitspolitische Handlungsfähigkeit unseres Staates zu gewährleisten sowie gegen Deutschland gerichtete freiheits- und sicherheitsgefährdende Tätigkeiten fremder Mächte effektiv abzuwehren, ohne gleichzeitig verbriefte Freiheits- und Grundrechte – auch von Bürgerinnen und Bürgern anderer Staaten – einzuschränken. Die Aufgabe ist so schlicht wie kompliziert:

Man darf bei der Verteidigung unserer Werte eben diese nicht verraten und verkaufen. Von vornherein komplett abwegige Rechtskonstrukte wie die „Weltraumtheorie" oder die Annahme, das Grundgesetz binde deutsche Dienste im Ausland nicht und dort sei jeder – Zitat aus dem Parlamentarischen Untersuchungsausschuss zum NSA/BND-Skandal – „zum Abschuss freigegeben", haben massiv Vertrauen gekostet. Sie verbieten sich in einem Rechtsstaat. Auch hierauf hat das Bundesverfassungsgericht – durchaus unmissverständlich – hingewiesen.

Gerade in diesen Zeiten, *gerade* angesichts der stark gestiegenen sicherheitspolitischen Herausforderungen und *gerade* vor dem Hintergrund der Notwendigkeit neuer, intensivierter Kooperationen mit befreundeten Staaten und ihren Diensten, *muss* Rechtsstaatlichkeit die Richtschnur allen Handelns sein. Sie ist kein Hindernis oder eine Beschwer, sondern absolute Voraussetzung für eine gemeinsame, effektive und rechtsstaatliche Abwehr konkreter Gefahren, die von den Extremisten und Despoten dieser Welt ausgehen.

Wir können es uns schlicht nicht leisten, die Nachrichtendienste aufgrund verfassungswidriger Befugnisse oder mittels unregulierter oder unkontrollierter Praktiken tätig werden zu lassen, weil wir damit gerade das beschädigen würden, was zu schützen ihre und unsere Aufgabe ist – und weil wir damit eben jenen Extremistinnen und Extremisten argumentativ in die Hände spielen, welche die Lauterkeit und Wehrhaftigkeit unserer Demokratie bewusst in Frage stellen.

Zudem ist es ein großer Trugschluss, gerade auch von Seiten der Exekutive, zu glauben, es sei in irgendeiner Weise vorteilhaft, sich der parlamentarischen Kontrolle zu entziehen und zu glauben, das Leben sei dann irgendwie unkomplizierter. Das Gegenteil ist der Fall. Schließlich nützt es auch niemandem, wenn einem – wie in den vergangenen Jahren immer wieder geschehen – das Bundesverfassungsgericht reihenweise grundrechtswidrige Instrumente aus der Hand schlägt. Die für die tägliche Arbeit, auch der Tausenden von Mitarbeiterinnen und Mitarbeitern, essentielle Rechtssicherheit und Vertrauen kann so eben *nicht* entstehen.

VI. Was noch zu tun ist

Zuletzt hat das Bundesverfassungsgericht in seiner Entscheidung zum Bayerischen Verfassungsschutzgesetz und zum BND-Gesetz 2020 deutlich gemacht, welche Anforderungen an Rechtsgrundlagen und Kontrolle bestehen. Diese gilt es, zügig ins Recht zu übersetzen.

Über die Notwendigkeit den HUMINT-Bereich grundlegend neu zu regulieren und zu kontrollieren besteht weitgehend Konsens. Auch hierzu gibt es eine klare Vereinbarung zwischen den neuen Koalitionspartnern, festgehalten im Koalitionsvertrag der Ampel. Aber darauf dürfen wir uns nicht beschränken:

Die Entwicklung der letzten Jahrzehnte hin zu einer Informationsgesellschaft und die Digitalisierung haben die Aufgaben und Arbeitsweise der Nachrichtendienste insgesamt massiv verändert.

Die Wichtigkeit und Komplexität der OSINT Recherche ist – gerade im Bereich der Extremismusbekämpfung – massiv gestiegen. Das Gutachten des BfV zur AfD hat sich beispielsweise gleich mehrfach auf zivilgesellschaftliche Rechercheergebnisse bezogen. Die Masse *an* und die Qualität *der* mehr oder weniger frei verfügbaren Daten stellen die Nachrichtendienste wie auch den Gesetzgeber zweifellos vor große neue Herausforderungen.

Auch die Sammlung und Verarbeitung von diesen „frei verfügbaren" Daten stellen zum Teil erhebliche Grundrechtseingriffe dar. Es stellt sich die Frage, ob es nicht hier auch einer stärkeren Regulierung und effektiveren Aufsicht bedarf, um Rechtsstaatlichkeit zu garantieren.

Die volatilen Zeiten insgesamt, der völkerrechtswidrige Angriffskrieg Russlands, aber auch das immer ruchlosere Agieren Chinas, zeigen uns die teils seit längerem bestehenden Defizite und Unzulänglichkeiten wie unter dem Brennglas auf.

Die Frage, wer wir sein wollen, ist eine Wertefrage. Sie zwingt, überfällige Reformen endlich anzugehen, neue Ideen und Energien zu entwickeln, um Wehrhaftigkeit zurück zu gewinnen und Freiheit und Rechtsstaatlichkeit zu erhalten. Die Dienste in Deutschland inklusive ihrer Kooperation mit unseren Partnern sind essenzieller Bestandteil dieser Wehrhaftigkeit. Und so liegt in der gegenwärtigen von Krisen und Problemen geprägten Situation auch eine Chance. Diese Chance gilt es zu nutzen.

Panel 1

Nachrichtendienstrechtliche
Radikalisierungsprävention und -aufklärung

Tagungsbericht Panel 1:
Nachrichtendienstrechtliche Radikalisierungsprävention und -aufklärung

Andrea Böhringer/Ivana Hristova/Karoline Linzbach

Das Panel 1 („Nachrichtendienstrechtliche Radikalisierungsprävention und -aufklärung") wurde von *Prof. Dr. Gunter Warg (Hochschule des Bundes für Öffentliche Verwaltung)* moderiert und bestand aus drei Kurzvorträgen und einer anschließenden Diskussion.

I. Vorträge

Im ersten Vortrag beschäftigte sich *Priv.-Doz. Dr. Björn Schiffbauer (Universität zu Köln)* mit der Frage *„Wie viel Radikalisierung verträgt die Demokratie?"*. Zentrales Ergebnis seiner Untersuchung war eine Matrix zur Typisierung der Gefahrenlage, die die Personen, die eine radikale Handlung begehen (vom staatlichen Bereich über Zusammenschlüsse zu Einzelpersonen) in Verhältnis zu ihrer Handlung (von Äußerungen bis hin zu Gewalthandlungen) setzt, um so einen ersten Ansatz für die rechtliche Bewertung zu bieten.

Anschließend referierte *Prof. Dr. Markus Möstl (Universität Bayreuth)* zum Thema *„Wie früh darf ein Frühwarnsystem warnen? Grenzen der Aufklärarbeit von Radikalisierung"*, bei welchem er sich auf zwei Hauptfragen konzentrierte: wie früh darf die Beobachtung durch den Verfassungsschutz ansetzen und wie früh darf die Öffentlichkeit über die Beobachtung informiert werden? Zentrale Rolle spielte der sogenannte „Prüffall" für den das Grundsatzurteil des Bundesverfassungsgerichts vom 26. April 2022 nicht gelten solle. *Möstl* zeigte in seinem Vortrag auf, wie diese Lücke gefüllt werden könnte und machte Vorschläge zu einer etwaigen Normierung.

Den letzten Vortrag des Panels hielt *Dr. Thomas Pfeiffer (Ministerium des Inneren des Landes Nordrhein-Westfalen)* zum Thema *„Rechtspraktischer Standpunkt: Radikalisierungsprävention durch Verfassungsschutz"*. *Pfeiffer* stellte zunächst die Präventionsarbeit durch die Verfassungsschutzbehörden allgemein vor, benannte Ziele und erläuterte den dreistufigen Aufbau von Präventionsarbeit (universelle, selektive und indizierte Prävention). Im Anschluss stellte er verschiedene Projekte aus den jeweiligen Stufen vor.

II. Die Rolle des Verfassungsschutzes bei Terrorismusbekämpfung und Prävention

Die erste Frage richtete *Christian Hammermann (Universität Hamburg)* an *Pfeiffer* und bat ihn um eine Einschätzung über die Einbindung des Verfassungsschutzes in die Terrorismusbekämpfung, unter der Prämisse, dass Terrorismusprävention Aufgabenkern des Verfassungsschutzes sei.[1] *Pfeiffer* betonte zunächst, dass Prävention nicht hierarchisch über die anderen Aufgaben des Verfassungsschutzes zu stellen sei. Kern und Basis der geheimdienstrechtlichen Aufgaben seien das Sammeln und Auswerten der Informationen über extremistische Vereinigungen, man dürfe den Verfassungsschutz allerdings nicht auf Präventionsarbeit reduzieren. Terrorismusprävention sei ein wichtiger Schutzfaktor der Demokratie und stehe gleichrangig neben den anderen Aufgaben.

Prof. Dr. Klaus Gärditz (Rheinische-Friedrich-Wilhelms Universität Bonn) fragte *Pfeiffer* nach konkreten Fallzahlen bezüglich der von *Pfeiffer* in seinem Vortrag dargestellten Präventionsaufgaben, insbesondere wie viele Menschen von sich aus solche Präventionsmaßnahmen aufsuchen würden. *Pfeiffer* bat um Verständnis, nicht alle konkreten Zahlen auswendig zu wissen, er könne aber einen groben Überblick geben.[2] So seien es deutlich über 1000 Menschen, die Präventivprogramme wie das *„Wegweiser – Präventionsprogramm"* durchlaufen oder durchlaufen haben und hunderte Workshops, die angeboten werden und wurden. Genauere Zahlen habe er zu den Aussteigerprogrammen: die Aussteigerprogramme im Bereich Rechtsextremismus oder Islamismus arbeiten kontinuierlich mit je 40 – 50 Ausstiegswilligen. Knapp 200 Personen haben seit seinem Bestehen das Programm *„Spurwechsel"* erfolgreich durchlaufen. Die Ergebnisse wurden wissenschaftlich untersucht und konnten zeigen, dass die Rückfälligkeit sehr gering sei (96 % Erfolgsquote, 4 % Rückfälligkeit). Im Vergleich zu Rückfallquoten von Strafgefangenen sei dies eine extrem hohe Zahl.

---

[1] *Prof. Dr. Möstl* war bei der Diskussion abwesend, weswegen nur Fragen an *Priv. Doz. Dr. Schiffbauer* und *Dr. Pfeiffer* gestellt werden konnten.

[2] Pfeiffer wies darauf hin, dass das *Wegweiserprogramm* genaue Statistiken bei den Beratungsstellen führe.

III. Radikalisierungsformen unter einem systematisierenden Ansatz

Die nächste Frage stellte *Gärditz* an *Schiffbauer*. *Gärditz* wies darauf hin, dass eine freiheitliche Rechtsordnung auch mit Radikalisierung umgehen müsse, die nicht die gewaltbereiten Randbereiche beträfe, sondern vor allem den Diskurs um die Deutungshoheit von Begriffen. Die „umsturzorientierte Radikalisierung" gehöre, dies sei durch Untersuchungen bekannt, eher der Vergangenheit an, aktuell ließen sich nach *Gärditz* in der Praxis häufiger „sanftere Instrumente" beobachten. Als Beispiel führte *Gärditz* die ungarische Verfassungsänderung an, bei welcher der Begriff „Verfassung" schlicht umgedeutet wurde. Für solche „Kämpfe um Bedeutung" biete die von *Schiffbauer* entwickelte Matrix kein Lösungsangebot.

Schiffbauer bedankte sich für die Kritik und wies darauf hin, dass die Matrix nur ein grobmaschiges Muster darstelle. Allerdings ließe sich die von *Gärditz* angesprochene Problematik auch in der Matrix bei den Teilen abseits der Gewaltbereitschaft darstellen, unter dem Punkt der „Delegitimierung der staatlichen Ordnung". *Schiffbauer* betonte, dass ein gewaltsamer Umsturz die höchste Eskalationsstufe sei und alles, was dazu führen könne – wie das Ringen über neue Begriffsverständnisse – sich unter die Stufen drei bis vier der Matrix subsumieren ließe. Er stimmte *Gärditz* dahingehend zu, dass viele kritische Rechtsänderungsprozesse weltweit zu beobachten seien (wie in Ungarn aber auch in Polen) und man sich diesbezüglich an einem besorgniserregenden Kipppunkt befände, der zwar noch keine Gewaltausbrüche enthielte, aber vergleichbar kritisch sei. In der Zukunft müssten solche Phänomene beobachtet, über sie berichtet und ihnen im Rahmen der Prävention begegnet werden. Der Verfassungsschutz müsse auch diese Phänomene in den Bericht aufnehmen.

Prof. Dr. Löffelmann (Hochschule des Bundes für öffentliche Verwaltung) begrüßte den Systematisierungsansatz von *Schiffbauer* und betonte die Notwendigkeit von Versuchen, die Grundlagen von verfassungsschützenden Tätigkeiten abzubilden. Er stellte im Anschluss darauf zunächst eine Frage an *Schiffbauer*. Ihn interessierte, ob die bloße Versagung der Zustimmung zu staatlichen Institutionen vergleichbar sei mit der Vernichtung dieser. In § 4 BVerfSchG sei insofern vergleichbar von einem „Beseitigen oder Außerkraftsetzen" der freiheitlichen demokratischen Grundordnung die Rede. Müsse zusätzlich zu dem Versagen der Zustimmung etwas hinzukommen und wenn ja, was sei dieses Element? *Schiffbauer* fasste das Problem zu der Frage zusammen, wie man mit Menschen umgehen solle, die zwar die freiheitlich-demokratische Grundordnung ablehnen, aber darüber hinaus nicht aktiv werden („Nichthandler"). Er verglich dies mit der Debatte über die Einführung einer Wahlpflicht. Nach *Schiffbauer* sei es eine bedenkliche Entwicklung in der westlichen Welt, dass die Wahlbeteiligung rapide sinkt. Er habe leider keine konkrete Antwort, wie damit umzugehen sei und ob eine Wahlpflicht helfe. Er wies darauf hin, dass dies in Belgien untersucht werden könne. Bleibe es im *forum internum* (einem inneren Ablehnen der Demokratie), müsse dies jedoch als für die Demokratie verträglich eingestuft werden. Erst wenn das *forum internum* verlassen wird und beispielsweise die Nichtteilnahme an Wahlen als gemeinsames Bestreben aktiv beworben werde, sei eine andere Beurteilung möglich.

Löffelmann fragte zudem, ob mit dem Hinweis auf performative Sprechakte eine klare Grenze zwischen Äußerungen und Handlungen von Beobachtungssubjekten gezogen werden könne. *Schiffbauer* betonte, dass keine starren Grenzen zwischen den Radikalisierungsstufen gezogen werden könnten. Wo man die Grenze zwischen performativen Sprechakten und Aufforderungen an andere Personen, der eigenen Meinung beizutreten, anlegen könne, sei fallbezogen zu bestimmen. Man könne jedoch beispielsweise eine Grenze bei dem Übergang von Stufe Zwei (reine Äußerungen) und Stufe Drei (Handlungen) bei einem aktiven Zugehen auf andere Personen mit dem Ziel, sich der Bestrebung anzuschließen, ziehen.

Zudem wies *Löffelmann* bei der Unterscheidung von Prüffall und Verdachtsfall (in Bezug auf den Vortrag *Möstls*) darauf hin, dass es eine Diskussion im Strafverfahrensrecht über die Vorfeldermittlung (Strukturermittlungen) im kriminellen Milieu gäbe. Diese sei unzulässig. Demgegenüber seien Vorermittlungen, die auf eine konkrete Straftat bezogen und dadurch relativ klar konturiert seien, zulässig. Der verfassungsrechtliche Beobachtungsgegenstand sei viel amorpher und gerade in Hinblick darauf müsse die Zulässigkeit des Prüffalls entwickelt werden. Man sei auf der sicheren Seite, wenn man eine gesetzliche Grundlage dafür schaffe. *Schiffbauer* stimmte dieser Überlegung im Anschluss ungeteilt zu, er sei ebenfalls zu diesem Ergebnis gekommen.

Weiterhin bat *Löffelmann* *Pfeiffer* um eine Einschätzung der Personalstärke der Präventionsabteilung im Vergleich zum repressiven Bereich. *Pfeiffer* berichtete, dass das Präventionsreferat in den vergangenen zehn Jahren stark gewachsen sei. Er bat um Verständnis, keine konkreten Zahlen nennen zu dürfen. Es bestehe allerdings noch Bedarf, die Programme weiterhin besser zu besetzen.

Löffelmann wies zuletzt daraufhin, dass es im rechtspolitischen Diskurs die Idee gäbe, einen Verfassungsschutzbeauftragten zu schaffen, welcher die Schnittstelle zwischen dem institutionellen Verfassungsschutz und der Zivilgesellschaft besetzen solle. Er fragte *Pfeiffer*, wie er dazu stehe. *Pfeiffer* nannte die Koordinierungsstelle Nordrhein-Westfalen als mit dieser Aufgabe betraut. Ob ein Mehrwert zum bestehenden Mechanismus geschaffen werde, müsse man sich genau ansehen. Er persönlich begrüße jede Art der Vernetzung, sofern sie rechtlich möglich und zulässig sei.

Prof. em. Dr. Morlok (Heinrich-Heine-Universität Düsseldorf) wies zur Thematik „organisierte Wahlverweigerung" darauf hin, dass das Bundesverfassungsgericht entgegen den Ausführungen *Schiffbauers* eine solche als ungefährlich eingeordnet hat. Er verwies dazu auf das Urteil zu den *Zeugen Jehovas*.[3] *Schiffsbauer* erwiderte, dass wenn sich eine Körperschaft als so überzeugungsstark entwickelt habe und die Potentialität aufweise, durch ihre Überzeugungskraft die Wahlbeteiligung derart zu senken, dass ein demokratisch legitimiertes Ergebnis kaum mehr erreichbar wäre, er davon ausgehen würde, dass das Bundesverfassungsgericht zu einem anderen Ergebnis käme.

Ministerialrat Dietmar Marscholleck (Bundesministerium des Inneren) fragte *Pfeiffer* nach der Rolle des Verfassungsschutzes bei dem Projekt „Wegweiser". *Pfeiffer* führte daraufhin aus, dass das betreffende Referat im Innenministerium das Programm finanziere und auch koordiniere. Das Innenministerium entscheide bei der Wahl der Träger vor Ort mit. Jede Beratungsstelle sei in ein Beratungsnetzwerk eingebunden. Das Innenministerium habe dementsprechend Einfluss auf das Konzept. Vorteilhaft sei daran insbesondere, dass ein stetiger Informationsfluss über die Szene vor Ort besteht und dass eine enge Nahtstelle besteht, wenn die Schwelle der Sicherheitsrelevanz überschritten ist.

Marscholleck fragte *Schiffbauer*, ob bei seiner Matrix Erkenntnis und Prognose auseinandergehalten werden können. Er sei der Ansicht, differenziertere Indikatorenmodelle würden der Herausforderung eher gerecht. *Schiffbauer* erkannte die Kritikpunkte als berechtigt an, wies aber darauf hin, dass das von ihm entwickelte System nicht derart abschließend und flexibel sei und die Konzeption Indikatorenmodelle nicht ausschließe. Man könne diese also als Anschlussüberlegung an die Matrix anfügen.

Zuletzt wandte sich *Prof. Dr. Dietrich Murswiek (Albert-Ludwigs-Universität Freiburg)* mit einer Frage an *Pfeiffer*. Er bezog sich auf die Begrifflichkeit der „rechtsorientierten Jugendlichen", die in Bezug auf das *„VIR-Programm"* gefallen sei. Er wies daraufhin, dass es der gesetzliche und verfassungsrechtlich gerechtfertigte Auftrag des Verfassungsschutzes sei, Extremismus zu bekämpfen. Rechte und linke Positionen seien jedoch in einer Demokratie legitim. Er wies auf die Wichtigkeit der Unterscheidung zwischen links und linksextrem sowie rechts und rechtsextrem hin, denn ansonsten könne in der Öffentlichkeit oder bei zivilgesellschaftlichen Gruppen das Missverständnis entstehen, dass alles, was als rechts wahrgenommen werde, bekämpft werden dürfe. Er wünsche sich Klarheit in der Terminologie. *Pfeiffer* äußerte Verständnis und wies darauf hin, dass der Begriff „rechtsorientierte Jugendliche" ein Fachbegriff sei, ähnlich wie der Begriff „rechtsaffin". In der Selbstdarstellung der Programme würden diese Begriffe erklärt. Diese Begriffe beschrieben Personen, die nicht im Kern an Bewegungen beteiligt sind, sondern als Unterstützer und Sympathisanten eingeordnet werden.

Prof. Dr. Gunter Warg schloss damit die Diskussion und bedankte sich bei allen Vortragenden sowie Teilnehmer*innen.

---

[3] BVerfG, Urt. v. 19.12.2000 – 2 BvR 1500/97 -BVerfGE 102, 370, 397 ff.

Wie viel Radikalisierung verträgt die Demokratie?

Ansätze einer Systematisierung von personenbezogenen Radikalisierungsgraden und Erscheinungsformen[1]

Björn Schiffbauer

Inhaltsverzeichnis

---

[1] Die Ausgangsfrage „Wie viel Radikalisierung verträgt die Demokratie?" wurde von den Veranstaltern des Symposiums vorgegeben; die ergänzende Überschrift hat der Verfasser selbst hinzugefügt.

I. Einleitung

Wenn gefragt wird, wie viel Radikalisierung die Demokratie verträgt, geht es im Kern um die rechtliche und tatsächliche Resilienz[2] demokratieermöglichender und demokratiesichernder Rechtsnormen gegenüber radikalen Personen, die deren Außerkraftsetzung bewirken wollen und dazu schließlich auch in der Lage sind. Abstrakt betrachtet zielt die Ausgangsfrage dieses Beitrages, wenn man sie spezifisch rechtlich begreift, darauf ab, ein demokratiebezogenes Verhältnis zwischen Recht und Realität, d.h. genauer zwischen Rechtsnormen und bestimmten, innerhalb ihrer Rechtsordnung eingebetteten Personen[3] zu ermitteln. Konkreter und beispielhaft ausgedrückt: Inwieweit kann und muss die Bundesrepublik Deutschland mit ihrer gegenwärtigen Rechtsordnung gegen sie selbst gerichtete Personen tolerieren, ohne dabei selbst Schaden zu nehmen und schließlich zerstört zu werden? Dem soll hier systematisch nachgegangen werden.

Mit einer dem Grunde nach binären Vorstellung lässt sich die Ausgangsfrage dieses Beitrages sogar ziemlich nüchtern, nämlich formal-logisch erschließen, wenn man die auf sie zu findende Antwort negativ von ihr abgrenzt: Die Demokratie verträgt Radikalisierung jedenfalls *nicht* in einer Menge, die dazu führt, dass die Demokratie selbst vernichtet wird. Dies allerdings provoziert gewisse Folgefragen, insbesondere: Was ist genau mit „Radikalisierung", was mit „Demokratie" gemeint? Lässt sich „Radikalisierung" – analog zu einer Mengeneinheit – überhaupt quantifizieren (und wenn ja, wie)? Wie können sich einzelne Einheiten von „Radikalisierung" auf einzelne Einheiten von „Demokratie" unverträglich auswirken? Ohne bestimmte Prämissen und Parameter lassen sich darauf keine Antworten finden. Ein ausschließlich formales, d.h. bewertungsfreies Denken hilft also offenkundig dann nicht mehr vollständig weiter, wenn es um die wichtigen Details des Austarierens geht. Aber immerhin lässt sich schon rein formal erkennen, dass es einen Kipppunkt geben muss, auf den sich die Demokratie je näher zubewegt, desto mehr Radikalisierung sie ausgesetzt ist. Ist dieser Kipppunkt erreicht, fällt die Demokratie der Radikalisierung zum Opfer. Man könnte auch anders formulieren: Wenn die Kraft der Demokratie geringer ausfällt als die Kraft der gegen sie gerichteten Radikalisierung, kippt die Demokratie um; dann verkraftet sie den Druck nicht mehr. Umgekehrt gilt: Solange sie nicht umkippt und ihr Umkippen auch nicht bevorsteht, verträgt sie die Kraft der Radikalisierung noch. Ein solcher Befund steht jedenfalls in einem zwingenden Zusammenhang mit dem Zeitpunkt, zu welchem die Kräfteverhältnisse zwischen Demokratie und Radikalisierung gemessen werden. Aussa-

---

[2] Zum Begriff der Resilienz umfassend m.w.N. *Barczak*, Der nervöse Staat, 2020, 606 ff. (allgemein) und 612 ff. (normativ).
[3] Dazu grundlegend *Schiffbauer*, Formale Verfassungslehre, 2021, 125 ff.

gen für die Zukunft sind daraus nicht sicher abzuleiten. Solange also zum Zeitpunkt der Betrachtung der Kipppunkt der Demokratie nicht erreicht ist, verträgt sie das dann bestehende Ausmaß der Radikalisierung. Wenn zu diesem Zeitpunkt das Ausmaß jedoch bereits näher an einen Kipppunkt geführt hat, als dies in der Vergangenheit der Fall war, lässt dies zukunftsgerichtete Bewertungen dahingehend zu, ob Maßnahmen gegen fortschreitende Radikalisierung zum Schutz der Demokratie ergriffen werden müssen.

Dies soll zum theoretischen Hintergrund der Ausgangsfrage genügen. Entscheidend wird im Folgenden sein, dieses abstrakte Muster mit konkreten Werten, mit geltenden Rechtsnormen und praktischen Erfahrungen lebendig auszufüllen und systematisch zu erörtern. Dafür wird es in einem ersten Schritt (unter II.) erforderlich sein, die rechtlich relevante Bedeutung der zentralen, unter einem gewissen Spannungsverhältnis stehenden Begriffe „Demokratie" und „Radikalisierung" im Lichte der Ausgangsfrage zu erschließen. Erst dann nämlich (unter III.) lassen sich konkrete Erscheinungsformen aus beiden erfassen und das Wirken ihrer Kräfte beobachten und gegenüber dem positiven Recht einordnen. Innerhalb des dann abgesteckten Rahmens wird der Ausgangsfrage dieses Beitrages (ab IV.) deutlich nähergetreten, indem Unverträglichkeiten für die Demokratie erst abstrakt, dann konkret erfasst und eingeordnet werden, um die gewonnenen Erkenntnisse anschließend in ein theoretisch schlüssiges System einzubetten und daraus letztlich praktische Konsequenzen für die Bewertung von demokratiebezogener (Un-)Verträglichkeit zu ziehen.

II. Das Spannungsverhältnis zwischen „Demokratie" und „Radikalisierung"

1. Demokratie

Unter „Demokratie" wird allgemein eine Regierungsform verstanden, deren Grundlage es ist, dass staatliche Entscheidungen – darunter insbesondere, aber nicht nur über die Gesetzgebung – durch den Willen der diesem Staat angehörigen Individuen legitimiert werden.[4] Das damit zum Ausdruck kommende Prinzip der „Volkssouveränität"[5] kann direkt oder indirekt, nämlich über staatliche Repräsentationsorgane, die üblicherweise als „Parlamente" bezeichnet werden, verwirklicht werden (vgl. Art. 20 Abs. 2 Satz 2 GG).[6] Im Grundgesetz wird das Demokratieprinzip als unabänderliches (Art. 79 Abs. 3 GG) Staatsstruktur-

---

[4] Statt vieler weiterhin grundlegend *Böckenförde*, in: Isensee/Kirchhof (Hrsg.), Handbuch des Staatsrechts, Bd. II, 3. Aufl. 2004, § 24 Rn. 9 ff.

[5] *Böckenförde*, in: Isensee/Kirchhof (Fn. 4), § 24 Rn. 2 ff.

[6] Dazu umfassend *Böckenförde*, in: Isensee/Kirchhof (Hrsg.), Handbuch des Staatsrechts, Bd. III, 3. Aufl. 2005, § 34 Rn. 1 ff.; siehe auch *Starck*, in: Isensee/Kirchhof (Hrsg.), Handbuch des Staatsrechts, Bd. III, 3. Aufl. 2005, § 33 Rn. 32 ff.

prinzip vorausgesetzt[7] und kommt in verschiedenen verfassungsrechtlichen Einzelbestimmungen zum Ausdruck.[8] Diese allgemein bekannten Merkmale der Demokratie und ihre Verankerung im Grundgesetz geben allerdings noch nicht zu erkennen, wie resilient die Normen über diese rechtlich unverrückbare Grundentscheidung des deutschen Verfassungsrechts gegenüber gegenläufigen Strömungen sein können.

Im Gegenteil ist zunächst an das Paradoxon zu erinnern, das jede prinzipientreue Demokratie in sich trägt: Jedenfalls bedingungslos in einem Staat gewährleistete Demokratie umfasst notwendigerweise die Möglichkeit, diese Regierungsform in eben diesem Staat mit demokratischen Mitteln abzuschaffen.[9] Es müssen dafür lediglich die notwendigen Abstimmungsmehrheiten zusammenkommen. Nicht zuletzt aufgrund der dies belegenden historischen Erfahrung haben die Mütter und Väter des Grundgesetzes für die Bundesrepublik Deutschland rechtliche Vorkehrungen getroffen, um die Beseitigung (u.a.) der Demokratie zu verhindern.[10] Auf das Demokratieprinzip als Teil der „Ewigkeitsklausel" des Art. 79 Abs. 3 GG wurde bereits hingewiesen; eine Abstimmung im Bundestag (und im Bundesrat) über die – auch verfassungsändernde – Abschaffung der Demokratie wäre demnach schlicht verfassungswidrig und ein entsprechendes Ergebnis unter dem Grundgesetz rechtlich unwirksam und daher nichtig.[11]

Die theoretische Grundausrichtung über die Absicherung der Demokratie unter dem Grundgesetz erscheint damit klar. Wenn der Bundestag in der praktischen Lebenswirklichkeit allerdings bereits demokratiefeindlich durchsetzt sein sollte, besteht die konkrete Gefahr, dass die verfassungsrechtliche Unverfügbarkeit über die Demokratie zu einem bloßen Papiertiger verkommt. Dies wäre der Fall, wenn eine verfassungswidrige Mehrheitsentscheidung dennoch tatsächlich vollzogen würde. Dann stieße die theoretische Wirksamkeit des Rechts an ihre faktischen Grenzen, die entsprechenden Normen des Grundgesetzes – allen voran dessen „Ewigkeitsklausel" – würden dann nämlich „im großen und ganzen" nicht mehr befolgt; sie könnten daher schließlich aufgrund der herrschenden Machtverhältnisse doch unwirksam werden.[12] Dies wäre nichts

---

[7] Ausführlich *Hain*, in: von Mangoldt/Klein/Starck (Hrsg.), GG, 7. Aufl. 2018, Art. 79 Rn. 75 ff.; *Herdegen*, in: Dürig/Herzog/Scholz (Hrsg.), GG, 96. EL Nov. 2021, Art. 79 Rn. 127 ff.; siehe auch *Dreier*, in: Dreier (Hrsg.), GG, Bd. 2, 3. Aufl. 2015, Art. 79 Abs. 3 Rn. 36 ff.

[8] Zum Beispiel in Art. 20 Abs. 1 und 2, Art. 38 GG; siehe dazu etwa *Starck*, in: Isensee/ Kirchhof (Fn. 6), § 33 Rn. 1 ff.

[9] Ob und inwieweit dies konkret möglich sein kann, ist eine Frage des Verfassungsdesigns, siehe näher *Schiffbauer* (Fn. 3), 440 ff.

[10] *Hain*, in: von Mangoldt/Klein/Starck (Fn. 7), Art. 79 Rn. 30; *Herdegen*, in: Dürig/Herzog/Scholz (Fn. 7), Art. 79 Rn. 64 ff.; siehe auch *Dreier* (Fn. 7), Art. 79 Abs. 3 Rn. 2 ff.

[11] *Dreier* (Fn. 7), Art. 79 Abs. 3 Rn. 14; *Hain*, in: von Mangoldt/Klein/Starck (Fn. 7), Art. 79 Rn. 40; vgl. auch *Herdegen*, in: Dürig/Herzog/Scholz (Fn. 7), Art. 79 Rn. 74 ff.

[12] Grundlegend *Kelsen*, Reine Rechtslehre, 2. Aufl. 1960, 219; vgl. näher auch *Schiffbauer* (Fn. 3), 196 ff.

anderes als eine Revolution.[13] Ihr könnte die Demokratie auch in Deutschland, wenn schon zunächst nicht rechtlich, dann doch aber faktisch und schließlich durch Schaffung neuen, nur ehedem verfassungswidrigen Rechts auch rechtsgestaltend anheimfallen.

Damit es zu einer solchen Revolution, überhaupt zu einer Revolutionsgefahr nicht kommt, wurden mit dem Grundgesetz gewisse Vorfeldmechanismen rechtlich implementiert, die verhindern sollen, dass eine tatsächliche Dispositionsbereitschaft über die Demokratie den Bundestag überhaupt erreichen kann. Es handelt sich dabei um Mechanismen, die letztlich die rechtliche Wirksamkeit und tatsächliche Bewehrung von Art. 79 Abs. 3 GG, dabei insbesondere das bewährte Staatsstrukturprinzip „Demokratie" absichern sollen. Dies geschieht durch staatliche Eingriffsbefugnisse, die an das Schutzgut der „freiheitlichen demokratischen Grundordnung" (dazu sogleich mehr) gekoppelt sind. Hinter diesem Begriff verbergen sich mit der Rechtsprechung des Bundesverfassungsgerichts „diejenigen Prinzipien, die unter Ausschluss jeglicher Gewalt- und Willkürherrschaft eine rechtsstaatliche Herrschaftsordnung auf der Grundlage der Selbstbestimmung des Volkes nach dem Willen der jeweiligen Mehrheit und der Freiheit und Gleichheit gewährleisten".[14] Mit Blick auf den Teilbereich der Demokratie soll damit jedenfalls gewährleistet werden, dass der Staat im Gefahrenvorfeld gewisse Personen und Personengruppen identifizieren und im Zweifel auch bekämpfen kann, die für eine Abschaffung der Demokratie eintreten. Dieses Konzept ist als „wehrhafte"[15] oder „streitbare" Demokratie bekannt.[16] Erforderlichenfalls beschränkt die wehrhafte Demokratie das „Freiheitliche" in der demokratischen um ihrer selbst willen: „Verfassungsfeinde sollen nicht unter Berufung auf Freiheiten, die das Grundgesetz gewährt, die Verfassungsordnung oder den Bestand des Staates gefährden, beeinträchtigen oder zerstören dürfen"[17] und – so müsste man ergänzen – sie dürfen auch faktisch dazu nicht in der Lage sein. Das Konzept der wehrhaften Demokratie will (bei genauer Differenzierung zwischen Recht und Realität[18]) mit rechtlichen Vorgaben verhindern, dass verfassungsrechtlich unverfügbare staatliche Grundentscheidungen rechtsgestaltend und tatsächlich doch ausgehöhlt werden.

---

[13] Vgl. *Herdegen*, in: Dürig/Herzog/Scholz (Fn. 7), Art. 79 Rn. 77.
[14] BVerfGE 144, 20 Rn. 531; zur begrifflichen Genese *Schliesky*, in: Isensee/Kirchhof (Hrsg.), Handbuch des Staatsrechts, Bd. XII, 3. Aufl. 2014, § 277 Rn. 16 f.; zu einer möglichen begrifflichen Verschiebung seit diesem zweiten NPD-Urteil des BVerfG *Schiffbauer*, in: Reichert, Vereins- und Verbandsrecht, 14. Aufl. 2018, Kap. 3 Rn. 126 f.
[15] Ausführlich dazu etwa *Schliesky* in: Isensee/Kirchhof (Fn. 4), § 277 Rn. 1 ff., zum Begriff näher Rn. 11 ff.; siehe auch *Beaucamp*, JA 2021, 1; *Schiffbauer*, JZ 74 (2019) 131; *Thrun*, DÖV 2019, 65.
[16] Siehe auch *Durner*, Extremismus und wehrhafter Verfassungsstaat, in diesem Band, S. 3.
[17] So explizit BVerfGE 134, 141 Rn. 112.
[18] Vgl. schon oben und Fn. 3.

Mit der Umsetzung dieses Postulats wird allerdings das reine Demokratieprinzip selbst verkürzt. Denn wenn bestimmte Personen im demokratischen
Willensbildungs- und Entscheidungsprozess beeinträchtigt, gar davon ausgeschlossen werden, kann dies die Demokratie ebenfalls in eine Schieflage versetzen. Schließlich lebt die Demokratie gerade von Meinungsvielfalt, dem öffentlichen Diskurs über potenziell mehrheitsfähige Meinungen, dem friedlichen Ringen um Kompromisse. Eingriffe in diesen besonders sensiblen Bereich erfordern
daher ein besonders hohes Verantwortungsbewusstsein der Eingreifenden.
Dies rückt einen weiteren Fokus auf staatliche Amtspersonen.[19] Wenn nämlich
staatliche Stellen die Befugnis haben, das Substrat des Demokratieprinzips (in
Teilen) abzutragen, birgt auch dies eine Gefahr – umso mehr, wenn die damit
betrauten Personen selbst radikal geworden sind. Es offenbart sich so ein weiterer Kipppunkt der Demokratie, auf den nicht private Akteure zusteuern, sondern der (dann als autoritär zu bezeichnende) Staat über die für ihn handelnden
Personen selbst.

2. Radikalisierung

Nach genauerer Betrachtung kann die Demokratie somit, wenn sie als Staatsstrukturprinzip verstanden wird, über zwei unterschiedlich verortete Kipppunkte stürzen, was jeweils ihren Untergang bedeuten dürfte. Unabhängig davon, auf welchen dieser beiden Kipppunkte eine Demokratie – präziser formuliert: ein demokratischer Staat[20] – getrieben wird, sind solche Bewegungen stets
auf Radikalisierungsprozesse zurückzuführen, sei es im Staat selbst oder in der
von ihm umfassten Gesellschaft.[21] Der in der Ausgangsfrage verwendete Begriff der Radikalisierung ist genau vor diesem Hintergrund zu verstehen. Er
kann sich daher nur im Zusammenhang mit der sensiblen Tektonik der Demokratie erschließen. Wurde eingangs noch suggeriert, dass bestimmte private
Personen oder Personenmehrheiten einen destruktiven Druck auf die Demokratie erhöhen und daher eine gewisse Radikalisierung offenbaren, gilt es nun
dies zu präzisieren: Solche auf einen demokratischen Kipppunkt gerichtete Tendenzen können private oder staatliche Ursachen haben. Beide demokratiefeindlich eingestellten Personengruppen haben gemeinsam, dass sie radikal geworden sind. Radikalisierung meint eben dieses „Radikalwerden", das als Resultat
in das personenbezogene Attribut „radikal" mündet. Damit wird eine innere
persönliche Haltung umschrieben, die als Antrieb für – hier spezifisch – demo-

---

[19] Dazu ausführlich *Brinktrine*, Extremismus im Öffentlichen Dienst, in diesem Band,
S. 93; außerdem *ders.*, in: Dietrich/Fahrner/Gazeas/von Heintschel-Heinegg (Hrsg.), Handbuch Sicherheits- und Staatsschutzrecht, 2022, § 46 Rn. 1 ff.
[20] Im Folgenden wird gemäß der gestellten Ausgangsfrage gleichwohl schlicht von der
„Demokratie" die Rede sein; gemeint ist damit jedenfalls auch das demokratische Staatswesen
der Bundesrepublik Deutschland.
[21] Dazu näher *Backes*, Radikalisierung im Prozess, in diesem Band, S. 23.

kratiefeindliche Handlungen genutzt werden kann. Diese Umschreibung kommt dem Bedeutungsursprung von „Radikalisierung" bzw. „radikal" recht nah, weil sie die Wurzel (lat. *radix*) der Demokratiefeindlichkeit betrifft und von dort aus gegen die bestehende (demokratische) Ordnung ankämpft.[22] Aus der Wurzel allein erwächst noch kein Schaden, doch bildet sie die notwendige Grundlage für schädigende Auswüchse. Solche Grundlagen können sich sowohl in der Gesellschaft als auch im Staat, individuell und kollektiv bilden. Sämtliche Phänomene können zu zunächst abstrakten, dann konkretisierten Gefahrenlagen anwachsen, die ab einer bestimmten Schwelle einen der beiden Kipppunkte erreichen. Ihren Ausgangspunkt finden sie häufig in einem Narrativ über die angebliche Schädlichkeit oder auch Nichtigkeit des Staates und seiner Einrichtungen, darunter auch des Demokratieprinzips.

3. Resilienz der Demokratie gegen Radikalisierung

Solchen Radikalisierungsgefahren tritt die wehrhafte Demokratie entgegen. Eine wehrhafte Demokratie darf ihrer eigenen Auslöschung nicht anheimfallen, und zwar weder durch die von ihr begünstigten (Privat-)Personen, noch durch die eigentlich für ihre Gewährleistung verantwortlichen staatlichen Organe oder Funktionsträger. Rechtlich ist das Staatsstrukturprinzip der Demokratie unter dem Grundgesetz dem Grunde nach vor beiden Seiten geschützt. Theoretisch ist damit für Resilienz gesorgt. Unsicherheiten können allerdings in rechtspraktischer Hinsicht entstehen: anwendungsrechtlich über die Regelungsreichweite derjenigen Rechtsnormen, die staatliche Eingriffsbefugnisse zum Schutz der Demokratie ermöglichen; personell über die Bereitschaft staatlicher wie privater Akteure, den rechtlich verbürgten Schutz der Demokratie auch effektiv zu verwirklichen. Die praktische Resilienz der demokratiebezogenen Rechtsnormen hängt also davon ab, wie viel hoheitliche Restriktion von demokratischen Einzelrechten noch erforderlich ist und wie viel individuelle Freiheit noch möglich ist, ohne dass staatliche Stellen oder Privatpersonen die Demokratie bis zu einem Kipppunkt vor sich hertreiben können.

Da die Verfassungsrechtslage angesichts der normativen Unverfügbarkeit über das Demokratieprinzip klar ist, kommt es beim Ringen zwischen Restriktion und Freiheit im Sinne der wehrhaften Demokratie weniger auf die Lösung eines virulenten rechtlichen Spannungsverhältnisses, sondern eher auf die Verhinderung erst entstehender rechtspraktischer Spannungsverhältnisse an. Denn wenn antidemokratische Kräfte bereits zur Tat geschritten sind, entfaltet sich die Kraft des Radikalen und fordert die Wirksamkeit des Rechts unmittelbar heraus. Da aber sowohl Radikalisierung als auch der demokratische Meinungskampf nicht mit der äußeren Betätigung, sondern der inneren Haltungsent-

---

[22] Vgl. die erste und die dritte Bedeutungsvariante von „radikal" gemäß *Duden*, Das Bedeutungswörterbuch, 5. Aufl. 2018, 768.

wicklung beginnen, kommt es entscheidend auf den Vorfeldschutz der Demokratie an. Die Resilienz der demokratiebezogenen Rechtsnormen findet daher ihre Basis in einem Demokratiepräventionsrecht, das bereits im Grundgesetz angelegt ist, einfachgesetzlich ausgestaltet wurde und schließlich anwendungspraktisch mit Leben gefüllt werden muss.

III. Rechtlicher Rahmen

1. Kategorien des verfassungsrechtlichen Demokratieschutzes

Der verfassungsrechtlich verbürgte Schutzrahmen der *freiheitlichen demokratischen Grundordnung*[23] spiegelt sich (sinngemäß[24]) in Art. 9 Abs. 2 GG sowie ausdrücklich in Art. 10 Abs. 2 Satz 2, 11 Abs. 2, 18 Satz 1, 21 Abs. 2 und 3, 73 Abs. 1 Nr. 10 lit. b, 87a Abs. 4, 91 Abs. 1 GG wider. Diese Normen lassen sich nach ihrem Regelungsinhalt grob in vier verschiedene Kategorien unterteilen: *institutionelle Organisation* (Art. 73 Abs. 1 Nr. 10 lit. b GG), *individuelle Freiheitsbeschränkungen* (Art. 10 Abs. 2 Satz 2, 18 GG, teils Art. 11 Abs. 2 GG), *kollektive Freiheitsbeschränkungen* (Art. 9 Abs. 2, 21 Abs. 2 und 3) und *Notstandsbestimmungen* (Art. 87a Abs. 4, 91 Abs. 1 GG, teils Art. 11 Abs. 2 GG). Diese Kategorien stehen allerdings nicht für sich, sondern sind systematisch in den Gesamtkontext des Grundgesetzes eingebettet.[25]

Vor diesem Hintergrund ist außerdem aufschlussreich, was nicht spezifisch mit dem Begriff der freiheitlichen demokratischen Grundordnung in Verbindung steht, für ihre Wahrung aber gleichwohl unerlässlich ist. Angespielt wird damit auf Ermächtigungen zur staatlichen Informationserhebung und -verarbeitung,[26] die erst ermöglichen, auf Grundlage einer gesicherten Tatsachenbasis in einem weiteren Schritt auch schwerwiegende Freiheitsbeschränkungen vorzunehmen. Hierfür sind die allgemeinen verfassungsrechtlichen, insbesondere grundrechtsdogmatischen Maßstäbe relevant,[27] die auch zum Schutze von

---

[23] Zu diesem verfassungsdogmatischen Großthema jüngst umfassend *Fahrner*, Die freiheitlich demokratische Grundordnung, 2023, passim. Im vorliegenden Beitrag wird an der (wohl) gebräuchlicheren, dem Text des GG entsprechenden Bezeichnung als „freiheitliche demokratische" (begriffen als Kumulierung zweier Adjektive, nicht als Adverb-Adjektiv-Konstruktion) Grundordnung festgehalten; vgl. dazu aber auch *Fahrner, ibid.*, 51 f.

[24] Das Schutzgut „verfassungsmäßige Ordnung" in Art. 9 Abs. 2 GG enthält auch das Demokratieprinzip, da es inhaltlich mehr umfasst als das der freiheitlichen demokratischen Grundordnung nach gegenwärtiger Lesart, dazu näher *Schiffbauer*, in: Reichert (Fn. 14), Kap. 3 Rn. 126 ff.; vgl. auch krit. *Fahrner* (Fn. 23), 183 ff.

[25] Vgl. auch instruktiv *Barczak* (Fn. 2), 419 ff.

[26] Zur hier relevanten Inlandsaufklärung im Einzelnen *Meiertöns*, in: Dietrich/Fahrner/Gazeas/von Heintschel-Heinegg (Fn. 19), § 18 Rn. 1 ff.

[27] Vgl. allgemein nur *Hillgruber*, in: Isensee/Kirchhof (Hrsg.), Handbuch des Staatsrechts, Bd. IX, 3. Aufl. 2011, § 200 Rn. 1 ff. und § 201 Rn. 1 ff.

Rechtsgütern mit geringerem Gewicht zu Grundrechtseingriffen (vor allem in das Grundrecht auf informationelle Selbstbestimmung) angelegt werden.[28] Offenbar geht das Grundgesetz selbst davon aus, dass Informationserhebungseingriffe regelmäßig einfacher zu rechtfertigen sind als bestimmte, auf individuelle oder kollektive Betätigung gerichtete Freiheitsbeschränkungen. Dies dürfte auch kaum verwundern, war doch schon die Geltung eines Grundrechts auf informationelle Selbstbestimmung vor dem berühmten Volkszählungsurteil des Bundesverfassungsgerichts[29] hoch umstritten.[30] In den deutschen Nachrichtendiensten jedenfalls, deren institutionelle Organisation durchaus im Grundgesetz verankert ist, wurde lange Zeit die Meinung vertreten, in einem nicht oder nur teilweise grundrechtsrelevanten Raum zu agieren.[31] Erst die praktische Erfahrung der Normanwendung und die dabei – vor allem verfassungsgerichtlich – entwickelte Dogmatik schärften das Rechtsverständnis.[32]

2. Praktische Bewährung des Rechtsrahmens

Ohnedies können praktische Anwendungserfahrungen zu bestimmten Verfassungsnormen aufschlussreich sein für deren wahre gegenwärtige Bedeutung. Nach den mehr als 70 Jahren, in denen das Grundgesetz inzwischen gilt und sich erfolgreich bewährt hat, lassen sich durchaus einige empirisch begründete Schlüsse ziehen. Dazu ist zunächst zu konstatieren, dass es einen verfassungsrechtlichen Staatsnotstand bezüglich der freiheitlichen demokratischen Grundordnung – glücklicherweise – noch nie gegeben hat.[33] Daher konnten Art. 11 Abs. 2, 87a Abs. 4 und 91 Abs. 1 GG bislang nicht praktisch in Erscheinung treten. Damit ist zugleich dokumentiert, dass es zu einer konkreten Gefahr für die freiheitliche demokratische Grundordnung in der Bundesrepublik Deutschland bislang nicht gekommen ist. Der präventive Demokratieschutz, dem die drei anderen genannten Normkategorien zugrunde liegen, hat offenbar gewirkt.

Insoweit hat sich in der Kategorie „institutionelle Organisation" die Gesetzgebung über den nachrichtendienstlichen Verfassungsschutz auf Grundlage von

---

[28] Spezifisch und näher *Petri*, in: Dietrich/Fahrner/Gazeas/von Heintschel-Heinegg (Fn. 19) § 20 Rn. 1 ff.

[29] BVerfGE 65, 1.

[30] Vgl. *Löffelmann/Zöller*, Nachrichtendienstrecht, 2022, Kap. A. Rn. 87 ff.

[31] Bezüglich der Grundrechtsbindung jenseits der deutschen Staatsgrenzen musste sogar noch im Jahr 2020 vom BVerfG klargestellt werden, dass grundrechtliche Gewährleistungen an hoheitliches Handeln (und nicht an einen bestimmten Ort) geknüpft sind: BVerfGE 154, 152; zuvor schon *Schiffbauer*, in: Brings-Wiesen/Ferreau (Hrsg.), 40 Jahre „Deutscher Herbst" – Neue Überlegungen zu Sicherheit und Recht (Tagungsband zum JuWissDay 2017 in Köln), 2019, 93 ff.

[32] Vor allem durch die Entscheidungen BVerfGE 65, 1; 100, 313; 133, 277; 141, 220; 154, 152; 156, 11; sowie jüngst Urteil des Ersten Senats vom 26.4.2022 – 1 BvR 1619/17 (Bayerisches Verfassungsschutzgesetz); siehe zur dogmatischen Entwicklung näher auch *Löffelmann/Zöller* (Fn. 30), Kap. A. Rn. 91.

[33] *Volkmann*, in: von Mangoldt/Klein/Starck (Fn. 7), Art. 91 Rn. 4.

Art. 73 Abs. 1 Nr. 10 lit. b GG als besonders relevant erwiesen. Davon zeugen bereits die allein in der jüngeren Vergangenheit vorgenommenen zahlreichen Gesetzesänderungen in diesem Bereich.[34] Auch sind (teils quantitativ, teils qualitativ) erhebliche Anwendungsfälle aus der Kategorie „kollektive Freiheitsbeschränkungen" zu verzeichnen. Den bislang über 300 Vereinigungsverboten (Art. 9 Abs. 2 GG)[35] stehen zwar nur zwei Parteiverbote (Art. 21 Abs. 2 GG)[36] gegenüber. Doch prägt gerade die Rechtsprechung des Bundesverfassungsgerichts über (letztlich gescheiterte) Parteiverbote die Dogmatik über den Schutz der freiheitlichen demokratischen Grundordnung erheblich. Gerade die letzte Entscheidung in Sachen „NPD-Verbotsverfahren" hat hierzu wesentlich beigetragen.[37]

Demgegenüber hat sich die Kategorie „individuelle Freiheitsbeschränkungen" in ihrem spezifischen Zusammenhang mit der freiheitlichen demokratischen Grundordnung in der Praxis kaum niedergeschlagen. Grundrechtsverwirkungen wurden bislang nicht ausgesprochen.[38] Andererseits sind Eingriffe in das Brief-, Post- und Fernmeldegeheimnis aufgrund Art. 10 Abs. 2 Satz 2 GG durchaus relevant. Allerdings reihen sich diese in die im Übrigen nicht separat aufgeführte Unterkategorie der Informationserhebungseingriffe ein und sind schon deshalb materiell nicht vergleichbar mit Art. 18 GG, der auf ein demokratisches Mitwirkungsverbot abzielt. Mutmaßlich für die Demokratie wenig verträgliche Individuen werden beobachtet, in ihrer Handlungsfreiheit jedoch typischerweise nicht zwangsweise beschränkt. Jenseits von Informationserhebungsmaßnahmen erfolgt die Vorsorge gegen Gefahren individuellen Ursprungs i. d. R. nicht repressiv gegen (als „Gefährder" eingestufte) Personen, sondern schützend in Bezug auf gefährdete Ziele, d. h. andere Personen oder Objekte.[39] Individueller (passiver) Zielschutz geht also individuellen (aktiven) Freiheitsbeschränkungen jenseits der Informationserhebung vor; dem verfassungsrechtlichen Gebot der Verhältnismäßigkeit wird so Genüge getan.

Womöglich ginge es zu weit, angesichts der (im Demokratieschutz) anwendungspraktischen Irrelevanz der Kategorie „individuelle Freiheitsbeschränkungen" davon auszugehen, sie habe sich auch zukünftig erledigt. Stattdessen spielt sie sich vielmehr auf der Ebene des einfachen Rechts, insbesondere des Strafrechts ab. Insoweit sind allerdings Delikte aus dem Bereich „Gefährdung des demokratischen Rechtsstaates" (§§ 84 ff. StGB) im Vergleich zu anders aus-

---

[34] Vgl. *Löffelmann/Zöller* (Fn. 30), Kap. B. Rn. 2 f.

[35] Vgl. Verfassungsschutzbericht 2021, 320 ff.; siehe auch *Baudewin*, NVwZ 2021, 1021, 1024 ff.

[36] BVerfGE 2, 1 (SRP); 5, 85 (KPD).

[37] BVerfGE 144, 20.

[38] *Beaucamp*, JA 2021, 1, 2; vgl. auch die wenigen gescheiterten Verfahren: BVerfGE 11, 282; 38, 23.

[39] Vgl. zu diesem Themenkomplex näher *Raue*, in: Dietrich/Fahrner/Gazeas/von Heintschel-Heinegg (Fn. 19), § 10 Rn. 1 ff.

gerichteten Straftaten materiell nicht besonders hervorgehoben. Demgegenüber hat sich gezeigt, dass im Rahmen des verfassungsrechtlichen präventiven
Demokratieschutzes individuelle Grundrechteingriffe auf Informationserhebungen und -verarbeitungen fokussiert sind, während es in kollektiver Dimension um handfeste Organisationsverbote oder zumindest Betätigungsbeschrän-
kungen geht. Im Vergleich zwischen Individuen und Kollektiven bietet damit
schon das Verfassungsrecht mit seiner zugehörigen Dogmatik einen richtungsweisenden Antwortansatz auf die Frage, wie viel Radikalisierung die Demokratie vertragen kann: Solange sich Radikalisierung nur auf Individuen erstreckt, genügt es grundsätzlich, dass der Staat hiervon Kenntnis erlangt, ohne
handlungsfreiheitsbeschränkend einzuschreiten. Wenn sich die Radikalisierung dagegen in ganzen Personengruppen ausbreitet, kann damit ein Kipppunkt bereits so gefährlich nah erreicht sein, dass kollektive Handlungsfreihei-
ten einzuschränken sind.

Umgekehrt ist bei beiden Konstellationen zu fragen, wie es dabei um die abstrakte Einheit „Staat" genau bestellt sein soll, genauer: welche Anforderungen
an Personen zu stellen sind, die für den Staat entsprechende Grundrechtseingriffe zu verantworten haben. Zu den Anforderungen an Amtspersonen finden
sich im Grundgesetz selbst nur wenige Anknüpfungspunkte. Im Wesentlichen
ist auf den Funktionsvorbehalt im öffentlichen Dienst (Art. 33 Abs. 4 GG) und
auf die hergebrachten Grundsätze des Berufsbeamtentums (Art. 33 Abs. 5 GG)
zu verweisen, die jeweils auch auf Amtspersonen im Bereich des polizeilichen
und nachrichtendienstlichen Staatsschutzes anwendbar sind. Hierzu gehört
u.a. die Verfassungstreuepflicht der Beamtinnen und Beamten,[40] deren Über-
prüfbarkeit und deren praktische Umsetzung freilich nicht immer unumstrit-
ten waren. Wenn nämlich Personen vom Berufsbeamtentum wegen nur vermu-
teter schädlicher Gesinnungseinstellung – Stichwort: Radikalenerlass[41] – ausgeschlossen werden, kann dies den demokratischen Rechtsstaat ebenso unter
Spannung setzen wie umgekehrt eine völlig ungeprüfte Übernahme tatsächlich
radikaler Personen in den Staatsdienst. Das Demokratieprinzip selbst, verbunden mit dem aus dem Rechtsstaatprinzip herrührenden Verhältnismäßigkeitsgrundsatz, erfordert insoweit eine maßvolle Überprüfung potenziell radikali-
sierungsnaher Amtsanwärter. Je näher die zu ernennende Amtsperson selbst
mit Befugnissen ausgestattet sein soll, um Radikalisierungsströme aufzudecken
und ggf. ihnen entgegenzuwirken, desto schärfere Anforderungen sind an deren vorherige Überprüfung zu richten. Diese Grundausrichtung des personel-
len Geheim- und Sabotageschutzes spiegelt auch die einfachgesetzliche Rechtslage wider, namentlich das SÜG sowie einige Spezialregelungen u.a. im Nach-

---

[40] *Brinktrine*, in: Dietrich/Fahrner/Gazeas/von Heintschel-Heinegg (Fn. 19), § 46
Rn. 12 ff.
[41] Dazu jüngst noch *Picker*, RdA 2020, 317, 318.

richtendienstrecht (zum Beispiel § 3 Abs. 2 BVerfSchG).[42] Sie setzt sich
schließlich mit behördeninternen Eigensicherungsinstrumenten fort (vgl. etwa
§ 9 Abs. 1 Satz 1 Nr. 2 BVerfSchG).

3. Das Verhältnis zwischen „freiheitlich" und „demokratisch"

Der geltende Rechtsrahmen hält demnach bewährte Instrumente bereit, um
Radikalisierungsprozesse zu ermitteln und ggf. ihnen entgegenzutreten – sowohl im privaten als auch im staatlichen Bereich, der wiederum für die Radika-
lisierungsermittlung im Privatbereich verantwortlich ist. In einem idealen Ver-
wirklichungsszenario der rechtlichen Vorgaben sind die für die Radikalisie-
rungserkennung und -bekämpfung zuständigen Amtspersonen selbst frei von
jeglicher Radikalisierungstendenz, während sie in der Wahrnehmung ihrer
Zuständigkeiten maßvoll, möglichst grundrechtsschonend, aber dennoch effi-
zient agieren. Die theoretische Perfektion dieses Designs wird sich praktisch
kaum erreichen lassen. Immerhin offenbart sie aber den verfassungsrechtlich
vorgegebenen Grundmaßstab noch erträglicher Radikalisierung in der freiheitlichen demokratischen Grundordnung: auf staatlicher Seite überwiegt das Attribut „demokratisch", während auf privater Seite das Attribut „freiheitlich"
dominiert. Anders gesagt: Radikalisierungstendenzen im Staat sind schon im
Ansatz für die Demokratie schlecht verträglich, während Radikalisierungstendenzen im Privaten noch recht lange als hinzunehmende Freiheitsausübung
verstanden werden, bevor sie die Demokratie auf einen Kipppunkt zu treiben in
der Lage sind.

Darüber hinaus wird richtigerweise vermutet, dass sich Radikalisierung in
Gruppen schneller (und damit potenziell gefährlicher) entwickelt als unter nicht
miteinander verbundenen Individuen.[43] Radikalisierung wird auch im privaten
Bereich schließlich dann zu einem demokratiebezogenen Problem, wenn den
radikalen Gedanken erst Worte und schließlich Taten folgen. Das Bundesverfassungsgericht nennt die Spitze dieser Eskalationsstufe im Zusammenhang mit

---

[42] Dazu näher *Roth*, in: Schenke/Graulich/Ruthig (Hrsg.), Sicherheitsrecht des Bundes,
2. Aufl. 2019, BVerfSchG, § 4 Rn. 143 ff.

[43] Dies trifft weiterhin auch im Lichte von § 4 Abs. 1 Satz 3 BVerfSchG („Bestrebungen im
Sinne des § 3 Absatz 1 können auch von Einzelpersonen ausgehen, die nicht in einem oder für
einen Personenzusammenschluss handeln.") zu, obwohl die Gesetzesbegründung zur Einführung dieses Rechtssatzes davon ausgeht, dass an „einer grundsätzlich unterschiedlichen
Bedrohungseinschätzung bei Bestrebungen einerseits von Personenzusammenschlüssen und
andererseits von Einzelpersonen [...] nicht festgehalten werden" (BT-Drs. 19/24785 vom
27.11.2020) könne. Denn die tatbestandliche Bewertung von Einzelpersonen soll (anders als
bei Personenzusammenschlüssen) „eine besondere Würdigung des Einzelfalls" (*ibid.*) vorsehen, was doch eine grundsätzlich unterschiedliche (wenn auch nicht besonders starke) Gewichtung von Individuen und Kollektiven impliziert (siehe weitergehend auch unten ab V.).
– A.A. wohl *Löffelmann/Zöller* (Fn. 30), Kap. B. Rn. 22; zum Thema ausführlich *Linzbach*,
GSZ 2022, 7.

Parteiverboten „Potenzialität".[44] Die entscheidende Frage ist jedoch, wann Radikalisierung als mit eben solcher Potenzialität oder verwandten Konzepten angereichert – und damit als für die Demokratie unverträglich – gilt.

IV. Ansätze zur Ermittlung von Unverträglichkeiten

1. Grundlagen und Grundannahmen

Wenn die Demokratie im alltäglichen Leben mit Radikalisierung konfrontiert wird, kann dies in ganz unterschiedlichen tatsächlichen Konstellationen geschehen. Deren Vielzahl und Heterogenität lässt sich – jedenfalls innerhalb eines Beitrages wie diesem – kaum darstellen. Zugleich darf aber von bestimmten Grundannahmen ausgegangen werden, die auf alle tatsächlichen Radikalisierungskonstellationen, ihre Strukturen und groben Entwicklungslinien zutreffen. Gemeinsam hat jede tatsächliche Konstellation insbesondere, dass die Problemursache „Radikalisierung" untrennbar mit *Personen* verbunden ist. Daher können nur die konkreten Umstände über die Radikalisierung einer bestimmten Person Aufschluss darüber geben, ob und ggf. wie verträglich deren Resultat für die Demokratie (noch) ist. Ein persönliches Potenzial, erfolgversprechend gegen die freiheitliche demokratische Grundordnung vorgehen zu können, entsteht jedenfalls nicht spontan. Auf dem Weg zur Potenzialität einer Person oder einer Personengruppe sind erfahrungsgemäß mehrere Eskalationsstufen zu durchlaufen, die typischerweise in einer Gesinnungseinstellung beginnen und schließlich zur Tat führen.

Um als „radikal" eingestuft werden zu können, muss eine Person zunächst überhaupt einmal geneigt sein, den demokratischen Status quo zu missbilligen und ihn schließlich ändern zu wollen. Radikalisierung schlägt ihre ersten Wurzeln im menschlichen Geist, im persönlichen *forum internum*. Sodann hängt es vom selbstbestimmten Menschen ab, Schlussfolgerungen aus der eigenen Geisteshaltung zu ziehen. Sie kann reflektiert und verworfen, aber auch bestätigt und sodann verstärkt werden. Im letzteren Fall wird häufig die Schwelle zum *forum externum* erreicht, der Gedanke wird verbalisiert und damit externalisiert, kann sich auf andere Personen übertragen und schließlich an Resonanz gewinnen. Bei entsprechend „angesteckten" Personen setzt sodann selbst der skizzierte interne Prozess zur Entwicklung einer radikalen Haltung ein, der wiederum externalisiert werden kann. So entsteht der Nährboden für exponentielles Wachstum radikal-antidemokratischer Prägungen. Gleichwohl ist mit Erreichen des *forum externum* erst ein Zwischenziel auf dem Weg zur Potenzialität erreicht. Denn es mag dann eine kritische Masse von intern radikalisierten und dies extern kommunizierenden Personen entstanden sein. Doch die

---

[44] BVerfGE 144, 20 Rn. 585 ff. (Orthographie im Original: „Potentialität").

Kommunikation allein kippt die Demokratie noch nicht um. Notwendig dafür sind zusätzliche Handlungen im Umfeld von und jenseits von Kommunikation; der inneren Bestätigung folgt die externe Betätigung. Plakativ formuliert: Wer etwas zum Umkippen bringen will, muss bereit sein, dafür Kraft aufzuwenden (vgl. Art. 9 Abs. 2 GG: „sich gegen die verfassungsmäßige Ordnung […] *richten*") und letztlich auch über ausreichend Kraft zur Tatverwirklichung verfügen (vgl. Art. 21 Abs. 2 GG: „*darauf ausgehen*, die freiheitliche demokratische Grundordnung zu beeinträchtigen oder zu beseitigen" – begriffen als Potenzialität[45]).

Diese hier als Grundannahme verstandene Skizze einer tatsächlichen Eskalation der personenbezogenen Radikalisierung von innen nach außen, vom Wort zur Tat, wird offenbar auch von dem bereits (unter III.) dargestellten deutschen Rechtsrahmen zum Schutz der freiheitlichen demokratischen Grundordnung geteilt. Dessen eigene responsive Eskalationsspitze liegt im vollständigen Ausschluss bestimmter Personen von der Mitwirkung an demokratischen Prozessen, wie dies individuell Art. 18 GG und kollektiv die Organisationsverbote aus Art. 9 Abs. 2 und Art. 21 Abs. 2 GG zum Ausdruck bringen. Doch markiert dies nur die *ultima ratio* der wehrhaften Demokratie, das mächtige Abwehrmittel gegen akute demokratische Unverträglichkeiten. Dessen Nebenwirkung ist, wie gesehen, die Schwächung der Demokratie selbst, die dann nicht mehr in gleicher Weise von allen Personen mitgestaltet werden kann und somit selbst an Substanz verliert. Daher sind – sowohl für betroffene Personen, aber auch für die Demokratie selbst – mildere Mittel angezeigt, wenn jenseits akuter Bedrohungslagen ein demokratischer Kipppunkt noch weiter entfernt liegt. Dies verlangt nicht nur der rechtsstaatlich unabdingbare Verhältnismäßigkeitsgrundsatz, sondern auch der demokratietheoretische Grundgedanke einer freien und gleichen Teilhabe jedes Menschen an der „Volkssouveränität".[46] Radikalisierungsbedingten Unverträglichkeiten der Demokratie kann und muss daher in einer noch nicht so weit fortgeschrittenen Eskalationsphase schonender begegnet werden. Eine dann verbleibende Rest-Radikalisierung erweist sich als noch tolerable Freiheitsausübung, ist also für die Demokratie jedenfalls nicht gänzlich unverträglich.

Es darf demnach davon ausgegangen werden, dass Personen tatsächliche Radikalisierungsphasen durchlaufen können, die sich unterschiedlich stark auf den Bestand der freiheitlichen demokratischen Grundordnung auswirken. Die-

---

[45] Nach BVerfGE 144, 20 Rn. 585 „kann ein ‚Darauf Ausgehen' allerdings nur angenommen werden, wenn konkrete Anhaltspunkte von Gewicht vorliegen, die es zumindest möglich erscheinen lassen, dass das gegen die Schutzgüter des Art. 21 Abs. 2 GG gerichtete Handeln einer Partei erfolgreich sein kann (Potentialität)."

[46] Vgl. nur *Böckenförde*, in: Isensee/Kirchhof (Fn. 4), § 24 Rn. 41 ff.; zur Freiheits- und Demokratiekonzeption in diesem Zusammenhang zudem *Starck*, in: Isensee/Kirchhof (Fn. 6), § 33 Rn. 8 ff.

se Phasen sollen zunächst schematisch erfasst (sogleich unter 2. und 3.), danach (unter V.) systematisch miteinander verknüpft und schließlich (unter VI.) vor dem geltenden Recht gespiegelt werden. Dabei handelt es sich jeweils um schematische Operationalisierungsangebote, d.h. nicht um positiv-rechtlich zwingende Vorgaben, sondern um allgemeine anwendungspraktische Hilfsmittel für eine vergleichbare und verlässliche Vermessung der Spannung zwischen Freiheit und Demokratieunverträglichkeit im Einzelfall.

2. Persönliche Erscheinungsformen

Wie bereits gesehen, können Personen in unterschiedlichen Formationen in Erscheinung treten und agieren: als staatliche Amtspersonen oder als Privatleute, dabei wiederum individuell oder kollektiv. Dies öffnet Raum für abstrakte Klassifizierungen. Dabei lässt sich sinnvollerweise zwischen vier verschiedenen *Erscheinungsformen* (fortan abgekürzt als „E") von Personen unterscheiden: privat-individuell (E1), privat-kollektiv erster Kategorie (d.h. als nicht organisierte Personenmehrheit – E2), privat-kollektiv zweiter Kategorie (d.h. als organisierte Personenmehrheit – E3) und staatlich (d.h. in amtlicher Funktionsträgerschaft – E4).

Die kategoriale Differenzierung innerhalb der Erscheinungsform „privat-kollektiv" erklärt sich damit, dass sich in einer Mehrzahl von Personen bedeutende Gruppendynamiken entfalten können, die grundsätzlich von der Konstituierung der Gruppe selbst abhängen. Eine schwächere Dynamik ist *prima facie* zu erwarten von einer Personenmehrheit, die über ihre zahlenmäßige Erscheinung hinaus nicht weiter in ihrem Kollektiv organisatorisch verbunden ist und nicht von diesem gelenkt wird, weil das Kollektiv als solches nicht selbst wie eine eigenständige Person agiert. In einer solchen Gruppe formieren sich Individuen schlicht im Plural, was mit einer Einstufung als „privat-kollektiv erster Kategorie" gekennzeichnet werden soll (E2). Dies wäre etwa bei Teilnehmenden an einer Versammlung der Fall, die nach Veranstaltungsende wieder ihrer Wege gehen, oder auch bei Aktivitäten in sozialen Netzwerken und Online-Plattformen. Deutlich dynamischer treten organisierte Personenmehrheiten (E3) – i.d.R. Vereinigungen – in Erscheinung. Denn ihre Selbständigkeit verbindet den Plural von Individuen zu einer eigenen organisatorischen Einheit, mitunter auch zu einer juristischen Person, die als solche selbst in Erscheinung tritt. Allgemeiner abgegrenzt: In E2 verbundene Personen bleiben in ihrem „Individualplural", während in E3 verbundene Personen außerdem zu einem „Kollektivsingular" verschmelzen.[47] Letztere können als starke Multiplikatoren von Radikalisierungstendenzen fungieren, indem die kollektivierte Organisation „mit einer Stimme spricht" und so als selbständige Autorität wahrgenommen

---

[47] Vgl. *Schiffbauer* (Fn. 3), 85.

werden kann. Dies beschreibt hier die Kennzeichnung als „privat-kollektiv
zweiter Kategorie".

Weitere Kategorien privat-kollektiver Art bieten sich nicht an. Es mag zwar
zutreffen, dass auf vergleichbarer rechtlicher Basis organisierte Vereinigungen,
die jeweils als E3 zu klassifizieren sind, einen ganz unterschiedlichen tatsächlichen Wirkungsgrad entfalten und sich damit in ihrer demokratiebezogenen Unverträglichkeit erheblich unterscheiden können. Umgekehrt können Vereinigungen mit einem vergleichbaren tatsächlichen Organisationsgrad auch rechtlich unterschiedlich privilegiert sein, wie dies vor allem Art. 21 GG für politische
Parteien gegenüber sonstigen Vereinigungen (vgl. Art. 9 Abs. 1 GG) bestimmt.
Darauf wird jeweils noch (unter V. 3.) einzugehen sein; doch hat dies nichts mit
der an dieser Stelle zunächst interessierenden allgemeinen Klassifizierung von
persönlichen Erscheinungsformen als solchen zu tun.

Jenseits jeder privaten Erscheinungsform betrifft die staatliche Variante E4
schließlich Personen, die im öffentlichen Dienst tätig sind und daher in und für
den Hoheitsträger ein Amt bekleiden. Sie verfügen in dieser Funktion über andere, typischerweise wirkmächtigere Möglichkeiten, radikalen Gedanken spürbare Taten folgen zu lassen; daher werden sie hier einer separaten Erscheinungsform zugeteilt. Des Weiteren erübrigt sich eine Unterscheidung zwischen Individuum und Kollektiv, weil Amtspersonen in dieser Funktion stets nur einzeln
agieren können.

3. Persönliche Radikalisierungsgrade

Die unterschiedlichen Erscheinungsformen von Personen sind für sich genommen noch wenig aussagekräftig in Bezug auf die spezifische Demokratieverträglichkeit der unter ihnen handelnden Personen. Dies wird besonders deutlich
am Beispiel der politischen Parteien. Ihr Bestand wird unter dem Grundgesetz
zwar als unerlässlich für die freiheitliche demokratische Grundordnung angesehen.[48] Umgekehrt kann von ihnen aber – bei hinreichender Radikalisierung und
Potenzialität – selbst eine erhebliche Gefahr für die Demokratie ausgehen. Entscheidend für die Bewertung einer Demokratieverträglichkeit ist daher weniger
der förmliche Status einer Person, sondern mehr das Ausmaß persönlicher Radikalisierung. Daher sind die dargestellten persönlichen Erscheinungsformen
in Bezug zu setzen mit unterschiedlichen Klassifizierungen von Radikalisierung. Diese sollen als *Radikalisierungsgrade* bezeichnet (und fortan als „R" abgekürzt) werden.

Wenn bei der Messung von Radikalisierungsgraden erneut von der Person als
Grundlage ausgegangen wird, orientiert sich die entsprechende Klassifizierung
an bestimmten Verhaltensweisen von Personen, wie sie zuvor bereits grundle-

---

[48] Ständige Rechtsprechung und wohl allgemeine Ansicht seit BVerfGE 1, 208, 227 („Faktoren des Verfassungslebens"); siehe zuletzt BVerfGE 144, 20 Rn. 512.

gend skizziert wurden. So lässt sich zunächst zwischen einem internen und verschiedenen nach außen gerichteten Radikalisierungsgraden unterscheiden. Die interne Variante (R1) betrifft die Gedankenwelt einer Person, ohne dass dabei radikales Gedankengut das *forum internum* verlässt; die Person nimmt dann an Kommunikationsprozessen nicht teil. Aus Gedanken entwickelte Haltungen mögen sich zwar handlungsleitend auf die betroffene Person selbst auswirken; solange eine Handlung jedoch nicht vollzogen ist, bleibt die Radikalisierung ein rein interner Vorgang. Sobald dagegen eine Person ihre Gedanken zum Ausdruck bringt und in das *forum externum* trägt, ist ein äußerer Radikalisierungsgrad erreicht.

Hierzu lassen sich drei kategoriale Abstufungen erkennen: Ein eher geringer externer Radikalisierungsgrad erster Kategorie ist erreicht, wenn radikalen Gedanken radikale Worte folgen und es dabei bleibt (R2). Dies ist eine entscheidende Abgrenzung zum internen Bereich, denn die Verbalisierung von Radikalisierung eröffnet einen Kommunikationsraum und kann so zu prozeduralen Verknüpfungen und damit zur Multiplikation von Radikalisierung beitragen. Dies kann durch schlichte Meinungsäußerung, aber auch durch aktives verbales Einwirken auf die Überzeugung Dritter geschehen. Es geht dann nicht mehr nur um bloße Meinungsäußerung, sondern um die Gewinnung von Gesinnungsgenossen und leitet in einen weiteren Radikalisierungsgrad über. Spätestens wenn Worte dafür nicht mehr als ausreichend angesehen werden, ist der externe Radikalisierungsgrad zweiter Kategorie erreicht (R3). Dann folgen den Worten Taten, die über die bloße Verbreitung bestimmter Ansichten hinausgehen, zum Beispiel durch körperliche Präsenz auf Veranstaltungen, ggf. unter Verwendung bestimmter Kennzeichen oder Symbole, durch aktives, bedrängendes Anwerben anderer Personen. Das Verbale wird dann in Aktionen eingekleidet, die den radikalen Inhalt des transportierten Wortes aktiv verstärken. Gewalt zählt dabei jedoch noch nicht zu den genutzten Handlungsmitteln. Darin unterscheidet sich schließlich der externe Radikalisierungsgrad dritter Kategorie, welcher gegen die Demokratie gerichtete gewaltsame Handlungen auf Grundlage einer radikalen Gesinnung einschließt (R4).

V. Verknüpfung von Erscheinungsformen und Radikalisierungsgraden

1. Die R-E-Matrix und ihre Unverträglichkeitsstufen

Unter Annahme der aufgezeigten vier Radikalisierungsgrade (R1 bis R4) und der vier persönlichen Erscheinungsformen (E1 bis E4) lassen sich Verknüpfungen kombinieren. Daraus ergibt sich folgende Matrix aus Beziehungen zwischen Radikalisierungsgraden und Erscheinungsformen (*R-E-Matrix*):

	E1: privat-iniviuell	E2: privat-kollektiv erster Kategorie (nicht organisiert)	E3: privat-kollektiv zweiter Kategorie (organisiert)	E4: staatlich
R1: intern (bloße Gedanken)	R1-E1	–	–	R1-E4
R2: extern erster Kategorie (Äußerungen)	R2-E1	R2-E2	R2-E3	R2-E4
R3: extern zweiter Kategorie (gewaltlose Handlungen)	R3-E1	R3-E2	R3-E3	R3-E4
R4: extern dritter Kategorie (Gewaltanwendung)	R4-E1	R4-E2	R4-E3	R4-E4

Abbildung 1: R-E-Matrix

Mit diesen insgesamt 14[49] Kombinationsmöglichkeiten zwischen persönlichen Erscheinungsformen und Radikalisierungsgraden lassen sich die radikalen Einflussgebiete gegenüber der freiheitlichen demokratischen Grundordnung abstrakt-generell und systematisch darstellen. Die R-E-Matrix dient als schematische Grundlage dafür, die demokratiebezogene (Un-)Verträglichkeit verschiedener radikalisierter Personen in bestimmten Erscheinungsformen auf die Probe zu stellen.

Das In-Beziehung-Setzen von Radikalisierungsgraden und Erscheinungsformen bringt bestimmte (und sogleich näher zu erläuternde) Auswertungsergebnisse hervor, die – jedenfalls in Ansätzen – Antworten auf die Ausgangsfrage geben können. Entsprechende Auswertungsergebnisse lassen sich auf ein Spektrum von insgesamt sechs *Unverträglichkeitsstufen* (fortan als „UVS" abgekürzt) projizieren. Dessen Extrempunkte werden als „völlig verträglich" (UVS 0) und „völlig unverträglich" (UVS 5) für die Demokratie markiert. Dazwischen eröffnen sich verschiedene Abstufungen, die über bestimmte Attribute wie „grundsätzlich" und „eher" gekennzeichnet werden können: „grundsätzlich verträglich" (UVS 1), „eher verträglich" (UVS 2), „eher unverträglich" (UVS 3), „grundsätzlich unverträglich" (UVS 4). Von diesen – grob eingeteilt – sechs Unverträglichkeitsstufen ist nur die erste irrelevant für einen Kipppunkt der Demokratie; sie wird daher mit einer leeren Mengenangabe als „UVS 0"

---

[49] Ein rein interner Radikalisierungsgrad kann denklogisch nicht kollektiv in Erscheinung treten (dafür müsste Gedankenübertragung möglich sein), daher existieren keine Kombinationsmöglichkeiten R1-E2 und R1-E3.

bezeichnet. Alle weiteren Unverträglichkeitsstufen stehen für jeweils einen ersten bzw. weiteren Radikalisierungsschritt, der auf einen Kipppunkt der Demokratie zusteuert. Die Eskalationsspitze – UVS 5 – markiert schließlich eine konkrete Gefahr für das Fortbestehen der freiheitlichen demokratischen Grundordnung. Ein Kipppunkt ist dann besonders nahe, wenn auch noch nicht ganz erreicht.

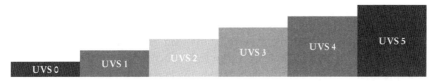

Abbildung 2: Unverträglichkeitsstufen

2. Grobjustierung: Plausibilitätseinstufungen

Die mit der R-E-Matrix schematisch dargestellten 14 Kombinationen von Radikalisierungsgraden und Erscheinungsformen sind in einem ersten Schritt grundsätzlich, d.h. ohne Beachtung bestimmter Einzelfälle, sondern zunächst nur auf Plausibilitätsgrundlage (unter Berücksichtigung des vorgegebenen Rechtsrahmens mit zugehöriger Dogmatik und ggf. vorhandenen Gerichtsentscheidungen, vgl. oben unter III.) auszuwerten. Es handelt sich demnach um eine erste Grobjustierung, die aber immerhin abstrakt-generell, d.h. als allgemeingültige Grundlage für anschließende Folgeauswertungen vorgenommen wird. In einem ersten Schritt lassen sich dabei nicht nur plausible, sondern auch evidente Kombinationen extrahieren, die jedenfalls für die Demokratie entweder klar verträglich oder klar unverträglich sind, mit anderen Worten eine Bewertung mit UVS 0 oder UVS 5 bedeuten.

Auf der einen Seite kann es die Demokratie evident unter keinem denkbaren Gesichtspunkt beeinträchtigen, wenn radikale Gedanken den internen persönlichen Raum nicht verlassen. Dies gilt jedenfalls im privaten Bereich, in welchem – anders als im staatlichen – von vornherein kein Zugriff auf staatliche Mittel besteht und daher ein Anreiz, Gedanken auch Taten folgen zu lassen, im Ausgangspunkt nicht vorhanden ist. Wer ausschließlich radikal denkt und das *forum externum* nicht erreicht, hat womöglich eine moralisch fragwürdige Haltung, übt aber unter keinen Gesichtspunkten einen schädigenden Einfluss auf die Demokratie aus. Daher lässt sich die Kombination R1-E1 als „völlig verträglich" (UVS 0) einstufen.

Auf der anderen Seite spricht dem ersten Anschein nach vieles dafür, mit gewaltsamen Handlungen verbundene Radikalisierungsgrade als „völlig unverträglich" (UVS 5) einzustufen. Allerdings ist zu berücksichtigen, dass sich der Maßstab der Verträglichkeit nach der Resilienz des Staatsstrukturprinzips Demokratie – und gerade nicht im Lichte allgemeiner öffentlicher Rechtsgüter – bemisst. Dies verlangt eine von vornherein differenzierte Betrachtung. Auf Gewalthandlungen radikaler Individuen muss der demokratische Rechtsstaat zwar schon als Garant der Grundrechte Dritter reagieren. Damit schützt er die öffentliche Sicherheit, jedoch nicht spezifisch die Demokratie. In Anknüpfung daran justiert gerade die erste sicherheitsrechtlich indizierte Reaktion des Staates die Bewertung der demokratiebezogenen Verträglichkeit, nicht schon die Gewalthandlung an sich. Das allgemeine Sicherheitsrecht bremst individuelle, spezifisch antidemokratische Gewalthandlungen ein Stück weit aus. Zudem kann radikal und gewaltsam handelnden Individuen zwar zumeist eine gewisse kriminelle Energie, jedoch allenfalls selten eine Potenzialität bezüglich der Abschaffung der Demokratie unterstellt werden. Eine generelle Gleichsetzung von Gewalt und UVS 5 ist daher als unverhältnismäßig abzulehnen.

Anders verhält es sich freilich, wenn das radikale Individuum Zugriff auf hoheitliche Ressourcen hat und diese gegen den Staat selbst einsetzen kann. Daher sind bei näherer Betrachtung zum einen jedenfalls staatliche Gewalthandlungen aus radikalen Motiven (R4-E4) *per se* völlig unverträglich für die Demokratie und erzielen daher eine Bewertung mit UVS 5. Schließlich ist dann nicht mehr sichergestellt, dass der Staat noch für die Sache der Demokratie eintritt. Zum anderen darf Entsprechendes grundsätzlich für gewaltsam gegen den Staat agitierende Vereinigungen angenommen werden (R4-E3), weil sie aus der Kraft des privaten Kollektivs heraus das staatliche Kollektiv selbst herausfordern. Dies läuft – jedenfalls wenn Kollektive gegen Kollektive vorgehen – dem Gewaltmonopol des Staates, das für die Aufrechterhaltung von individueller Freiheit und demokratischer Betätigung unerlässlich ist, fundamental zuwider. Diese Bewertung orientiert sich an dem vom Bundesverfassungsgericht ins Feld geführten Kriterium der „Potenzialität" im Zusammenhang mit dem Parteiverbot.[50] Demokratisch völlig unverträglich (und bezüglich politischer Parteien daher verbotswürdig) sind nach verfassungsgerichtlicher Rechtsprechung solche Verhaltensweisen (auch von politischen Parteien), „die es zumindest möglich erscheinen lassen, dass das gegen die [freiheitliche demokratische Grundordnung] gerichtete Handeln [...] erfolgreich sein kann".[51] Überdies darf anderen Vereinigungen, denen es gelingt, als Vereinigung dem Staat mit vereinigter Gewalt zu begegnen, dem ersten Anschein nach (gemessen am Wortlaut von Art. 9 Abs. 2 GG) eine gewisse Potenzialität unterstellt werden.[52]

Zwischen diesen Extrempunkten lassen sich – weiterhin zunächst ohne Ansehung eines konkreten Sachverhaltes – weitere abstrakt-generelle, unter Plausibilitätsgesichtspunkten hergeleitete grundsätzliche Bewertungen vornehmen.

---

[50] Besonderheiten zum Parteienprivileg werden noch unter V. 3. zu berücksichtigen sein.
[51] BVerfGE 144, 20 Rn. 585.
[52] Vgl. dazu näher *Schiffbauer*, in: Reichert (Fn. 14), Kap. 3 Rn. 145 ff.

Diese Plausibilitätseinstufungen folgen aus einer graduellen Skalierung innerhalb des Spektrums der Unverträglichkeitsstufen – und zwar jeweils proportional zu benachbarten Erscheinungsformen und Radikalisierungsgraden. Wenn unter dieser Annahme einerseits die völlig verträgliche Kombination R1-E1 mit UVS 0 bewertet wird, ist demnach dieselbe Erscheinungsform E1 bei einem (nur) um 1 erhöhten Radikalisierungsgrad R2 (d.h. die Kombination R2-E1) mit UVS 1 (d.h. ebenfalls erhöht um 1) zu bewerten, weil grundsätzlich vermutet werden kann, dass Radikalisierungen individueller Art verträglicher sind als solche kollektiver Art.[53] Es folgen (mit jeweils weiteren Erhöhungen um 1) die Kombinationen R3-E1 mit UVS 2 und R4-E1 mit UVS 3. Andererseits lässt sich auch von den völlig unverträglichen Kombinationen R4-E3 und R4-E4 (beide bewertet mit UVS 5, siehe oben) rückwärts skalieren. Demnach sind R3-E3 und R3-E4 jeweils (verringert um 1) mit UVS 4, R2-E3 und R2-E4 jeweils mit UVS 3 sowie R1-E4 mit UVS 2 zu bewerten. Wenn es außerdem (wie hier angenommen) zutrifft, dass die Erscheinungsform E2 (nicht organisiertes Kollektiv) grundsätzlich eher verträglich ist als die Erscheinungsform E3 (organisiertes Kollektiv), aber weniger als E1 (Individuum), lässt sich insoweit seitwärts skalieren – entweder ausgehend von Erscheinungsform E1 oder E3: In der Mitte zwischen R4-E1 (UVS 3) und R4-E3 (UVS 5) liegt dann R4-E2 bei einer Bewertung mit UVS 4. Infolgedessen sind unter Abzug jeweils eines Radikalisierungsgrades die Kombinationen R3-E2 als UVS 3 und R2-E2 als UVS 2 einzustufen. In der R-E-Matrix lässt sich dies wie folgt darstellen:

	E1: privat-inividuell	E2: privat-kollektiv erster Kategorie (nicht organisiert)	E3: privat-kollektiv zweiter Kategorie (organisiert)	E4: staatlich
R1: intern (bloße Gedanken)	R1-E1 *UVS 0*	–	–	R1-E4 *UVS 2*
R2: extern erster Kategorie (Äußerungen)	R2-E1 *UVS 1*	R2-E2 *UVS 2*	R2-E3 *UVS 3*	R2-E4 *UVS 3*
R3: extern zweiter Kategorie (gewaltlose Handlungen)	R3-E1 *UVS 2*	R3-E2 *UVS 3*	R3-E3 *UVS 4*	R3-E4 *UVS 4*
R4: extern dritter Kategorie (Gewaltanwendung)	R4-E1 *UVS 3*	R4-E2 *UVS 4*	R4-E3 *UVS 5*	R4-E4 *UVS 5*

Abbildung 3: R-E-Matrix unter Berücksichtigung der Unverträglichkeitsstufen

---

[53] Siehe dazu bereits Fn. 43.

3. Feinjustierung: Unverträglichkeitszuschläge und Unverträglichkeitsabschläge

Auf die Grobjustierung, d.h. die abstrakt-generelle Ermittlung einer Unverträglichkeitsstufe aufgrund der ermittelten Kombination aus Radikalisierungsgrad und Erscheinungsform, folgt die konkrete Feinjustierung. Dabei wird die über die R-E-Matrix dargestellte Unverträglichkeitsstufe zugrunde gelegt und in Ansehung des konkreten Einzelfalls überprüft. Wenn aufgrund der rechtlichen oder tatsächlichen Umstände des Einzelfalls Bewertungsverschiebungen angezeigt sind, stellt sich dies über *Unverträglichkeitszuschläge* und *Unverträglichkeitsabschläge* dar. So wird sichergestellt, dass eine bestimmte Kombination aus Radikalisierungsgrad und Erscheinungsform kein starres, einer mathematischen Gleichung folgendes Ergebnis hervorbringt, sondern lediglich eine abstrakt-generelle Bewertungsvermutung, die konkret-individuell justierbar ist. Gründe für entsprechende Justierungen mögen einerseits in der Erscheinungsform der konkret betrachteten Personen, andererseits aber auch in der konkreten Ausgestaltung ihres zu einem Radikalisierungsgrad führenden Verhaltens liegen. Es können damit sowohl personenbezogene Status als auch einer Person zurechenbare Verhaltensweisen Anlässe für Unverträglichkeitszuschläge oder Unverträglichkeitsabschläge im Einzelfall bieten.

Ein besonders prominentes Beispiel für einen rechtlich indizierten Unverträglichkeitsabschlag stellt das Parteienprivileg aus Art. 21 GG dar. Politische Parteien sind – ebenso wie sonstige Vereinigungen – privat-kollektive Erscheinungsformen (E3). Sie sind aber von Verfassungs wegen gegenüber anderen Vereinigungen bevorzugt zu behandeln und lassen sich insbesondere nur unter gesteigerten Anforderungen verbieten. Dies erfordert auch in der Bewertung ihrer Verträglichkeit für die Demokratie eine gegenüber anderen Vereinigungen privilegierte Einstufung, zumal es mehr als nur naheliegt, das Parteienprivileg auch als verfassungsrechtliche Vorbewertung zugunsten einer besonderen Demokratieverträglichkeit politischer Parteien zu verstehen. Aufgrund ihres verfassungsrechtlichen Status sind Parteien daher mit einem Unverträglichkeitsabschlag zu versehen (rechnerisch: minus 1). Sie gehören zwar weiterhin der Erscheinungsform E3 an, genießen aber in Kombination mit einem bestimmten Radikalisierungsgrad eine im Vergleich zu anderen organisiert-kollektiven Erscheinungsformen günstigere Unverträglichkeitsstufe. Selbst wenn politische Parteien zur Gewaltanwendung übergehen und damit einen Radikalisierungsgrad R4 erfüllen, folgt daraus nicht automatisch eine Bewertung mit UVS 5, sondern lediglich – wegen des statusbedingt zwingenden Unverträglichkeitsabschlags – mit UVS 4. Allerdings darf dies nicht als endgültiges Ergebnis missverstanden werden. Es handelt sich vielmehr – wie bei der anfänglichen Grobjustierung – um eine erste Vermutung, diesmal jedoch aufgrund der Besonderheiten des Einzelfalls. Die konkrete Fallbewertung endet nach Berücksichtigung eines Unverträglichkeitsabschlages nicht zwingend, sondern bleibt offen für weitere einschlägige Faktoren, die ihrerseits zu Justierungen in der (Zwischen-) Bewertung führen können. Wenn nämlich Gewalt anwendenden Parteien (UVS 4) darüber hinaus eine Potenzialität zur Beseitigung der freiheitlichen demokratischen Grundordnung im Einzelfall[54] nachgewiesen werden kann, betrifft dies die Folgen ihrer spezifischen Verhaltensweise und knüpft damit an ihren Radikalisierungsgrad an. Dies wiederum führt zu einem (zusätzlichen) Unverträglichkeitszuschlag und damit doch zu einer Einzelfallbewertung (in diesem Fall exklusiv durch das Bundesverfassungsgericht, Art. 21 Abs. 4 GG) mit UVS 5.

Demgegenüber profitieren Religionsgemeinschaften nicht von einem grundsätzlichen Unverträglichkeitsabschlag, obwohl sie einen verfassungsrechtlichen Sonderstatus als öffentlich-rechtliche Körperschaften gem. Art. 140 GG i.V.m. Art. 137 Abs. 5 WRV innehaben können.[55] Denn auch wenn sie infolgedessen gewisse öffentlich-rechtliche Privilegien genießen,[56] sind davon – anders als bei politischen Parteien – spezifische Bestandsgarantien gerade nicht umfasst. Dies hat der Bundesgesetzgeber mit Streichung des Religionsprivilegs aus § 2 Abs. 2 Nr. 3 VereinsG a.F.[57] klar und verfassungsrechtlich unbedenklich[58] zum Ausdruck gebracht.[59] Im Übrigen sind Religionsgemeinschaften, selbst wenn sie als öffentlich-rechtliche Körperschaften in Erscheinung treten, funktional doch mit privatrechtlichen Vereinigungen vergleichbar, weil sie gerade keine Staatsaufgaben wahrnehmen.[60] Daher sind sie hier gleichfalls als privat-kollektive Erscheinungsform E3 zu klassifizieren. Wenn sie in dieser Funktion nicht nur Demokratiefeindlichkeit predigen (R2), sondern dabei ihren Einfluss auf ihnen untergebene Gläubige manipulativ ausnutzen, rechtfertigt dies einen Unverträglichkeitszuschlag von ursprünglich UVS 3 auf (mindestens) UVS 4.[61] Predigen oder preisen sie zudem antidemokratisch gerichtete Gewalthandlungen, ohne selbst gewalttätig zu sein, führt dies sogar zu einem weiteren Unverträglichkeitszuschlag, sodass UVS 5 erreicht wird.[62]

---

[54] Anders als bei sonstigen Vereinigungen indiziert Gewaltanwendung bei politischen Parteien noch nicht deren Potenzialität (vgl. dazu schon Fn. 52), schließt sie andererseits aber auch nicht von vornherein aus.

[55] Dazu statt vieler *Unruh*, in: von Mangoldt/Klein/Starck (Fn. 7), Art. 137 WRV Rn. 199 ff.

[56] Im Detail *Unruh*, in: von Mangoldt/Klein/Starck (Fn. 7), Art. 137 WRV Rn. 214 ff.

[57] BGBl. 2001 I, 3319.

[58] BVerfG NVwZ 2003, 986.

[59] *Schiffbauer*, in: Reichert (Fn. 14), Kap. 3 Rn. 95.

[60] Vgl. auch BVerfGE 102, 370 Rn. 71.

[61] Diese Bewertung steht nicht im Widerspruch zur Zeugen-Jehovas-Entscheidung, BVerfGE 102, 370, wonach von Religionsgemeinschaften eine Loyalität zum Staat nicht verlangt werden könne (*ibid.* Rn. 92 ff.). Denn dies betrifft nur ihren Anspruch, den Status einer öffentlich-rechtlichen Körperschaft zu erlangen. Dieser schützt sie aber seit Streichung des Religionsprivilegs (siehe Fn. 57) gerade nicht vor verhaltensbedingten Verboten auf Grundlage von Art. 9 Abs. 2 GG.

[62] Vgl. dazu das Verbot der Religionsgemeinschaft „Kalifatsstaat", bestätigt durch BVerfG NVwZ 2003, 986.

Auch in zahlreichen weiteren konkreten Fallkonstellationen lassen sich sta-
tus- und verhaltensbedingte Faktoren situationsspezifisch miteinander kombinieren, sodass unterschiedliche Unverträglichkeitszuschläge und -abschläge
wirksam werden. So können beispielsweise auch (nicht privilegierte) Vereinigungen (E3), die zwar noch gewaltlos handeln (R3, damit grundsätzlich UVS
4), dabei aber „kämpferisch-aggressiv"[63] gegen die Demokratie vorgehen und
damit eine Multiplikation der Radikalisierung vorantreiben, deshalb mit einem
Unverträglichkeitszuschlag belegt und folglich mit UVS 5 bewertet werden.
Ähnliches lässt sich über nicht organisierte Kollektive (E2) sagen, die jedoch
aufgrund der konkreten Umstände einen mit organisierten Kollektiven vergleichbaren Wirkungsgrad aufweisen. Dies kann zum Beispiel aufgrund einer
Plattform-Vernetzung mit hohem Verbreitungsgrad anzunehmen sein, etwa
wenn über bestimmte Online-Dienste *fake news* und *hate speech* massenhaft
und koordiniert gestreut werden, um auf diese Weise (ähnlich wie „kämpferisch-aggressiv") als demokratiefeindliche Multiplikatoren zu fungieren. Ebenso in Betracht kommt für E2 eine individuell erklärte Zugehörigkeit zu einer
nicht organisatorisch verbundenen, aber unter einer staats- und demokratiefeindlichen „Marke" agierenden Personenmehrheit wie zum Beispiel „Querdenker", „Reichsbürger" oder „Selbstverwalter", die aufgrund einschlägiger
Erfahrungswerte dann auch mit einem Unverträglichkeitszuschlag belegt werden können.

In vergleichbarer Weise lassen sich auch erkennbar radikalisierte (mindestens
R2) Einzelpersonen ohne kollektive Anbindung (E1) mit Unverträglichkeitszu-
schlägen belegen. Wenn sie nämlich in antidemokratischem Kontext zwar nur
durch Worte (R2 – UVS 1) oder auch schon durch gewaltlose Handlungen (R3
– UVS 2) auffällig geworden sind, können weitere Aspekte rund um ihr allgemeines Verhalten, das nicht erkennbar mit ihrem Radikalisierungsgrad in Verbindung steht, auf Grundlage gesicherter Erfahrungswerte doch eine Justie-
rung der zunächst ermittelten Unverträglichkeitsstufe erfordern. Dies betrifft
insbesondere grundsätzlich rechtmäßige, in anderen Zusammenhängen vorgenommene, aber schon für sich genommen als abstrakt gefährlich geltende Vorgänge wie zum Beispiel den Erwerb einer Jagdwaffe (unter Einhaltung der waf-
fenrechtlichen Voraussetzungen). Der daraus folgende (wenn auch legale) Waf-
fenbesitz stattet nämlich noch nicht gewaltsam auffällig gewordene Personen
mit einem besonderen Gewaltpotenzial aus, das sich regelmäßig motivierend
auf eine Steigerung des eigenen Radikalisierungsgrades auswirken dürfte. Dies
betrifft dann die konkrete Sachverhaltsbewertung unmittelbar und erfordert so
die Hochwertung der Unverträglichkeitsstufe (i.d.R. auf UVS 3).[64] Erst recht

---

[63] Diese Terminologie entspringt der ständigen Rechtsprechung des BVerwG zum Vereinsverbot, zum Beispiel BVerwGE 134, 275 Rn. 44; siehe dazu auch *Schiffbauer*, in: Reichert
(Fn. 14), Kap. 3 Rn. 129 ff.

[64] Positiv-rechtliche Rechtsfolge wäre (dies sei hier klarstellend vorweggenommen) die

gilt dies für illegale Verhaltensweisen (hier wäre auch ein doppelter Unverträglichkeitszuschlag denkbar), gegen die allerdings ohnehin unmittelbares staatliches Eingreifen ohne demokratiebezogenen Zusammenhang angezeigt ist.

Weitere Beispiele für einzelfallbedingte Unverträglichkeitszuschläge und -abschläge finden sich im staatlichen Bereich, also in der Erscheinungsform E4. Die grundsätzliche Nähe radikalisierter Individuen im Staatsdienst zu hoheitlichen Ressourcen rechtfertigt eine grundsätzlich hohe Sensibilität bezüglich der Bewertung von Unverträglichkeiten. Doch kommt es im Anschluss daran auch auf die im Einzelfall tatsächliche Nähe der funktionstragenden Person zu staatlichen Aufgabenbereichen und Hoheitsbefugnissen an. So sind etwa Lehrerinnen und Lehrer, auf welche die Kombination R3-E4 (grundsätzlich UVS 4) zutrifft, in jeder Schulform für die Demokratie völlig unverträglich, weil sie das Potenzial haben, Kinder und Heranwachsende als „Demokratiefeinde" zu erziehen und so ein besonderes Manipulationspotenzial aufweisen. Dies rechtfertigt einen Unverträglichkeitszuschlag und daher eine Einstufung als UVS 5. Entsprechendes mag sogar schon bei der grundsätzlich noch eher verträglichen Kombination R2-E4 (grundsätzlich UVS 3) erwägenswert sein, wenn bloße demokratiefeindliche und zugleich manipulative Äußerungen auf besonders formbare Schülerinnen und Schüler im Kindes- und Heranwachsendenalter treffen. Auf den Bereich der Erwachsenenbildung, etwa an den Universitäten, dürfte dies jedoch nicht vorbehaltlos übertragbar sein. Gleichermaßen sind Beamtinnen und Beamte im nachrichtendienstlichen, vollzugspolizeilichen und justiziellen Bereich mit der Kombination R3-E4 ebenfalls für die Demokratie völlig unverträglich, weil sie das Potenzial haben, das Resultat demokratischer Willensbildungsprozesse systematisch zu unterminieren. Sie sind daher nach Unverträglichkeitszuschlag mit UVS 5 zu bewerten. Auf Beamtinnen und Beamte in weniger exponierten Positionen (wie etwa im staatlichen nichthoheitlichen Dienstleistungsbetrieb) trifft dies wiederum weniger zu. In bestimmten Fällen ließe sich dann sogar über einen Unverträglichkeitsabschlag nachdenken.

---

ständige nachrichtendienstliche Beobachtung entsprechend radikalisierter Einzelpersonen (dazu später näher unter VI. 3.), die dann auch als Bestrebung i.S.v. § 4 Abs. 1 Satz 3 BVerfSchG gelten (siehe bereits Fn. 43). Deren Gleichbehandlung mit Personenzusammenschlüssen ergibt sich jedoch aus dem spezifischen Unverträglichkeitszuschlag und der daraus folgenden erhöhten Unverträglichkeitsstufe nach besonderer Einzelfallprüfung, *nicht* aber schon aus einer (rechtlich weiterhin nicht vorgesehenen) grundsätzlichen Gleichbehandlung von Individuen und Kollektiven.

VI. Konsequenzen für die wehrhafte Demokratie

1. Kategorien von Konsequenzen

Damit die rechtlich wehrhaft ausgestaltete Demokratie ihre Wehrhaftigkeit in der Staatspraxis auch verwirklichen kann, ist sie auf eine möglichst klare Einstufung radikaler Erscheinungsformen angewiesen. Denn erst wenn die für die Wahrung der freiheitlichen demokratischen Grundordnung verantwortlichen staatlichen Stellen wissen, inwieweit welche Personen aufgrund welcher Verhaltensweisen (un-)verträglich für das ihnen anvertraute Schutzgut sind, können sie entsprechende Schutzmaßnahmen passgenau – und damit auch verhältnismäßig – anwenden. Als abstrakt-generelles Messinstrument dient dabei die R-E-Matrix mit den aus ihr folgenden Vermutungen über Unverträglichkeitsstufen aufgrund bestimmter Kombinationen aus Radikalisierungsgrad und persönlicher Erscheinungsform. Der groben schematischen Bewertung eines Sachverhaltes folgt die genauere, konkrete Feinjustierung unter Berücksichtigung aller situativ einschlägigen Umstände rechtlicher und tatsächlicher Art. Das jeweilige Resultat beantwortet die Ausgangsfrage für jeden konkret untersuchten Fall: So viel Radikalisierung verträgt die Demokratie (verstanden als deutsche freiheitliche demokratische Grundordnung) noch – oder gerade nicht mehr. Die Diagnose ist damit gestellt. Es fragt sich dann allerdings, wie die wehrhafte Demokratie auf entsprechende Befunde antworten kann und soll.

Rechtsstaatliche Reaktionen auf festgestellte demokratische (Teil-)Unverträglichkeiten müssen – wie jede staatliche Maßnahme mit Grundrechtseingriffscharakter[65] – jedenfalls auf einer gesetzlichen Grundlage basieren und in ihrer Umsetzung verhältnismäßig ausfallen. Die erforderliche gesetzliche Eingriffsbefugnis determiniert sogleich konkret-rechtsnormbasierte Konsequenzen, indem sie hinreichend bestimmt anordnet, wer sich unter welchen tatsächlichen Voraussetzungen wie verhalten soll. Darauf wird sogleich noch einzugehen sein. Solch konkreten Erwägungen soll indes einmal mehr eine abstrakte Gedankenebene vorgeschaltet werden. Wenn nämlich bestimmte Unverträglichkeitsstufen den tatbestandlichen Anlass für staatliche (Gegen-)Maßnahmen bilden, lässt sich auch auf zunächst vergleichbarer Abstraktionshöhe eruieren, welche Kategorien von Konsequenzen aufgrund welcher Unverträglichkeitsstufen überhaupt plausibel – und damit grundsätzlich geeignet und erfolgversprechend – sind. Dies bemisst sich am gefährdeten Schutzgut, hier der freiheitlichen demokratischen Grundordnung. Es wurde bereits benannt: Als Antwort auf Radikalisierungstendenzen zulasten des demokratischen Kollektivs kommen Beschränkungen individueller Freiheitsgewährleistungen in Betracht. Das Freiheitliche tritt dann zugunsten des Demokratischen in den Hintergrund.

---

[65] Statt vieler *Hillgruber*, in: Isensee/Kirchhof (Fn. 26), § 201 Rn. 9 ff., 51 ff.

Hierzu sind unterschiedliche kategoriale Einordnungen und Abstufungen denkbar.

Es erscheint sinnvoll, auch insoweit die denkbaren Extrempunkte von Konsequenzen offenzulegen. Wenn eine Person in ihrer Erscheinungsform und ihrem Radikalisierungsgrad als völlig verträglich (UVS 0) einzustufen ist, korreliert mit diesem tatbestandlichen Extrem ein Konsequenz-Extrem: nämlich das zwingende Unterbleiben jeder Konsequenz. Alles andere wäre schon ungeeignet zur Stabilisierung der freiheitlichen demokratischen Grundordnung und daher jedenfalls unverhältnismäßig. Ohnehin betrifft die bloße Gedankenwelt eines Menschen den jedenfalls unantastbaren Kernbereich privater Lebensgestaltung (Art. 2 Abs. 1 i.V.m. Art. 1 Abs. 1 GG).[66] Jede Unverträglichkeitsstufe, die mit größer als null bewertet wird, ermöglicht dagegen staatliche Konsequenzen grundsätzlich.

An der Spitze der Unverträglichkeitsstufen spielt es sich umgekehrt ab. Personen mit einer Kombination aus Radikalisierungsgrad und Erscheinungsform, die auf eine Bewertung mit UVS 5 hinausläuft, sind mit den schärfsten (aber zugleich noch immer verhältnismäßigen) Konsequenzen zu belegen. Gewendet auf die freiheitliche demokratische Grundordnung bedeutet dies, dass sie von jeder Mitwirkungsmöglichkeit am demokratischen Prozess auszuschließen sind. Die abstrakte Kategorie „Mitwirkungsausschluss" konkretisiert sich je nach gesetzlicher Grundlage und konkretem Tatbestand unterschiedlich, nämlich als (individuelle) Grundrechtsverwirkung (Art. 18 GG) und (kollektives) Vereins- (Art. 9 Abs. 2 GG) oder Parteiverbot (Art. 21 Abs. 2 GG). Die beiden letztgenannten absoluten Organisationsverbote neutralisieren zugleich potenziell unverträglichkeitsgeneigtere kollektive Erscheinungsformen.

Zwischen diesen Konsequenz-Extremen lassen sich wiederum unterschiedliche Abstufungen – kongruent mit den Unverträglichkeitsstufen – finden. Konkrete rechtliche Ausgestaltungen folgen aus einer kategorialen Kongruenz indes nicht. Die Eingriffstiefe entsprechender staatlicher Maßnahmen muss allerdings verhältnismäßig bleiben und gerade auch gegenüber den tatbestandlichen Anlässen abgrenzbar bleiben. Eine Maßnahme, die auf eine ermittelte UVS 3 folgen soll, darf kategorial nicht eingriffsintensiver sein als eine Maßnahme, die auf UVS 4 folgen soll. Sie muss in der Regel vielmehr milder ausfallen. Nähere Ausgestaltungen sind indes dem demokratisch legitimierten Gesetzgeber – natürlich nur innerhalb des verfassungsrechtlichen Rahmens – vorbehalten und können ggf. unter einem gewissen behördlichen Ermessen stehen.

---

[66] Vgl. nur BVerfGE 141, 220 Rn. 119 ff.; dazu *Petri*, in: Dietrich/Fahrner/Gazeas/von Heintschel-Heinegg (Fn. 27), § 20 Rn. 59 ff.

2. Konkret-rechtsnormbasierte Konsequenzen

Die auf die äußeren Grenzen der Unverträglichkeitsstufen anzuwendenden kategorialen Konsequenzen spiegeln sich, wie gesehen, im positiven Verfassungsrecht wider. Sachverhalte mit UVS 0 verbieten staatliche Konsequenzen, während Sachverhalte mit UVS 5 – je nach Konstellation – Vereins- bzw. Parteiverbote (Art. 9 Abs. 2, Art. 21 Abs. 2 GG) bzw. Grundrechtsverwirkungen (Art. 18 GG) oder – bei Erscheinungsform E4 – die Entlassung aus dem Staatsdienst erfordern. Dass Grundrechtsverwirkungen, wie gesehen, in der bisherigen bundesrepublikanischen Staatspraxis nie verhängt wurden, widerspricht diesem – aus Sicht der wehrhaften Demokratie – zwingenden Rahmen nicht. Vielmehr deutet bereits die R-E-Matrix darauf hin, dass Individualpersonen – ausschließlich auf sie passt Art. 18 GG tatbestandlich – nur unter äußerst ungewöhnlichen Umständen mit UVS 5 belegt werden können. Selbst bei höchstem Radikalisierungsgrad (R4-E1) wären sie grundsätzlich mit UVS 3 zu bewerten. Es bräuchte daher gleich zwei Unverträglichkeitszuschläge, um UVS 5 zu erreichen und damit zu einer Grundrechtsverwirkung zu gelangen. Ein solches Szenario ist tatsächlich kaum denkbar, zumal staatliche Konsequenzen allgemein-sicherheitsrechtlicher Art (s.o. unter V. 2.) als Reaktionen auch auf geringere Unverträglichkeitsstufen zuvor gefruchtet haben dürften jedenfalls in dem Sinne, dass keine Unverträglichkeitszuschläge zu erwarten wären.

Der praxisrelevante Bereich staatlicher Konsequenzen erstreckt sich ohnehin auf das Spektrum jenseits der Extrempunkte. Dies hat Unverträglichkeitsprävention, wenn sie funktioniert, so an sich, denn eine Reaktion auf gegenwärtige völlige Unverträglichkeit kann wohl kaum noch als Prävention bezeichnet werden. Die entscheidenden rechtsnormbasierten Konsequenzen betreffen daher das feine Austarieren innerhalb des eingangs angesprochenen Spannungsfeldes zwischen Freiheitsbetätigung und Demokratieschutz. Konkret-rechtsnormbasierte Konsequenzen betreffen daher zuvörderst die staatliche Informationsgewinnung und -verarbeitung zur Ermittlung darüber, wie weit die Demokratie im Lichte bestimmter Sachverhalte noch von einem Kipppunkt entfernt ist. Davon zeugen die Befugnisnormen im Nachrichtendienstrecht, hier vor allem dem Recht des Verfassungsschutzes, insbesondere §§ 8 ff. BVerfSchG und deren landesrechtliche Entsprechungen.

Allerdings schließt der positiv-rechtliche Schwerpunkt auf staatliche Aufklärung auf sie folgende Zwangsmaßnahmen jenseits der Informationserhebung keinesfalls aus. Es hängt vieles von der vorherigen Informationsauswertung ab, in der Terminologie dieses Beitrages: davon, ob eine zunächst schematisch ermittelte Unverträglichkeitsstufe im Einzelfall verifiziert werden kann oder (über Unverträglichkeitszuschläge bzw. -abschläge) anzupassen ist. Infolge einer Bewertungsanpassung werden dann andere staatliche Konsequenzen virulent, darunter womöglich auch Zwangsmaßnahmen zur Beschränkung persönlicher Handlungsfreiheit. Solche Zwangsmaßnahmen münden jedoch nicht notwendigerweise in die oben genannten absoluten Mitwirkungsausschlüsse. Mildere Mittel, soweit sie gesetzlich oder verfassungsrechtlich vorgesehen sind, werden i.d.R. zunächst vorgezogen. Als jüngstes Beispiel sei nur die Möglichkeit genannt, politische Parteien, anstatt sie zu verbieten, von der staatlichen Finanzierung auszuschließen (Art. 21 Abs. 3 GG).[67] Vergleichbare Regelungen zum Vereinsverbot, etwa auch die Möglichkeit eines bloßen (Teil-)Betätigungsverbots eines Vereins, sind nach geltendem Verfassungsrecht indes derzeit nicht möglich.[68] Über eine entsprechende Erweiterung von Art. 9 Abs. 2 GG müsste der verfassungsändernde Gesetzgeber befinden, weil eine einfachgesetzliche Ausgestaltungskompetenz des öffentlichen Vereinsrechts wie auch die Möglichkeit eines Rechtsfolgeermessens – ebenso wie im Parteienrecht[69] – angesichts des abschließenden Grundgesetz-Wortlauts nicht bestehen.

Beschränkungen der Handlungsfreiheit von radikalisierten Individuen lassen sich demgegenüber einfachgesetzlich regeln, weil die meisten entgegenstehenden Individualgrundrechte – anders als Art. 9 Abs. 1 und Art. 21 Abs. 1 GG – nicht vorbehaltlos gewährleistet werden. Von diesen Möglichkeiten wurde insbesondere im Staatsschutz-Strafrecht (vgl. zum Beispiel §§ 81 ff. StGB),[70] im strafrechtlich basierten präventiven Nebenfolgenrecht (vgl. zum Beispiel § 45 StGB)[71] und im Nebenstrafrecht (vgl. zum Beispiel §§ 20 f. VereinsG)[72] Gebrauch gemacht. Zu weiteren Maßnahmen ermächtigt das besondere Verwaltungsrecht, was zum Beispiel im Aufenthaltsrecht (vgl. § 54 Abs. 1 Nr. 2 AufenthG[73]) oder auch im Waffenrecht (vgl. § 41 WaffG[74]) relevant ist.

3. Symbiose von Unverträglichkeitsstufen und staatlichen Eingriffsbefugnissen

In Gesamtschau dieser Auswahl an konkret-rechtsnormbasierten Konsequenzen lassen sich Rückschlüsse auf eine hypothetische gesetzgeberische Grundentscheidung ziehen, welche Maßnahmenkategorie zu welcher Unverträglichkeitsstufe passt. Vollständige Ausschlüsse von der Mitwirkung am demokrati-

---

[67] Eingeführt durch Gesetz vom 13.7.2017 (BGBl. 2017 I, 2346), und zwar auf kaum verschleierte Anregung des BVerfG, vgl. näher BVerfGE 144, 20 Rn. 527, 599 ff., 625.
[68] *Schiffbauer*, in: Reichert (Fn. 14), Kap. 3 Rn. 216 f.
[69] BVerfGE 144, 20 Rn. 604.
[70] Dazu näher *Fahrner*, in: Dietrich/Fahrner/Gazeas/von Heintschel-Heinegg (Fn. 19), § 33 Rn. 1 ff.
[71] Dazu näher *Welnhofer-Zeitler*, in: Dietrich/Fahrner/Gazeas/von Heintschel-Heinegg (Fn. 19), § 40 Rn. 1 ff.
[72] Dazu näher *Roth*, in: Schenke/Graulich/Ruthig (Fn. 42), VereinsG, § 20 und § 21.
[73] Nämlich Ausweisungsinteresse wegen Gefährdung der freiheitlichen demokratischen Grundordnung, dazu näher *Kluth*, in: Kluth/Hornung/Koch (Hrsg.), Handbuch Zuwanderungsrecht, 3. Aufl. 2020, § 5 Rn. 158.
[74] Zum Waffenverbot näher *Gerlemann*, in: Steindorf (Hrsg.), Waffenrecht, 11. Aufl. 2022, § 41 WaffG Rn. 5 ff.

schen Prozess korrelieren schon wegen der Vorgaben des Grundgesetzes nur
mit Sachverhalten auf UVS 5. Demgegenüber sind mildere Zwangsmaßnahmen,
die jedoch schon in diese Richtung weisen, dann auf Grundlage von UVS 4
grundsätzlich möglich. Dies betrifft strafrechtliche und verwaltungsrechtliche,
insbesondere aufenthalts- und waffenrechtliche Folgen gleichermaßen. Unterhalb von UVS 4 sind staatliche Maßnahmen zur (zwangsweisen) Beschränkung
der Handlungsfreiheit dagegen kaum denkbar. Zwar gelten Sachverhalte mit
UVS 3 schon als „eher unverträglich", doch liegen sie noch so weit von einem
demokratiebezogenen Kipppunkt entfernt, dass insoweit doch das Freiheitliche
im demokratischen Rechtsstaat überwiegen muss.

Staatliche Eingriffsbefugnisse bestehen dann zwar, allerdings nicht im Bereich des verhaltenssteuernden Zwanges, sondern im Rahmen von Informationserhebung und -auswertung. Dies betrifft allein die Nachrichtendienste. Sie
stehen im Recht und in der Pflicht, Sachverhalten, die auf den UVS 1, 2 und 3
stehen, zu begegnen. Dabei lassen sich durchaus schlüssige Korrelationen mit
der geltenden nachrichtendienstlichen Rechtslage, ihrer zugehörigen Dogmatik
und deren praktischer Umsetzung[75] erkennen. Als dauerhafte Beobachtungsobjekte kommen dann nur Bestrebungen[76] in Betracht, die UVS 3 erfüllen. Gegen sie sind nach erfolgter Verhältnismäßigkeitsprüfung im Einzelfall dann
auch die schärfsten nachrichtendienstlichen Mittel wie verdeckte, langfristige
und auch unter Täuschung vorgenommene Informationserhebungseingriffe[77] je
eher zulässig, desto weiter die Tendenz in Richtung UVS 4 weist. Demgegenüber lösen Sachverhalte, die mit UVS 2 bewertet werden, zunächst nur die Möglichkeit aus, einen Verdachtsfall[78] anzunehmen. Ein Prüffall dagegen ist angesichts der damit verbundenen nur eingeschränkten nachrichtendienstlichen
Kompetenzeröffnung[79] bereits ab UVS 1 nicht grundsätzlich ausgeschlossen.
Er darf jedoch nur dann zum Verdachtsfall hochgestuft werden, wenn die dabei
gewonnenen Erkenntnisse eine Neubewertung mindestens mit UVS 2 zulassen.
Entsprechendes gilt auf dem Weg vom Verdachtsfall zum Beobachtungsobjekt.
Hier muss sich aus dem ursprünglichen Verdachtsanlass (UVS 2) ergeben, dass
eine Neubewertung mit UVS 3 angezeigt ist.

Die für jeden Einzelfall letztlich ermittelte Unverträglichkeitsstufe bildet,
wie gesehen, die Grundlage für auf sie folgende, teils fakultative, teils zwingende staatliche Maßnahmen. Die dabei herausgebildeten Erkenntnisse lassen sich
wie folgt – jedoch keinesfalls vollständig – überblicksartig zusammenfassen:

---

[75] Siehe dazu *Krichbaum*, Rechtspraktischer Standpunkt: Vom Prüffall zum Verdachtsfall
zur extremistischen Bestrebung, in diesem Band, S. 57; allgemein außerdem *Löffelmann/Zöl-
ler* (Fn. 9), Kap. B. Rn. 28 ff.

[76] Letztlich also Personen, vgl. § 4 Abs. 1 BVerfSchG; dazu *Löffelmann/Zöller* (Fn. 30),
Kap. B. Rn. 19 ff.

[77] Vgl. näher *Löffelmann/Zöller* (Fn. 30), Kap. B. Rn. 67 ff.

[78] *Löffelmann/Zöller* (Fn. 30), Kap. B. Rn. 32.

[79] *Löffelmann/Zöller* (Fn. 30), Kap. B. Rn. 29.

	Maßnahmenkategorie	rechtsnormbasierte Konsequenzen (beispielhaft)
UVS 1	situativ und zeitlich stark beschränkte Informationsgewinnung	nachrichtendienstlicher Prüffall (dogmatisch hergeleitet aus § 8 Abs. 1 Satz 1 BVerfSchG)
UVS 2	zeitlich beschränkte Informationsgewinnung	nachrichtendienstlicher Verdachtsfall (dogmatisch hergeleitet aus § 8 Abs. 1 Satz 1 BVerfSchG)
UVS 3	dauerhafte Informationsgewinnung, -verarbeitung und ggf. -weitergabe	vollständige nachrichtendienstliche Behandlung (§§ 8 ff. BVerfSchG) und ggf. Datenübennittlung (§§ 17 ff. BVerfSchG)
UVS 4	Beschränkung der Handlungsfreiheit	verwaltungs- und strafrechtliche Maßnahmen; Ausschluss von staatlicher Parteienfinanzierung (Art. 21 Abs. 3 GG)
UVS 5	vollständiger Mitwirkungsausschluss vom demokratischen Prozess	Entlassung aus dem Staatsdienst; Grundrechtsverwirkung (Art. 18 GG); Parteiverbot (Art. 21 Abs. 2 GG); Vereinsverbot (Art. 9 Abs. 2 GG)

Abbildung 4: Übersicht über Konsequenzen aus Unverträglichkeitsstufen

VII. Ergebnis und Ausblick

Wie viel Radikalisierung die Demokratie verträgt, lässt sich abschließend nicht schematisch beantworten. Allerdings kann ein Schema wie die R-E-Matrix mit den sich aus ihr ergebenden Unverträglichkeitsstufen als systematisches Hilfsmittel für demokratieschützende staatliche Stellen und damit für die wehrhafte Demokratie selbst dienen. Es vermittelt die Gleichbehandlung gleich gelagerter Sachverhalte und damit Verlässlichkeit. Ein Staat, der als verlässlich wahrgenommen wird, gilt als vertrauenswürdig und fördert so seine eigene Legitimierung. Dies alles sind freilich zuvörderst Aspekte der Rechtsstaatlichkeit, weniger der Demokratie. Doch lassen sich Demokratie und Rechtsstaat in einem modernen Verständnis ohnehin kaum trennen, ebenso wie sich auch das Freiheitliche und das Demokratische in der freiheitlichen demokratischen Grundordnung nicht trennen lassen. Ohne Freiheit funktioniert Demokratie nicht – und umgekehrt, allerdings nur, solange sich die Freiheit nicht gegen die Demokratie richtet und sie auf einen Kipppunkt drängt. Dann wäre sie zur Radikalisierung missbraucht worden. Dagegen wiederum richtet sich die wehrhafte Demokratie. Sie kann Radikalisierung in abgestuften Maßen vertragen, bleibt beweglich, kippt aber nicht um.

So entscheidet letztlich die Aufrechterhaltung der Vernetzung sämtlicher Staatsstrukturprinzipien, von welchen die Demokratie ein besonders wichtiges und zugleich zerbrechliches ist, über das Wohl des Gemeinwesens. Wird dieser

Organismus gestört, treten seine Abwehrkräfte idealerweise (nur) wohldosiert in Erscheinung. Die Verträglichkeit der wehrhaften Demokratie gegenüber radikalen Personen und Personengruppen wird so lange gewährleistet, wie deren Abwehrkräfte einsatzbereit bleiben, ohne übermäßig (um im Bild zu bleiben: als Autoimmunerkrankung) zu wirken. Das Ideal eines ausgleichenden Maßes kann auch mithilfe der R-E-Matrix immer wieder neu austariert werden; dann bleiben Radikalisierungen nicht nur für die Demokratie, sondern auch für ihr freiheitliches Substrat verträglich.

In diesem Ausschnitt über rechtlich indizierte Radikalisierungsverträglichkeit der Demokratie ist es indes mindestens ebenso wichtig, mit den dynamischen Entwicklungen des persönlichen und staatlichen Werdegangs Schritt zu halten und dabei immer wieder die Perspektive zu wechseln, um den Gesamtüberblick zu erhalten. Daher ist zum Beispiel dem Grunde nach auch nichts daran auszusetzen, wenn das Bundesamt für Verfassungsschutz beweglich bleibt und als organisatorische Neuerung den Problemkreis „Verfassungsschutzrelevante Delegitimierung des Staates" bearbeitet.[80] Denn (nicht nur) Radikalisierungstendenzen sind, um sie zutreffend einordnen und plausibel bewerten zu können, immer wieder neu zu beleuchten. Sie lassen sich auch schneller und zuverlässiger erkennen, wenn möglichst schonende Erkennungsmittel frühzeitig eingesetzt (und ggf. auch wieder abgesetzt) werden.

Vor jeder Erkenntnis über Unverträglichkeiten verspricht jedoch außerrechtliche Präventionsarbeit den größten Erfolg. Personen, die schon keinen Anlass sehen, sich auch nur intern – und damit zunächst völlig verträglich (UVS 0) – zu radikalisieren, erweisen dem Fortbestand der Demokratie den größten Dienst. Vertrauen in die staatlichen Institutionen, in die Politik und in unsere auf Freiheit und Toleranz fußende Gesellschaftsordnung bildet die beste Barriere gegen antidemokratische Radikalisierung. Demokratie lebt nicht nur von Teilhabe, sondern vor allem von Teilnahme, d.h. von durch Partizipation geschaffener Legitimation.[81] Dafür braucht es ein grundlegendes Verständnis der Menschen über die eigene Verantwortung, selbst am demokratischen Willensbildungsprozess respektvoll mitzuwirken. Staatliche[82] wie auch zivilgesellschaftliche Informationstätigkeit, welche die Vorzüge der hart erkämpften freiheitlichen demokratischen Grundordnung glaubwürdig vermittelt, dient der Demokratie mindestens ebenso viel wie rechtliche Radikalisierungsprävention.[83] Verständliche und ehrliche staatsbürgerliche Bildung ist für die Demokratie besonders verträglich und hält sie von möglichen Kipppunkten fern.

---

[80] Siehe Verfassungsschutzbericht 2021, 112 ff.; dazu *Gusy*, GSZ 2022, 101.

[81] Vgl. nur *Böckenförde*, in: Isensee/Kirchhof (Fn. 6), § 34 Rn. 45 ff.

[82] Mitunter speziell auch nachrichtendienstliche, siehe *Pfeiffer*, Rechtspraktischer Standpunkt: Radikalisierungsprävention durch Verfassungsschutz?, in diesem Band, S. 173.

[83] *Schliesky* in: Isensee/Kirchhof (Fn. 14), § 277 Rn. 41 ff., spricht zurecht von einem präventiv wirkenden staatlichen Gestaltungsauftrag, der aus dem Rechtsstaatsprinzip folge.

Wie früh darf ein Frühwarnsystem warnen?

– Grenzen der Aufklärbarkeit von Radikalisierung –

Markus Möstl

Inhaltsverzeichnis

I. Einleitung

Der Verfassungsschutz wird gern als „Frühwarnsystem" der wehrhaften Demokratie bezeichnet.[1] Doch wie früh darf ein solches Frühwarnsystem warnen? Wo liegen die zeitlichen Grenzen der Aufklärbarkeit von Radikalisierung? Das sind die mir gestellten Fragen. Und ich verstehe sie so, dass es hierbei um zwei Problemdimensionen geht. Zum einen: Wie früh darf die Beobachtung von Radikalisierungstendenzen ansetzen? Und zum anderen: Wie früh darf die Öffentlichkeit über solche Tendenzen informiert werden?

Die Veranstalter sind schon vor fast zwei Jahren erstmals mit diesen Fragen an mich herangetreten. Das Symposium musste coronabedingt wiederholt verschoben werden, und manchmal scheint es, als müsse man nur lange genug warten, und schon beantwortet sich ein Teil der Fragen von selbst. Im Fall meines Vortrags ist es gut, dass ich diesen erst nach dem am 26. April 2022 ergangenen Grundsatzurteil des BVerfG zum BayVSG[2] halten muss. Denn in ihm schickt sich das BVerfG – für das Thema der Früherkennung unmittelbar relevant – an, das zu leisten, was bislang oft genug als Manko beklagt worden war:[3] dem spe-

---

[1] Aus der Rspr.: BVerwG NVwZ 2014, 233 Rn. 25; aus der Lit.: *Lindner/Unterreitmeier*, BeckOK PolSichR Bayern, BayVSG Systematische Vorbemerkungen, Rn. 33.

[2] BVerfG vom 26.4.2022 – 1 BvR 1619/17, BeckRS 2022, 8427. Zur grundsätzlichen Bedeutung dieser Entscheidung für das Nachrichtendienstrecht insgesamt: *Ogorek*, NJW 2022, 1570.

[3] *Dietrich*, in: Dietrich/Eiffler (Hrsg.), NachrichtendiensteR-HdB III, § 3, Rn. 71; *Lind-*

zifischen Vorfeldrecht der Nachrichtendienste dogmatische Strukturen und eine Ordnungsidee zu geben. Ausgehend von dem Befund, das Verfassungsschutzrecht sei (auch bei tiefgreifenden Eingriffen) prinzipiell nicht an die polizeiliche Gefahrenschwelle gebunden, entwickelt es eine Systembildung, die um die Begriffe „verfassungsschutzspezifischer Aufklärungsbedarf" einerseits sowie „hinreichende tatsächliche Anhaltspunkte" andererseits kreist und je nach Eingriffstiefe differenziert in Anschlag zu bringen ist.[4]

Ist damit alles gelöst? Wohl kaum. Denn blickt man genauer hin, dürfte das Urteil allenfalls einen engsten Kern der mir gestellten Frage beantworten, der überdies nicht einmal die Pointe meines Themas trifft. Zugeschnitten ist die Systembildung des BVerfG[5] ersichtlich allein auf die Anwendung sog. nachrichtendienstlicher Mittel[6] in sog. Verdachtsfällen[7], in denen immerhin bereits hinreichende tatsächliche Anhaltspunkte für verfassungsfeindliche Bestrebungen bekannt sind und in denen zur weiteren gezielten Beobachtung daher vergleichsweise tiefgreifende, verdeckte Ermittlungsmethoden zum Einsatz kommen sollen. Diese systematische Beobachtung von Verdachtsfällen mit nachrichtendienstlichen Mitteln ist sicherlich das unverwechselbare Proprium und der rechtsstaatlich besonders aufhellungsbedürftige Kern der verfassungsschützerischen Tätigkeit, und es verwundert nicht, dass das BVerfG gerade hierzu judiziert hat. Doch Verfassungsschutz ist mehr: Die tatsächlichen Anhaltspunkte, die den Verdachtsfall konstituieren, fallen ja nicht vom Himmel, sondern müssten erst einmal ermittelt werden. Der Verdachtsphase muss daher denknotwendig eine Verdachtsgewinnungsphase vorausgehen; dem Verdachtsfall liegt notwendig der Prüffall voraus, in dem erst verifiziert werden muss, ob überhaupt hinreichende tatsächliche Anhaltspunkte bestehen, die sodann eine systematische (auch verdeckte) Beobachtung als Verdachtsfall rechtfertigen; und dieser Prüfphase muss notwendig wiederum eine Vorprüfungsphase allgemeiner Beobachtung vorausgehen, um überhaupt erst erkennen zu können, wo es mögliche Prüffälle gibt.[8] Für den Problemkreis Radikalisierung gilt all dies noch mehr; denn Radikalisierung ist ein schleichender Prozess, der frühzeitig

---

ner/Unterreitmeier, (Fn. 1) Systematische Vorbemerkungen, Rn. 1; *Barczak*, KritV 2021, 91 (96).

[4] BVerfG vom 26.4.2022 – 1 BvR 1619/17, BeckRS 2022, 8427, Ls. 2b), Rn. 158ff., 181 ff.

[5] BVerfG vom 26.4.2022 – 1 BvR 1619/17, BeckRS 2022, 8427, Rn. 158f., 174, 191 (es geht von Beginn an nur um Befugnisse zur heimlichen Überwachung); gefordert wird hierfür stets (zumindest) ein Niveau tatsächlicher Anhaltspunkte, das bereits den Verdacht einer verfassungsfeindlichen Bestrebung begründet (Rn. 188).

[6] § 8 Abs. 2 BVerfSchG (dazu *Roth,* in: Schenke/Graulich/Ruthig [Hrsg.], Sicherheitsrecht des Bundes, 2. Aufl. 2019, § 8 BVerfSchG, Rn. 20ff.), Art. 8 Abs. 1 BayVSG (*Lindner,* in: (Fn. 1), Art. 8 BayVSG, Rn. 20ff.).

[7] Zu dieser Erkenntnisphase: *Lindner/Unterreitmeier*, DVBl. 2019, 819 (824f.).

[8] *Lindner/Unterreitmeier*, (Fn. 7) (823ff.); *Warg,* in: (Fn. 3), V § 1, Rn. 19; *Schneider*, DÖV 2022, 372ff.; zum Unterschied von Prüffall und Verdachtsfall auch VG Düsseldorf BeckRS 2021, 2440; OVG NRW NVwZ-RR 2021, 625.

beobachtet werden muss, um überhaupt erkennen zu können, ab wann der Verdachtsfall eintritt.

Das BVerfG sagt zu alledem nichts bzw. nur einen einzigen Satz, der immerhin anerkennt, dass es im Vorfeld der von ihm behandelten Konstellation „systematische Beobachtung mit nachrichtendienstlichen Mitteln im bereits durch hinreichende tatsächliche Anhaltspunkte konstituierten Verdachtsfall" noch ein weiteres Vorfeld geben muss: „im Vorfeld systematischer Beobachtung" – so sagt es – „können solche Anhaltspunkte vor allem aufgrund offener Erkenntnisquellen gewonnen werden"; in Klammern wird dabei auf Literaturfundstellen verwiesen, die den Prüffall und die Verdachtsgewinnungsphase behandeln.[9] Doch wie soll dieses Vorfeld des Vorfeldes dogmatisch strukturiert werden? – das ist die offene Flanke des Urteils des BVerfG (dessen systembildende Kraft insoweit streitgegenstandsbedingt auf halbem Wege stecken bleibt). Und doch gibt es gerade auch für die Vor-Verdachtsphase viele offene Fragen: Sollte der Prüffall bzw. die Verdachtsgewinnung, wie dies bislang nur wenige Länder getan haben,[10] eigenständig normiert und dogmatisch durchformt werden oder genügt für ihre Bewältigung die allgemeine Datenverarbeitungsgeneralklausel?[11] Und reicht es für die in der Verdachtsgewinnungsphase nötige Befugnisnorm, dass diese nur allgemein darauf abstellt, dass die Datenverarbeitung zur Aufgabenerfüllung des Verfassungsschutzes erforderlich sein muss (so § 8 Abs. 1 BVerfSchG), oder sollte doch eine spezifischere Eingriffsschwelle formuliert werden? Und falls ja, ist es z.B. sinnvoll, dass die Norm (wie etwa Art. 5 Abs. 1 Satz 2 BayVSG) auf dieselbe Eingriffsschwelle („tatsächliche Anhaltspunkte") abstellt, wie sie auch in der Verdachtsphase greift, oder müsste hier nicht stärker differenziert werden[12]? Ist es schließlich richtig, dass in der Verdachtsgewinnungsphase nur Informationserhebungen aus offenen Quellen zulässig sein sollen[13] oder können ausnahmsweise doch auch nachrichtendienstliche Mittel erforderlich und statthaft sein[14] (das BVerfG sagt hierzu ambivalent „vor allem aufgrund offener Erkenntnisquellen", lässt die Frage also letztlich offen).

Gar nichts sagt das jüngste BVerfG-Urteil schließlich zur zweiten Dimension meines Themas: Wann darf der Verfassungsschutz die Öffentlichkeit über Verdachts- und Prüffälle informieren? Auch hier hat sich gerade in jüngster Zeit viel getan: Setzte sich im Gefolge der 2005 ergangenen BVerfG-Entscheidung

---

[9] BVerfG vom 26.4.2022 – 1 BvR 1619/17, BeckRS 2022, 8427, Rn. 189 (mit Verweis u.a. auf *Warg*, in: (Fn. 3) V § 1, Rn. 19; *Pechtold* in: BeckOK PolSichR Bayern, Art. 3 BayVSG, Rn. 17).

[10] Z.B. § 8 NVerfSchG, § 4 Abs. 2 HVSG, § 4 Abs. 1 Satz 5 ThürVerfSchG.

[11] Keine eigene Normierung für nötig halten *Lindner/Unterreitmeier*, (Fn. 7) (824).

[12] § 8 NverfSchG umschreibt die tatsächlichen Anhaltspunkte immerhin näher (Anfangsverdacht).

[13] So z.B. § 4 Abs. 2 HVSG und § 4 Abs. 1 Satz 3 ThürVerfSchG.

[14] Offener *Lindner/Unterreitmeier*, (Fn. 7) (824) („in der Regel" bloßer Rückgriff auf offene Quellen, der aber nicht verfassungsrechtlich zwingend sei).

zur „Jungen Freiheit"[15] zunächst durch, dass nicht nur über die erwiesene verfassungsfeindliche Bestrebung, sondern auch über den Verdachtsfall berichtet werden darf,[16] geht der Streit (am Bsp. AfD) neuerdings dahin, ob bereits über den Prüffall berichtet werden darf; das gegenwärtige Recht lässt dies nicht zu.[17] Aber ist dies wirklich das letzte Wort? Gehört es in der wehrhaften Demokratie nicht zu den Kommunikationsaufgaben des Verfassungsschutzes, bereits über Prüffälle transparent zu berichten? Oder aber bleibt es dabei, dass im bloßen Prüffall die Erkenntnisgrundlage schlicht zu dünn ist, um eine Öffentlichkeitsinformation zu rechtfertigen?[18]

Das sind die – vom BVerfG noch nicht entschiedenen, für mein Thema „wie früh darf ein Frühwarnsystem aufklären und warnen?" aber besonders wichtigen – Fragen, denen ich im Folgenden nachgehen möchte.

II. Ertrag und Grenzen des Grundsatzurteils des BVerfG vom 26.4.2022

Beginnen wir, indem wir kurz auf das Grundsatzurteil des BVerfG vom 26. April zurückkommen: Was ist sein wesentlicher Ertrag für unser Thema?
– Seinen Ausgangspunkt nimmt die Entscheidung bei der wichtigen Feststellung, dass im Nachrichtendienstrecht selbst heimliche Überwachungsbefugnisse mit hoher Eingriffsintensität, wie sie im Zuge der systematischen Beobachtung mit nachrichtendienstlichen Mitteln zum Einsatz kommen,[19] von Sonderfällen abgesehen (Wohnraumüberwachung, Online-Durchsuchung)[20] gerade nicht an die polizeiliche Eingriffsschwelle der hinreichend konkretisierten Gefahr gebunden sein müssen;[21] dies ergebe sich sowohl aus der (auch verfassungsrechtlich vorausgesetzten) spezifischen Aufgabenstruktur der Nachrichtendienste, bereits im Gefahrenvorfeld beobachtend und überwachend tätig werden zu dürfen,[22] als auch aus dem (im Vergleich zur Polizei) verringerten Eingriffsgewicht der Maßnahmen, das bei den Nachrichtendiensten daraus resultiere, dass es diesen (anders als der Polizei) an der Befugnis für operative Anschlussmaßnahmen fehle, mit denen die gefahrenab-

---

[15] BVerfG NJW 2005, 2912; dazu *Murswiek,* NVwZ 2006, 121.
[16] BayVGH BeckRS 2015, 55371; OVG NRW NVwZ-RR 2021, 625; a.A. auf der Basis der damaligen Rechtslage noch BVerwG NVwZ 2014, 233; nunmehr § 16 BVerfSchG n.F. der auch die Verdachtsberichterstattung erlaubt (vgl. *Mallmann,* in: (Fn. 6), § 16 BVerfSchG, Rn. 2b).
[17] VG Düsseldorf BeckRS 2021, 2440.
[18] VG Düsseldorf BeckRS 2021, 2440, Rn. 64.
[19] Nur um diese geht es im Urteil, vgl. BVerfG vom 26.4.2022 – 1 BvR 1619/17, BeckRS 2022, 8427, Rn. 158, 174, 189, 191, 200.
[20] BVerfG vom 26.4.2022 – 1 BvR 1619/17, BeckRS 2022, 8427, Rn. 165 ff., 174 ff.
[21] BVerfG vom 26.4.2022 – 1 BvR 1619/17, BeckRS 2022, 8427, Rn. 153 ff., 162 ff., 181.
[22] BVerfG vom 26.4.2022 – 1 BvR 1619/17, BeckRS 2022, 8427, Rn. 150, 154, 156 und Ls. 1.

wehrrechtlichen Konsequenzen aus dem erlangten Wissen gezogen werden können.[23]

– Da nachrichtendienstliche Überwachungsbefugnisse andererseits (wiederum von Sonderfällen wie der strategischen Fernmeldeaufklärung abgesehen) nicht völlig vom Erfordernis einer Eingriffsschwelle freigestellt werden könnten,[24] unternimmt es das BVerfG sodann, aus dem Verhältnismäßigkeitsprinzip selbst die Grundstrukturen für eine GG-konforme Systembildung im Bereich der nachrichtendienstlichen Eingriffsschwellen zu entwickeln.[25] Dies mag man begrüßen, weil es dem Verfassungsschutzrecht bislang in der Tat an einer solchen systembildenden Ordnungsidee mangelte.[26] Umgekehrt kann man beklagen, dass neben dem Polizeirecht nunmehr ein zweites sicherheitsrechtliches Rechtsgebiet existiert, in dem dem Gesetzgeber vom BVerfG alle wesentlichen Strukturentscheidungen der einfachgesetzlichen Dogmatik bereits von Verfassung wegen vorgegeben werden.[27]

– Als Schlüsselbegriff für die zu leistende Systembildung wählt das BVerfG die – durch hinreichende tatsächliche Anhaltspunkte fundierte – nachrichtendienstliche Beobachtungsbedürftigkeit einer Aktion oder Gruppierung,[28] wobei es dem Gesetzgeber ausdrücklich gestattet, hinsichtlich der beobachtungsbedürftigen Bestrebung an das bisherige Begriffsverständnis anzuknüpfen.[29] Für die Systembildung entscheidend ist zum einen das Bestehen eingriffsadäquat hinreichender tatsächlicher Anhaltspunkte, die in Form konkreter und hinreichend verdichteter Umstände als Tatsachenbasis geeignet sind, zumindest den Verdacht einer verfassungsfeindlichen Bestrebung zu begründen[30] – es ist also eine Systembildung für die Beobachtung von Verdachtsfällen, die das BVerfG leistet und an die es das Tatbestandsmerkmal der „tatsächlichen Anhaltspunkte" bindet. Zum anderen kommt es darauf an, dass die Maßnahme zur Aufklärung einer hinreichend beobachtungsbedürftigen Bestrebung im Einzelfall geboten ist, wobei das Maß der Beobachtungsbedürftigkeit je nach Eingriffsgewicht variiert und vom Gesetzgeber nach bestimmten Parametern näher auszudifferenzieren ist.[31] Hinzukommen kann bei besonders eingriffsintensiven Überwachungsmaßnahmen schließlich das prozedurale Erfordernis der Vorabkontrolle durch eine unabhängige

---

[23] BVerfG vom 26.4.2022 – 1 BvR 1619/17, BeckRS 2022, 8427, Rn. 154ff., 159 und Ls. 1.
[24] BVerfG vom 26.4.2022 – 1 BvR 1619/17, BeckRS 2022, 8427, Rn. 160ff.
[25] BVerfG vom 26.4.2022 – 1 BvR 1619/17, BeckRS 2022, 8427, Rn. 164, 181ff.
[26] Siehe bereits Nachweise in Fn. 3.
[27] Vgl. die Kritik an diesem „verfassungsdogmatischen Overkill" bei *Gärditz*, VerfBlog, 2022/5/02, https://verfassungsblog.de/konturen-eines-allgemeinen-nachrichtendienstverfassungsrechts/[zuletzt abgerufen am 22.12.2022].
[28] BVerfG vom 26.4.2022 – 1 BvR 1619/17, BeckRS 2022, 8427, Rn. 164, 181.
[29] BVerfG vom 26.4.2022 – 1 BvR 1619/17, BeckRS 2022, 8427, Rn. 184ff.
[30] BVerfG vom 26.4.2022 – 1 BvR 1619/17, BeckRS 2022, 8427, Rn. 187f.
[31] BVerfG vom 26.4.2022 – 1 BvR 1619/17, BeckRS 2022, 8427, Rn. 182ff., 190ff., 206.

Stelle, der die den Aufklärungsbedarf rechtfertigenden tatsächlichen Anhaltspunkte belastbar dargelegt werden müssen.[32]
– Alles Gesagte bezieht sich, wie bereits eingangs betont, allein auf die systematische Beobachtung von Verdachtsfällen mit nachrichtendienstlichen Mitteln. Das BVerfG konzediert, dass es im Vorfeld solcher Beobachtung ein weiteres Vorfeld der Verdachtsgewinnung, d.h. der Prüfung möglicher Verdachtsfälle, geben muss, in dem erst diejenigen tatsächlichen Anhaltspunkte ermittelt werden, die sodann die systematische Beobachtung eines Verdachtsfalls rechtfertigen. Es sagt hierzu jedoch nichts Näheres, sondern beschränkt sich auf die Feststellung, im Vorfeld systematischer Beobachtung könnten solche Anhaltspunkte „vor allem aufgrund offener Erkenntnisquellen gewonnen werden".[33]

III. Konturen eines Rechts
der Verdachtsgewinnung/der Prüfphase

Wie also soll der zur Neugestaltung des Verfassungsschutzrechts berufene Gesetzgeber diese vom BVerfG bewusst gelassene Lücke füllen? Wie soll er die dem Verdachtsfall vorgelagerte Phase der Verdachtsgewinnung näher ausgestalten? Welche Befugnisse soll er den Verfassungsschutzbehörden insb. im sog. Prüffall bzw. in der noch weiter vorgelagerten Vorprüfungsphase einräumen?[34]
– Als Ausgangspunkt lässt sich sagen: Auch die Verdachtsgewinnungsphase wird nicht ohne Befugnisgrundlage für Ermittlungseingriffe auskommen. Man wird es sich insbesondere nicht so leicht machen können zu sagen, die in dieser Phase übliche Informationsgewinnung aus offenen Quellen stelle schon gar keinen Grundrechtseingriff dar.[35] Allenfalls für Teile der Vorprüfungsphase, in der sich die allgemeine Beobachtung des politischen und gesellschaftlichen Raums überhaupt noch nicht auf bestimmte Personen oder Organisationen konzentriert hat, wird man das behaupten können.[36] Sobald sich die Datensammlung aber zu einer gezielten Erhebung und Auswertung in Bezug auf bestimmte Zielobjekte verdichtet, ist in der Rspr. anerkannt, dass – auch soweit die Informationen aus allgemein zugänglichen Quellen erhoben werden – die Schwelle zum Grundrechtseingriff überschritten ist.[37] Im Übergang von Vorprüfungs- zur Prüfphase und erst recht bei der geziel-

---

[32] BVerfG vom 26.4.2022 – 1 BvR 1619/17, BeckRS 2022, 8427, Rn. 213 ff., 222.
[33] BVerfG vom 26.4.2022 – 1 BvR 1619/17, BeckRS 2022, 8427, Rn. 189.
[34] Siehe bereits Fn. 8.
[35] Zum Folgenden: *Schneider*, (Fn. 8) (374).
[36] *Lindner/Unterreitmeier*, (Fn. 7) (823).
[37] BVerwG NVwZ 2011, 161, Rn. 17.

ten Prüfung des Prüffalls selbst liegen demnach Grundrechtseingriffe vor, die einer geeigneten gesetzlichen Ermächtigungsgrundlage bedürfen.[38]

– Was sodann die tatbestandliche Fassung der Befugnisgrundlage anbetrifft, gilt, dass nach der Rspr. des BVerfG für einfache Datenerhebungseingriffe aus offenen Quellen, die sich durch keinerlei gesteigertes Eingriffsgewicht auszeichnen, keine besonderen Eingriffsschwellen formuliert werden müssen; vielmehr ist eine einfache Fassung dergestalt, dass eine Datenerhebung/-verarbeitung erlaubt ist, soweit sie zur Erfüllung der nachrichtendienstlichen Aufgabe erforderlich ist, verfassungsrechtlich einwandfrei.[39] Zur Bewältigung der Verdachtsgewinnungsphase ist demnach eine schlichte Datenverarbeitungsgeneralklausel, wie sie z.B. in § 8 Abs. 1 Satz 1 BVerfSchG existiert, prinzipiell völlig ausreichend.[40]

– Freilich ist es dem Gesetzgeber nicht verboten, dennoch eine spezifische Eingriffsschwelle zu formulieren. Will er dies tun, würde ich davon abraten, für die Datenerhebungsgeneralklausel ausgerechnet diejenige Eingriffsschwelle zu wählen, die das BVerfG nunmehr für den Verdachtsfall herangezogen und näher konkretisiert hat:[41] die Schwelle der (hinreichenden) tatsächlichen Anhaltspunkte; denn im Vor-Verdachtsfall könnte diese leerlaufen und eine Lücke entstehen lassen. Z.B. die bayerische Datenverarbeitungsgeneralklausel nach Art. 5 Abs. 1 Satz 2 BayVSG verlangt gegenwärtig aber just ebensolche tatsächlichen Anhaltspunkte für verfassungsfeindliche Bestrebungen;[42] zu einem ähnlichen Ergebnis kommt man auf Bundesebene, wenn man die tatsächliche Anhaltspunkte voraussetzende Schwelle der Auftragseröffnungsnorm des § 4 Abs. 1 Satz 5 BVerfSchG in die Datenverarbeitungsgeneralklausel hineinliest.[43] Zwar ist „tatsächliche Anhaltspunkte" theoretisch ein dehnbarer Begriff und tatsächliche Anhaltspunkte, die bereits einen echten Verdachtsfall konstituieren, müssen nicht unbedingt dasselbe meinen wie solche, die einen bloßen Anfangsverdacht für den Prüffall begründen; dem-

---

[38] Für den Prüffall konzedieren dies auch *Lindner/Unterreitmeier*, (Fn. 7) (824); auch in der Vorprüfungsphase wird man Grundrechtseingriffe indes nicht völlig ausschließen können.

[39] Vgl. *Möstl*, in: (Fn. 1), SystVorb Rn. 50 m.w.N.; diese v.a. zum Polizeirecht entwickelten Maßstäbe dürften sich problemlos auf das Nachrichtendienstrecht übertragen lassen.

[40] Beachte allerdings die sich aus § 4 Abs. 1 Satz 5 BVerfSchG ergebende Voraussetzung tatsächlicher Anhaltspunkte für die Beobachtung von Bestrebung (dazu BVerfG vom 26.4.2022 – 1 BvR 1619/17, Rn. 188; *Roth*, in: (Fn. 6), § 4 BVerfSchG, Rn. 100 ff.). Soweit man diese Begrenzung der Beobachtungsaufgabe in § 8 Abs. 1 Satz 1 BVerfSchG hineinlesen wollte, ergäbe sich im Ergebnis eine ähnliche – zweifelhafte – Einschränkung wie bei dem sogleich zu betrachtenden Art. 5 Abs. 1 Satz 2 BayVSG.

[41] Siehe oben Fn. 30.

[42] Jedenfalls, wenn man die dort formulierte Voraussetzung für das Sammeln und Auswerten von Informationen auf alle Datenverarbeitungsvorgänge nach Abs. 1 Satz 1 anwendet, so *Lindner*, in: (Fn. 1), Art. 5 BayVSG, Rn. 21.

[43] Dazu *Schneider*, (Fn. 8) (374): „Die Auftragseröffnung ist zwingende Voraussetzung für eine Anwendung der Befugnisse".

entsprechend versteht die bisher hM „tatsächliche Anhaltspunkte" denkbar großzügig als eine sehr „niedrige" Eingriffsschwelle.[44] Ob sich dieses großzügige Begriffsverständnis künftig jedoch aufrechterhalten lässt, nachdem das BVerfG die tatsächlichen Anhaltspunkte so eindeutig auf den Verdachtsfall bezogen und für diesen anspruchsvoll konturiert hat,[45] erscheint mir zweifelhaft. Schon jetzt bereitet es einige Schwierigkeiten, den Prüffall in die bestehende Gesetzessystematik zu integrieren;[46] diese Schwierigkeiten werden noch steigen, wenn die Datenverarbeitungsgeneralklausel auch künftig an die Schwelle der „tatsächlichen Anhaltspunkte" gebunden bleibt. Bevor man diese an die falsche Schwelle bindet, wäre es besser, künftig ganz auf eine spezifische Eingriffsschwelle zu verzichten und für die Datengeneralklausel allein auf die Erforderlichkeit für die Aufgabenerfüllung abzustellen.[47]

– Einige Bundesländer sind dazu übergegangen, eigenständige Regelungen für die Prüfphase zu schaffen.[48] Verfassungsrechtlich zwingend ist dies nicht, denn die allgemeine Datenverarbeitungsgeneralklausel reicht, wie gezeigt, ja aus.[49] Ratsam könnte es dennoch sein.[50] Die Rede vom Prüffall im Gegensatz zum Verdachtsfall setzt sich im Fachjargon immer mehr durch[51] und sie ist als Anknüpfungspunkt für unterschiedliche Rechtsfolgen und dogmatische Systembildungen auch aussagekräftig. Vor allem aber bezeichnet der bloße Prüffall, wie gezeigt, denjenigen Bereich, zu dem das BVerfG gerade noch nicht judiziert hat und in dem die gesetzgeberische Gestaltungsfreiheit prinzipiell fortbesteht; ihm Aufmerksamkeit zu widmen, könnte sich lohnen. Will man hierfür eine spezifische Eingriffsschwelle formulieren, könnte von einem durch erste Anhaltspunkte gestützten Anfangsverdacht[52] oder noch allgemeiner von Gründen[53] gesprochen werden, die es gerechtfertigt erscheinen

---

[44] Vgl. *Lindner,* in: (Fn. 1), Art. 5 BayVSG, Rn. 20 ff. („niedrig"); *Schneider,* (Fn. 8) („sehr niedrig"), 374 („bemerkenswert niedrig").

[45] Sehr klar in Rn. 188 (Verdachtsfall) im Gegensatz zu Rn. 189 (Verdachtsgewinnungsphase).

[46] *Schneider,* (Fn. 8) (373 f.).

[47] Erst recht ist es verfehlt, eine Aufgabeneröffnungsnorm (wie § 4 Abs. 1 Satz 5 BVerfSchG) – so als wäre sie eine Befugnisnorm – an materielle Eingriffsschwellen (wie die „tatsächlichen Anhaltspunkte") zu binden; sicherheitsrechtliche Aufgabeneröffnungsnormen sind vielmehr final zu konstruieren (es kommt für die Aufgabeneröffnung allein auf die Zielrichtung des präventiven Schutzes bestimmter Rechtsgüter an), vgl. zum Polizeirecht *Funke/ Kraus,* BayVBl. 2018, 725.

[48] Siehe Fn. 10 sowie *Lindner/Unterreitmeier,* (Fn. 7) (824 m.w.N).

[49] *Lindner/Unterreitmeier,* (Fn. 7) (824).

[50] So auch *Schneider,* (Fn. 8) (378).

[51] Z.B. VG Köln BeckRS 2022, 3817; VG Düsseldorf BeckRS 2021, 2440; OVG NRW NVwZ-RR 2021, 625; ausführlich: *Schneider,* DÖV (Fn. 8) (372 ff.).

[52] Vgl. die Ausführungen bei *Lindner/Unterreitmeier,* (Fn. 7) (824); vgl. auch § 8 Abs. 1 NVerfSchG.

[53] § 8 Abs. 2 NVerfSchG.

lassen, in eine nähere Prüfung[54] einzusteigen, ob tatsächliche Anhaltspunkte für verfassungsfeindliche Bestrebungen gegeben sind. Die vom BVerfG für den Verdachtsfall reservierte Rede von den hinreichenden tatsächlichen Anhaltspunkten würde ich erneut eher meiden.

– Bleibt die Frage, ob den Verfassungsschutzbehörden in der der Verdachtsgewinnung dienenden Prüfphase ausnahmsweise bereits nachrichtendienstliche Mittel zur Verfügung stehen sollen. Manche Bundesländer haben dies ausgeschlossen und beschränken die Prüfphase explizit auf offene Erkenntnisquellen.[55] *Lindner/Unterreitmeier* hingegen halten den ausnahmsweisen Einsatz auch nachrichtendienstlicher Mittel in der Prüfphase für u.U. unausweichlich.[56] Auch mir erscheint es jedenfalls nicht unplausibel, dass sich Radikalisierungstendenzen im Einzelfall so sehr im Verborgenen abzeichnen können, dass eine effektive Prüfung, ob ein Verdachtsfall vorliegt, nicht ganz ohne nachrichtendienstliche Mittel auskommt. Auch verfassungsrechtlich sehe ich keine unübersteigbaren Hindernisse. Zwar ist richtig, dass das BVerfG für die systematische Beobachtung mit nachrichtendienstlichen Mitteln tatsächliche Anhaltspunkte in Form konkreter und hinreichend verdichteter Umstände als Tatsachenbasis verlangt hat, die bereits den Verdacht einer verfassungsfeindlichen Bestrebung begründen und so in der Vor-Verdachtsphase regelmäßig nicht vorliegen dürften; andererseits hat das BVerfG, wie dargelegt, bei seiner Entscheidung aber auch von vornherein nur die Verdachtsphase im Auge gehabt und für die Vor-Verdachtsphase nur lapidar festgestellt, im Vorfeld systematischer Beobachtung könnten solche Anhaltspunkte „vor allem aufgrund offener Erkenntnisquellen" gewonnen werden, was den ausnahmsweisen Einsatz nachrichtendienstlicher Mittel zur Verdachtsgewinnung immerhin nicht kategorisch ausschließt.[57] Will man dergleichen ermöglichen, scheint mir tatbestandlich vor allem eine klare Subsidiaritätsregelung wichtig, die sicherstellt, dass nachrichtendienstliche Mittel nur dann (ausnahmsweise)

---

[54] Vgl. z.B. §4 Abs.2 HVSG, dort allerdings rein finale Tatbestandsfassung ohne Eingriffsschwelle.

[55] Z.B. §2 Abs.2 HVSG, §4 Abs.1 Satz 5 ThüVerfSchG.

[56] *Lindner/Unterreitmeier*, (Fn.7) (824). Die dort für die verfassungsrechtliche Zulässigkeit gegebene Begründung, die auf die hinreichend konkretisierte Gefahr im polizeirechtlichen Sinne abstellt, kann jedoch weniger überzeugen, da – wie die Entscheidung des BVerfG zum BayVSG deutlich macht (BVerfG vom 26.4.2022 – 1 BvR 1619/17, BeckRS 2022, 8427, Rn.163, 181) – die konkretisierte Gefahr insgesamt dem Konzept polizeilicher Gefahren verhaftet bleibt und damit vom nachrichtendienstlichen Vorfeldrecht gerade zu unterscheiden ist. Für eine Anwendung nachrichtendienstlicher Mittel auch in der Prüfphase (bzw. eine Ausgestaltung der Befugnisnormen, die sich nicht an den unterschiedlichen Phasen, sondern allein am Eingriffsgewicht orientiert, auch *Schneider*, (Fn.8) (375), dies allerdings auf der Basis eines Verständnisses der vormaligen BVerfG-Rspr. (dazu *Schneider*, NVwZ 2021, 1646), das sich durch das neue Urteil zum BayVSG, das nunmehr recht scharf zwischen Befugnissen bei bereits bestehendem Verdacht und Befugnissen zur Verdachtsgewinnung unterscheidet (Rn.188 einerseits und 189 andererseits), erledigt haben dürfte.

[57] Hierzu BVerfG vom 26.4.2022 – 1 BvR 1619/17, BeckRS 2022, 8427, Rn.188 und 189.

zum Einsatz kommen dürfen, wenn substantiiert begründet werden kann, warum die Verdachtsgewinnung aus offenen Quellen in diesem konkreten Prüffall als nicht hinreichend erfolgversprechend erscheint. Tatsächliche Anhaltspunkte, die bereits den Verdacht einer verfassungsfeindlichen Bestrebung begründen, wird man für die Vor-Verdachtsphase jedenfalls nicht verlangen können; erneut ist es also wichtig, eine tatbestandliche Formulierung zu finden, die spezifisch auf den Prüffall zugeschnitten ist und sich vom Einsatz nachrichtendienstlicher Mittel im Verdachtsfall, wie ihn das BVerfG vor Augen hatte, unterscheidet. Künftig dürften insoweit phasenspezifisch differenzierende Regelungen für den Einsatz nachrichtendienstlicher Mittel unumgänglich sein.[58]

IV. Öffentlichkeitsinformation in der Prüfphase?

Zuletzt einige Gedanken zur Information der Öffentlichkeit: Dürfen die Verfassungsschutzbehörden bereits in der Verdachtsgewinnungsphase darüber informieren, dass eine bestimmte Gruppierung von ihr als Prüffall eingestuft und entsprechend auf die Gewinnung von Verdachtsmomenten beleuchtet wird?

Die rechtlichen Maßstäbe hierzu sind im Fluss und weisen eine expansive Tendenz auf. War es ursprünglich keineswegs sicher, ob (jenseits erwiesener verfassungsfeindlicher Bestrebungen) überhaupt über den Verdachtsfall informiert werden darf (hierzu wurde die These vertreten, der bloße Verdachtsfall dürfe zwar beobachtet, nicht aber in den Verfassungsschutzbericht aufgenommen werden)[59], ist seit der Entscheidung des BVerfG zur Jungen Freiheit 2005 klar, dass auch ein durch hinreichend gewichtige tatsächliche Anhaltspunkte fundierter Verdacht ausreichen kann, um eine Verdachtsberichterstattung zu rechtfertigen.[60] Insofern herrscht also wieder ein prinzipieller Gleichklang von Beobachtungs- und Informationsauftrag,[61] und soweit auch die Gesetze[62] in

---

[58] Schlicht darauf zu verweisen, beim ausnahmsweisen Einsatz nachrichtendienstlicher Mittel in der Vor-Verdachtsphase müssten selbstverständlich die normalen tatbestandlichen Voraussetzungen für deren Einsatz gegeben sein (so *Lindner/Unterreitmeier*, (Fn. 7) (824)), dürfte nach der BVerfG-Entscheidung so nicht mehr möglich sein. Aus den bereits in Fn. 56 genannten Gründen dürfte sich auch die These von *Schneider*, (Fn. 8) (375 ff.), die für eine phasenunspezifische Fassung der Befugnisnormen plädiert, so nicht aufrechterhalten lassen.

[59] *Murswiek* in FS v. Arnim, 2004, 481 (489).

[60] BVerfG NJW 2005, 2912 (2914 f.).

[61] *Schneider*, (Fn. 8) (377 f.) meint, für Veröffentlichungen gelte im Vergleich zum normalen Verdachtsfall noch eine qualifizierte Schwelle der „hinreichend" „gewichtigen" tatsächlichen Anhaltspunkte; ob dieses Verständnis zwingend ist, erscheint mir nicht sicher; denn je nach Gewicht der in Frage stehenden Befugnisnorm sind auch für Beobachtungsbefugnisse in der Verdachtsphase jeweils „hinreichende" (d.h. hinreichend gewichtige) tatsächliche Anhaltspunkte zu fordern (vgl. BVerfG vom 26.4.2022 – 1 BvR 1619/17, BeckRS 2022, 8427, Rn. 181 ff.).

[62] Z.B. für das BVerfSchG war das nötig: BVerwG NVwZ 2014, 233.

jüngerer Zeit entsprechend nachgeschärft wurden[63], gehört die Berichterstattung auch über Verdachtsfälle inzwischen zum Standard in Deutschland. Neu ist die Frage, ob auch bereits über den bloßen Prüffall berichtet werden darf. Das VG Düsseldorf hat dies – am Bsp. AfD – auf der Basis des geltenden Gesetzesrechts korrekt verneint; der Verfassungsschutz hat nach dieser Sichtweise im Prüffall zwar die Befugnis zur Prüfung, nicht aber zur Information der Veröffentlichung darüber.[64]

Ist das das letzte Wort? Ich bin mir nicht sicher. Dafür spricht, dass das BVerfG seinerzeit sagte, Anhaltspunkte, die allein den Schluss darauf zuließen, dass möglicherweise ein Verdacht auf eine verfassungsfeindliche Bestrebung bestehe (nichts anderes ist der Prüffall ja), reichten gerade nicht als Grundlage für eine Öffentlichkeitsinformation.[65] Auf der anderen Seite steht, dass es immer mehr zum Standard allgemeiner Verwaltungstransparenz gehört, dass die Behörden die Öffentlichkeit über das, was sie wissen und tun, auch wahrheitsgemäß informieren dürfen;[66] wenn die Verfassungsschutzbehörden einen Prüffall tatsächlich prüfen dürfen, warum sollen sie nach dieser Logik über diese Tatsache nicht auch transparent informieren dürfen? Hinzu kommt die (auch verfassungsgewollte[67]) spezifische Funktion des Verfassungsschutzes als Frühwarnsystem der wehrhaften Demokratie,[68] zu der auch ein Auftrag zur Aufklärung der Öffentlichkeit gehört.[69] Wird es den komplexen Phänomenen der Radikalisierung bestimmter Parteien und Organisationen wirklich gerecht, wenn die Öffentlichkeit erst im Verdachtsfall erstmals mit der Gefahr einer verfassungsfeindlichen Bestrebung konfrontiert werden darf; ist es für ein funktionierendes Frühwarnsystem nicht vielmehr wichtig, die Öffentlichkeit ggf. auch bereits dann zu sensibilisieren, wenn eine Organisation immerhin Anlass für eine vertiefte Prüfung gibt, ob ein Verdachtsfall vorliegt? Ist nicht gerade die volle Transparenz darüber, ob der Verfassungsschutz eine Gruppierung (noch) als Prüffall oder (schon) als Verdachtsfall einstuft, ein ganz besonders wichtiges Instrument eines differenzierten Frühwarnsystems? (Das hohe Interesse der

---

[63] Vgl. die jetzige Fassung von § 16 Abs. 1 BverfSchG, dazu *Mallmann*, in: (Fn. 6), § 16 BVerfSchG, Rn. 2b.

[64] VG Düsseldorf BeckRS 2021, 2440, z.B. Rn. 68; *Schneider*, (Fn. 8) (378).

[65] BVerfG NJW 2005, 2912/2914, darauf bezugnehmend auch VG Düsseldorf BeckRS 2021, 2440, Rn. 60 f.

[66] Zum Transparenzparadigma allgemein: Schoch, Informationsfreiheitsgesetz, 2. Aufl. 2016, Einleitung, Rn. 10 ff.; zur Verwaltungstransparenz und Verbraucherinformation im Lebensmittelrecht z.B. BVerfGE 105, 252 148, 40; *Wollenschläger*, LmuR 2021, 363; *Schoch*, NVwZ 2010, 2241; zum diesem größeren Kontext (allerdings auf das Polizei- und nicht das Nachrichtendienstrecht bezogen) auch *Gusy*, JZ 2022, 7.

[67] *Lindner/Unterrreitmeier*, DVBl. 2019, 819.

[68] *Lindner/Unterreitmeier*, (Fn. 1), BayVSG Systematische Vorbemerkungen Rn. 33; BVerwG NVwZ 2014, 233 Rn. 25.

[69] *Mallmann*, in: (Fn. 6), § 16 BVerfSchG, Rn. 1; *Meermagen* in: (Fn. 1) Art. 26 BayVSG, Rn. 5 ff.; *Brandt*, in: (Fn. 3), VIII § 2, Rn. 7 ff.

Öffentlichkeit an der Frage, ob z.B. die AfD Prüf- oder Verdachtsfall ist,[70] scheint mir durchaus dafür zu sprechen).

Wollte ein Gesetzgeber – etwa im Zuge einer allgemein stärkeren Formalisierung der Prüfphase – dem Verfassungsschutz künftig explizit auch die Befugnis zur Öffentlichkeitsinformation in dieser Phase einräumen, so halte ich es folglich für zumindest nicht ausgeschlossen, dass eine solche Befugnis doch verfassungsrechtlichen Bestand haben könnte. Entscheidend hierfür ist freilich, dass der Prüffall unmissverständlich als Prüffall und nicht als Verdachtsfall dargestellt wird.[71] Schon die saubere Abschichtung von Verdachtsfällen und erwiesenen Fällen in den Verfassungsschutzberichten ist ein heikles Thema.[72] Im Prüffall erscheint es mir eher noch wichtiger, dass unmissverständlich zum Ausdruck kommt, dass ein tatsachengestützter Verdacht gerade noch nicht gegeben ist, sondern erst ermittelt wird. Bei Beachtung dieser Prämisse spricht m.E. jedoch nichts Prinzipielles dagegen, dass ein Frühwarnsystem – auch öffentlich – bereits in der Prüfphase anschlagen darf.

---

[70] Zum Medienecho der Bezeichnung als Prüffall vgl. VG Düsseldorf BeckRS 2021, 2440, Rn. 46; zuletzt z.B. https://www.ndr.de/nachrichten/niedersachsen/Verfassungsschutz-AfD-Niedersachsen-ist-nun-Verdachtsobjekt,verfassungsschutzbericht266.html [zuletzt abgerufen am 22.12.2022].
[71] Zur diesbezüglichen Irreführungsgefahr bereits VG Düsseldorf BeckRS 2021, 2440, Rn. 48 (dort aber auch mit der Andeutung, dass bei einer ausreichend deutlichen Differenzierung anderes gelten könne).
[72] Siehe schon BVerfG NJW 2005, 2912/2915. Zur Praxis in Bayern: *Meermagen*, in: (Fn. 1), Art. 26 BayVSG Rn. 31; zu den Anforderungen und zur Praxis auch *Brandt*, in: (Fn. 3), VIII § 2 Rn. 38 ff.

Radikalisierungsprävention durch Verfassungsschutz?[1]

Thomas Pfeiffer

Gliederung

I. Einführung

Verfassungsschutzbehörden als Akteure der Radikalisierungsprävention? Nachrichtendienste, die sensibilisieren, beraten, begleiten – mit dem Ziel, Lebenswege in extremistische Szenen zu verhindern? Oder nötigenfalls dem Leben eine neue, demokratische Richtung zu geben? Fragezeichen drängen sich vermeintlich auf. Viele Behörden für Verfassungsschutz sind aber seit Langem in mitunter breitgefächerte Maßnahmen zur Extremismusprävention eingebunden. Dies gilt auch für den Verfassungsschutz in Nordrhein-Westfalen. Dort zählen Aufklärung, Ausstiegshilfe und andere Formen der Prävention sogar zu den gesetzlichen Aufgaben der Behörde. Verfassungsschutz an Rhein und Ruhr ist folglich zur Prävention verpflichtet, um dem Auftrag des Gesetzgebers gerecht zu werden. Maßnahmen des Verfassungsschutzes in Nordrhein-Westfalen

---

[1] Überarbeitete Version des am 1. Juli 2022 im Rahmen des 4. Symposiums zum Recht der Nachrichtendienste in Berlin gehaltenen Vortrags. Der Vortragsstil wurde weitgehend beibehalten.

sollen hier als Beispiel dienen für Programme und Konzepte in unterschiedlichen Feldern der Extremismusprävention, mit denen Verfassungsschutzbehörden einen wesentlichen Beitrag leisten können.

Der folgende Beitrag geht von den Leitthesen aus, dass Verfassungsschutzbehörden auf dem Gebiet der Extremismus- oder Radikalisierungsprävention nicht aktiv sind, obwohl sie Verfassungsschutzbehörden sind – sondern gerade weil sie es sind. Das heißt, dass ihr Handeln beständig Erkenntnisse hervorbringt, die in geeigneter Form und im Rahmen der rechtlichen Grenzen auch für die Prävention des Extremismus fruchtbar gemacht werden sollten. Und zweitens, dass innere Sicherheit und der Schutz der demokratischen Ordnung in einem nachhaltigen Sinne ohne zielgerichtete und passgenaue Akzente der Prävention nicht gedacht werden können.

II. Präventionsarbeit des Verfassungsschutzes – Rahmenkonzepte, Arbeitsfelder, Praxis

1. Wehrhafte Demokratie und Verfassungsschutz durch Aufklärung

Verfassungsschutzbehörden werden bisweilen als repressiv ausgerichtete Behörden gesehen. Ihren vorrangigen Funktionen und Aufgaben im Konzept der wehrhaften oder streitbaren Demokratie entspricht dies nicht, sie sind im Kern präventiv und proaktiv. Sie sammeln Informationen über Bestrebungen gegen die freiheitliche demokratische Grundordnung und werten diese aus. Ihr Fokus liegt auch und gerade auf Gefahren im Entstehungsstadium, insbesondere im Vorfeld der Straftat. Sie behalten im Blick, inwieweit sich neue Bestrebungen formieren oder bestehende Gestalt und Gewand ändern. Sie tragen zur Wachsamkeit im politischen, behördlichen und gesellschaftlichen Raum bei, stellen Informationen zur Verfügung, um die Gefahr einzuschätzen und nötigenfalls weitere Schritte zu initiieren. In diesem Sinne sind Verfassungsschutzbehörden das vielzitierte Frühwarnsystem der wehrhaften Demokratie.

Dies entspricht auch den theoretischen Grundlagen dieses Konzepts. In seinem richtungsweisenden zweiteiligen Aufsatz von 1937 „Militant Democracy and Fundamental Rights" plädierte der Rechts- und Politikwissenschaftler Karl Loewenstein für rechtliche Instrumentarien, die demokratische Staaten zur Selbstbehauptung benötigten. Dies gelte umso mehr, wenn demokratiefeindliche Kräfte die Organe und Werte der Demokratie nicht mit offenem Visier bekämpfen, sondern subversiv untergraben. Die demokratische Substanz – „fundamental rights", „fair play for all opinions", „free speech, assembly, press"[2] –

---

[2] *Loewenstein,* Militant Democracy and Fundamental Rights, I, in: The American Political Science Review, 31 (1937), 417–432, hier 430 f.

könne nur durch abgewogene Einschränkungen von Freiheitsrechten gesichert werden. Angesichts der nationalsozialistischen Machtübernahme, aber auch von Raumgewinnen faschistischer Bewegungen in anderen Staaten forderte er:

„Constitutions are dynamic to the extent that they allow for peaceful change by regular methods, but they have to be stiffened and hardened when confronted by movements intent upon their destruction."[3] Insofern vertrat Loewenstein „eine ,kämpferische Demokratie', die später wesentlich die bundesdeutsche Verfassungskonzeption der ,wehrhaften Demokratie' beeinflusste."[4]

Seine Sicht ist aber auch von dem Gedanken geleitet, dass die frühe Bewusstwerdung der Gefahr der notwendige erste Schritt zu ihrer Bekämpfung ist.[5] Gerade an dieser Stelle sind Verfassungsschutzbehörden gefordert.

Das Ziel, für Gefährdungen der Demokratie zu sensibilisieren, nicht zuletzt für subtile und subversive Strategien, hat später das Konzept „Verfassungsschutz durch Aufklärung" geprägt, das in die frühen 1970er Jahre zurückreicht und insbesondere seit der deutschen Einheit an Gewicht gewonnen hat.[6] Demnach ist der Schutz der Demokratie verknüpft mit der Festigkeit der demokratischen Kultur und eine fortwährende Herausforderung für den Staat und die demokratische Gesellschaft:

„Informierte, aufgeklärte und demokratische Bürgerinnen und Bürger treten für die Demokratie und gegen ihre Gegner ein und tragen so dazu bei, unsere Demokratie und ihre Grundwerte zu schützen und zu stärken. In diesem Sinne sind aufgeklärte Bürgerinnen und Bürger das Fundament einer demokratischen Kultur und so der beste Verfassungsschutz."[7]

Wachsamkeit und Informationsstand der Öffentlichkeit sind demnach ein Dreh- und Angelpunkt der wehrhaften Demokratie, Verfassungsschutzbehörden sind als Informationsdienstleister gefordert, hierzu einen wesentlichen Beitrag zu leisten.

2. Rechtsgrundlage

Präventive Aufgaben der Behörde, damit auch das Prinzip „Verfassungsschutz durch Aufklärung", sind im Gesetz über den Verfassungsschutz in Nordrhein-Westfalen verankert. Nach § 3 VSG NRW hat der Verfassungsschutz einen mindestens doppelten Informationsauftrag: Er unterrichtet die Landesregierung und den Landtag über bedeutsame Entwicklungen in seinem Aufgabenbereich,

---

[3] Ebd., 432.

[4] *Bleek*, Geschichte der Politikwissenschaft in Deutschland, München 2001, 252.

[5] Vgl. z.B. *Loewenstein*, Militant Democracy and Fundamental Rights, II, in: The American Political Science Review, 31 (1937), 638–658, hier 658.

[6] Vgl. *Grumke/Pfahl-Traughber*, Einführung, in: dies. (Hrsg.), Offener Demokratieschutz in einer offenen Gesellschaft. Öffentlichkeitsarbeit und Prävention als Instrumente des Verfassungsschutzes, Opladen 2010, 9–11, hier 9.

[7] Ebd., 10.

zu dem insbesondere die Bestrebungen gegen die freiheitliche demokratische Grundordnung zählen. Er klärt außerdem die Öffentlichkeit über diese demokratiefeindlichen Bestrebungen durch Angebote zur Information auf und tritt ihnen darüber hinaus durch Angebote zum Ausstieg entgegen. Informationsvermittlung in diesem Sinne umfasst alles Wesentliche, um das Phänomen und die Gefährdung erkennen und einschätzen zu können, unter anderem Erscheinungsweisen, Strukturen, Ideologieelemente, Aktionsformen, Anwerbungsstrategien – insbesondere in der digitalen Welt – und Diskursstrategien extremistischer Bestrebungen.

3. Kooperation und Vernetzung

Das bedeutet nicht, dass der Verfassungsschutz der alleinige Anbieter solcher Informationen und Maßnahmen ist. Grundsätzlich sind Monopolstellungen ebenso wenig wünschenswert wie Doppelstrukturen. Verfassungsschützerische Aktivitäten können die professionelle präventive Arbeit anderer nicht ersetzen, aber sinnvoll ergänzen und unterstützen. Insbesondere zivilgesellschaftliche Stellen, die in der Regel von Land, Bund und/oder Kommunen gefördert werden, leisten einen wichtigen Beitrag. Präventive Maßnahmen des Verfassungsschutzes sind insofern Teil einer breitgefächerten Präventionslandschaft, er ist mit anderen Akteuren vernetzt, arbeitet mit manchen in Projekten und Veranstaltungen zusammen. Verfassungsschutzbehörden sind ebenso wie viele andere Akteure auf externen Sachverstand angewiesen. Vielfach entsteht ein Mehrwert gerade dadurch, dass in Maßnahmen viele Perspektiven und unterschiedliche Kompetenzen zusammenfließen. Zum Beispiel kann es wichtig sein, verfassungsschützerische, polizeiliche, wissenschaftliche und pädagogische Kompetenz, etwa aus Schule und außerschulischer Jugendarbeit, in Präventionsprojekte einzubringen – Kooperationsstränge zu stärken und Berührungsängste zu überwinden ist daher ein wichtiges Ziel im Rahmen der Prävention.

Organisatorisch und konzeptionell fließen in Nordrhein-Westfalen beispielsweise die Maßnahmen zur Rechtsextremismusprävention an drei Mündungen zusammen: in einer Interministeriellen Arbeitsgruppe unter Federführung der Landeszentrale für politische Bildung (Ministerium für Kultur und Wissenschaft), in der alle Ressorts der Landesregierung vertreten sind, im Landesnetzwerk gegen Rechtsextremismus, dem landesweite zivilgesellschaftliche Träger und einzelne Ministerien angehören – darunter das Ministerium des Innern, vertreten durch Polizei und Verfassungsschutz –, sowie im Integrierten Handlungskonzept gegen Rechtsextremismus und Rassismus.[8]

---

[8] Vgl. Ministerium für Familie, Kinder, Jugend, Kultur und Sport des Landes Nordrhein-Westfalen (Hrsg.), Integriertes Handlungskonzept gegen Rechtsextremismus und Rassismus, Düsseldorf 2016, online unter: www.lks.nrw.de (Abruf 23.12.2022).

Prävention braucht nicht nur die Vernetzung mit Behörden und anderen Praxisakteuren, sondern auch die Rückbindung an die Wissenschaft: Dazu trägt das Netzwerk CoRE-NRW bei (Connecting Research on Extremism in North Rhine-Westphalia), das aus dem Ministerium für Kultur und Wissenschaft gefördert wird und in das das für Prävention und Aussteigerprogramme zuständige Referat des Verfassungsschutzes eingebunden ist.

4. Arbeitsfelder der Prävention

Prävention ist ein weites Handlungsfeld: Der Verfassungsschutz NRW bringt seine Erkenntnisse in alle relevanten Typen der Prävention ein: die universelle, selektive und indizierte Prävention.[9] Diese Formen werden nach dem Interventionszeitpunkt der Maßnahmen bzw. nach Zielgruppen unterschieden. Universeller Prävention geht es um die Wachsamkeit der Gesamtgesellschaft, sie möchte bewirken, dass ein Problem (hier: extremistisches Denken und Handeln) nicht erst entsteht. Die selektive Extremismusprävention wird dort tätig, wo die Annäherung an entsprechende Szenen und Weltbilder bereits im Gange ist und das Risiko einer Verschärfung besteht. Die indizierte Prävention richtet sich an Personen, die in extremistischen Strukturen verankert, also ideologisiert und involviert sind. Indizierte Prävention handelt eher im weiteren Sinne präventiv, da tatsächliche Vorbeugung nicht mehr möglich ist, hier geht es darum, der Fortsetzung und Steigerung des Radikalisierungsprozesses entgegenzuwirken. Indizierte Prävention ist daher auch mit Interventionen verbunden. In der Praxis sind die Übergänge der Präventionsfelder fließend.[10]

5. Zielgruppenorientierung

Präventive Angebote müssen passgenau und zielgruppengerecht sein. Dieser wie andere Qualitätsstandards gelten für den Verfassungsschutz wie für jeden anderen Akteur der Prävention. Dies bedeutet etwa, dass der Verfassungsschutzbericht zwar ein sehr wichtiges Mittel der Information der Öffentlichkeit darstellt, allein aber unzureichend wäre, um den gesetzlichen Informationsauftrag an den Verfassungsschutz NRW zu erfüllen. So müssen zielgruppenorientierte Informationsangebote in Inhalt, Sprache und Format auf das Publikum ausgerichtet sein.

---

[9] Dieser Dreiklang ist in der Fachdiskussion inzwischen üblicher als die in der Sache ähnliche Unterscheidung nach primärer, sekundärer und tertiärer Prävention.

[10] Vgl. z.B. *Kemmesies*, Begriffe, theoretische Bezüge und praktische Implikationen, in: Ben Slama/ders. (Hrsg.), Handbuch Extremismusprävention. Gesamtgesellschaftlich. Phänomenübergreifend, Wiesbaden 2020, 33–55, hier 35; *Glaser/Müller/Taubert*, Selektive Extremismusprävention aus pädagogischer Perspektive. Zielgruppen, Handlungsfelder, Akteure und Ansätze, ebd., 471–502, hier 472 f.

Thematisch rücken beispielsweise Angebote der universellen Rechtsextremismusprävention für Multiplikatorinnen und Multiplikatoren in Schule und außerschulischer Jugendarbeit moderne, häufig multimediale Formen in den Mittelpunkt, mit denen sich Rechtsextremistinnen und Rechtsextremisten an junge Menschen richten. Dies geschieht in der Regel unter dem Dachbegriff „Erlebniswelt Rechtsextremismus", den der Verfassungsschutz NRW in Tagungen, Fortbildungen und Publikationen, häufig gemeinsam mit Partnerorganisationen wie jugendschutz.net, fortentwickelt und unterfüttert hat.[11] Der Containerbegriff und das analytische Konzept „Erlebniswelt Rechtsextremismus" umfassen die Motivationen der Hinwendung zum Rechtsextremismus, insbesondere mit Blick auf Jugendliche und junge Erwachsene. Der Begriff fragt nach dem subjektiven Mehrwert der Beteiligung, der die Person bindet und der möglichen Abkehr nach einer ersten Phase der Berührung mit dieser Szene, ihrem Denken und ihrer Praxis entgegensteht. Zwei Typen und drei Dimensionen der Erlebniswelt Rechtsextremismus lohnt es zu unterscheiden. Zu ihr zählen Gemeinschaftsaktivitäten und jugendaffine Medien wie Internetportale, Comics, Schülerzeitungen, Profile in Online-Communitys und anderen Social-Media-Angeboten: Erlebniswelten auf der Basis unmittelbarer persönlicher Beziehungen und mediale Erlebniswelten. Darüber hinaus können die Anziehungsmomente der rechtsextremistischen Erlebniswelt zu drei Dimensionen gebündelt werden – sie setzt sich aus Sinn-, Erfahrungs- und Emotionswelten zusammen. Diese Facetten des Begriffs kommen in den Informationsangeboten des Verfassungsschutzes NRW für die betreffenden Zielgruppen zum Tragen.

6. Phänomenbereiche

Die Angebote des Verfassungsschutzes NRW erstrecken sich auf die im Land Nordrhein-Westfalen besonders virulenten Phänomenbereiche des Extremismus. Schwerpunkte liegen in den Bereichen Islamismus und Rechtsextremismus, Maßnahmen auf diesen Feldern werden im Folgenden noch genauer dargestellt. Seit 2018 steht mit dem Aussteigerprogramm „Left" auch ein passgenaues Angebot für Ausstiegswillige aus dem deutschen und auslandsbezogenen Linksextremismus zur Verfügung. In der Vergangenheit hatte der Verfassungsschutz NRW bereits drei Ausgaben des Bildungscomics „Andi" zu den Themenfeldern Rechtsextremismus, Islamismus und auch zum Linksextremismus vorgelegt. 2021 erfolgte darüber hinaus eine Ausweitung des Präventionsprogramms „Wegweiser – Gemeinsam gegen Islamismus" auf die als „Graue Wölfe" bekannte „Ülkücü-Bewegung". Sechs Beratungsstellen in Aachen, Bochum, Bielefeld, Dortmund, Neuss und Wuppertal bieten für das ganze Land Infor-

---

[11] Vgl. z.B. *Glaser/Pfeiffer* (Hrsg.), Erlebniswelt Rechtsextremismus. modern – subversiv – hasserfüllt. Hintergründe und Methoden für die Praxis der Prävention, 5. Aufl., Schwalbach/TS. 2017.

mationsveranstaltungen für Multiplikatorinnen und Multiplikatoren sowie für Betroffene an. Dies geschieht zunächst in einer zweijährigen Pilotphase.

III. Spezifisch gewachsene Präventionslandschaften

Hinsichtlich des Islamismus und des Rechtsextremismus betreibt der Verfassungsschutz Nordrhein-Westfalen zwar Programme und Maßnahmen auf allen klassischen Arbeitsfeldern der Prävention – der universellen, selektiven und indizierten Prävention –, dies bedeutet aber nicht, dass die Angebote identisch sind und jeweils analog zu beiden Phänomenbereichen zur Verfügung gestellt werden. Unterschiede hängen auch mit spezifisch gewachsenen Präventionslandschaften zusammen. Hinsichtlich der Auseinandersetzung mit Rechtsextremismus existiert in Nordrhein-Westfalen, wie im Nachkriegsdeutschland generell, keine Stunde null. Rechtsextremismus ist – auch in rechtsterroristischen Formen, in unterschiedlichen Gestalten und Wellen der Aktivität – seit 1945 kontinuierlich als Bedrohung der freiheitlichen Demokratie präsent. Über Jahrzehnte entwickelten sich Angebote zur kritischen Auseinandersetzung mit dem Nationalsozialismus und zur Erinnerung an die Opfer der Gewaltherrschaft. Diese Erinnerungskultur war häufig der Nukleus, aus dem eine spezifische, zunehmend professionalisierte Landschaft der Rechtsextremismusprävention allmählich und schrittweise entstand. Viele, insbesondere zivilgesellschaftliche Träger bringen langjährige Erfahrung in die Arbeit ein. Auch die Präventionsarbeit des Verfassungsschutzes NRW reicht hinsichtlich des Rechtsextremismus mehr als 20 Jahre zurück. Die Stärke der Rechtsextremismusprävention in Nordrhein-Westfalen ist somit die Vielfalt der Akteure, das Ziel ihre bestmögliche Verzahnung und Abstimmung.

Im Bereich des Islamismus ist die öffentliche Wahrnehmung der Gefahr und der Notwendigkeit, ihr auch präventiv zu begegnen, sprunghaft nach den Terroranschlägen von New York und Washington am 11. September 2001 gestiegen. Das Aufkommen des extremistischen Salafismus in Deutschland, rund zehn Jahre nach dem neuralgischen Datum 9/11, hat diese Entwicklungen noch einmal verstärkt, da die Agitation und auch die Gewaltbereitschaft unmittelbar vor Ort sichtbarer wurden. Erfahrungswerte hinsichtlich einer passgenauen Islamismusprävention lagen zu diesem Zeitpunkt kaum vor. Der Verfassungsschutz NRW hat sich – im „Wegweiser"-Programm im Verbund mit Kommunen und zivilgesellschaftlichen Stellen – aktiv daran beteiligt, diese Lücke zu schließen: Präventionsangebote neu zu entwickeln und eine präventive Infrastruktur zu organisieren.

IV. Drei Säulen der Prävention

„Verfassungsschutz durch Aufklärung" ist überwiegend im Bereich der universellen Prävention angesiedelt: Maßnahmen umfassen Vorträge, Workshops,
Fortbildungen und Fachtagungen, überwiegend für Multiplikatorinnen und
Multiplikatoren, teils auch für Schülerinnen und Schüler. Fachtagungen finden
in aller Regel mit Kooperationspartnern statt, häufig gemeinsam mit der Landeszentrale für politische Bildung Nordrhein-Westfalen: zum Beispiel die
Tagungen „Türkischer Rechtsextremismus in Deutschland. Erkennen – Benen-
nen – Handeln" in Kooperation mit der Landeszentrale für politische Bildung
(Düsseldorf 2022), „Gewalt – Dynamik. Rechtsextreme Aktivitäten im
Kampfsport" in Kooperation mit der Landeszentrale für politische Bildung und
dem Dietrich-Keuning-Haus (Dortmund 2021), „Antisemitismus – alter Hass
in neuen Formen?" in Kooperation mit der jüdischen Gemeinde Düsseldorf
und dem Bürgerbündnis „Düsseldorfer Appell" (Düsseldorf 2019). Kernziel-
gruppen im Rahmen von Fortbildungen für Multiplikatorinnen und Multiplikatoren sind derzeit Lehrkräfte, Polizeikräfte, Beschäftigte von Justiz, Feuer-
wehr und Kommunen.

Ein spezielles Veranstaltungskonzept liegt dem „Prisma"-Projekt zugrunde,
das inzwischen beim Verfassungsschutz NRW angesiedelt ist, ursprünglich im
Zusammenwirken der Stadt Schwerte und der Justizvollzugsanstalt Schwerte
entwickelt wurde. Es ermöglicht Gespräche mit Aussteigerinnen und Ausstei-
gern aus extremistischen Szenen, die von „Prisma"-Mitarbeiterinnen und -Mit-
arbeitern moderiert werden. Solche Veranstaltungen richten sich sowohl an Ju-
gendgruppen als auch an Multiplikatorinnen und Multiplikatoren.[12] Zu den
Aufklärungsangeboten des Präventionsreferats kommen solche, die primär in
der Öffentlichkeitsarbeit begleitet werden. Hierzu zählt das Computerspiel
„Leons Identität", das einen Radikalisierungsprozess im Rechtsextremismus
interaktiv thematisiert. Das Spiel wurde in enger Zusammenarbeit zwischen der
Staatskanzlei und dem Verfassungsschutz von einem externen Spielehersteller
entwickelt und im August 2020 veröffentlicht. Das Ministerium für Schule und
Bildung Nordrhein-Westfalen hat eine umfangreiche Handreichung mit Impul-
sen herausgegeben, wie das Material in den Unterricht der 8. Klasse eingebunden werden kann.[13] Hinzu kommt unter anderem die Video- und Social-Me-

---

[12] Vgl. *Pfeiffer/Schirmer*, Aussteigergespräche – Impulse für die Prävention?. Eine Analyse
von Mustern der Radikalisierung im Spiegel der Erinnerungen ehemaliger Rechtsextremisten, in: Hansen/Pfahl-Traughber (Hrsg.), Jahrbuch für Extremismus- und Terrorismusforschung 2019/20 (I), Brühl 2021, 170–198.
[13] Vgl. *Boelmann/König*, Leons Identität. Ein Unterrichtskonzept für 8. Klassen (hrsg.
vom Ministerium für Schule und Bildung Nordrhein-Westfalen), Düsseldorf 2021, online unter: https://msb.broschüren.nrw (Abruf 23.12.2022).

dia-Kampagne „Jihadi fool", die Information zum Thema Islamismus mit Co-medy-Elementen verbindet.

Der kursorische Blick auf drei Programme und Arbeitsfelder der selektiven und indizierten Prävention ergibt ein genaueres Bild der Strukturen, Methoden und Ziele der Angebote:[14]

1. „Wegweiser – Gemeinsam gegen Islamismus"

Das Präventionsprogramm „Wegweiser" setzt am Anfang einer möglichen Ra-dikalisierung an und ist insoweit dem Bereich der selektiven Islamismusprä-vention zuzuordnen. Dem Leitgedanken „Ausstieg vor dem Einstieg" folgend, soll die Annäherung an diese Szene verhindert werden. Darüber hinaus sind die Beratungskräfte vor Ort auch aktiv im Rahmen der universellen Prävention. Das Programm wird seit 2014 vom Ministerium des Innern Nordrhein-Westfa-len finanziert, koordiniert und fortlaufend weiterentwickelt, verantwortlich ist das Präventionsreferat innerhalb des Verfassungsschutzes. Mit 25 regionalen Standorten ist „Wegweiser" inzwischen landesweit und flächendeckend in Nordrhein-Westfalen ausgebaut. Das Programm ist dezentral organisiert und wird von zivilgesellschaftlichen und kommunalen Trägern in Beratungsstellen vor Ort umgesetzt. Sie beraten Jugendliche in einer Affinisierungsphase zum Islamismus sowie deren persönliches Umfeld, darunter Familienangehörige, Freundinnen und Freunde oder Lehrkräfte. Die Beratungsstellen führen auch Workshops und andere Informationsveranstaltungen in Schulen, Behörden und sonstigen Organisationen durch.

Die Beratung erfolgt vertraulich, und die Beratungsstellen führen die fachli-che Beratungsarbeit eigenverantwortlich durch. Allen „Wegweiser"-Stellen steht aber ein Koordinator für Sicherheitsrelevanz (SPOC – Single Point Of Contact) im Präventionsreferat des Verfassungsschutzes zur Verfügung. Er ist zentraler Ansprechpartner hinsichtlich möglicher sicherheitsrelevanter Sach-verhalte, dies schafft auch Handlungssicherheit für die „Wegweiser"-Beraterin-nen und -Berater vor Ort. Soweit sich in der Praxis herausstellt, dass der Radi-kalisierungsprozess einer Klientin oder eines Klienten bereits weit fortgeschrit-ten und der Kontext der selektiven Prävention nicht mehr gegeben ist, stellt der SPOC den begleiteten Übergang zum Aussteigerprogramm Islamismus sicher.

Eine digitale Komponente des Präventionsprogramms (Wegweiser Online) wird implementiert. Die niedrigschwellige und zielgruppenspezifische On-line-Beratung über ein Chat-Modul der Website soll die Kontaktaufnahme für Jugendliche und junge Erwachsene erleichtern sowie ein orts- und zeitunab-hängiges Informationsangebot bereitstellen. Die Online-Beratung leisten Fach-

---

[14] Die Darstellung der Projekte ist in Teilen angelehnt an: Ministerium des Innern des Landes Nordrhein-Westfalen (Hrsg.), Verfassungsschutzbericht des Landes Nordrhein-West-falen über das Jahr 2021, Düsseldorf 2022, vgl. 325, 338, 341 f., 344, 346–351.

kräfte, die für diese Tätigkeit fortgebildet wurden. „Wegweiser" wurde in den Jahren 2021 und 2022 von einem externen Institut wissenschaftlich evaluiert.

2. Projekt VIR

Das Akronym VIR steht für „VeränderungsImpulse setzen bei Rechtsorientierten Jugendlichen und jungen Erwachsenen" und ein Programm der selektiven Rechtsextremismusprävention. Es richtet sich an Bezugspersonen, die beruflich oder ehrenamtlich mit rechtsorientierten jungen Menschen im Kontakt sind. In diesem Sinne „rechtsorientiert" sind Jugendliche oder junge Erwachsene, die sich an rechtsextremistischen Cliquen, Organisationen oder Parteien beteiligen und rechtsextremistische Denkmuster zunehmend verinnerlichen, ohne in führender Position in dieser Szene aktiv zu sein. Dies gilt vor allem für Jugendliche und junge Erwachsene in einer Annäherungsphase an die rechtsextremistische Szene oder solche, die als Sympathisanten oder Mitläufer beteiligt sind. Das Ziel des Qualifizierungskonzepts ist es, in Alltagssituationen Impulse zu setzen, die zur Veränderung motivieren und den Prozess der Veränderung unterstützen. Typische Gesprächssituationen sind zum Beispiel: Pausengespräche mit Schulsozialarbeiterinnen und Schulsozialarbeitern, Lehrkräften oder Gespräche im Jugendzentrum, Verein oder in einer betreuten Wohngruppe oder zwischen Strafgefangenen und Beschäftigten in einer JVA.

Das VIR-Projekt basiert auf einem Train-the-Trainer-Ansatz. In elf Ausbildungsdurchgängen wurden bis Mai 2023 rund 190 Trainerinnen und Trainer lizenziert – die Mehrheit ist in Nordrhein-Westfalen tätig, andere in zwölf weiteren Bundesländern. VIR-Trainerinnen und -Trainer arbeiten beispielsweise in Fußball-Fanprojekten, in Aussteigerprogrammen, in der polizeilichen Kriminalprävention und der Schulberatung.

VIR-Qualifizierungen umfassen je nach Setting drei oder vier Tage und zehn Bausteine, insbesondere Übungen zur motivierenden Gesprächsführung, ein Stadienmodell (Transtheoretisches Modell der Veränderung) sowie Grundwissen zum Thema Rechtsextremismus. Trainerinnen und Trainer können für eigene Veranstaltungen freier Träger, von Kommunen oder Behörden angefragt werden.

Im VIR-Projekt arbeiten staatliche und zivilgesellschaftliche Stellen eng zusammen. Es wird gemeinsam getragen vom Arbeitskreis der Ruhrgebietsstädte gegen rechtsextreme Tendenzen bei Jugendlichen (AK Ruhr), von der Katholischen Landesarbeitsgemeinschaft Kinder-und Jugendschutz NRW und vom Verfassungsschutz Nordrhein-Westfalen. VIR wird begleitet durch das Landesjugendamt Westfalen des Landschaftsverbands Westfalen-Lippe.

3. Aussteigerprogramme

Die drei Programme „Spurwechsel" (Rechtsextremismus), Aussteigerprogramm Islamismus (API) und „Left" sind Kernelemente der indizierten oder intervenierenden Extremismusprävention im Rahmen des Verfassungsschutzes NRW. Die Programme bieten Hilfe beim Ausstieg aus der Szene, bei der Reintegration in die demokratische Gesellschaft und schützen gefährdete Aussteigerinnen und Aussteiger vor Übergriffen aus der Szene. Kernelemente der Ausstiegsarbeit sind insofern die systematische Aufarbeitung der extremistischen Vergangenheit und Ideologie sowie die Unterstützung bei der sozialen Stabilisierung der Klientinnen und Klienten. Voraussetzung für eine Teilnahme an den Programmen sind Freiwilligkeit, grundsätzliche Gesprächsbereitschaft bzw. die Bereitschaft, extremistische Denkmuster zu hinterfragen. Die Klientinnen und Klienten werden in der Regel drei bis fünf Jahre lang begleitet.

Der Ausstieg wird durch multiprofessionelle Teams des Verfassungsschutzes NRW unterstützt, die über berufliche Vorerfahrungen und Kenntnisse aus den Bereichen Polizei, Verfassungsschutz, Justiz, Islam-, Rechts- und Politikwissenschaft, Psychologie, Pädagogik und Soziale Arbeit verfügen. Durch die Anbindung an den Verfassungsschutz steht ihnen besonderes Fachwissen zur jeweiligen extremistischen Szene zur Verfügung. Für alle Aussteigerprogramme gilt, dass ihre Arbeit von den übrigen Aufgaben des Verfassungsschutzes organisatorisch abgetrennt ist, Ausstiegsbegleitung dient nicht der Informationsbeschaffung der Behörde.

„Spurwechsel" ist das am längsten bestehende Aussteigerprogramm des Verfassungsschutzes NRW, seit Gründung im Jahr 2001 hat es bisher 192 Klientinnen und Klienten in einem erfolgreichen Ausstiegsprozess aus dem Rechtsextremismus begleitet. Das Aussteigerprogramm Islamismus besteht seit 2014. „Spurwechsel" und API begleiten aktuell jeweils etwa 40 bis 50 Personen, das jüngste Programm „Left" etwa 20 Personen (Stand: Mai 2023). „Spurwechsel" war 2015 das bundesweit erste staatliche Aussteigerprogramm, das durch eine externe wissenschaftliche Stelle evaluiert wurde. Die Evaluation wurde ausgeführt durch Prof. Dr. *Kurt Möller* (Hochschule Esslingen) und Prof. Dr. *Beate Küpper* (Hochschule Niederrhein). Sie stellten unter anderem fest, dass 94 Prozent der Personen, die das Programm durchlaufen haben, nicht rückfällig geworden sind.[15] Eine Evaluation des Aussteigerprogramms Islamismus wird zurzeit ausgeführt.

---

[15] Vgl. *Möller u.a.*, Evaluation des Aussteigerprogramms für Rechtsextremisten des Landes Nordrhein-Westfalen (APR NRW), Esslingen 2015, online unter: www.innenminister konferenz.de/IMK/DE/termine/to-beschluesse/2016-11-29_30/nummer%204%20zu%20 anlage%201_evaluationsbericht_apr_nrw.pdf?__blob=publicationFile&v=2 (letzter Abruf 18.1.2023).

Aufklärung von Extremismus im Ausland

Tagungsbericht Panel 2:
Aufklärung von Extremismus im Ausland

Oussama Azarzar/Maryam Kamil Abdulsalam/Soo Min Kim

In dem von *Professor Dr. Jan-Hendrik Dietrich* (Hochschule des Bundes für öffentliche Verwaltung) moderierten Panel wurde der Blick auf extremistische Bestrebungen im Ausland geworfen. Vortragende dieses Panels waren *Professor Dr. Tristan Barczak* (Universität Passau) und *Leitender Regierungsdirektor* (LRD) *Mark Sell* (Bundesnachrichtendienst).

I. Nachrichtendienstliche Beobachtung internationaler extremistischer Netzwerke

Das erste Referat unter dem Titel „Nachrichtendienstliche Beobachtung internationaler extremistischer Netzwerke – mehr als eine Zuständigkeitsfrage?" hielt *Professor Dr. Tristan Barczak* und beschäftigte sich mit der grundlegenden Frage der Zuständigkeit zwischen dem Bundesamt für Verfassungsschutz und dem Bundesnachrichtendienst.

Aufgrund der zunehmenden Globalisierung und der Digitalisierung sei der Grad der internationalen Vernetzung angestiegen. Diese Veränderungen stellten die nachrichtendienstlichen Behörden, die auf gesetzlichen Grundlagen agieren, deren historischer Gesetzgeber eine solche Digitalisierung nicht vor Augen hatte, vor die allgemeine Frage der Zuständigkeit.

Allgemein ließen sich die nachrichtendienstlichen Tätigkeiten in die Tätigkeiten des Bundesamt für Verfassungsschutz (BfV), welches inländische verfassungsfeindliche Bestrebungen beobachtet, und den Tätigkeiten des Bundesnachrichtendienst (BND), der die Bundesregierung von außenpolitisch relevanten Sicherheitsrisiken in Kenntnis setzt, unterteilen. Diese klassische Aufgabeteilung sei aus historischer Sicht grundsätzlich problemlos gewesen, insbesondere vor dem Hintergrund, dass es kaum grenzüberschreitende Situationen gab. Jedoch gebe es durch die zunehmende Globalisierung einen vermehrten Bedarf danach, als Inlandsnachrichtendienst grenzübergreifend zu agieren oder als Auslandsnachrichtendienst auch Maßnahmen im Inland vorzunehmen. Auch operiere das BfV im Ausland und es stellt sich die Frage nach der Legitimität solcher Handlungen. Aus diesem Grund sei eine präzise Differenzierung zwischen den Zuständigkeiten des BfV und des BND erforderlich, zumal die einfachgesetzlich konturierte Aufgabenzuweisung auf der sicherheitsverfassungsrechtlichen Ebene für die Frage des mittelbaren Grundrechtsschutzes durch kompetenzielle Machtbegrenzung von Relevanz sei.

Barczak bemängelt die unklare Zuständigkeitsverteilung zwischen dem BfV und dem BND hinsichtlich der Aufklärungstätigkeit bezüglich Bedrohungen mit Inlandsbezug auf ausländischem Boden. Es sei unstreitig anerkannt, dass der BND für die Beobachtung ausländischer Bedrohungen und die damit einhergehenden Operationen im In- und Ausland zuständig sei. Dies ergebe sich aus § 1 Abs. 2 BNDG, entspreche dem Verständnis des Bundesverfassungsgerichts und wohne auch dem § 5 G10 inne. Dagegen sei eine über die bloße Aufgabenzuweisung für Inlandsaufklärung hinausgehende Befugnis des BfV für das operative Handeln im Ausland weder aus § 3 Abs. 1 BVerfSchG unmittelbar zu entnehmen, noch durch Auslegung hineinzuinterpretieren.

Angesichts der modernen Bedrohungslage und globalen Vernetzung sei das Bedürfnis nach grenzübergreifenden Maßnahmen auch für Inlandsbewegungen nicht von der Hand zu weisen. Zur Auflösung des Kompetenzzusammenpralles plädiert *Barczak* für eine ratifizierte Ermächtigungsgrundlage zugunsten des BfV für grenzüberschreitende Aufklärungen und beruft sich dabei auf den institutionellen Vorbehalt des Gesetzes, die Völkerrechtsfreundlichkeit des Grundgesetzes und auf die Grundrechtsrelevanz nachrichtendienstlichen Handelns im In- und Ausland. Die derzeit einzig praktikable und rechtskonforme Lösung sieht *Barczak* in der Amtshilfe nach § 5 VwVfG. Diese sei offen für eine Abgrenzung nach dem Schwerpunkt bzw. dem Aufklärungsziel der Maßnahme – vorgeschlagen als Gegenmodell zur rein territorialen Grenzziehung.

II. Virtuelle Desinformationskampagnen und Fake News

Im Anschluss folgte ein Beitrag von *LRD Mark Sell* unter dem Titel „Rechtspraktischer Standpunkt: Virtuelle Desinformationskampagnen und Fake News: hybride Bedrohungen und Extremismus", in welchem er aus einer praktischen Perspektive die neuen Risiken virtueller Desinformationskampagnen verdeutlichte.

Er erläutert, dass Desinformationenkampagnen in der Regel von staatlichen Akteuren eingesetzt würden und nichtstaatliche Akteure als sogenannte „Proxys" oder „nützliche Idioten" für die Staaten agieren. Der BND habe in diesem Rahmen die Ziele, Auswirkungen auf die Bundesrepublik und Verbündete zu verhindern.

Das erste Problem bei Desinformationskampagnen liege darin, zu bestimmen, wer der Urheber dieser Maßnahme sei und ob es sich um einen staatlichen oder nichtstaatlichen Akteur handele. Als Beispiel nennt *Sell* Russia Today: In diesem Fall sei nicht klar, ob der Fernsehsender ein staatlicher, ein staatlich gelenkter oder ein nichtstaatlicher Akteur sei.

Der BND habe nicht das Ziel oder die Aufgabe das Verhalten der Akteure zu verhindern, sondern die Bundesregierung über die Agenda der Akteure zu informieren, insbesondere wenn die nichtstaatlichen Akteure als Proxys genutzt würden. Vor allem staatliche Akteure würden alle Formen der hybriden Maßnahmen nutzen, um ihre Interessen durchzusetzen.

Dahingegen würden nichtstaatliche Akteure die sog. „Macht des Menschen bzw. des Volkes" nutzen, um ihre Interessen durchzusetzen. Hierfür machten sich die nichtstaatlichen Akteure, die Armut, Korruption und das generelle Staatsversagen zu Nutze, um die eigene Agenda zu verfolgen. Diesem Muster seien beispielsweise die Taliban gefolgt. Ein weiteres Instrument der nichtstaatlichen Akteure seien terroristische Maßnahmen. Oftmals dienten nichtstaatliche Akteure wissentlich oder unwissentlich einem staatlichen Akteur, wobei es gelegentlich dazu komme, dass sich die nichtstaatlichen Akteure gegen ihren staatlichen Förderer wenden.

Das wichtigste Instrument von diesen Akteuren sei allerdings die mediale Macht. Durch das Internet könnten Desinformationskampagnen oder Fake News in großer Geschwindigkeit ihre Adressaten erreichen, bevor ein staatlicher Akteur eingreifen kann. Diese Desinformationskampagnen besäßen meist auch einen wahren Kern und erlangten durch eine falsche Darstellung ihre Wirkung als Fake News.

Aufgabe des BND sei es in solchen Fällen, die Fakten zu überprüfen, um so die Bundesregierung im Falle einer außenpolitischen Intervention verlässliche Informationen zukommen zu lassen. Dies geschehe mithilfe von technischen Hilfsmitteln oder durch nachrichtendienstliche Beschaffungsmöglichkeiten. Diese Maßnahmen sind nach Ansicht von *Sell* vom BNDG gedeckt.

Die größte Problematik im Rahmen von Desinformationskampagnen liege aber darin, eine Kampagne als solche festzustellen. Oftmals sei es sehr schwierig, einzelne Fake News als großflächige Kampagne zu identifizieren. Diese Identifizierung gestalte sich für den BND als besonders schwierig, da dies ein neues Phänomen sei. Eine Ex-post-Feststellung einer Desinformationskampagne sei oft nicht sehr schwer. Jedoch sei es für den BND erforderlich, eine solche Aufklärung ex-ante vorzunehmen, um entsprechende Maßnahmen zu treffen. Die Effektivität von hybriden Maßnahmen kennzeichne sich gerade durch diese schwierige Attribuierung von Desinformationskampagnen.

Schließlich verweist *Sell* auf KI-basierte Desinformationskampagnen und die sog. „Deep-Fakes", die zwar aktuell noch eine untergeordnete Rolle spielten, aber dennoch ein deutliches Risikopotenzial besäßen.

Für eine effektive Wirkung von Desinformationskampagnen sei es erforderlich, dass die Adressaten schnell und unmittelbar auf diese Kampagnen reagierten. Jedoch lasse sich eine schwächere Wirkung beobachten, wenn die Desinformationskampagnen mit Gegenmaßnahmen und anderen medialen Darstellungen begegnet würden.

Die großen Schwierigkeiten ergäben sich in Bezug auf die Geschwindigkeit in denen die Akteure agieren, so *Sell*. Eine weitere Schwierigkeit liege in der Menge der Desinformationen, die ein „Grundrauschen" darstellten, und darin, wie man dieses Problem lösen könnte. Gerade diese Probleme zwängen den BND und die anderen Bundesbehörden zu einem schnellen Handeln.

III. Diskussion

Im Rahmen der Diskussion warf *Elisabeth Steiner (Unabhängiger Kontrollrat)* die Frage auf, welche Natur die Amtshilfe nach § 5 VwVfG besitze, und ob diese eine Form der Befugnisleihe darstelle. Zudem stellte sie auch die Frage, wie sich das Konzept der Amtshilfe zu den bestehenden Übermittlungsregeln zwischen dem BfV und dem BND verhält. *Barczak* erläuterte, dass § 5 VwVfG gerade das Problem einer fehlenden rechtlichen Handlungsbefugnis bei gegebener Aufgabenzuweisung löse. Es handele sich bei einer Anwendung von § 5 VwVfG um eine Form der Befugnisleihe, die nötig ist, um dem Vorrang des Gesetzes gerecht zu werden. Weiterhin bestehe kein Problem mit den Übermittlungsregelungen, die bereits bestünden. Vielmehr solle § 5 VwVfG nur angewendet werden, wenn es keine solche spezialgesetzliche Vorschrift gebe. *Barczak* stellte diesbezüglich klar, dass das BfV durchaus das Bedürfnis habe im Ausland tätig zu werden, dies aber nach geltendem Recht nicht ohne weiteres tun dürfe. *Barczak* erkannte an, dass die Amtshilfe nicht der beste Lösungsvorschlag sei, jedoch biete sich nach geltendem Recht keine andere Lösung an.

Christopher Vornefeld (Bundesnachrichtendienst) zweifelte im Folgenden die praktische Umsetzbarkeit der Amtshilfe nach § 5 VwVfG an. Es bestünden zu viele Verwaltungsschritte, die nicht zielführend seien, um der derzeitigen Gefahrenlage gewachsen zu sein. Weiterhin sei eine konkrete Kompetenzabgrenzung aufgrund der zunehmenden Globalisierung und Social-Media sehr schwierig. Schließlich verwies *Vornefeld* auf bereits bestehende Abwehrzentren, die als bestehende Instrumente geeignet seien, um diesen Herausforderungen zu begegnen. *Dr. Silke Kratzsch (Bundeskanzleramt)* schloss sich dahingehend an und betonte, dass nach § 5 VwVfG die ersuchte Behörde einer rechtlichen Berechtigung bedarf. Problematisch daran sei, dass es nicht immer zu so einer klaren Überschneidung komme, sodass es an einer praktischen Brauchbarkeit mangele.

Barczak gestand alle praktischen Einwände ein. Allerdings biete sein Vorschlag in Bezug auf die Amtshilfe nur einen rechtlichen Ausweg, um Handlungsmöglichkeiten zu schaffen. Weiterhin mangele es an Alternativen, die eine effektive Handlungsmöglichkeit bieten. Um solche effektiven Handlungsmöglichkeiten zu schaffen, bedürfe es klarer gesetzlicher Befugnisnormen im Nachrichtendienstrecht, die grenzüberschreitende Handlungen ermöglichten. Auch hätten die letzten Entscheidungen des BVerfG[1] auf klare Lücken im Nachrichtendienstrecht hingewiesen, die durch den Gesetzgeber ausgefüllt werden müssten.

Dietrich fragte sodann in Bezug auf den Vortrag von *Sell,* ob der BND mit ausreichenden Mitteln ausgestattet sei, um den hybriden Maßnahmen zu begegnen. Weiter fragte er nach den anderen Behörden, die bei hybriden Maßnahmen aktiv werden. *Sell* nannte daraufhin die Arbeitsgemeinschaft Hybrid, unter Federführung des Bundesministeriums des Inneren und für Heimat, welche verschiedene Vertreter*innen und Expert*innen bezüglich hybrider Maßnahmen besitze. Weiterhin reichten die Mittel des Bundesnachrichtendienstes nie aus. Gerade im Bereich der Prävention könne der BND deutlich besser werden. Daher seien weitere Mittel erforderlich.

Prof. Dr. Thomas Wischmeyer (Universität Bielefeld) stimmte *Barczak* in seinem Auslegungsergebnis zu und nahm Bezug auf die Parallele im MAD-Gesetz, welches ein klares Argument für die Amtshilfe als Lösungsmöglichkeit ist. Zwar gestand auch *Wischmeyer* die Schwierigkeiten in der praktischen Umsetzung zu, dennoch sei die Amtshilfe die einzige Möglichkeit nach geltendem Recht. *Wischmeyer* fragte aber, wie angesichts der kritisch besehenen Hypertrophie des Gesetzes *de lege ferenda* dem Problem der Zuständigkeit zwischen BfV und BND begegnet werden könne. Auch sei dogmatisch fraglich, ob es sich bei den Regelungen zum territorialen Anwendungsbereich um Befugnis- oder Aufgabennormen handele. *Barczak* ergänzte daraufhin, dass es *de lege ferenda* besser wäre, den § 3 BVerfSchG als zentralen Ankerpunkt anzupassen und bei den zu ergänzenden Befugnisnormen im Übrigen mit der Verweistechnik zu arbeiten.

---

[1] Gemeint hat der Sprecher hier wohl BVerfG, Urt. v. 26.4.2022 – 1 BvR 1619/17.

Nachrichtendienstliche Beobachtung internationaler extremistischer Netzwerke

Mehr als eine Zuständigkeitsfrage?

Tristan Barczak

Inhaltsverzeichnis

I. Zur Einführung

1. Internationalisierung und funktionale Dezentralisierung als gegenläufige Leitbilder

Es gehört zu den bekannten Gemeinplätzen des sicherheitspolitischen Diskurses, dass die hergebrachten Formungen staatlicher Sicherheitsgewähr, die sich entlang der Trennung zwischen Innen und Außen, Polizei und Nachrichtendiensten, Krieg und Frieden sowie Staat und Bürger vollzogen, dem gegenwärtigen Paradigma sicherheitspolitischen Handelns immer weniger entsprechen. Man spricht allenthalben von „Entgrenzung", „Entpersonalisierung" und „Entterritorialisierung"[1] sowie einem sich diesen Kategorien von vornherein entziehenden „Cyberraum", der weder In- noch Ausland kennt.[2] Gemeint ist damit Folgendes: Unter dem Einfluss der Prozesse von Globalisierung und Digitalisierung sind die Grenzen in Raum und Zeit, die einem staatlichen Handeln noch im 19. und 20. Jahrhundert klare Konturen verliehen haben und sich vergleichsweise leicht in rechtliche Formen und Vorgaben übersetzen ließen, zunehmend unscharf geworden. Der Grad der internationalen Vernetzung und das Ausmaß des grenzüberschreitenden Agierens extremistischer wie terroristischer Netzwerke fordern den Staat auf bislang ungekannte Weise heraus. Es zählt dabei zu den nach wie vor ungelösten Grundproblemen unserer Sicherheitsbehörden einschließlich der Nachrichtendienste, dass die Sachverhalte, Gefährdungen und Strukturen, mit denen sie es zu tun haben, zunehmend international vernetzt sind, während die normativen Regelungen, nach denen diese Behörden verfahren, nach wie vor nationalstaatlich radiziert und – in weiten Bereichen – binnenföderal integriert sind.[3]

Vor diesem Hintergrund scheint auch die überkommene Aufgabenteilung zwischen dem direkter Ministerverantwortlichkeit zugeordneten Bundesamt für Verfassungsschutz (BfV[4]) und dem durch das Bundeskanzleramt – atypisch[5] – in den Regierungsaufbau integrierten Bundesnachrichtendienst (BND[6]) an Überzeugungskraft einzubüßen.[7] Internationalisierung einerseits und funktionale Dezentralisierung andererseits sind tendenziell gegenläufige Leitbilder.[8]

---

[1] Zu dieser Trias für den hier interessierenden Kontext *Gärditz*, Strategische Fernmeldebeschränkung und Netzknotenüberwachung für den Verfassungsschutz?, in: Dietrich/Gärditz (Hrsg.), Sicherheitsverfassung – Sicherheitsrecht, Festgabe für Graulich, 2019, 153 (181); allgemeiner auch *Jakobs*, Staatliche Strafe, 2004, 44; *Thiel*, Die „Entgrenzung" der Gefahrenabwehr, 2011, 20 *et passim*; *Kotzur*, „Krieg gegen den Terrorismus", AVR 40 (2002), 454 (459ff.); *Gärditz*, Sicherheitsrecht als Perspektive, GSZ 2017, 1 (5f.).
[2] Dazu *Kahl*, Aktuelle Herausforderungen für die äußere Sicherheit der Bundesrepublik Deutschland, in: Sensburg (Hrsg.), Sicherheit in einer digitalen Welt, 2017, 137 (147); *Ziolkowski*, Attribution von Cyber-Angriffen, GSZ 2019, 51ff.; *Barczak*, Lizenz zum Hacken? Rechtliche Möglichkeiten und Grenzen nachrichtendienstlicher Cyberoperationen, NJW 2020, 595 (597); *Kipker*, Hackback in Deutschland: Wer, was, wie und warum?, GSZ 2020, 26 (27).
[3] Statt aller *Meinel*, Nachrichtendienstliche Auslandsaufklärung als Kompetenzproblem, NVwZ 2018, 852 (853).
[4] Nach §2 Abs. 1 Satz 2 BVerfSchG untersteht das BfV dem Bundesministerium des Innern, für Bau und Heimat.
[5] Vgl. *Bröchler*, Das Bundeskanzleramt in der modernen Regierungszentralenforschung, in: Krüper/Pilniok (Hrsg.), Die Organisationsverfassung der Regierung, 2021, 125 (149): „durchbricht den Grundsatz, dass das Bundeskanzleramt ressortfrei arbeitet".
[6] Nach §1 Abs. 1 Satz 1 BNDG ist der BND eine Bundesoberbehörde im Geschäftsbereich des Bundeskanzleramtes.
[7] In diese Richtung schon *Singer*, Nachrichtendienste zwischen innerer und äußerer Sicherheit, in: Jäger/Daun (Hrsg.), Geheimdienste in Europa, 2009, 265 (265).
[8] *Bäcker*, Sicherheitsverfassungsrecht, in: Herdegen/Masing/Poscher et al. (Hrsg.), Hand-

Die Abgrenzung zwischen einer Ministerialbehörde und einer unmittelbar der politischen Regierungsspitze zugeordneten Organisation funktionierte solange weitgehend reibungslos, wie sich beide um verschiedene Dinge kümmerten: Hier die Beobachtung verfassungsfeindlicher Bestrebungen und die Spionageabwehr im Inland, dort die laufende Versorgung der Regierung mit außenpolitisch bedeutsamen Einschätzungen und die Aufklärung von internationalen Sicherheitsrisiken. Überschneidungen zwischen beiden Feldern kamen auch in der Vergangenheit vor, blieben aber – wie die grenzüberschreitenden Beziehungen der Deutschen Kommunistischen Partei (DKP) oder der Roten Armee Fraktion (RAF) – eine zeitgeschichtliche und sicherheitspolitische Episode.[9]

Dass sich diese Situation grundlegend gewandelt hat, braucht an dieser Stelle nicht näher ausgeführt zu werden. Asymmetrische Angriffe, hybride Herausforderungen und grenzüberschreitende Gefährdungen mit der ihnen jeweils eigenen Komplexität, Dynamik und Gesichtslosigkeit werden mehr und mehr zum Regelfall der Bedrohungen, mit denen sich Staat und Gesellschaft konfrontiert sehen. Dies kann das Aufgabenspektrum der beteiligten Behörden nicht unberührt lassen: Das BfV versteht sich demgemäß – so das auf seiner Homepage kundgetane Selbstverständnis – zwar nach wie vor als „deutscher Inlandsnachrichtendienst", sieht seine Zukunft aber in einer zunehmenden internationalen Vernetzung und einem grenzüberschreitenden Beobachtungsauftrag.[10] Entsprechend verfügt es schon heute an wichtigen Auslandsvertretungen wie Brüssel oder Paris über Verbindungsbeamte, die in Kontakt zu den ausländischen Partnerdiensten stehen. Zudem ist das BfV in informellen europäischen Gremien wie dem 1969 gegründeten „Berner Club" oder der als Reaktion auf die Terroranschläge am 11. September 2001 ins Leben gerufenen Counter Terrorism Group (CTG) vertreten und nimmt in diesen Kreisen institutionalisierte Auslandskontakte wahr.[11] Davon, dass der BND gemäß der Devise „One na-

---

buch des Verfassungsrechts, 2021, § 28 Rn. 44; *Gärditz*, Zentralisierung von Verfassungsschutzaufgaben und bundesstaatliche Kompetenzarchitektur, AöR 144 (2019), 81 (85).

[9] *Meinel*, Kompetenzproblem (Fn. 3), 853.

[10] Vgl. dazu https://www.verfassungsschutz.de/DE/verfassungsschutz/auftrag/auftrag_node.html (8.2.2023): „Der Verfassungsschutz ist als deutscher Inlandsnachrichtendienst ein wichtiger Bestandteil der Sicherheitsarchitektur dieses Landes. [...] In einer durch und durch auf nahezu jeder Ebene vernetzten Welt sind Gesellschaften verwundbarer geworden. Extremisten und Terroristen nutzen jede Möglichkeit, Schwachstellen auszunutzen. Zum Schutz der inneren Sicherheit der Bundesrepublik Deutschland ist es daher von umso größerer Bedeutung, dass der Verfassungsschutz sowohl national mit anderen Sicherheitsbehörden als auch international mit ausländischen Nachrichtendiensten eng kooperiert".

[11] *Singer*, Nachrichtendienste (Fn. 7), 271. Näher dazu *Schöndorf-Haubold*, Auf dem Weg zum Sicherheitskooperationsrecht?, in: Dietrich/Gärditz/Graulich et al. (Hrsg.), Nachrichtendienste in vernetzter Sicherheitsarchitektur, 2020, 3 (17 f.).

tion – one voice"[12] als „Single Point of Contact (SPoC)"[13] für ausländische Part-
nerdienste und „Leading Service"[14] bei der Auslandsaufklärung fungiert, kann
bei genauerer Betrachtung keine Rede mehr sein. Im Gegenteil hat die Bundesregierung unlängst auf mehrere parlamentarische Anfragen hin bestätigt, dass
das BfV im Ausland auch operativ tätig wird.[15] Dies betrifft unter anderem Si-
cherheitsbefragungen von Asylbewerbern in Italien und auf Malta. Die Befra-
gungen zielen auf die Aufklärung einer möglichen Mitgliedschaft in einer extremistischen Vereinigung sowie auf eine Einschätzung des Gefährdungspoten-
tials der betreffenden Personen. Zuspitzung erfährt die kompetenzrechtliche
Problematik schließlich dadurch, dass auch die Landesämter für Verfassungsschutz zunehmend in das Ausland drängen.[16]

*2. Zuständigkeitszuweisung und Kompetenzabgrenzung als Mechanismen
exekutiver Machtbegrenzung*

Die Erkenntnis, dass sich die Regelungsfelder der inneren Sicherheit und der
auswärtigen Angelegenheiten und damit auch die nachrichtendienstlichen Auf-
klärungsfelder von BND und BfV zunehmend faktisch überlappen, macht eine
präzise Abgrenzung zwischen ihnen nur umso bedeutsamer.[17] Zuständigkeits-

---

[12] *Kahl*, Rahmenbedingungen und Notwendigkeiten internationaler Kooperationen von
Nachrichtendiensten, in: Dietrich/Gärditz/Graulich et al. (Hrsg.), Nachrichtendienste in
vernetzter Sicherheitsarchitektur, 2020, 153 (162).
[13] So u.a. der im Kanzleramt für die Koordinierung der Geheimdienste zuständige Abtei-
lungsleiter *Bernhard Kotsch*, https://www.dbwv.de/aktuelle-themen/blickpunkt/beitrag/
bnd-praesident-bruno-kahl-immense-herausforderungen-durch-hybride-bedrohungen
(8.2.2023). Dahinter steht ein entsprechendes Selbstverständnis des Bundeskanzleramts (vgl.
BT-Drs. 18/12850, 104) bzw. konkret des „Chef BK" (so die ehemalige Staatssekretär im Bundeskanzleramt und Beauftragte für die Nachrichtendienste des Bundes *Klaus-Dieter Fritsche*,
in: Deutscher Bundestag – Stenografisches Protokoll 130 I, 56).
[14] *Kahl*, Rahmenbedingungen (Fn. 12), 162; vgl. auch *ders.*, Herausforderungen (Fn. 2),
137: „Der […] BND […] ist *der* Auslandsnachrichtendienst der Bundesrepublik Deutschland,
d.h. vor allem: Er ist der *einzige* Auslandsnachrichtendienst unseres Landes" (Hervorhebun-
gen im Original).
[15] Vgl. BT-Drs. 19/9703, 6 f. (Aufnahme und Verteilung aus Seenot gerettete Schutzsuchender); BT-Drs. 19/14638, 2 ff. (Sicherheitsüberprüfung Schutzsuchender).
[16] Vgl. insoweit Art. 5 Abs. 5 des SPD-Entwurfs für ein novelliertes Bayerisches Verfassungsschutzgesetz (BayVSG) v. 26. August 2022: „Das Landesamt darf nachrichtendienstliche Mittel auch gegenüber nichtdeutschen Staatsangehörigen im Ausland anwenden". Der
Entwurf ist abrufbar unter: https://bayernspd-landtag.de/workspace/media/static/bayvsg-
diskussionsentwurf-der-632063021d414.pdf. Im Einzelnen hierzu *Rieger*, Bayerische Geheimagenten im Ausland, NJOZ 2022, 1345 ff.
[17] *Bäcker*, Die Polizei im Verfassungsgefüge, in: Lisken/Denninger, Handbuch des Polizeirechts, 7. Aufl. 2021, B. Rn. 240; dies bezweifelnd *Kahl*, Herausforderungen (Fn. 2), 155:
„In diesem Zusammenhang mag die Frage aufgeworfen sein […], ob nicht alle Diskussion um
die […] Aufgaben- und damit Zuständigkeitsabgrenzung zwischen Auslands- und Inlandsnachrichtendienst, also im Wesentlichen zwischen dem BND und den Verfassungsschutzbehörden, angesichts zunehmend gleichermaßen national *und* international organisierter Be-

überschneidungen mögen zwar bisweilen produktives Potenzial haben, etwa weil unterschiedliche Behörden über verschiedene Möglichkeiten verfügen, Informationen aus vertraulich arbeitenden extremistischen Bestrebungen zu gewinnen;[18] die Devise „Doppelt hält besser" widerspricht jedoch dem Anliegen der Zuständigkeitsordnung im Sinne klarer Arbeitsteilung und Kompetenzabgrenzung. Speziell im Sicherheits- und Nachrichtendienstverfassungsrecht[19] bildet gerade die Differenzierung von Zuständigkeiten und Kompetenzen einen wirkmächtigen „Mechanismus mittelbaren Grundrechtsschutzes durch Disaggregation von Herrschaftsmacht".[20] Dies betrifft in unserer föderal strukturierten Sicherheitsarchitektur zunächst das Verhältnis von Bund und Ländern. Kompetenzabgrenzungen entfalten aber auch im Verhältnis zwischen verschiedenen Organen, Behörden und anderen exekutiven Machtzentren eine machtbegrenzende Wirkung.[21]

In Gesetzgebung, Rechtsprechung und Literatur nach wie vor ungeklärt ist insbesondere, ob das BfV im Ausland eigenständig, d.h. unabhängig vom BND tätig werden darf. Dies betrifft etwa internationale Finanztransaktionen oder Waffenbeschaffungen im Ausland durch im Inland aktive Gruppen. Dass namentlich deutsche Rechtsextremisten seit vielen Jahren zu Rechtsrockkonzerten, Aufmärschen oder Kampfsportevents ins Ausland reisen, ist bekannt.[22] Ein „besonders beliebtes Reiseziel" ist aktuell die Ukraine, um dort „Kampferfahrung unter Realbedingungen" zu sammeln. Die Auslandstätigkeit des BfV ist derzeit Gegenstand mehrerer gerichtlicher Verfahren, die Gelegenheit zu einer rechtlichen Klärung der Kompetenzfrage bieten. Vor dem Verwaltungsgericht Köln ist seit Ende 2020 eine Klage anhängig, im Rahmen derer es um den Einsatz des BfV im Flüchtlingslager „Marsa" auf der Mittelmeerinsel Malta und die Befugnis des Amtes zu den vorgenannten Datenerhebungen geht.[23] Umfang und Rechtsgrundlage für den Auslandseinsatz des BfV waren zudem Gegenstand eines erfolgreichen Organstreitverfahrens vor dem Bundesverfas-

---

drohungen (gerade aus dem terroristischen Bereich) am Kern des Problems vorbeiführt" (Hervorhebung im Original).

[18] *Bäcker/Hirsch/Wolff* et al., Bericht der Regierungskommission zur Überprüfung der Sicherheitsgesetzgebung in Deutschland, 2013, 155. Zu den Nachteilen von Doppelzuständigkeiten noch unten bei Fn. 107.

[19] *Gärditz*, Konturen eines allgemeinen Nachrichtendienstverfassungsrechts, VerfBlog, 2022/5/02.

[20] *Gärditz*, Zentralisierung (Fn. 8), 83.

[21] Allgemein *M. Cornils*, Gewaltenteilung, in: Depenheuer/Grabenwarter (Hrsg.), Verfassungstheorie, 2010, § 20 Rn. 8 ff.: „Machtbegrenzung durch Pluralisierung der Mächtigen".

[22] Statt aller *Flade/Mascolo*, Grenzüberschreitende Hetze, Süddeutsche Zeitung Nr. 163 v. 17. Juli 2020, 7.

[23] Vgl. VG Köln, Az. 13 K 6105/20 – C./Bundesamt für Verfassungsschutz, Klageeingang am 9. November 2020, https://www.vg-koeln.nrw.de/behoerde/presse/Interssante-Verfahren/index.php (8.2.2023): „Der Kläger wendet sich gegen die Datenerhebung, die im Rahmen eines sog. Sicherheitsgesprächs im ‚Marsa Initial Reception Center' durch das Bundesamt für Verfassungsschutz erhoben wurden".

sungsgericht.[24] Hintergrund war die mangelnde Beantwortung einer Abgeordnetenanfrage.[25] Dass die Bundesregierung dabei nicht nur die Anzahl der im Ausland eingesetzten BfV-Mitarbeiterinnen und -Mitarbeiter verschwieg, sondern auch eine rechtliche Bewertung des Einsatzes mit Blick auf die Aufgabenverteilung zwischen BfV und BND unter Verweis auf „schutzbedürftige Geheimhaltungsinteressen"[26] verweigert hat, könnte darauf hindeuten, dass das Thema kompetenzrechtlich heikel und die Problematik nicht einfach aufzulösen ist.

II. Zur Zuständigkeitsfrage

Um die Antwort auf die im Vortragstitel aufgeworfene und – wie ich vermute – von den Veranstaltern wohl eher rhetorisch gemeinte Frage vorwegzunehmen: Die nachrichtendienstliche Beobachtung internationaler extremistischer Netzwerke *ist* mehr als eine Zuständigkeitsfrage. Es handelt sich nicht nur um eine Frage nachrichtendienstlichen Fachrechts (1.), sondern zugleich um eine organisationsverfassungsrechtliche (2.), grund- und befugnisrechtliche (3.) sowie sicherheitspolitische Fragestellung (4.). Für diese Fragen sollen im letzten Teil mögliche Antworten formuliert werden (unten III.).

1. Eine Frage nachrichtendienstlichen Fachrechts

Werfen wir zunächst einen Blick auf die Zuständigkeitsfrage als solche, d.h. auf die Zuständigkeitsregelungen des nachrichtendienstlichen Fachrechts. Ebenso wenig wie die Zuständigkeitsabgrenzung zwischen Polizei- und Ordnungsbehörden auf Landesebene verläuft die Kompetenzverteilung zwischen den Nachrichtendiensten des Bundes entlang der Unterscheidung zwischen verschiedenen Gefahrenlagen oder bestimmten Gefährdungstypen. Vielmehr vollzieht sich die Aufgabentrennung ungeachtet der eingangs aufgezeigten veränderten

---

[24] Vgl. BVerfG, NVwZ 2023, 239 ff.; die mündliche Verhandlung fand am 22. März 2022 statt (https://www.bundesverfassungsgericht.de/SharedDocs/Pressemitteilungen/DE/2022/bvg22-017.html) (8.2.2023); der Antrag auf Erlass einer einstweiligen Anordnung in diesem Verfahren wurde vom Zweiten Senat mit Beschluss v. 26. Januar 2022 abgelehnt (BeckRS 2022, 1705). Vgl. dazu auch *Sehl*, Inlandsagenten auf geheimer Mission im Ausland?, https://www.lto.de/persistent/a_id/47910/ (8.2.2023).

[25] Konkret ging es um die Frage des Abgeordneten *Konstantin Kuhle* (FDP), BT-Drs. 19/25159, 24: „Wie viele Mitarbeiterinnen und Mitarbeiter des Bundesamts für Verfassungsschutz sind in den letzten fünf Jahren für eine nachrichtendienstliche Tätigkeit in das Ausland entsandt worden (bitte nach Jahren aufschlüsseln), und wie bewertet die Bundesregierung die Entsendung dieser Mitarbeiterinnen und Mitarbeiter mit Blick auf die Aufgabenverteilung zwischen dem Bundesamt für Verfassungsschutz und dem Bundesnachrichtendienst?".

[26] BT-Drs. 19/25159, 25.

Handlungsbedarfe noch immer entlang der Differenzierung zwischen Ausland und Inland.[27]

a) Von der Befugnis zur Aufgabe

Die Aufklärung von Auslandssachverhalten mit nachrichtendienstlichen Mitteln ist zunächst grundsätzlich Sache des BND. Nach § 1 Abs. 2 Satz 1 BNDG obliegt ihm die Sammlung und Auswertung der erforderlichen Informationen zur Gewinnung von Erkenntnissen über das Ausland, soweit sie von außen- und sicherheitspolitischer Bedeutung für die Bundesrepublik Deutschland sind. Nun konnte man in der Vergangenheit die Frage stellen, ob mit diesem Aufklärungsauftrag ausschließlich die politische Vorfeldaufklärung gemeint war, also eine Aufklärung, die das Ziel hatte, die Bundesregierung in Form von Lageberichten und Analysen in den Stand zu setzen, Gefahrenlagen im Ausland rechtzeitig zu erkennen und ihnen – politisch – zu begegnen.[28]

Nachdem das Bundesverfassungsgericht noch in seinem ersten Antiterrordatei-Urteil aus dem Jahr 2013 den Aufklärungsauftrag des BND vor dem Hintergrund der Bundeskompetenz für die auswärtigen Angelegenheiten nach Art. 73 Abs. 1 Nr. 1 GG derart eng interpretiert hatte[29] und damit auf berechtigte Kritik der Literatur gestoßen war,[30] weil es die praktisch wie rechtlich bedeutsame Rolle der Nachrichtendienste im behördlichen Netzwerk der Sicherheitsgewährleistung nahezu vollständig ausblendete, ist das Gericht von diesem restriktiven nachrichtendienstlichen Funktionsverständnis in seinem BNDG-Urteil aus dem Jahr 2020 ausdrücklich abgerückt.[31] Seither ist die Früherkennung von aus dem Ausland drohenden Gefahren, bei entsprechend „hinreichend internationaler Dimension", auch aus Karlsruher Perspektive eine kompetenzrechtlich zulässige Aufgabenzuweisung an den BND. Der BND ist damit als Sicherheitsbehörde im Gefüge vernetzter Sicherheitsakteure verfassungsrichterlich anerkannt.[32] Dass der Bundesgesetzgeber von einer originären Zuständigkeit des BND für Maßnahmen zur Aufklärung von Gefährdungen ausgeht, die von ausländischen kriminellen Strukturen, dem internationalen Terrorismus und Extremismus sowie der transnationalen organisierten Kriminalität

---

[27] Statt vieler *Singer*, Nachrichtendienste (Fn. 7), 265.
[28] So BVerfGE 100, 313 (371); vgl. auch *Cremer*, Organisationen zum Schutz von Staat und Verfassung, in: Isensee/Kirchhof (Hrsg.), Handbuch des Staatsrechts XII, 2014, § 278 Rn. 11.
[29] BVerfGE 133, 277 (326 f., Rn. 118 f.).
[30] Vgl. *Dietrich*, Das Recht der Nachrichtendienste, in: ders./Eiffler (Hrsg.), Handbuch des Rechts der Nachrichtendienste, 2017, Kap. III § 3 Rn. 5; *Gärditz*, Sicherheitsverfassungsrecht und technische Aufklärung durch Nachrichtendienste, EuGRZ 2018, 6 (8 f.).
[31] BVerfGE 154, 152 (233 f., Rn. 128).
[32] Zu diesem Emanzipationsschritt näher *Barczak*, Das Recht der Nachrichtendienste: Missstände, Entwicklungen und Perspektiven eines Rechtsgebiets in der Findungsphase, KritV 104 (2021), 91 (102 ff.).

herrühren,[33] zeigt insbesondere ein Blick auf die Regelungen der strategischen Beschränkung nach § 5 G10 sowie der strategischen Auslands-Auslands-Fernmeldeaufklärung nach §§ 19 ff. BNDG.[34] Hier kann man, ohne sich mit dem rechtsstaatlichen Vorbehalt des Gesetzes in Widerspruch zu setzen, von der Befugnis auf die Aufgabe des BND schließen. Folgt daraus aber eine exklusive Zuständigkeit oder – zumindest – „nahezu ein Monopol" des BND, ein „rechtlicher und faktischer Primat"[35] für die Aufklärung im Ausland? Braucht der BND also, jedenfalls nach geltendem Recht, konkurrierende Zuständigkeiten und Aufträge anderer deutscher Nachrichtendienste nicht fürchten?

Bei der Beantwortung dieser Frage lässt einen der Nachrichtendienstgesetzgeber im Regen stehen. Dass sich die Frage der Zuständigkeitsabgrenzung nicht per schlichter Gesetzessubsumtion beantworten lässt, sondern im Gegenteil auf ein juristisches Grundlagen- und Methodikseminar hinauszulaufen droht, zeigt ein Blick in das BVerfSchG. Das Behördenbild des „Inlandsnachrichtendienstes" findet dort nur bedingt Bestätigung. So beschränkt § 3 Abs. 1 BVerfSchG den Beobachtungsauftrag des BfV in den Nummern 2 bis 4 zwar in der Tat auf sicherheitsgefährdende Tätigkeiten bzw. Bestrebungen „im Geltungsbereich dieses Gesetzes", mithin auf das Hoheitsgebiet der Bundesrepublik.[36] Dies könnte den Umkehrschluss nahelegen, dass der Gesetzgeber bei der Beobachtung verfassungsfeindlicher Bestrebungen nach der – „sehr offen geratene[n]"[37] – Nummer 1 auf eine entsprechende räumliche Beschränkung bewusst verzichtet und damit einen grenzüberschreitenden Beobachtungsauftrag zugunsten des BfV eröffnet hat, schon weil die in Nummer 1 genannten Bestrebungen regelmäßig entweder über internationale Kontakte verfügen werden oder vom

---

[33] Vgl. an dieser Stelle *Soiné*, Die Aufklärung der Organisierten Kriminalität durch den Bundesnachrichtendienst, DÖV 2006, 204 ff.

[34] Wie hier *Bäcker*, Verfassungsgefüge (Fn. 17), B. Rn. 240.

[35] Beide Zitate nach *Gusy*, in: Schenke/Graulich/Ruthig (Hrsg.), Sicherheitsrecht des Bundes, 2. Aufl. 2019, BNDG § 1 Rn. 25; übereinstimmend *Bareinske*, Auslandsaufklärung, in: Dietrich/Eiffler (Hrsg.), Handbuch des Rechts der Nachrichtendienste, 2017, Kap. V § 8 Rn. 78: „Monopol der Auslandsaufklärung"; *Kahl*, Herausforderungen (Fn. 2), 137; *Gröpl*, Die Nachrichtendienste im Regelwerk der deutschen Sicherheitsverwaltung, 1993, 247 f.; *Meinel*, Kompetenzproblem (Fn. 3), 854 f.; *ders.*, Nochmals: Nachrichtendienstliche Auslandsaufklärung als Kompetenzproblem, NVwZ 2019, 1739 (1739); *Rieger*, Bayerische Geheimagenten (Fn. 16), 1346; historisch *Singer*, Nachrichtendienste (Fn. 7), 269: „Für die nachrichtendienstliche Auslandsaufklärung hatten die Pullacher immer schon das Monopol"; dezidiert a.A. *Ader*, Struktur und Prozesse der Auslandsaufklärung, in: Dietrich/Fahrner/Gazeas et al. (Hrsg.), Handbuch Sicherheits- und Staatsschutzrecht, 2022, § 19 Rn. 18: „[D]er BND [hat] keine exklusive Alleinzuständigkeit für Informationsbeschaffung oder -auswertung im Ausland"; *Banzhaf*, Die Ämter für Verfassungsschutz als Präventionsbehörden, 2021, 129: „Eine Beschränkung des Auftrags nach § 3 Abs. 1 Nr. 1 BVerfSchG auf Tätigkeiten im Inland [...] überzeugt nicht"; *Warg*, Den Verfassungsschutz im Ausland einsetzen...!, NVwZ 2019, 127 ff.

[36] Vgl. *Droste*, Handbuch des Verfassungsschutzrechts, 2007, 162 f., m.w.N.

[37] *Gröpl*, Sicherheitsverwaltung (Fn. 35), 248.

Ausland aus in das Inland hinein operieren.[38] Ob dies wirklich der Intention des historischen Gesetzgebers entspricht, erscheint allerdings überaus zweifelhaft, da sich das Thema grenzüberschreitender Beobachtung in den ersten Jahrzehnten der Tätigkeit des Verfassungsschutzes kaum je stellte und die Urfassung des § 3 Abs. 1 BVerfSchG aus dem Jahr 1950 noch explizit auf verfassungsfeindliche Bestrebungen „im Bund oder einem Land" bezogen war.[39] Dass sich der Normgeber von diesem Verständnis im weiteren Verlauf der Gesetzesgenese bewusst verabschieden wollte, lässt sich den Materialien nicht entnehmen: Dies gilt namentlich für das Verfassungsschutzänderungsgesetz 1972,[40] durch welches die ursprüngliche alleinige Aufgabenbeschreibung des § 3 Abs. 1 BVerfSchG in die neue Nummer 1 aufgenommen und um die Nummern 2 und 3 mit dem einschränkenden Zusatz „im Geltungsbereich dieses Gesetzes" ergänzt wurde.[41] Anlass für diese Erweiterung des gesetzlichen Auftrages des Verfassungsschutzes war der Anschlag einer palästinensischen Terroristengruppe („Schwarzer September") auf die israelische Mannschaft bei den Olympischen Spielen in München 1972. Aus welchem Grund weder die Wendung „im Bund oder einem Land", wie sie noch in § 3 Abs. 1 BVerfSchG 1950 normiert war, noch der in den Nummern 2 und 3 neu anzutreffende Zusatz „im Geltungsbereich dieses Gesetzes" in die Aufgabenzuweisung nach § 3 Abs. 1 Nr. 1 BVerfSchG 1972 übernommen wurde, lässt sich der Gesetzesbegründung nicht entnehmen.[42] Bisweilen wird angenommen, es handele sich schlicht um ein Versehen des Normgebers.[43] Unzweifelhaft ist demgegenüber, dass der vor die Klammer gezogenen Aufgabennorm des § 3 Abs. 1 BVerfSchG in Ansehung der Befugnisnormen, welche auf die Aufgabenzuweisung zurückverweisen,[44] eine „tatbestandliche Begrenzungsfunktion"[45] zukommt; diese restringierende Funktion spricht für eine

---

[38] *Droste*, Handbuch (Fn. 36), 162.

[39] Vgl. § 3 Abs. 1 des Gesetzes über die Zusammenarbeit des Bundes und der Länder in Angelegenheiten des Verfassungsschutzes v. 27. September 1950, BGBl. I 682.

[40] Gesetz zur Änderung des Gesetzes über die Zusammenarbeit des Bundes und der Länder in Angelegenheiten des Verfassungsschutzes (VerfSchutzÄndG) v. 7. August 1972 (BGBl. I 1382).

[41] Deutlich insoweit *Banzhaf*, Ämter (Fn. 35), 102: „In dieser gesammelten Aufgabe lebt der ursprüngliche Beobachtungsauftrag des § 3 Abs. 1 BVerfSchG 1950, teils sogar wortgleich, fort"; *Singer*, Nachrichtendienste (Fn. 7), 270: „Der Verfassungsschutz blieb auch nach 1972 ein Inlandsnachrichtendienst mit der territorial auf die Bundesrepublik beschränkten Aufklärungsrichtung, selbst wenn sich immer wieder Berührungspunkte zur äußeren Sicherheit der Bundesrepublik zeigten".

[42] Vgl. BT-Drs. VI/1179, 4 f.

[43] Dazu unten Fn. 52.

[44] Siehe etwa § 8 Abs. 1 Satz 1, § 10 Abs. 1 Halbs. 1, § 18 Abs. 3 Satz 1, § 19 Abs. 1 Satz 2, Abs. 3 Satz 1, § 20 Abs. 2 Satz 2 („zur Erfüllung seiner Aufgaben"); § 8d Abs. 1 Satz 1 BVerfSchG („zur Aufklärung bestimmter Bestrebungen oder Tätigkeiten nach § 3 Abs. 1"); § 9 Abs. 1 Satz 1 Nr. 1 („Bestrebungen oder Tätigkeiten nach § 3 Abs. 1"); § 9a Abs. 1 Satz 2 BVerfSchG („zur Aufklärung von Bestrebungen nach § 3 Abs. 1 Nr. 1 und 4").

[45] *Bergemann*, Nachrichtendienste und Polizei, in: Lisken/Denninger, Handbuch des Po-

grundsätzlich restriktive Auslegung der Tatbestände des § 3 Abs. 1 BVerfSchG und gegen dynamisch-interpretatorische Weiterungen ohne ausdrückliche Gesetzesänderungen. Dass die ausdrückliche Inlandsbeschränkung nur bei den Nummern 2 bis 4 begegnet, hat seinen Grund zudem darin, dass die Beobachtungsaufträge hier schon tatbestandlich jeweils Auslandsbezug aufweisen, etwa in Gestalt geheimdienstlicher Tätigkeiten „für eine fremde Macht" (Nr. 2), der Gefährdung „auswärtige[r] Belange der Bundesrepublik Deutschland" (Nr. 3) oder des Agierens „gegen den Gedanken der Völkerverständigung" (Nr. 4).[46] Von den letzten beiden Varianten ist u.a. der sogenannte „Extremismus mit Auslandsbezug" bzw. „Ausländerextremismus" erfasst, der sich von Organisationen wie der PKK ausgehend nicht gegen die verfassungsmäßige Ordnung in Deutschland, sondern gegen das politische System der jeweiligen Herkunftsstaaten richtet.[47] Mehr noch: Speziell die Nummer 4, welche die Beobachtung völkerverständigungswidriger Bestrebungen zum Gegenstand hat, ist durch das Terrorismusbekämpfungsgesetz 2002[48] mit der Erwägung eingeführt worden, dem BfV erstmalig die Beobachtung transnationaler Bestrebungen wie dem islamistischen Terrorismus zu ermöglichen, und zwar unter den Voraussetzungen eines hinreichenden Inlandsbezugs.[49] Als Stichwort mag hier die „Hamburger Terrorzelle" genügen. Wäre deren Beobachtung mit nachrichtendienstlichen Mitteln bereits nach der Nummer 1 auftragskonform gewesen, hätte es der Gesetzesänderung nicht bedurft.[50] Für die Bearbeitung der von deutschem Boden ausgehenden konspirativen, logistischen und organisatorischen Vorbereitungshandlungen für geplante Anschläge *im Ausland* besaßen indes weder das BfV noch der Militärische Abschirmdienst (BAMAD) eine entsprechende Aufgabenzuweisung.[51] Insofern ließe sich mindestens ebenso gut die These formulieren, der Inlandsbezug werde – historisch, systematisch wie auch teleologisch –

---

lizeirechts, 7. Aufl. 2021, H. Rn. 17. Ob § 3 Abs. 1 BVerfSchG in seiner aktuellen Gestalt diesen Begrenzungsauftrag erfüllen kann, ist eine andere Frage, vgl. dazu kritisch *Bäcker*, Zur Reform der Eingriffstatbestände im Nachrichtendienstrecht, in: Dietrich/Gärditz/Graulich et al. (Hrsg.), Nachrichtendienste im demokratischen Rechtsstaat, 2018, 137 (140f.).

[46] Dabei geht es jeweils um „bestimmte auf das Verhältnis zum Ausland gerichtete Interessen der Bundesrepublik", vgl. BVerfG, NJW 2022, 1583 (1585, Rn. 150).

[47] Dazu etwa *Löffelmann/Zöller*, Nachrichtendienstrecht, 2022, B. Rn. 40f.

[48] Art. 1 des Gesetzes zur Bekämpfung des internationalen Terrorismus (Terrorismusbekämpfungsgesetz) v. 9. Januar 2002, BGBl. I 361.

[49] Vgl. die Gesetzesbegründung, BT-Drs. 14/7386 (neu), 36: „Dem Verfassungsschutz kommt bei der Terrorismusbekämpfung im Rahmen der Vorfeldaufklärung eine wichtige Aufgabe zu. Das Bundesamt für Verfassungsschutz erhält daher das Recht, auch solche Bestrebungen zu beobachten, die sich gegen den Gedanken der Völkerverständigung oder gegen das friedliche Zusammenleben der Völker richten, da sie ein gefährlicher Nährboden für den wachsenden Terrorismus sind".

[50] *Wargel*, Zehn Jahre nach 9/11 – Die Prävention des gewaltbereiten Islamismus als gesamtgesellschaftliche Herausforderung, RuP 47 (2011), 205 (205).

[51] *Siems*, in: Schenke/Graulich/Ruthig (Hrsg.), Sicherheitsrecht des Bundes, 2. Aufl. 2019, MADG § 1 Rn. 17.

von der Nummer 1 über die ausdrücklich genannten Inlandsschutzgüter („Bestand oder die Sicherheit des Bundes oder eines Landes", „Verfassungsorgane des Bundes oder eines Landes oder ihrer Mitglieder") vorausgesetzt.

Endgültig aufklären lässt sich das Normverständnis mit der Gesetzgebungsgeschichte indes nicht; die Annahme eines redaktionellen Versehens[52] liegt nahe, bleibt jedoch in letzter Konsequenz Spekulation. Wollte man hingegen ein unbenanntes Inlandskriterium mit dem Argument in § 3 Abs. 1 Nr. 1 BVerfSchG hineinlesen, das BfV sei eben als „Inlandsnachrichtendienst" konzipiert, liefe dies auf eine *petitio prinicipii* hinaus,[53] geht es doch gerade um die Frage nach dem Rollenverständnis der Behörde. Aus den zwar gebräuchlichen,[54] im Recht der Nachrichtendienste jedoch unbekannten Begrifflichkeiten „Auslandsnachrichtendienst" / „Inlandsnachrichtendienst" lässt sich auch im Übrigen nichts herleiten, sind sie doch rein deskriptiv und nicht aus sich selbst heraus subsumtionsfähig.[55] Schließlich wäre noch zu erwägen, die Wendung „im Geltungsbereich dieses Gesetzes" aus gesetzessystematischen Erwägungen – namentlich im Verhältnis zum BNDG – in § 3 Abs. 1 Nr. 1 BVerfSchG hineinzulesen.[56] Zum einen entbehrt das Recht der Nachrichtendienste jedoch nach wie vor einer einheitlichen Systematisierung und konsistenten Dogmatisierung,[57] aus der sich entsprechende Rückschlüsse mit hinreichender Gewissheit ziehen ließen.[58] Zum anderen erscheint es fraglich, ob damit ein Mehr an kompetenz-

---

[52] So etwa *Roewer*, Nachrichtendienstrecht der Bundesrepublik Deutschland, 1987, BVerfSchG § 3 Rn. 13, der das Fehlen des einschränkenden Zusatzes bei § 3 Abs. 1 Nr. 1 BVerfSchG aus „einem Versehen bei der Verabschiedung des Verfassungsschutzänderungsgesetzes 1972" ableitet. Übereinstimmend *Rose-Stahl*, Recht der Nachrichtendienste, 2. Aufl. 2006, 48. Dazu auch schon Fn. 41.

[53] Wie hier *Roth*, in: Schenke/Graulich/Ruthig (Hrsg.), Sicherheitsrecht des Bundes, 2. Aufl. 2019, BVerfSchG § 4 Rn. 28, m.w.N.; *Banzhaf*, Ämter (Fn. 35), 129; *Meinel*, Kompetenzproblem (Fn. 3), 854: „offener Zirkelschluss"; anders *Gröpl*, Sicherheitsverwaltung (Fn. 35), 247 f., der den Aufklärungsauftrag des BfV „mit logischer Zwangsläufigkeit […] auf das Bundesgebiet beschränkt" sieht; ähnlich *Haedge*, Nachrichtendienstrecht, 1998, 187; *Kretschmer*, BKA, BND und BfV – was ist das und was dürfen die?, Jura 2006, 336 (340): „Es ist ein Inlandsnachrichtendienst. Sein Tätigkeitsfeld liegt im Inland […]".

[54] Siehe nur *Cremer*, Organisationen (Fn. 28), § 278 Rn. 4 ff., 9 ff.; *Daun*, Die deutschen Nachrichtendienste, in: Jäger/Daun (Hrsg.), Geheimdienste in Europa, 2009, 56 (60 ff., 64 f.); *dies.* in: Görres-Gesellschaft (Hrsg.), Staatslexikon IV, 2020, 162 (164) – „Nachrichtendienste".

[55] *Ader*, Auslandsaufklärung (Fn. 35), § 19 Rn. 16.

[56] Dafür plädierend *Gusy*, Organisation und Aufbau der deutschen Nachrichtendienste, in: Dietrich/Eiffler (Hrsg.), Handbuch des Rechts der Nachrichtendienste, 2017, Kap. IV § 1 Rn. 64.

[57] Eine mangelnde „Ordnungsidee" im Nachrichtendienstrecht beklagt *Dietrich*, Recht (Fn. 30), Kap. III § 3 Rn. 71; *ders.*, Schriftliche Stellungnahme an den Innenausschuss v. 21. Februar 2021, Ausschuss-Drs. 19(4)731 G, 4, 23; vgl. auch *Löffelmann*, Schriftliche Stellungnahme an den Innenausschuss v. 18. Februar 2021, Ausschuss-Drs. 19(4)731 C, 27: „eine überaus sperrige, zerfaserte, unübersichtliche Regelungsmaterie mit zahlreichen Wertungswidersprüchen".

[58] Wie hier *Ader*, Auslandsaufklärung (Fn. 35), § 19 Rn. 18.

rechtlicher Klarheit gewonnen wäre. Auf den letztgenannten Aspekt soll im nächsten Abschnitt gesondert eingegangen werden.

b) Von der Aufklärung über das Ausland zur Aufklärung im Ausland

Man kann durchaus darüber streiten, ob die Wendung „im Geltungsbereich dieses Gesetzes" territorial oder funktional zu verstehen ist. Im ersten Fall würde sie das Aufklärungsgebiet bzw. die Reichweite der Aufklärungstätigkeit des BfV tatsächlich auf das Gebiet der Bundesrepublik beschränken, im zweiten Fall würde hiermit nur das Aufklärungsziel beschrieben. Dahinter liegt die grundsätzliche Unterscheidung zwischen der Aufklärung *über das Ausland* und der Aufklärung *im Ausland.* Anders formuliert: Der Gegenstand der Aufklärung deckt sich nicht notwendig mit dem Ort der Aufklärung;[59] ein Konkurrenzverhältnis zwischen den Nachrichtendiensten entsteht allein in der inhaltlichen Ausrichtung der aufklärungsbedürftigen Sachverhaltskonstellationen, hingegen nicht vor dem Hintergrund des Aufklärungsortes.[60] Weder theoretisch[61] noch rechtlich[62] ist es danach ausgeschlossen, Wissen über das Ausland *vom Inland aus* und Wissen über das Inland *vom Ausland aus* zu generieren.

Hier wird deutlich, dass der Begriff der Auslandsaufklärung als „Kurzchiffre für ein phänomenologisch komplexes und vielschichtiges Geschehen griffig und attraktiv" erscheinen mag, rechtlich aber „wenig [leistet]".[63] Denn während die Aufklärung *über das Ausland* unstreitig in die ausschließliche Zuständigkeit des BND fällt, und zwar unabhängig ob sie vom Ausland oder vom Inland aus erfolgt, kann die Aufklärung *im Ausland* – je nach Zielrichtung der Maßnahme – als Auslands- ebenso wie als Inlandsaufklärung rekonstruiert werden. Vorauszusetzen für eine Inlandsaufklärung vom Ausland aus ist allerdings, dass der erforderliche Bezug zu den Inlandsschutzgütern des § 3 Abs. 1 Nr. 1 BVerfSchG und auch im Einzelfall ein hinreichend bedeutsamer Zusammenhang mit einem Inlandssachverhalt gegeben ist. Dass Vorgänge in der Zuständigkeit des BfV zugleich auswärtige Belange der Bundesrepublik berühren können, ergibt sich im Übrigen aus § 5 BVerfSchG. Seit dem Jahr 2015 fällt danach auch die grenzüberschreitende Kooperation mit ausländischen Partnerdiensten in den Zustän-

---

[59] *Gusy* (Fn. 35), BNDG § 1 Rn. 24; *ders.*, Organisation (Fn. 56), Kap. IV § 1 Rn. 64; *Bareinske*, Auslandsaufklärung (Fn. 35), Kap. V § 8 Rn. 100; *Gärditz*, Fernmeldebeschränkung (Fn. 1), 160.

[60] *Hadan*, Die strategische Fernmeldeüberwachung des Bundesnachrichtendienstes, Diss. Hamburg, 2017, 10.

[61] *Gärditz*, Die Reform des Nachrichtendienstrechts des Bundes, DVBl. 2017, 525 (526).

[62] Mit der wörtlichen Differenzierung zwischen „vom Inland aus" und „vom Ausland aus" noch die Regelungen über die Auslands-Fernmeldeaufklärung nach § 6 Abs. 1 Satz 1 und § 7 Abs. 1 BNDG a.F.

[63] *Ader*, Auslandsaufklärung (Fn. 35), § 19 Rn. 1.

digkeitsbereich des BfV (vgl. § 5 Abs. 5 Satz 1 BVerfSchG[64]). Man kann die inlandsgerichtete Aufklärung im Ausland durch das BfV daher wahlweise als Annexkompetenz zur Inlandsaufklärung[65] oder – was nach hiesiger Auffassung vorzugswürdig erschiene – schlicht als Teil derselben verstehen.[66] Ein solches Verständnis der *Inlandsaufklärung vom Ausland aus* würde auf den ersten Blick auch mit § 1 Abs. 2 Satz 2 BNDG harmonieren, aus dem sich umgekehrt die Zulässigkeit der *Auslandsaufklärung vom Inland aus* ergibt.[67] Als Fazit zum nachrichtendienstlichen Fachrecht lässt sich somit festhalten: Eine Inlandsaufklärung vom Ausland aus ist dem BfV weder ausdrücklich gesetzlich verboten, noch unzweideutig erlaubt.[68] Die Gesetzeslage ist unklar, fragmentarisch und im Ergebnis offen.

Endet die Zuständigkeit des BfV somit nach der einfachgesetzlichen Zuständigkeitsordnung nicht notwendig an den Grenzen des Bundesgebiets, sind Kompetenzüberlagerungen mit dem BND bei der Beobachtung grenzüberschreitender extremistischer Bestrebungen mit hinreichendem Inlandsbezug die zwangsläufige Folge.[69] Es stellt sich die Frage, ob dieses Ergebnis organisationsverfassungsrechtlich haltbar, grund- und befugnisrechtlich vertretbar und sicherheitspolitisch sinnvoll ist.

2. Eine Frage des Organisationsverfassungsrechts

a) Von der Verbands- zur Organzuständigkeit

Fragt man nach der Verbands- und Organzuständigkeit für die nachrichtendienstliche Beobachtung internationaler extremistischer Netzwerke, wird aus der einfachrechtlichen Zuständigkeitsfrage zunächst eine Frage des Organisati-

---

[64] Eingefügt durch das Gesetz zur Verbesserung der Zusammenarbeit im Bereich des Verfassungsschutzes v. 17. November 2015 (BGBl. I 1938).

[65] *Droste*, Handbuch (Fn. 36), 29, 162; *Meinel*, Kompetenzproblem (Fn. 3), 854; *Warg*, Ausland (Fn. 35), 128.

[66] Wie hier *Roth* (Fn. 53), BVerfSchG § 4 Rn. 29; *Meiertöns*, Struktur und Prozesse der Inlandsaufklärung; in: Dietrich/Fahrner/Gazeas et al. (Hrsg.), Handbuch Sicherheits- und Staatsschutzrecht, 2022, § 18 Rn. 24; *Ader*, Auslandsaufklärung (Fn. 35), § 19 Rn. 18: „inlandsbezogenes Tätigwerden des BfV im Ausland bleibt [...] innerhalb der BfV-eigenen Sachmaterie".

[67] Dazu nur *Bareinske*, Auslandsaufklärung (Fn. 35), Kap. V § 8 Rn. 100; *Kretschmer*, BKA, BND und BfV (Fn. 53), 341. Ausdrücklich untersagt ist dem BND hingegen – sowohl einfachgesetzlich (§ 1 Abs. 2 Satz 1 BNDG) als auch kompetenzverfassungsrechtlich (Art. 73 Abs. 1 Nr. 1 GG) – jedwede Aufklärung über das Inland („Inlandsaufklärung"), vgl. nur *Ader*, Auslandsaufklärung (Fn. 35), § 19 Rn. 14; *Bergemann*, Nachrichtendienste (Fn. 45), H. Rn. 30; *Hadan*, Fernmeldeüberwachung (Fn. 60), 9 f.

[68] Übereinstimmendes Fazit von *Gusy*, Organisation (Fn. 56), Kap. IV § 1 Rn. 64.

[69] *Dietrich*, Politisch gesteuerte Desinformation über soziale Netzwerke als Problem des Sicherheitsrechts, in: ders./Gärditz (Hrsg.), Sicherheitsverfassung – Sicherheitsrecht, Festgabe für Graulich, 2019, 75 (95).

onsverfassungsrechts.[70] Verbandszuständigkeit ist die Voraussetzung der Organzuständigkeit; sie schließt Verwaltungshandeln jenseits der Grenzen des Verbands nicht aus, verlangt dafür aber eine gesetzliche Grundlage.[71] Das Erfordernis einer solchen ergibt sich – im Bereich staatlichen Eingriffshandelns – aus der extraterritorialen Geltung der Grundrechte[72] wie auch – im Allgemeinen – aus der Völkerrechtsfreundlichkeit des Grundgesetzes (vgl. Art. 1 Abs. 2, Art. 25 f., Art. 59 Abs. 2 GG[73]): Das Völkerrecht steht der Vornahme von Hoheitsakten auf fremdem Staatsgebiet entgegen, wenn nicht der fremde Souverän in die extraterritoriale Hoheitsausübung eingewilligt hat, Gewohnheitsrecht das Handeln erlaubt oder sich aus dem supranationalen (Unions-)Recht anderes ergibt (keine *jurisdiction to enforce*).[74] Im Einklang hiermit wird etwa die Auslandsverwendung der Bundespolizei in § 8 BPolG ausdrücklich geregelt und grundsätzlich von einem Einvernehmen des Staates abhängig gemacht, auf dem polizeiliche Maßnahmen stattfinden sollen (vgl. § 8 Abs. 1 Satz 2 BPolG). Im Bereich des Nachrichtendienstrechts werden die Aufgaben und Befugnisse des Militärischen Abschirmdienstes im Ausland besonders geregelt und zeitlich wie räumlich auf die Auslandsverwendung der Bundeswehr beschränkt (vgl. § 14 Abs. 5 MADG).[75] Zwar sind dem Verfassungsschutz polizeiliche Zwangsbefugnisse nach § 8 Abs. 3 BVerfSchG ausdrücklich untersagt und wird die informationelle Tätigkeit von Nachrichtendiensten im Ausland völkerrechtlich zumindest nicht explizit verboten.[76] Eine schrankenlose Auslandtätigkeit der „Inlandsnachrichtendienste" gerät jedoch gleichwohl in Konflikt mit dem Grundsatz völkerrechtlicher Souveränität des betroffenen Staates.[77] Sie erfordert im Außenverhältnis eine Zustimmung im Einzelfall oder eine vertragliche

---

[70] Grundlegend die Beiträge in Krüper/Pilniok (Hrsg.), Organisationsverfassungsrecht, 2019 sowie in dies. (Hrsg.), Die Organisationsverfassung der Regierung, 2021.
[71] *Meinel*, Kompetenzproblem (Fn. 3), 855.
[72] Dazu noch unten 3. a).
[73] Aus der jüngeren Rspr. nur BVerfGE 148, 296 (350 ff., Rn. 126 ff.), m.w.N.
[74] *Ehlers*, Internationales Verwaltungsrecht, in: ders./Pünder (Hrsg.), Allgemeines Verwaltungsrecht, 16. Aufl. 2022, § 4 Rn. 4.
[75] Zum Gesamtkontext *Hingott*, Die Aufgabenerfüllung und Informationsgewinnung des Militärischen Abschirmdienstes (MAD) im Auslandseinsatz, GSZ 2018, 189 ff.
[76] *Schmahl*, Effektiver Rechtsschutz gegen Überwachungsmaßnahmen ausländischer Geheimdienste?, JZ 2014, 220 (221 f.); *Ullrich*, Die Verpflichtung der Exekutive und Legislative zum Schutz deutscher Bürger vor der Ausspähung durch ausländische Geheimdienste, DVBl. 2015, 204 (206 f.).
[77] Dezidiert a.A. für den Auslandseinsatz eines V-Mannes, Verdeckten Mitarbeiters oder die Durchführung einer grenzüberschreitenden Observation *Droste*, Handbuch (Fn. 36), 164, mit dem allerdings merkwürdigen Argument, es handele sich jeweils um Informationssammlungen „auf privatrechtlicher Basis" (ebd., 163); wie hier hingegen *Kahl*, Herausforderungen (Fn. 2), 162 f.; *Rieger*, Bayerische Geheimagenten (Fn. 16), 1346 f.; *Wissenschaftliche Dienste des Deutschen Bundestages*, Völkerrechtliche Aspekte der Zulässigkeit geheimdienstlicher Aktivitäten, WD 2–3000–094/19, 4 ff.; am Beispiel des grenzüberschreitenden Einsatzes von IMSI-Catchern *Wissenschaftliche Dienste des Deutschen Bundestages*, Grenzüberschreitende technische Ortung von Personen zur Gefahrenabwehr, WD 3–3000–112/18, 3 ff.

Vereinbarung,[78] die sich an den Regelungen über die grenzüberschreitende Polizeitätigkeit orientieren kann, wie sie im Schengener Durchführungsübereinkommen[79] etwa für die grenzüberschreitende Observation (Art. 40 SDÜ) oder die polizeiliche Nacheile (Art. 41 SDÜ) sowie in bilateralen Verträgen mit der Schweiz und Tschechien normiert sind.[80] Grenzüberschreitende Tätigkeiten des Verfassungsschutzes ohne Herstellung des Einvernehmens mit dem betroffenen Staat sind demgegenüber nicht nur völkerrechtswidrig, sondern lassen auch Zweifel an der Zweckmäßigkeit der Arbeit des Verfassungsschutzes aufkommen.[81] Im Innenverhältnis bedarf es der gesetzlichen Verankerung eines Einvernehmenserfordernisses sowie der Abgrenzung der jeweiligen Zuständigkeiten, um Doppeltätigkeiten „auf fremdem Boden" zu vermeiden.[82] Dabei entspricht es schon heute gängiger Praxis, dass das BfV ein Tätigwerden im Ausland gegenüber dem Inlandsnachrichtendienst des jeweils betroffenen Staats anzeigt.[83]

b) Von der Ministerialbehörde in die Regierungszentrale

Das Erfordernis einer ausdrücklichen gesetzlichen Regelung über die Zuständigkeitsabgrenzung zwischen BND und BfV folgt verfassungsrechtlich zudem aus dem institutionellen Vorbehalt des Gesetzes. Dem trägt etwa § 14 Abs. 6 Satz 2 und 3 MADG mit Blick auf das Verhältnis von Militärischem Abschirm- und Bundesnachrichtendienst während besonderer Auslandsverwendungen der Bundeswehr Rechnung. Danach trifft das BAMAD und den BND bei Auslandsverwendung der Bundeswehr eine gesetzliche Kooperationspflicht, wel-

---

[78] Das Bundesverfassungsgericht spricht etwas unspezifisch von einem Gebot der „Abstimmung", vgl. BVerfGE 100, 313 (362); vgl. dazu *Graf Vitzthum*, Exterritoriale Grundrechtsgeltung – Zu Bedingungen nachrichtendienstlicher Auslandsaufklärung, in: Talmon (Hrsg.), Kleine Schriften II, 2021, 75 (78).

[79] Übereinkommen zur Durchführung des Übereinkommens von Schengen vom 14. Juni 1985 zwischen den Regierungen der Staaten der Benelux-Wirtschaftsunion, der Bundesrepublik Deutschland und der Französischen Republik betreffend den schrittweisen Abbau der Kontrollen an den gemeinsamen Grenzen v. 19. Juni 1990 (ABl. 2000 L 239 19).

[80] Eingehend dazu *Kment*, Grenzüberschreitendes Verwaltungshandeln, 2010, 496 ff., 683 ff.

[81] So explizit der Landtag von Baden-Württemberg, Drs. 12/2749, 2. Hintergrund war das dienstliche Tätigwerden eines mit Tarnpapieren ausgestatteten Mitarbeiters des baden-württembergischen Landesamtes für Verfassungsschutz am 6. April 1998 in Basel, im Rahmen dessen die deutsch-schweizerischen Verbindungen innerhalb der Scientology-Organisation aufgeklärt werden sollten. Ein Einverständnis der Schweizer Behörden wurde vor Einsatzbeginn nicht eingeholt. Als der Vorfall öffentlich wurde, räumte das Landesinnenministerium im Landtag ein, dass hierdurch „Schweizer Hoheitsrechte verletzt worden [sind]. Sowohl der Herr Innenminister als auch der Präsident des Landesamtes haben hierfür bei ihren Schweizer Kollegen um Entschuldigung gebeten und den Vorfall bedauert" (ebd., Drs. 12/2749, 4).

[82] Der Sache nach wie hier *Gröpl*, Sicherheitsverwaltung (Fn. 35), 238 f.

[83] Dies gilt etwa im Fall der Sicherheitsüberprüfung Schutzsuchender, vgl. BT-Drs. 19/14638, 3.

che die Dienste zur wechselseitigen Unterrichtung über alle Angelegenheiten, deren Kenntnis zur Erfüllung ihrer jeweiligen Aufgaben erforderlich ist, anhält.

Organisationsentscheidungen im staatsinternen Bereich sowie hinsichtlich der Binnenorganisation der Verwaltung unterliegen zwar grundsätzlich nicht dem Vorbehalt des Parlamentsgesetzes.[84] Anderes gilt jedoch, sofern sie ausnahmsweise gesteigerte verfassungsrechtliche Relevanz besitzen.[85] Eine solche gesteigerte verfassungsrechtliche Relevanz, welche Fragen verwaltungsmäßiger Binnenorganisation nach außen kehrt, lässt sich vorliegend zunächst rein objektiv-verfassungsrechtlich begründen: Die historisch begründete Eingliederung des BND in das Kanzleramt einerseits und die Zuordnung des BfV zur Ministerialverantwortlichkeit des BMI führen dazu, dass die gesetzliche Kompetenzabgrenzung verfassungsrechtlich besonders ernstgenommen werden muss. Denn Zuständigkeitskonflikte lassen sich im Verhältnis dieser beiden Bundesoberbehörden weder auf dem normalen Weg ministerieller Weisung noch durch das in Art. 65 Satz 3 GG sowie in den §§ 9, 17 GO-BReg[86] und §§ 19 ff. GGO[87] vorgesehene Verfahren der Ressortabstimmung lösen.[88] Dafür fehlt es an einer Ministerialzuordnung des BND; der Kanzler ist kein Minister, das Kanzleramt kein Ministerium. Dagegen lässt sich auch nicht einwenden, dass das Bundeskanzleramt bereits seit längerem von einem Bundesminister („Bundesminister für besondere Aufgaben/Chef BK") geleitet wird, der deshalb auch mit eigenem Stimmrecht an den Kabinettssitzungen teilnimmt. Denn Behördenleiter kann nach gubernativem Innenrecht ebenso gut ein Staatssekretär sein (§ 7 Abs. 1 GO-BReg), womit die Zuständigkeitsordnung von den Zufälligkeiten der Ämterbesetzung abhinge.[89] Der Ministerrang sichert lediglich dessen demokratische Legitimation im Sinne der Vermeidung eines ministerialfreien Raumes; hat der Chef des Bundeskanzleramtes keinen Ministerrang, verbleibt diese Verantwortung unabhängig von der inhaltlichen Aufgabenwahrnehmung unmittelbar beim Bundeskanzler.[90] Ob die Regeln und Verfah-

---

[84] ThürVerfGH, Urt. v. 16. Dezember 2020 – VerfGH 14/18, NVwZ-RR 2021, 513 (515, Rn. 44).

[85] Paradigmatisch nach wie vor VerfGH NRW, Urt. v. 9. Februar 1999 – VerfGH 11/98, NJW 1999, 1243 (1247): „Die Bewertung des Gewichts verschiedener einander widersprechender Belange des Gemeinwohls und die Zuständigkeit zur politisch verantworteten Entscheidung kommt vor dem Hintergrund der Gewaltenteilung und des Demokratieprinzips dem Parlament zu. Über die Einführung eines neuen Ministeriums für Inneres und Justiz darf nicht ‚bürokratisch‘ entschieden werden".

[86] Geschäftsordnung der Bundesregierung v. 11. Mai 1951 (GMBl. 137).

[87] Gemeinsame Geschäftsordnung der Bundesministerien (GGO) v. 26. Juli 2000 (GMBl. 526).

[88] Zur Grundfunktion und Funktionsweise der Ressortabstimmung vgl. nur *Seedorf*, Das Bundeskanzleramt in der Regierungsorganisation, in: Krüper/Pilniok (Hrsg.), Die Organisationsverfassung der Regierung, 2021, 161 (185).

[89] *Meinel*, Kompetenzproblem (Fn. 3), 856.

[90] *Seedorf*, Bundeskanzleramt (Fn. 88), 198.

ren der Ressortabstimmung tatsächlich auch für das Verhältnis des BND zu den übrigen Nachrichtendiensten des Bundes praktiziert werden, ist eine zudem der Öffentlichkeit entzogene Frage der Staatspraxis, welche die verfassungsrechtliche Ausgangslage unberührt lässt. Die Lücke im gubernativen Konfliktlösungsmanagement ist vor diesem Hintergrund nach dem institutionellen Vorbehalt des Gesetzes durch eine parlamentsgesetzliche Regelung zu schließen, die sich an dem Vorbild des § 14 Abs. 6 Satz 2 und 3 MADG orientieren könnte. Gelegenheit hierzu bestünde etwa bei der sich aktuell abzeichnenden Grundsatzreform des Verfassungsschutzrechts.[91]

3. Eine Frage mittelbaren Grundrechtsschutzes

a) Von der Volkszählung zur Ausland-Ausland-Fernmeldeaufklärung

Daneben lässt sich der institutionelle Vorbehalt des Gesetzes im vorliegenden Kontext auch mit grundrechtlichen Erwägungen begründen. Dass die Aufgliederung der Nachrichtendienste nach Zuständigkeitsbereichen und die damit verbundene Regelung ihres Zusammenwirkens als Mechanismus mittelbaren Grundrechtsschutzes, d.h. als Ausdruck eines Grundrechtsschutzes durch Organisation und Verfahren naheliegend erscheint, wurde bereits betont.[92] Die Grundrechtsrelevanz nachrichtendienstlichen Handelns ist spätestens anerkannt, seitdem der Bundesgesetzgeber im Jahr 1990 mit dem geltenden Nachrichtendienstrecht die notwendigen legistischen Konsequenzen aus dem Volkszählungsurteil des Bundesverfassungsgerichts von 1983[93] gezogen hat.[94] Die Grundrechtsbindung (vgl. Art. 1 Abs. 3 GG) nachrichtendienstlichen Handelns *im Ausland* steht dabei seit der verfassungsgerichtlichen BNDG-Entscheidung aus dem Jahr 2020 ebenso außer Frage.[95] Dies gilt unabhängig davon, ob deutsche Staatsangehörige von der Maßnahme betroffen sind und ohne Abstriche im grundrechtlichen Schutzniveau. Der von der Literatur nahegelegten Trennung zwischen einer eingriffsintensiveren nachrichtendienstlichen Tätigkeit im Inland und einer weniger eingriffsintensiven Tätigkeit im Ausland,[96] ist das Gericht unter Verweis auf die jeweils in Rede stehende Abwehrdimension der Frei-

---

[91] Dazu *Michel*, Zur Reform der Verfassungsschutzkontrolle: Warum die Reformpläne der Bundesregierung begrüßenswert sind und dennoch ausgeweitet werden müssen, VerfBlog, 2022/7/18.
[92] Siehe oben bei Fn. 20.
[93] BVerfGE 65, 1.
[94] Durch Art. 2–4 des Gesetzes zur Fortentwicklung der Datenverarbeitung und des Datenschutzes v. 20. Dezember 1990 (BGBl. I 2954). Dazu *Cremer*, Organisationen (Fn. 28), § 278 Rn. 5; *Kornblum*, Rechtsschutz gegen geheimdienstliche Aktivitäten, 2011, 40; *Gärditz*, Zentralisierung (Fn. 8), 97.
[95] BVerfGE 154, 152 (215 ff., Rn. 87 ff.).
[96] *Meinel*, Kompetenzproblem (Fn. 3), 858.

heitsgrundrechte im Kontext staatlicher Überwachungsmaßnahmen ausdrücklich nicht gefolgt.[97]

b) Von der Aufgabe zur Befugnis

Aus dem weitgehenden Gleichlauf der Grundrechtsrelevanz nachrichtendienstlichen Handelns im In- und Ausland folgt zugleich eine an das Polizeirecht angelehnte Strukturierung des Nachrichtendienstrechts nach Aufgabe und Befugnis.[98] Ein Schluss von entgrenzenden Gefährdungen und allfällig weit interpretierten Aufgabenzuweisungen auf entgrenzte Handlungsbefugnisse ist danach nicht nur rechtspolitisch fragwürdig, sondern verfassungsrechtlich unhaltbar. Sowohl die grundrechtlichen Gesetzesvorbehalte als auch der allgemeine rechtsstaatliche Vorbehalt des Gesetzes (Art. 20 Abs. 3 GG) setzen hinreichend bestimmte und begrenzte Handlungsermächtigungen voraus. Die danach erforderlichen gesetzlichen Grundlagen für ein Handeln im Ausland sind zwar wie gesehen für den BND, nicht aber für das BfV vorhanden. So mag die Teilnahme eines verdeckten Mitarbeiters des Verfassungsschutzes an einem Konzert einer deutschen „Rechtsrockband" in Polen zwar ebenso naheliegend und nach den oben genannten Maßstäben auftragskonform erscheinen.[99] Eine Befugnis hierzu existiert nach geltendem Recht allerdings nicht; sie folgt insbesondere nicht aus § 9a BVerfSchG. Die Norm enthält zwar eine Spezialermächtigung zum Einsatz verdeckter Mitarbeiter und verhält sich dabei nicht explizit zum Einsatzort; eine Auslandstätigkeit hätte indes ausdrücklich normiert werden müssen, denn – dies sei hier noch einmal betont – ein Organhandeln jenseits der Grenzen des Verbands ist nicht prinzipiell ausgeschlossen, erfordert aber eine hinreichend normenklare gesetzliche Grundlage.[100] Sie aus einem weit gefassten Aufgabenverständnis in die Befugnisnorm hineinzulesen, wäre ein unzulässiger Schluss von der Aufgabe auf die Befugnis. Es gibt nach geltendem Recht folglich keine andere Behörde als den BND, die *im Ausland* Informationen mit eigenen nachrichtendienstlichen Mitteln, Mitarbeitern und Verbindungen beschaffen darf.[101]

Sofern dem BfV bereits nach geltendem Recht Zuständigkeiten zur Kooperation mit ausländischen Partnerdiensten (§ 5 Abs. 5 BVerfSchG) sowie vereinzel-

---

[97] BVerfGE 154, 152 (227, Rn. 110). Das Gericht differenziert nicht schematisch nach Inland/Ausland, vielmehr will es der transnationalen Verflechtung über Differenzierungen hinsichtlich des persönlichen und sachlichen Schutzbereichs, zwischen verschiedenen Grundrechtsdimensionen (Abwehr-, Leistungs-, Werte-, Schutzfunktion), im Bereich normgeprägter Grundrechte sowie hinsichtlich der jeweils geltenden Rechtfertigungsanforderungen (Verhältnismäßigkeit, Bestimmtheit) Rechnung tragen, vgl. ebd., Rn. 104.

[98] Knapp *Gärditz*, Zentralisierung (Fn. 8), 97; näher *Barczak*, Rechtsgebiet (Fn. 32), 105 ff., m.w.N.

[99] *Dietrich*, Desinformation (Fn. 69), 95.

[100] Siehe oben bei Fn. 71.

[101] So explizit *Gusy* (Fn. 35), BNDG § 1 Rn. 25.

te Befugnisse zur internationalen Terrorismus- und Extremismus-Bekämpfung eingeräumt werden – ein Beispiel bildet die Abfrage von Fluggastdaten (vgl. § 6 Abs. 2 Satz 1 Nr. 1 FlugDaG i.V.m. § 8a Abs. 1 Satz 1 Nr. 1 BVerfSchG) –, bestätigen diese vielmehr den Befund territorial radizierter Handlungsbefugnisse. So werden die Fluggastdaten im Auftrag und nach Weisung des BKA als Fluggastdatenzentralstelle durch das Bundesverwaltungsamt verarbeitet und anschließend dem BfV übermittelt. Auch mit Blick auf die Errichtung und Unterhaltung gemeinsamer Dateien mit ausländischen Nachrichtendiensten nach §§ 22b, 22c BVerfSchG[102] bleibt die „Auslandsfähigkeit' des BfV"[103] funktional begrenzt. Eine Ermächtigung zu einer eigenständigen Auslandstätigkeit des BfV folgt auch daraus nicht.[104] Im Gegenteil: Weil auswärtiges Handeln keiner anderen deutschen Sicherheitsbehörde explizit erlaubt ist, ist es nach wie vor ausschließlich Sache des BND.[105]

4. Eine sicherheitspolitische Frage

Die Zuständigkeitsfrage ist schließlich eine sicherheitspolitische Frage. Dass mehr als eine Behörde mit derselben Aufgabe betraut werden, bedeutet nicht notwendig ein Mehr an Sicherheit. Die Vermeidung von Doppelzuständigkeiten und Parallelstrukturen ist somit nicht nur eine regelhafte Vermutung bei der Auslegung der Kompetenzordnung,[106] sondern regelmäßig zugleich ein Gebot sicherheitspolitischer Vernunft. Der „Fall Amri", der noch immer wie ein Menetekel über der deutschen Sicherheitslandschaft schwebt, hat gezeigt, wie verhängnisvoll sich Doppel- und Mehrfachzuständigkeiten auswirken können – getreu dem jeder Fußballerin und jedem Fußballer bekannten Motto: „Nimm Du ihn, ich hab' ihn sicher". Überlappende Zuständigkeiten können nicht nur zu Informationslücken, sondern auch zu positiven wie negativen Kompetenzstreitigkeiten, wechselseitigen Beobachtungen, kumulativen Grundrechtseingriffen bis hin zu einer ergebnislosen Verschwendung von Kapazitäten der

---

[102] Eingefügt durch das Gesetz zum besseren Informationsaustausch bei der Bekämpfung des internationalen Terrorismus v. 26. Juli 2016 (BGBl. I 1818). Dazu *Gnüchtel*, Das Gesetz zum besseren Informationsaustausch bei der Bekämpfung des internationalen Terrorismus, NVwZ 2016, 1113 ff.; *Roggan/Hammer*, Das Gesetz zum besseren Informationsaustausch bei der Bekämpfung des internationalen Terrorismus, NJW 2016, 3063 ff.

[103] *Ader*, Auslandsaufklärung (Fn. 35), § 19 Rn. 19.

[104] Vgl. auch *Ader*, Auslandsaufklärung (Fn. 35), § 19 Rn. 19, der dem BND zumindest „eine gewisse Federführung" zugestehen will.

[105] Wie hier *Gusy* (Fn. 35), BNDG § 1 Rn. 25; *Meinel*, Kompetenzproblem (Fn. 3), 855.

[106] Für das Polizei- und Sicherheitsrecht im Allgemeinen *Gusy*, Reform der Sicherheitsbehörden, ZRP 2012, 230 (231); *Löffelmann*, Die Zukunft der deutschen Sicherheitsarchitektur, GSZ 2018, 85 (90); *ders.*, Muster für ein Polizeigesetz aus Bayern, GSZ 2021, 164 (168); für den hier interessierenden Kontext *Meinel*, Kompetenzproblem (Fn. 3), 854; im Ergebnis anders *Banzhaf*, Ämter (Fn. 35), 131, der bei der Beobachtung extremistischer Bestrebungen im Ausland, soweit sie sich gegen die Schutzgüter des § 3 Abs. 1 Nr. 1 BVerfSchG richten, „ausnahmsweise eine Doppelzuständigkeit des BND und der Verfassungsschutzämter" anerkennen will.

Nachrichtendienste führen.[107] Da das praktische Bedürfnis des Verfassungsschutzes nach einer Einbindung in die nachrichtendienstliche Beobachtung internationaler extremistischer Netzwerke zwar einerseits nicht von der Hand zu
weisen ist, andererseits jedoch aus sich heraus eine erweiternde Auslegung des
§ 3 Abs. 1 Nr. 1 BVerfSchG nicht zu rechtfertigen vermag,[108] stellt sich die Frage
nach einer rechtskonformen Umsetzung *de lege ferenda* wie *de lege lata*. Damit
sind wir bei den möglichen Antworten angelangt.

III. Zum Schluss: Mögliche Antworten

1. De lege ferenda: Zentralstelle oder Sicherheitsbehörde?

Um die betreffende Lücke zu schließen, könnten dem BfV – zukünftig – grenzüberschreitende operative Handlungs-, insbesondere Datenerhebung- und
Überwachungsbefugnisse zugewiesen werden. Eine solche Befugniserergänzung
de lege ferenda ist von Verfassungs wegen weder kompetenz- noch materiell-
rechtlich ausgeschlossen. Die Trennung zwischen Inlands- und Auslandsnachrichtendienst in Deutschland ist historisch bedingt,[109] ein verfassungsrechtli-
ches Trennungsgebot zwischen einem auslands- und einem inlandsbezogenen
Nachrichtendienst existiert nicht.[110] Art. 73 Abs. 1 Nr. 10 lit. b) GG definiert
den „Verfassungsschutz" schutzgutsbezogen, nicht territorial begrenzt.[111]
Art. 73 Abs. 1 Nr. 1 GG steht dem nicht entgegen, da „auswärtige Angelegenheiten" – anders als der Verfassungsschutz – zwar eine mögliche, aber keine
notwendige Sicherheitskomponente aufweisen.[112]

Zwar wird bisweilen unter Verweis auf die reine Zentralstellenkompetenz des
Art. 87 Abs. 1 Satz 2 GG jegliches operatives Handeln des BfV für unzulässig
gehalten.[113] Nach dieser Lesart ermächtigt die Verwaltungskompetenz lediglich
zur Unterhaltung einer Verfassungsschutzbehörde auf Bundesebene, die das
Handeln der Landesämter informationell verklammert, fachlich unterstützt
und koordiniert, aber keine kompetenzrechtliche Grundlage für originäre
Überwachungsbefugnisse des BfV bereithält. Die Gesetzgebungspraxis ist über

---

[107] Eingehend zu diesen und weiteren Nachteilen von Doppelzuständigkeiten im sicherheitsrechtlichen Bereich *Bäcker/Hirsch/Wolff* et al., Regierungskommission (Fn. 18), 155 ff.

[108] Wie hier *Meinel*, Nochmals (Fn. 35), 1739, wonach „organisationsrechtliche Kategori-
enbildung fehlschlägt, wenn sie allein in Zwecken denkt"; a.A. *Banzhaf*, Ämter (Fn. 35), 129:
„soll [...] nicht an der bundesdeutschen Grenze enden"; *Warg*, Ausland (Fn. 35), 127 ff.

[109] *Löffelmann/Zöller*, Nachrichtendienstrecht (Fn. 47), C. Rn. 11.

[110] *Banzhaf*, Ämter (Fn. 35), 321; *Meinel*, Kompetenzproblem (Fn. 3), 857 f.

[111] *Gärditz*, Fernmeldebeschränkung (Fn. 1), 162.

[112] Dazu schon II. 1. a).

[113] *Bäcker*, Verfassungsgefüge (Fn. 17), B. Rn. 230 ff.; *ders.*, Das G 10 und die Kompetenzordnung, DÖV 2011, 840 (844); a.A. *Risse/Kathmann*, Das G 10 und die Kompetenzordnung,
DÖV 2012, 555 ff.; *Gärditz*, Zentralisierung (Fn. 8), 104 ff., m.w.N. zur Gegenauffassung.

eine derart restriktive Auslegung von vornherein hinweggegangen. Konsequent wurde die Kompetenzgrundlage dahingehend ausgelegt, dass das BfV nicht nur die Länderarbeit koordinieren, sondern zugleich selbst operativ Unterlagen zu Zwecken des Verfassungsschutzes sammeln und auswerten sollte. Dass dem Verfassungsschutz eigene operative Befugnisse eingeräumt werden können, hat das Bundesverfassungsgericht unlängst mit Blick auf die Bestandsdatenauskunft nach § 8d BVerfSchG klargestellt.[114]

Mit Blick auf die gesetzestechnische Umsetzung könnte der Normgeber zum einen die Aufgabenzuweisung in § 3 Abs. 1 BVerfSchG um eine Variante erweitern, nach der die Inlandsaufklärung vom Ausland aus explizit in das Zuständigkeitsspektrum des BfV fällt. In diesem Fall würden die Befugnisnormen der §§ 8 ff. BNDG der Zuständigkeitserweiterung insoweit folgen, als auf § 3 Abs. 1 BVerfSchG Bezug genommen wird.[115] Ob ein solcher Automatismus sachgerecht wäre, ist allerdings fraglich. So mag es etwa Gründe dafür geben, den Einsatz von Vertrauensleuten im Ausland anderen Voraussetzungen als den in § 9b BVerfSchG normierten zu unterwerfen.[116] Vor diesem Hintergrund erscheint eine besondere Regelung über die Auslandsbefugnisse des BfV in einem gesonderten Abschnitt des Gesetzes vorzugswürdig: Diese könnte zum einen durch Verweise auf die übrigen Befugnisnormen Doppelungen vermeiden und sollte zum anderen eine Kooperationspflicht nach dem Vorbild des § 14 Abs. 6 Satz 2 und 3 MADG aufnehmen, um Doppeltätigkeiten von BfV und BND in der Praxis vorzubeugen. Die Einzelheiten der Aufgabenabgrenzung könnten dabei, wiederum nach dem Vorbild des § 14 Abs. 6 Satz 4 MADG, einer Kooperationsvereinbarung zwischen den Diensten überlassen bleiben. Eine generalklauselhafte Wendung, wonach das BfV etwa „nachrichtendienstliche Mittel auch gegenüber nichtdeutschen Staatsangehörigen im Ausland anwenden" darf,[117] genügt dabei jedenfalls nicht.

2. De lege lata: Delegation oder Kooperation?

Da es dem BfV nach geltendem Recht an den erforderlichen Rechtsgrundlagen für ein eigenständiges Tätigwerden im Ausland fehlt, ist er für seine Auslandstätigkeit auf eine Unterstützung durch den BND angewiesen. Presseberichten zufolge haben BND und BfV im Jahr 2020 ein Koordinationsabkommen für

---

[114] BVerfGE 155, 119 (174, Rn. 116).

[115] Vgl. die Nachweise in Fn. 44.

[116] Wie hier *Kahl*, Herausforderungen (Fn. 2), 164, mit dem plausiblen Hinweis, dass namentlich das Anwerbeverbot nach § 9b Abs. 2 Satz 2 Nr. 2 BVerfSchG „nicht den Einsatznotwendigkeiten der Auslandsaufklärung ent-, sondern widerspricht".

[117] So mit Blick auf das Bayerische Landesamt für Verfassungsschutz aber Art. 5 Abs. 5 des SPD-Entwurfs für ein novelliertes Bayerisches Verfassungsschutzgesetz (BayVSG) v. 26. August 2022 (Fn. 16).

den Phänomenbereich des internationalen Rechtsextremismus abgeschlossen.[118]
Ein solches Koordinationsabkommen dürfte allerdings keine Delegation von
Auslandskompetenzen des BND auf das BfV beinhalten, denn eine solche er-
forderte eine gesetzliche Grundlage.[119]

In Betracht kommt daher nur eine nähere Ausgestaltung der Auslandskoope-
ration als Amtshilfe im Sinne der Art. 35 GG, §§ 4 ff. VwVfG.[120] Bei der Amtshilfe handelt es sich zwar grundsätzlich um eine Form subsidiärer und einzel-
fallbezogener Unterstützungsleistung, zu welcher der BND auch in anderen
Fällen herangezogen wird.[121] Über die punktuelle Hilfeleistung hinaus lassen
sich jedoch die Inhalte und Modalitäten der Hilfeleistung durch Vereinbarun-
gen zwischen den beteiligten Stellen regeln, wodurch eine – ebenso sinnvolle,
praktikable wie längerfristige – horizontale Zusammenarbeit von Nachrichtendiensten ermöglicht wird.[122] Für den Bereich der extraterritorialen Tätigkeit
bedeutete dies: Der BND könnte dem BfV auf dessen Ersuchen und in dessen
Interesse auch ohne weitere gesetzliche Grundlage Amtshilfe leisten, bliebe
aber bei der Leistung von Amtshilfe uneingeschränkt federführend und verantwortlich. Die normativen Vorgaben für die wechselseitige Datenübermittlung
zwischen den Diensten (§§ 10 f. BNDG; §§ 18 f. BVerfSchG) blieben dabei unberührt.[123] Das betrifft etwa die eingangs geschilderten Fälle, in denen das BfV
Personen im Ausland befragt oder in Kontakt zu ausländischen Nachrichtendiensten tritt. Die Amtshilfe bietet sich gerade auch deshalb an, weil sie in Fällen
in Betracht kommt, in denen die ersuchende Behörde – hier das BfV – zwar an
sich zuständig ist,[124] ein bestimmter Teilaspekt – hier die Auslandstätigkeit –
von ihr aber ohne Rechtsverstoß nicht selbst erledigt werden kann, etwa weil es
ihr an den notwendigen rechtlichen Befugnissen mangelt (vgl. § 5 Abs. 1 Nr. 1
VwVfG).[125] Die Amtshilfe zwingt zu ständiger Abstimmung, Kooperation und
Kontaktpflege der beteiligten Dienste, was dazu beitragen kann, „blinde Fle-

---

[118] *Flade/Mascolo*, Hetze (Fn. 22), 7.

[119] *Meinel*, Kompetenzproblem (Fn. 3), 856.

[120] Mit diesem Vorschlag bereits *Meinel*, Kompetenzproblem (Fn. 3), 857.

[121] Vgl. *Meiertöns*, Die nachrichtendienstliche Vermittlerrolle bei Entführungen, GSZ
2018, 219 (224): Amtshilfe für das Auswärtige Amt bei Entführungen deutscher Staatsange-
höriger im Ausland.

[122] *Gusy*, Nachrichtendienste in der sicherheitsbehördlichen Kooperation, in: Dietrich/
Eiffler (Hrsg.), Handbuch des Rechts der Nachrichtendienste, 2017, Kap. IV § 2 Rn. 24.

[123] Vgl. *Schünemann*, Die Liechtensteiner Steueraffäre als Menetekel des Rechtsstaats,
NStZ 2008, 305 (306 f.), für das Verhältnis zwischen BND und Strafverfolgungsbehörden.

[124] Dies setzt, da die Amtshilfe keine Veränderung der gesetzlichen Kompetenzordnung
bewirkt (*Funke-Kaiser*, in: Bader/Ronellenfitsch [Hrsg.], BeckOK VwVfG, § 5 Rn. 9 [Stand:
2022]), freilich eine entsprechend weite Auslegung des § 3 Abs. 1 BVerfSchG voraus (siehe
oben II. 1.). Nicht ganz ohne Selbstwiderspruch insofern *Meinel*, Kompetenzproblem (Fn. 3),
857, der die entsprechend extensive Auslegung gerade ablehnt; mit berechtigter Kritik insoweit *Warg*, Ausland (Fn. 35), 128.

[125] *Schmitz*, in: Stelkens/Bonk/Sachs, VwVfG, 9. Aufl. 2018, § 5 Rn. 6; zu den mangelnden
Auslandsbefugnissen des BfV siehe oben II. 3.

cken" und interbehördliche Informationsverluste zu vermeiden.[126] Soweit grundsätzliche Bedenken gegen die Amtshilfe als nachrichtendienstliche Kooperationsform geltend gemacht werden, überzeugen diese nach hier vertretener Auffassung nicht: Dass das Auftragsprofil der Bundesregierung (APB), in welchem die Themen und Regionen vorgegeben werden, mit denen sich der BND nachrichtendienstlich beschäftigen darf,[127] auf die Praktikabilität der Amtshilfe zurückwirkt, weil die für das BfV interessanten Gebiete nicht notwendig deckungsgleich mit denjenigen des BND sind, ist zutreffend, aber eine bloße Frage regierungsamtlicher Prioritätensetzung. Der Einwand, wonach die Figur der Amtshilfe in beiden Diensten zu erheblichem, teilweise redundantem Mehraufwand und entsprechenden Effizienzverlusten in der Auftragserfüllung führt,[128] greift – selbst bei unterstellter Richtigkeit – ebenfalls nicht durch. Die Amtshilfe mag im Vergleich mit anderen nachrichtendienstlichen Kooperationsformen[129] umständlich, ineffizient und antiquiert erscheinen, sie bildet jedoch nach geltendem Recht die einzige rechtskonforme Möglichkeit, dem praktischen Bedürfnis des Verfassungsschutzes nach einer Einbindung in die nachrichtendienstliche Beobachtung internationaler extremistischer Netzwerke Rechnung zu tragen. Nach dem Prinzip der Gesetzmäßigkeit der Verwaltung (Art. 20 Abs. 3 GG) hat die Praxis geltendem Recht zu folgen, nicht das geltende Recht dem Bedürfnis der Praxis.

Zugleich ist die Amtshilfe offen für eine Abgrenzung nach dem Schwerpunkt der Maßnahme.[130] Eine solche Schwerpunktbetrachtung ermöglicht, man denke nur an die Abgrenzung von präventiver und repressiver Tätigkeit der Polizei,[131] die notwendige Flexibilität – der Schwerpunkt einer Bestrebung kann sich vom Ausland ins Inland verlagern und umgekehrt[132] – und führt zumindest in aller Regel zu sachgerechten Lösungen. Dass eine Schwerpunktbetrachtung auch in verwandten Fällen praktikabel ist, verdeutlicht ein Blick in das Vereinsrecht: Bei einem Verbot von Ausländervereinen (vgl. § 14 Abs. 1 Satz 1 Ver-

---

[126] Dafür – ohne Bezug zum Instrument der Amtshilfe – ebenfalls plädierend *Gröpl*, Sicherheitsverwaltung (Fn. 35), 249.

[127] Dazu knapp *Ader*, Auslandsaufklärung (Fn. 35), § 19 Rn. 14; näher *Bareinske*, Auslandsaufklärung (Fn. 35), Kap. V § 8 Rn. 80 ff.

[128] *Ader*, Auslandsaufklärung (Fn. 35), § 19 Rn. 18.

[129] Zu solchen knapp *Meiertöns*, Inlandsaufklärung (Fn. 66), § 18 Rn. 54 f.; eingehend *Gusy*, Kooperation (Fn. 122), Kap. IV § 2 Rn. 20 ff.

[130] Für eine solche auch schon *Dietrich*, Desinformation (Fn. 69), 96; *Meinel*, Nochmals (Fn. 35), 1739; der Sache nach auch *Gärditz*, Fernmeldebeschränkung (Fn. 1), 160 f.

[131] Diese sog. Schwerpunkttheorie wurde maßgeblich für die Prüfung der Rechtswegzuständigkeit zwischen Verwaltungsgerichtsbarkeit und ordentlicher Gerichtsbarkeit entwickelt, vgl. BVerwGE 47, 255 (264 f.); BVerwG, Beschl. v. 22.6.2001 – 6 B 25/01, NVwZ 2001, 1285 (1286); *Schenke*, Rechtsschutz gegen doppelfunktionale Maßnahmen der Polizei, NJW 2011, 2838 (2841 f.); ob sie auch darüber hinaus Anwendung findet, ist umstritten, vgl. zusammenfassend BGHSt 62, 123 (131 ff., Rn. 21 ff.).

[132] Darauf hinweisend *Gärditz*, Fernmeldebeschränkung (Fn. 1), 160 f.

einsG) wird im Fall sog. gemischter Vereinigungen ebenfalls eine Schwerpunktbetrachtung vorgenommen und auf den Schwerpunkt der Zusammensetzung
der Leitungsorgane bzw. Mitglieder abgestellt.[133] Im vorliegenden Kontext
kommt es, wie bereits ausgeführt,[134] nicht auf den Schwerpunkt des Aufklärungsortes (Inland oder Ausland) an, sondern darauf, ob das Aufklärungsziel,
also die jeweilige extremistische oder terroristische Bestrebung ihren Schwerpunkt im In- oder Ausland hat und die nachrichtendienstliche Beobachtung
somit im Schwerpunkt eher inlands- oder auslandsgerichtet ist. Analog zum
Vereinsrecht ließe sich dafür u.a. auf den Schwerpunkt der Zusammensetzung
der Führungsorgane bzw. Mitglieder der betreffenden Bestrebung abstellen.
Die Überlappung von Inlands- und Auslandsbezug belegt den doppelfunktio-
nalen Charakter entsprechender Aufklärungsmaßnahmen und damit die Parallele zum Polizeirecht, allerdings mit dem Unterschied, dass im Recht der Nachrichtendienste die Zuständigkeit nicht nur normativ-funktional divergiert, sondern auf zwei unterschiedliche Behörden verteilt ist. Geht die Gefährdung im
Schwerpunkt vom Ausland aus und müssen Befugnisse primär im Ausland
ausgeübt werden, ist danach ausschließlich der BND zur nachrichtendienstlichen Beobachtung und Gefahrenfrüherkennung zuständig.[135] Zu denken ist
etwa an Gefahren durch Terrorakte, die sich als Ausdruck international ver-
flochtener Konfliktlagen darstellen, sowie an Bedrohungen durch staatenüber-
greifend agierende Netzwerke der organisierten Kriminalität.[136] In die Zuständigkeit des BND fallen darüber hinaus – und nicht zuletzt – von außen gesteuerte Hacker- und Cyberangriffe auf Kritische Infrastrukturen und sonstige
virtuelle Bedrohungen in Gestalt extremistischer Plattformen und Chatgruppen, digitaler Desinformationskampagnen und grenzüberschreitender Verbreitung von Fake News.[137]

Handelt es sich demgegenüber im Schwerpunkt um einen Inlandssachverhalt,
ist das BfV umfassend sachlich zuständig, und zwar auch dann, wenn der Sachverhalt Bezüge ins Ausland aufweist; ein Beispiel wäre etwa die Beobachtung
der „Atomwaffendivision Deutschland" als nationales Franchise eines grenzüberschreitenden rechtsextremistischen Terrornetzwerks. Für auf entsprechende Inlandssachverhalte bezogene Aufklärungstätigkeiten im Ausland bietet das
Institut der Amtshilfe die Möglichkeit, zu einem sinnvollen Zusammenwirken

---

[133] Wird die Vereinigung unter Heranziehung dieser Kriterien maßgeblich von Ausländern kontrolliert, genießt sie nicht den Schutz von Art. 9 Abs. 1 GG; fehlt es dagegen am be-
herrschenden Einfluss der Ausländer, so ist die Vereinigung dem Schutzbereich von Art. 9
Abs. 1 GG zuzuordnen, vgl. BVerfG (K), Beschl. v. 16. Juni 2000 – 1 BvR 1539/94 u.a. –,
NVwZ 2000, 1281 (1281); *Kluth*, Die Vereinigungs- und Koalitionsfreiheit gem. Art. 9 GG,
Jura 2019, 719 (722).
[134] Siehe oben II. 1. b).
[135] Ebenso *Dietrich*, Desinformation (Fn. 69), 95 f.
[136] BVerfGE 154, 152 (234, Rn. 128).
[137] BVerfGE 154, 152 (234, Rn. 128).

von BfV und BND zu kommen. Lässt sich dagegen aufgrund des Grads der Vernetzung kein eindeutiger Schwerpunkt im Inland oder Ausland ausmachen, bleibt nach hier vertretener Auffassung im Zweifel der BND für die Auslandsaufklärung aus eigener Zuständigkeit verantwortlich.

Der Schwerpunktbetrachtung ist schließlich im Vergleich zu Lösungsvorschlägen der Vorzug zu geben, nach denen bereits ein irgendwie gearteter Inlandsbezug eines internationalen Sachverhalts für ein weltweites Tätigwerden des BfV ausreichen soll.[138] Ein solcher *genuine link* zum Inland wird sich mit Blick auf die eingangs genannten globalisierten und „entgrenzten" Bedrohungsszenarien stets argumentativ begründen lassen; er wirft die Frage auf, warum der Gesetzgeber überhaupt noch die Notwendigkeit für einen eigenständigen Auslandsnachrichtendienst sieht, dessen Aufklärungsauftrag nach § 1 Abs. 2 Satz 1 BNDG in einem mitgeschriebenen Deutschlandbezug („Erkenntnisse von außen und sicherheitspolitischer Bedeutung für die Bundesrepublik Deutschland") seine Grenze findet;[139] eine ebenso globale wie totale Lageerfassung politischer, militärischer und wirtschaftlicher Sachverhalte ist danach weder möglich noch intendiert.[140] Die Forderung eines lediglich losen Inlandsbezuges machte letztlich aus der verteidigungspolitischen Doktrin, nach der „Deutschlands Sicherheit auch am Hindukusch verteidigt" wird,[141] einen entgrenzenden Satz des Rechts der Nachrichtendienste.

---

[138] Dafür etwa *Warg*, Ausland (Fn. 35), 128.
[139] *Meiertöns*, Vermittlerrolle (Fn. 121), 223.
[140] Vgl. BT-Drs. 11/4306, 70.
[141] So der damalige Verteidigungsminister *Peter Struck*, zitiert nach https://www.bundes regierung.de/breg-de/service/bulletin/rede-des-bundesministers-der-verteidigung-dr-pe ter-struck-784328 (8.2.2023).

Podiumsdiskussion

Radikalisierung und Extremismus als Gegenstände nachrichtendienstlicher Aufklärung

Podiumsdiskussion:
Radikalisierung und Extremismus als Gegenstände nachrichtendienstlicher Aufklärung

Oussama Azarzar/Andrea Böhringer/Ivana Hristova/Maryam Kamil Abdulsalam/Soo Min Kim/Karoline Maria Linzbach

Die Podiumsdiskussion zum Thema „Radikalisierung und Extremismus als Gegenstände nachrichtendienstlicher Aufklärung" wurde von *Prof. Dr. Kurt Graulich* moderiert. Die Teilnehmer *Dr. Thomas Darnstädt, Dr. Burkhard Even (Bundesamt für den Militärischen Abschirmdienst), Sinan Selen (Bundesamt für Verfassungsschutz), Prof. Dr. Samuel Salzborn (Justus-Liebig-Universität Gießen)* steuerten im Vorfeld dazu Thesen bei, nach denen sich die folgende Diskussion richtete.

I. Delegitimierung und Radikalismus in der Mitte der Gesellschaft

Der erste Diskussionsblock trug die Überschrift „Delegitimierung und Radikalismus in der Mitte der Gesellschaft". *Graulich* leitete dieses Kapitel mit einem Zitat von *Christoph Gusy* ein: „Begriff und Konzept der Delegitimierung sind noch wenig etabliert. Der „Phänomenbereich" der neu formulierten Aufgabe ist recht offen. Ausgangspunkt ist das Ziel, den Bereich der Aufklärung demokratiegefährdender Bestrebungen über deren bekannte Träger hinaus auszuweiten. Es soll nicht um einen neuen Namen für ein bekanntes Phänomen, sondern um ein neues Phänomen gehen."[1]. Hier stellte *Graulich* zunächst einen Bezug zur Weimarer Republik her. Die erste Frage ging an Herrn *Salzborn*, und wurde auch von ihm so formuliert: Verlangt der Extremismusbegriff ein statisches oder dynamisches Verständnis? Geht es um die Ränder der Gesellschaft? Welche Relevanz hat die Demokratiefeindlichkeit in ihrer Mitte für Radikalisierungsprozesse?

---

[1] *Gusy*, Delegitimierung des Staates, GSZ 2022, 101 (103).

Salzborn nahm zunächst zu der ersten Teilfrage nach dem statischen oder dynamischen Verständnis Stellung. Er betonte dabei, dass die Diskussion über den Begriff sehr alt und im politikwissenschaftlichen und sozialwissenschaftlichen Kontext zu sehen sei. Der Ursprung dieser Fragen ließe sich 1959 in *Seymour Martin Lipset*s Theorien finden. In seinem Aufsatz zum Extremismus der Mitte und seinem ein Jahr später folgenden Buch[2] vertritt *Lipset* die These, dass es neben dem Extremismus an den Rändern auch einen Extremismus in der Mitte der Gesellschaft gäbe. Deshalb hielt *Salzborn* es für wichtig, soziokulturelle von politisch analytischen Begriffen zu trennen. Die Mitte der Gesellschaft sei dabei ein Konstrukt, welches sich mit *Manfred G. Schmidt*s These aus den 1990er Jahren beschreiben ließe: alle tendieren zur Mitte, niemand wolle mehr polarisierend sein.[3] Hier finde sich der Bezug zu *Lipset*s Argument: wenn man bestimmte Phänomene, Antipluralismus, Monismus und Demokratiefeindlichkeit als inhaltlich analytische Kategorien fasst, dann findet man sie in allen Bereichen der Gesellschaft. Die Differenzierung zwischen „rechts" oder „links" oder „links-" oder „rechtsextrem" sei hier nicht zielführend, da es solche Fälle auch in der Mitte der Gesellschaft gäbe. Zentral sei es laut *Salzborn*, diese Mitte für Radikalisierungsprozesse in den Mittelpunkt zu stellen, besonders in Zusammenhang mit der Entwicklung der zurückliegenden zwei Jahre. Dieser Blickwinkel ließe sich ebenfalls im Lagebild Antisemitismus des Bundesamtes für Verfassungsschutz[4] finden. Er betont dabei, dass ein Radikalisierungsprozess an einer Stelle beginne, die zunächst aus verfassungsrechtlicher Sicht unproblematisch sei, aber im radikalsten Phänomenbereich in Gewalt oder Terrorismus münden könne. Die Bereiche, in denen Radikalisierungsprozesse niederschwellig beginnen können, seien dabei zentral im Blick zu behalten. Deshalb sei es notwendig, Radikalisierungspotentiale – auch in der Mitte – zu erkennen und so ein dynamisches Extremismusverständnis heranzuziehen. Insbesondere in Bezug auf das Themenfeld Antisemitismus sei es nicht tauglich, an konkrete Organisationen festzuhalten, sondern seien auch insbesondere die weltanschaulichen, antipluralistischen, antidemokratischen, monistischen Elemente in den Fokus zu rücken.

Anknüpfend an diese Antwort stellte *Graulich* Bezug zu einer der Hauptschriften der sog. *Frankfurter Schule* her. Diese betrifft die autoritäre Persönlichkeit[5], wobei die Studien dazu aus der allgemeinen Gesellschaft in den USA stammen. Die Frage an *Salzborn* lautete dabei: Ist die Mitte der Gesellschaft gar nicht der Ruheanker, sondern das Zentrum des Sturms?

Salzborn erinnerte daran, dass die sog. *Kritische Theorie* in einen sozioökonomischen Kontext zu stellen sei. Dieser Bezug ließe sich am besten im Zitat

---

[2] *Seymour Martin Lipset*, Political Man (1959).
[3] *Manfred G. Schmidt*, Demokratietheorien – Eine Einführung, 1995.
[4] Bundesamt für Verfassungsschutz, Lagebild Antisemitismus, 2021/2022.
[5] Bezugnehmend auf: *Theodor W. Adorno*, Studien zum autoritären Charakter, 1995.

von *Max Horkheimer* sehen: „Wer vom Kapitalismus nicht reden will, soll vom Faschismus schweigen."[6]. Die sozioökonomische analytische Kategorie und Logik der Denktradition der *Frankfurter Schule* sei etwas, was nicht auf eine Gesellschaft, sondern insgesamt auf eine Form der Entwicklung der bürgerlichen, der kapitalistischen Gesellschaft, der demokratischen Gesellschaft auf der politischen Ebene prinzipiell als Option in allen Gesellschaften vorhanden sei. Die Studien zum autoritären Charakter seien im Wesentlichen vor dem amerikanischen Hintergrund zu betrachten und dabei auch stark im Fokus der Charakterstrukturanalysen und der Persönlichkeit. Besonders interessant sei dabei, wo im Prozess der Radikalisierung der Moment einträfe, bei dem eine Person nicht mehr für bestimmte Argumente zugänglich sei. *Salzborn* formulierte das mit den Worten „Radikalisierungsprozess, welcher im Sinne eines Weltbildes die Persönlichkeit abschließt". Dabei sei das Weltbild so gefestigt, dass es für demokratischen Pluralismus nicht mehr zugänglich sei.

Graulich widmete sich sodann dem nächsten Disputanten, *Dr. Thomas Darnstädt*. Basierend auf seinen Thesen wurden folgende Fragen aufgeworfen: „Radikalismus in der Mitte der Gesellschaft als neue Herausforderung für den Verfassungsschutz: Neues Phänomen der „verfassungsschutzrelevanten Staatsdelegitimierung" – verschwimmen die Grenzen nachrichtendienstlichen Handelns? Die Beobachtung von Einzelpersonen: Bürger unter Generalverdacht?"

Graulich fragte *Darnstädt* zunächst, ob die aufgeworfene Thematik der Radikalisierung in der Mitte der Gesellschaft eine solche der Nachrichtendienste sei, oder ob es sich dabei nicht vielmehr um einen allgemein-gesellschaftlichen Gegenstand handele. Bezugnehmend auf die Änderung des BVerfSchG zur Beobachtung von Einzelpersonen war zudem zu klären, ob diese Richtungsänderung in der Aufgabenstellung des Bundesamtes für Verfassungsschutz oder der Nachrichtendienste im Allgemeinen nachvollziehbar sei oder Problembalast mit sich trüge.

Darnstädt beschäftigte dabei, ob das Phänomen des Extremismus in der Mitte der Gesellschaft mit rechtsstaatlichen Mitteln greifbar sei. Insbesondere sei offen, ob das BVerfSchG den Nachrichtendiensten hinreichende Handlungsmöglichkeiten eröffne, oder ob es nachgeschärft werden solle. Das Bundesverfassungsgericht hätte bereits schärfere Anforderungen an die tatbestandsmäßige Bestimmtheit und auch an die Verhältnismäßigkeit von Überwachungs- und Beobachtungsmaßnahmen von Einzelpersonen formuliert. Fraglich sei dabei, ob es rechtsstaatlich möglich sei, das Konstrukt der verfassungsschutzrelevanten Staatsdelegitimierung in ein Gesetz zu fassen, welches den Nachrichtendiensten eine Handlungsoption ermögliche. *Darnstädt* zweifelte an einer solchen Gesetzesanpassung, da die Voraussetzungen der Tatbestandsmerkmale

---

[6] *Horkheimer*, Zeitschrift für Sozialforschung, Studies in Philosophy and Social Science, Band 8, 1939, S. 115.

eines delegitimierenden Handelns zu unbestimmt seien. Es sei ein nach außen wirksamer Akt notwendig, welcher zu einer verfassungsschutzrelevanten Staatsdelegitimierung führe. Dabei sei dies ein Zirkelschluss: „Wir wollen wissen was verfassungsschutzrelevant ist, sodass wir dann handeln können und sagen, wenn es verfassungsschutzrelevante Staatsdelegitimierung ist." Dieser Zirkelschluss ließe sich aktuell nicht auflösen, weshalb ein entsprechendes Gesetz zu unbestimmt und mithin untauglich sei.

Um die theoretische Frage plastisch zu gestalten, führte *Graulich* sodann einen Vergleich an: Verglich man *Carl Schmitt*, welcher seine Delegitimierung schriftlich betrieb und im April 1933 in die NSDAP eintrat, *Ernst Jünger* – welcher zwar nicht in die NSDAP eintrat, aber als Wegbegleiter des Nationalsozialismus gilt – und als letztes *Adolf Eichmann*, bei dem *Hannah Arendt* den berühmten Begriff über die Banalität des Bösen geprägt hat, sei zu fragen, wo die Grenze gezogen werden müsste. *Jünger* sei zwar umstritten, allerdings am leichtesten aus dem Vergleich zu entfernen. Der Verfassungsschutz hätte somit die Aufgabe, herauszufinden wer von den übrig gebliebenen Personen eine Sprengkraft für die Gesellschaft aufwiese. An *Darnstädt* gerichtet die Frage: Wäre dies eine Aufgabe des Verfassungsschutzes? *Graulich* stellt dabei die These auf, dass der Verfassungsschutz sich dies sogar zur Aufgabe machen müsse. Anschließend wäre zu klären, wo im Gesetz eine verschärfende Regelung getroffen werden müsste, um diese drei Figuren verfassungsschutzrechtlich auseinanderhalten zu können.

Darnstädt konnte sich keine verfassungsschutzmäßige Beobachtung von *Carl Schmitt* vorstellen. Er hält seine Schriften und Lehre zwar für hochgefährlich, allerdings sei dies in der Demokratie des Grundgesetzes kein Beobachtungsgrund. *Jünger* sei ebenfalls auszusortieren. Bezugnehmend auf die Rede von *Konstantin von Notz* (MdB, Bündnis 90/Die Grünen) am Vorabend sei hier insbesondere auf die Situation der Gesellschaft zu verweisen, auf die aktuell besonders hybride Bedrohungen zukämen. Die Rechtsordnung und das Grundgesetz müssten entschlossen verteidigt werden, indem die rechtsstaatlichen Vorgaben strengstens eingehalten würden. Der Rechtsstaat sei ein Teil dessen, was wir verteidigen. Die Größe, die Unübersichtlichkeit und Undurchschaubarkeit der Bedrohung dürfe nicht dazu führen, dass mit einem Verweis auf einen Notstand die Regelungen des Rechtsstaats ad absurdum geführt würden. Die Diskussion der vergangenen Tage führte bei *Darnstädt* zu Erstaunen darüber, dass Praktiker*innen verhalten auf strengere und schärfer formulierte Kriterien für ihr Handeln reagieren würden. Darin sieht er einen wachsenden Dissens zwischen den von der Praxis der Nachrichtendienste gesehenen Erfordernisse und dem, was das Bundesverfassungsgericht und mit ihm viele Jurist*innen für die Erfordernisse des Rechtsstaates halten würden. Diese Entwicklung sei insbesondere an der Bereitschaft, mit dem Begriff der verfassungsschutzrelevanten Staatsdelegitimierung zu arbeiten, zu sehen.

Erklärend führte *Graulich* an, dass dies keine Zweifel an der Arbeit der Nachrichtendienste sei, sondern dass diese im Sinne von *Darnstädts* Aussage selbst Zweifel daran haben sollten, ob die gesetzlichen Vorgaben für ihre Arbeit bestimmt genug seien.

Sich einem neuen Themenkomplex hinwendend, richtete *Graulich* die Frage an *Selen*, ob die Gesellschaft durch rechte Strömungen vereinnahmt wurde, die sich phänomenologisch an Bewegungen wie *Freie Sachsen* oder dem Corona-Protestgeschehen festgemacht hätten. Zudem wollte *Graulich* wissen, ob *Selen* sich durch das Gesetz genügend instruiert sieht, um solche Besonderheiten auffangen zu können, oder ob dies ein Phänomen sei, welches die Aktivität des Bundesamts für Verfassungsschutz nicht auslöst.

Selen ging zunächst auf die vorangegangene Aussage von *Darnstädt* ein. Aus seiner Sicht bestünde die von *Darnstädt* beschriebene Ohnmacht der Praktiker*innen nicht. Vielmehr würde die Praxis einem klar definierten Auftrag und klar definierten Prozess unterliegen, welcher rechtsstaatlich vorgegeben sei. Besonders die Dokumentation der Handlungen sei eine rechtsstaatlich nachvollziehbare prozessuale Beschreibung der Entscheidungsfindungsprozesse, die sich immer an Verhältnismäßigkeitsgrundsätzen orientiere und einem permanenten Abgleich mit den Befugnisnormen unterliege. Dies sei tägliche Realität und Praxis und auch das falsche Thema für diese Diskussion. Vielmehr sei über den Auftrag, welchen der Gesetzgeber und die Verfassung vorgäben, zu sprechen. Die Weimarer Verfassung und die Schlussfolgerungen aus dem Weimarer Reich seien der historische Impuls gewesen, aus dem sich die Struktur des Grundgesetzes ergebe und damit auch die Aufgabe des Verfassungsschutzes als Frühwarnsystem für die Demokratie. Diesem Auftrag würde der Verfassungsschutz gerecht werden. Die Handlung des Verfassungsschutzes orientiere sich dabei an den Befugnisnormen, die durch den Gesetzgeber festgeschrieben seien. Dazu gehören ebenfalls tägliche interne Kontrollmechanismen, die durch äußere Kontrollmechanismen ergänzt würden. Genau aus diesem Grunde sei das Parlamentarische Kontrollgremium kontrollierend tätig, ebenso die G 10 Kommission. Aus seiner Sicht sei daran nichts zu ändern, das Bundesamt für Verfassungsschutz fühle sich gut in der Kontrolle und hätte dagegen keine Bedenken. *Selen* sieht das Problem vielmehr darin, dass es keine phänomenscharfe Struktur von Extremismus mehr gäbe. Dies zeige sich insbesondere bei den Corona-Protesten, der Flutkatastrophe im Ahrtal oder anderen Themenbereichen, etwa dem Ukrainekonflikt. Hier sei eine Abkehr von ideologiescharfen und dogmenscharfen Extremismusformen zu verzeichnen, hin zu Einzelpersonen oder Gruppen, die verschiedene Instrumente, welche aus dem Extremismus bekannt seien, mit Argumentationsmustern aus verschiedenen Ideologien kombinieren und so neue Extremismustypen herstellen würden. Als Beispiel führte *Selen* die sog. *Freien Sachsen* an. Diese seien eindeutig rechtsextremistisch, allerdings würden sie keine entsprechenden Schlüsselworte wie Extremismus, Rechtsextremismus oder Antisemitismus benutzen. Vielmehr sei das Ziel, andere Kreise zu erreichen und für ihre Sache zu vereinnahmen, zuletzt gesehen bei den Corona-Protesten. Dort seien sog. *Reichsbürger* mit entsprechender Beflaggung am Brandenburger Tor mit den Demonstrierenden gestartet, hätten es jedoch nicht geschafft, die Proteste feindlich zu übernehmen. Allerdings sei in der sog. Corona-Szene zu vermerken, dass Eckpfeiler der Demokratie und demokratischer Systeme in Frage gestellt und empfindlich gestört würden. Das sei eine Herausforderung für den Verfassungsschutz, da es schwer gewesen sei, Begriffe zur Differenzierung zu finden, zwischen einem Protestgeschehen gegen die Coronamaßnahmen der Bundesregierung und einer verfassungsschutzrechtlich relevanten Delegitimierung. Im Parlamentarischen Kontrollgremium und im Innenausschuss sei der Verfassungsschutz auf Grund einer vermeintlichen Untätigkeit kritisiert worden. Allerdings sei das Corona-Protestgeschehen in erster Linie ein Versammlungsgeschehen, welches mit versammlungsrechtlichen und ordnungspolizeilichen Mitteln eingehegt werden solle, wo die Ordnungsbehörden dafür sorgen müssten, dass versammlungsrechtliche Rahmenbedingungen eingehalten werden würden. Dies sei kein Aufgabenfeld des Verfassungsschutzes. Allerdings hätten sich aus diesem Protestgeschehen ebenfalls Elemente herauskristallisiert, welche in den Bereich des Verfassungsschutzes fielen. Als Beispiel nannte *Selen* Personen oder Gruppen, welche mit Galgen umherzögen, die Politiker*innen symbolisieren würden. Dabei würde eine klare Aussage getroffen, dass diese Personen nicht möchten, dass die Politiker*innen in einem demokratischen, parlamentarischen Entscheidungsprozess ihre Aufgabe wahrnehmen. Diese Bereiche seien solche, in denen eine Delegitimierung staatliche oder verfassungsbezogene Kernprozesse der Demokratie nicht mehr nur in Frage stelle, sondern unterminiere. Weitere Beispiele seien bei den Fackelzügen vor Wohnhäusern und ähnlichen Versammlungen zu sehen gewesen. *Selen* betonte dabei, dass er entsprechende Demonstrationsgeschehen selbst begleitet habe und dass dabei klar zu trennen sei zwischen Personen, die ein legitimes Demonstrationsinteresse, etwa wirtschaftliche Not infolge der Coronamaßnahmen, hätten und solchen, die Entscheidungen, welche im deutschen Bundestag getroffen werden, unterminieren wollten. Letztere würden als Ziel haben, eine Atmosphäre der Angst zu erzeugen, sodass der oder die Bundestagsabgeordnete nicht mehr in den Reichstag geht und nicht mit abstimmt. Diese Themenbereiche seien solche des Verfassungsschutzes. Hier richtete *Selen* den Appell an die übrigen Disputanten einen präziseren Begriff für diese Gebiete zu nennen.

Selen umschrieb zuletzt, was der Verfassungsschutz unter „verfassungsschutzrelevanter Delegitimierung" als neuen Begriff meint und wies dann aber daraufhin, dass der Vorschlag eines präziseren Begriffs sehr willkommen sei.

Graulich dagegen, wandte ein, er halte den Begriff für sehr präzise. Insbesondere vor dem Hintergrund der Weimarer Diskussion: Vor dem Spätsommer

1932 sei auch dort eine ähnliche Delegitimationsdynamik zu beobachten gewesen, die als Vorbereitung der Machtergreifung zu verstehen gewesen sei.

Anschließend leitete *Graulich* über zu einer Frage an *Even* vom Bundesamt für den Militärischen Abschirmdienst (BAMAD). Das BAMAD sei ja ein bereichsspezifischer Verfassungsschutz für die Soldaten der Bundeswehr und begleite diese verfassungsschutzrechtlich. Er stellt die Frage, ob die bisher besprochenen Themen auch relevante Themen für die Bundeswehr seien oder was das BAMAD dafür tue, dass sie es nicht werden.

Verfassungsschutzrelevante Themen, die in der Gesellschaft eine Rolle spielten, seien natürlich auch innerhalb der Bundeswehr von Relevanz, da diese schließlich auch Teil der Gesellschaft sei, so das Eingangsstatement von *Even*. Manche Phänomene mehr, andere weniger. Beim BAMAD ergäben sich aber auch einige Spezifika. Selbstverständlich gebe es auch dort Masken- und Impfverweigerer, diese seien aber kein Thema für das BAMAD, sondern für die jeweiligen Vorgesetzten. Beratung und Prävention seien dann auch angebracht. Hinsichtlich der Querdenkerszene sei es jedenfalls nicht spezifische Aufgabe des BAMAD, das Gesamtphänomen zu beobachten, sondern mit den gegebenen Kriterien die einzelnen Fälle in der Bundeswehr zu bearbeiten und in das Gesamtbild einzuordnen. Um das Problem etwas anschaulicher darzustellen, erläutert *Even* exemplarisch die Praxis seiner Arbeit, in der es um ca. 70 Fälle dieses neuen Phänomenbereichs geht. Davon stehe ein Großteil in Zusammenhang mit Rechtsextremismus. In einem Fall sei ein Oberfeldwebel dadurch aufgefallen, dass er sowohl Masken als auch die Impfung verweigerte. Er nahm auch an Demonstrationen teil. Bis dahin war es für den BAMAD allerdings uninteressant. Erst als er selbst Veranstaltungen der Querdenkerszene mitorganisierte, und dies sogar vor der eigenen Dienststelle, musste die Verfassungsschutzbehörde diesem Verhalten erhöhte Aufmerksamkeit widmen. Er habe auch Kamerad*innen und die Öffentlichkeit beeinflusst, unter anderem, indem er Videos erstellte und bei Telegram hochlud. In diesen habe er ein Ultimatum an die Regierung formuliert und rief offen zum Widerstand im Falle einer Impfpflicht auf.

Ein zweiter Fall: Ein weiterer Maskenverweigerer nahm an sog. Hygienespaziergängen teil und sei dadurch in Gruppen aktiv gewesen, die aber zum großen Teil offen rechtsextremistischen Inhalt hatten, den er auch geteilte habe.

II. Radikalismus und Soziale Medien

Überleitend zum nächsten Themenblock stellte *Graulich* unterschiedliche Fragen an *Darnstädt,* die allesamt den Zusammenhang von Radikalismus und Soziale Medien beleuchten. Verändern die Sozialen Medien die Maßstäbe, die an die Gefährdung durch politische Parteien zu stellen sind? Wirkmächtige Meinungsäußerung und verfassungsfeindliche Bestrebungen – wo verläuft die Grenze? Fake News und Verschwörungstheorien – wann wird grundsätzlich geschützter Unfug zur Gefahr? Letztlich: „Haben wir dieses Phänomen eigentlich schon richtig begriffen?"

Darnstädt reagierte mit einer Überlegung dazu, wie die Erfordernisse, um die freiheitliche demokratische Grundordnung zu schützen, im Hinblick auf die Aktivitäten im Netz rechtsstaatlicher ausgestaltet werden können. Er meinte, die von ihm bezeichnete „Umkippgrenze" hin zu einer verfassungsfeindlichen Bestrebung, sei durch die Existenz des Internets und der sozialen Medien schneller erreicht, als früher. Es sei rechtsstaatlich geboten, ganz genau zu wissen, wann eine rechtsstaatlich geschützte verfassungsfeindliche Äußerung der widerwärtigsten Art zu einer verfassungsfeindlichen Bestrebung wird. Dies sei dann der Fall, wenn die Äußerung wirkmächtig wird, also durch die Äußernden in Aktion gerät und in der Gesellschaft ihre Wirkung zu Lasten der freiheitlichen demokratischen Grundordnung findet. Diese Abgrenzung sei hauchdünn geworden, denn Äußerungen im Netz würden unmittelbar aggressive Wirkungen entfalten, die zur Radikalisierung beitrügen. Diese könne sich dann weiterentwickeln hin zu einer konkreten Gefahr. Er stellte sodann die Frage, ob es nicht möglicherweise ausreichen sollte, im Netz etwas verfassungsfeindliches zu sagen, um unter den Tatbestand der verfassungsschutzrelevanten Bestrebung zu fallen. Er wirft die Frage auf, ob Verfassungsschützer überhaupt noch trennscharf beurteilen können, welche Äußerung in verfassungsfeindlichen Gruppen nun den Ausschlag für eine solche Beurteilung gebe und zweifelt an einer solchen Klarheit.

Ähnliches gelte auch für die Parteien: Während im NPD-Urteil noch eine Wirkmächtigkeit der Strukturen verneint wurde, ist heutzutage darauf Rücksicht zu nehmen, dass unter der Vorbedingung der Strukturverstärkung des Netzes auch eine kleine Gruppe eine Wirkmacht entfalten könne, die derjenigen einer großen Partei entsprechen könne. Daher müsse über das Kriterium der Wirkmächtigkeit, das das BVerfG eingeführt habe, in der Welt des Netzes neu nachgedacht werden.

An diese Ausführungen schloss *Graulich* die Frage an, ob die vorhandenen gesetzlichen Grundlagen für die neuen Phänomene ausreichen oder ob an dieser Stelle nachgebessert werden müsse.

Für *Darnstädt* verbergen sich darin zwei unterschiedliche Fragen. Zum einen, ob die gesetzlichen Grundlagen dafür ausreichten, die Personen zu erfassen, die der Fragende verfolgt sehen will. Und zum anderen: Sind die gesetzlichen Grundlagen so formuliert, dass sie bei rechtsstaatlicher Anwendung – also bei präziser Haltung an die dort genannten Kriterien – trennscharf genug sind, um grundrechtlich geschützte Verhaltensweisen von Verhaltensweisen zu unterscheiden, die notwendigerweise vom Verfassungsschutz beobachtet werden müssten. Seiner Ansicht nach läuft diese Frage darauf hinaus, was man eigentlich gegen unerwünschte Äußerungen tun könnte, die grundrechtlich geschützt seien. Hier müsse die Antwort lauten: Nichts.

Als nächstes richtete *Graulich* die Frage an *Selen*, welche Einflüsse die Medien auf Radikalisierungsprozesse hätten, auch in technischer Hinsicht. Und wie ließe sich dies gewichten?

Auch *Selen* wies zunächst darauf hin, dass das Kriterium der Wirkmächtigkeit auf einer Entscheidung beruht, die sich ausschließlich mit der „analogen Welt" beschäftigte. Daher sieht er es für erforderlich, diese Frage noch mal unter den heutigen Umständen zu beleuchten.

Graulich wollte von *Selen* wissen, welchen Einfluss soziale Medien auf den Radikalisierungsprozess hätten. *Selen* stellte zunächst klar, dass man bei der Betrachtung der Handlungsweisen die Prämissen der ‚analogen Welt' auf die digitale übertragen könne. Gerade Meinungsäußerungen seien unter denselben Voraussetzungen als gegen die freiheitliche demokratische Grundordnung gerichtet anzusehen, wie früher. Bei Telegram gebe es Gruppen, die klar antisemitische Äußerungen tätigen. Allerdings könne man sich fragen, ob sich seit dem NPD-Urteil etwas in Hinblick auf die Wirkmacht von Äußerungen verändert habe. Durch die digitalen ‚Informationsbubbles' entstünden Räume, in denen Äußerungen unwidersprochen, sogar verstärkt werden durch positive Rückmeldung, da sich nur noch Gleichgesinnte treffen, die im Schutze vermeintlicher Anonymität agieren. Der Effekt werde gefördert durch Algorithmen, die den Diskursraum immer weiter zuspitzen.

Als nächstes wollte *Graulich* von *Even* wissen, welchen Extremismus es in der Bundeswehr gibt und ob sich auch Soldat*innen während ihres Dienstes radikalisieren.

Even erläuterte, dass es einen klaren Schwerpunkt im Bereich des rechtsextremen Spektrums innerhalb der Bundeswehr gebe, zu dem auch die Reichsbürgerbewegung teilweise zuzuordnen sei. Auch im Islamismus und Ausländerextremismus gebe es relevante Fälle, da die Bundeswehr die Möglichkeit biete, den Umgang mit Waffen zu lernen und Zugang zu ihnen zu bekommen. Aufgrund der Soldateneinstellungsüberprüfung, die es seit einigen Jahren gebe, sollten hoffentlich nur im Einzelfall Soldat*innen schon radikalisiert in den Dienst eintreten. Die vierstellige Zahl aktuell bearbeiteter Fälle sei demnach nicht anders als mit einer Radikalisierung im Dienst zu erklären. Das mag auch innerhalb der Bundeswehr durch ‚Ansteckung' untereinander passieren, aber zumeist verlaufe die Radikalisierung im Privatleben der Soldat*innen. Gerade deswegen sei die Zusammenarbeit mit den zivilen Verfassungsschutzbehörden und der Polizei so wichtig.

Was die Radikalisierung nach der Dienstzeit anbelange, werde zwar oft gefordert, dass sich der BAMAD auch hierum kümmern müsse, dies falle aber in die Zuständigkeit der zivilen Behörden.

Die nächste Frage richtete *Graulich* an *Salzborn*, der vor zwei Jahren die Frage aufgeworfen hatte, ob angesichts der unterschiedlichen Erkenntnis- und Operationalisierungsverständnisse in Wissenschaft und Praxis eine Neujustierung des Extremismusbegriffes nötig sei. *Salzborn* äußerte sich optimistisch, dass seit er diese Frage formuliert habe schon positive Entwicklungen, gerade in einem besseren Verständnis der Dynamik des Extremismusbegriffes, in Gang gesetzt wurden. So wurde beispielsweise mit dem Lagebild Antisemitismus anerkannt und verarbeitet, dass sich antisemitische Einstellungen phänomenübergreifend zeigen. Man befinde sich inzwischen mitten in einem Transformationsprozess, der neue Perspektiven auf die nachrichtendienstliche Tätigkeit eröffne. Man müsse sich ein Stück weit lösen von einem rein auf die nachrichtendienstlich relevant Handelnden zentrierte Sicht, sondern auch diejenigen in den Blick nehmen, die durch diese Handlungen betroffen seien. Die Ausbrüche im digitalen Raum verblieben nicht dort, sondern hätten ganz reale Auswirkungen. Zweifelsohne sei die Meinungsfreiheit ein wichtiges Gut, aber auch nicht das einzige Grundrecht. Hier könne man in Dialog treten mit der Zivilgesellschaft. Insgesamt sehe er die Zivilgesellschaft und den Journalismus als ein wichtiges ‚Frühwarnsystem‘, die Entwicklungen schnell öffentlich diskutierbar machen könnten.

Angesichts der Betonung, dass nicht nur die Meinungsfreiheit relevantes Grundrecht in der nachrichtendienstlichen Tätigkeit sei, wollte *Graulich* gerne wissen, ob nach *Salzborn* ein Einschätzungswechsel stattfinde, was die Sicht auf die Nachrichtendienste angehe, die bisher im ‚aufgeklärt liberalen Umfeld‘ kritisch betrachtet wurden. Er frage sich, ob man inzwischen mehr die Schutzfunktion dieser Dienste betone, eine Tendenz, die er schon in *Selens* Äußerungen, die ihn an einen Staatsanwalt erinnert hätten, erkannt habe. *Salzborn* antwortete, dass sich diese Entwicklung im dynamischen Extremismusbegriff abbilden ließe: In den Gesellschaftswissenschaften habe man keine Laborbedingungen, die gesellschaftliche Lage verändere sich stetig und mit ihr auch die Kritik- und Schwerpunkte. Man befinde sich derzeit in gewissen gesellschaftlichen Bereichen in einem Prozess der ‚Dauerradikalisierung‘. Zwar sei der Anteil von Menschen, die antisemitische Einstellungen hegen, seit Jahren stabil im Bereich von 15–20 %, allerdings vernetzten sich diese Menschen immer mehr. So werde aus vorgeblich ‚unbedarften Äußerungen‘ reales Bedrohungspotential.

III. Extremistischer Antisemitismus
in der nachrichtendienstlichen Aufklärung

Graulich zitierte anschließend die Bundesinnenministerin, dass angesichts der Wirkweise von sozialen Medien hintergründige Narrative und Parolen gerade im rechtsextremen Spektrum an Bedeutung gewonnen hätten. Im virtuellen

Raum verrohe die Sprache und der Echokammereffekt befeuere das Gefühl von Bestätigung und die Selbstradikalisierung. Von *Even* wollte *Graulich* wissen, wie das BAMAD bei der Bekämpfung des Rechtsextremismus mit den verschiedenen Dienststellen der Bundeswehr und den zivilen Behörden zusammenarbeite.

Even erläuterte, dass die Zusammenarbeit, die vornehmlich innerhalb der Bundeswehr erfolge, das Ziel habe, dass die Erkenntnisse reale Folgen zeitigen. Da das BAMAD selbst keinerlei Exekutivbefugnis habe, könne er daran mit Informationsweitergabe teilhaben. Hauptsächlich wende man sich an Dienstvorgesetzte und die Wehrdisziplinaranwälte. Diese träfen dann eine eigenständige Bewertung der weitergegebenen Informationen und entschieden, welche Folgen daraus zu ziehen seien. Man beteilige sich zwar auch an der Prävention, die auch Teil von Fortbildungen und Ausbildung sei, allerdings seien dafür vornehmlich das Zentrum für Innere Führung und die Dienstvorgesetzten zuständig. Man könne hier nur Erfahrung beisteuern. Hinsichtlich der Zivilbehörden sei insbesondere die Arbeit mit den Verfassungsschutzämtern des Bundes und der Länder wichtig, aber auch mit der Polizei und anderen Dienststellen, gerade im Hinblick auf die schon erwähnte Tatsache, dass die meisten Radikalisierungen mit dem privaten Umfeld der Soldat*innen zusammenhingen. Aufgrund einer Gesetzesänderung dürfe das BAMAD nun auch nicht nur in das gemeinsame Informationssystem NADIS Einsicht nehmen, sondern auch selbst Informationen eingeben. Dies sei ein sehr wichtiger Schritt für die bessere Zusammenarbeit.

Graulich stellte die weiterführende Frage, wie das BAMAD überhaupt an seine Informationen gelange und ob es auch Lagebilder erstelle.

Even schilderte, dass die meisten Hinweise aus der Truppe selbst kämen, was er sehr begrüße. Dies sei eine besonders positive Entwicklung der letzten Jahre. Anlasslos erhebe man keine Informationen. Weiterhin bekäme man aus dem Verfassungsschutzverbund und von der Polizei Hinweise, aber auch aus der Zivilgesellschaft per E-Mail. Man gehe allen Hinweisen nach, auch wenn das manchmal ins Leere führe. Für den Gesamtüberblick sei die Koordinierungsstelle im BMVG zuständig, die jährlich einen detaillierten Bericht mit genauen Zahlen auf der Website des Ministeriums veröffentliche.

Die nächste Frage richtete *Graulich* an *Selen*. Zwar gebe es verschiedene Ausprägungen von Antisemitismus, die nicht einfach an den Nationalsozialismus anschließen, aber hinsichtlich des ‚traditionellen‘ Antisemitismus und solcher Zahlen wie die von *Salzborn* erwähnten 15–20 % mit antisemitischen Einstellungen wolle er von *Selen* wissen, ob man das einfach als ‚Normalfall‘ akzeptieren müsse oder ob es seiner Ansicht nach Möglichkeiten gäbe, diese Zahl zu senken.

Selen antwortete, dass ihm diese Statistik bekannt sei und er nicht der Ansicht sei, dass man das hinnehmen müsse. Gerade der ‚traditionelle‘ nationale

Antisemitismus zeichne sich dadurch aus, dass er sich Chiffren wie ‚Hochfinanz' bediene, die ihm ermöglichen, unterschwellig und unwidersprochen Diskussionen zu beeinflussen und die Grenzen des Sagbaren zu verschieben. Er fordere deshalb ‚das Kind beim Namen zu nennen', indem man solche Chiffren und Narrative analysiere um die dahinterstehenden Sichtweisen offenzulegen. Erst dann könne eine Korrektur beginnen. Dies sei zwar vornehmlich eine gesellschaftliche Herausforderung, allerdings sehe auch der Verfassungsschutz Verbesserungsbedarf im Austausch mit wissenschaftlichen Erkenntnissen, die sich gerade mit diesem Phänomen beschäftigen. Dafür habe man die Zentralstelle für angewandte Forschung eingerichtet, die den Dialog mit der Wissenschaft stärker akzentuieren und kanalisieren solle.

Im zweiten Teil seiner Frage bat *Graulich* um die Einordnung und Einschätzung von modernen Spielformen des Antisemitismus, wie etwa dem Antisemitismus mit salafistischen Strukturen.

Selen antwortete, dass, obgleich es die Tendenz gibt sich auf den national geprägten Antisemitismus zu fokussieren, der Antisemitismus in allen Extremismusfeldern tiefe Verwurzelungen aufweise, sei es im ausländischen Extremismus, im Salafismus, im Dschihadismus – man spreche vom defensiven Dschihad – und im „deutsch" geprägten Antisemitismus. Der Antisemitismus spiele exemplarisch aufgegriffen in salafistischen Erklärungsmustern eine große Rolle. Dieser gehe Hand in Hand mit dem Antizionismus und dem Palästina-Konflikt. Aber in den Kernaussagen gehe es nicht um eine bloße Israel-Kritik oder um die Beschreibung des Palästina-Konfliktes, sondern um Antisemitismus.

Ebenfalls zum Thema Antisemitismus wurde *Salzborn* mit seiner eigenen Frage konfrontiert, ob es über die allgemeingesellschaftliche Debatte hinaus einen nachrichtendienstlichen Blick auf das Querschnittsthema Antisemitismus gäbe.

Ein solcher spezifischer nachrichtendienstlicher Blick auf die Materie habe sich mittlerweile entwickelt, erwiderte *Salzborn*, was vor einigen Jahren noch hätte anders bewertet werden müssen. Rückblickend sei im Lagebild des Bundesinnenministeriums von 2004 schon mal der Antisemitismus als Querschnittsthema aufgegriffen worden. Er wird nun in Lageberichten der Länder und des Bundes von 2020 sowie den Verfassungsschutzberichten als spezifisches Thema herausgestellt. Konkret hob er als wichtige Wahrnehmungen hervor, dass der Antisemitismus nicht nur in allen Phänomenbereichen überhaupt gesehen wird, sondern dass auch erkannt wird, dass das Gedankengut in den verschiedenen Bereichen jeweils eine andere Rolle spiele. So sei es im Rechtsextremismus sowie im Islamismus von wesentlicher Bedeutung, andererseits aber im linksextremistischen Milieu von nachgeordnetem Interesse, wobei die Strömung des Antiimperialismus innerhalb des Linksextremismus wiederum starke Schnittmengen zum Salafismus und damit verstärkt antisemitische Ansichten aufweise. Es sei sinnvoll, über die hypothetischen Schnittmengen der jeweiligen Weltbilder hinaus verstärkt auf die realen Verbindungen zu achten. *Salzborn* erwähnte als Anschauungsmaterial von etwas früherer Zeit den Kooperationswillen seitens der NPD mit der Hizb ut-Tahrir und aus jüngerer Gegenwart die spontanen Zusammenschlüsse und gegenseitigen Angliederungen von rechtsextremistischen und palästinensischen Demonstrationen mit Blick auf die Solidaritätskundgebung zur Ehre der Holocaust-Leugnerin *Haverbeck* oder die Al-Quds-Märsche in Berlin. In diesem Sinne betonte er das notwendige Bewusstsein, dass es sich beim Antisemitismus nicht nur um ein Querschnittsthema sondern um eine Integrationsideologie handelt, die unterschiedliche Richtungen, die sonst keine großen Gemeinsamkeiten aufweisen und teilweise verfeindet sind, real miteinander vernetzt und integriert und sich auf sämtlichen Ebenen, sei es auf der Ebene von Demonstrationen, von Bestärkungen in Publikationen und organisatorisch durch Bildung von Allianzen, abzeichnet.

In seiner Rückfrage bat *Graulich* nach einer näheren Erläuterung zum Inhalt und zum historisch-religiösen und kulturgeschichtlichen Kontext des salafistischen Antisemitismus. Dies forderte er gerade auch mit Blick auf den etwaigen Unterschied zur Entwicklung im christlich geprägten Westen, die auf die verbindende Geschichte des Judentums mit dem Christentum zurückzuführen sei, welche mit der muslimischen Gemeinschaft auf Anhieb nicht ersichtlich bzw. weniger bekannt ist.

Salzborn wies zunächst darauf hin, dass die zentralen Quellen im Islam, also der Koran und die Hadithe, antijüdische Passagen beinhalten und damit antisemitische Anhaltspunkte aufweisen. Wichtiger für die Entwicklung sei aber der Prozess der Radikalisierung, der von den Islamist*innen, die sich gemäß des Politikwissenschaftlers Bassam Tibi angesichts der Diesseits-Orientierung drastisch vom konservativen Islam abheben würden, dadurch angetrieben werde, dass sie die in der Religion angelegten antisemitischen Elemente missbräuchlich reaktivieren, Strukturen und Organisationen aufbauen und religionsübergreifende Adaptionen herstellen würden. Ein wichtiger Antrieb kam von den Muslimbrüdern. So habe Sayyid Qutb, einer der wichtigsten Ideologen der Muslimbrüder, in einer religiösen Veröffentlichung Verbindungen von antijüdischen Koranstellen mit den „Protokollen der Weisen von Zion" hergestellt und zudem Hitler zur Reihe der Propheten gestellt. Weiterhin habe es auch konkrete Kooperationen mit dem Nationalsozialismus, etwa zwischen dem Großmufti von Jerusalem und Hitler, sowie den freiwilligen Divisionen gegeben.

Mit seiner letzten Frage an *Darnstädt*, ob das Verhältnismäßigkeitsprinzip bei rein final gesteuertem Behördenhandeln der Nachrichtendienste überhaupt Sinn mache, eröffnete *Graulich* nochmal ein rechtstheoretisches Diskussionsfeld. Dabei verwies er auf die extreme Heranziehung des Verhältnismäßigkeitsprinzips durch das BVerfG in den Entscheidungen der letzten 10 Jahre zum BKAG und zum Nachrichtendienstrecht.

Darnstädt legte nochmal die Prämissen offen, dass es sich im gesamten Sicherheitsrecht um Grundrechtseingriffe handele und diese an dem Grundsatz der Verhältnismäßigkeit zu messen seien – jüngst erfolgte eine Klarstellung des Bundesverfassungsgerichts, dass auch Auslandseinsätze denselben Kontrollbedingungen unterfielen. Bedenken habe er hinsichtlich der Gewichtung der Eingriffsnachteile und des befürchteten Schadens im Rahmen der Proportionalitätsabwägung auf der dritten Stufe der Verhältnismäßigkeit. Eine korrekte Abwägung sei von der Quantifizierbarkeit der gegenüberzustellenden Folgen und Nachteile abhängig. Dies sei aber im nachrichtendienstlichen Tätigkeitsfeld, das eine Betrachtung der Lage voraussetzt, die nochmals *im Vorfeld des polizeilichen Vorfeldes* angesiedelt ist, schwer praktizierbar. Es gäbe schlicht kein Material, um den polizeilich geprägten Begriff des Schadens auszufüllen. Nachrichtendienstliche Eingriffe könnten damit letztlich auf Grundlage von Aussagen, die eher als Möglichkeitsaussage denn als Wahrscheinlichkeitsaussage eingeordnet werden müssten, also von rein prognostischer Natur wären, gewagt werden, was aber nicht mehr vom Tatbestand gedeckt sei. Es gehe für die Praktiker*innen nicht nur um die Schwierigkeit, die Abwägung an sich vorzunehmen, sondern auch diese im Anschluss den Richter*innen bzw. dem gerichtsähnlichen Gremium nachvollziehbar bzw. überprüfbar zu machen. Er stelle sich insoweit die Frage, ob man nicht an den Grenzen des rechtstaatlich Machbaren angekommen sei.

Das Schlusswort ergriff *Marscholleck* vom Bundesministerium des Inneren und für Heimat. Nach Danksagungen griff er resümierend den neuen Topos der verfassungsschutzrelevanten Delegitimierung des Staates auf, der die gesamte Veranstaltung durchzogen und für die einen ein nachvollziehbares Unbehagen erzeugt habe. Andererseits schlösse er sich aber der anderen Ansicht an, dass es tragfähige rechtliche Fundamente gebe und die Gegenstandsmaterie der Veranstaltung als typischer Bereich des Sicherheitsrechts mit den verfügbaren Rechtsmitteln gut handzuhaben sei. Zweifelsohne erfordere das Handeln im Vorfeld der polizeilichen Gefahrenlage Risikobetrachtungen und -einschätzungen anzustellen, die wiederum auf die Interpretation der Rechtstatsachen und dem interdisziplinären Zugang angewiesen seien. In diesem Sinne sei es erfreulich gewesen, dass im Rahmen dieser Veranstaltung unterschiedliche Disziplinen, unter anderem auch die soziologische und politikwissenschaftliche Perspektive zusammengeführt wurden. Dass sich dabei Radikalisierung als Prozess herausstellte, zeige in sich stimmig, wie wichtig es ist, frühzeitig mit weichen Mitteln einzugreifen, bevor es zu einer polizeilichen Gefahrenlage überhaupt kommt.

Autorenverzeichnis

Oussama Azarzar
Wissenschaftliche Hilfskraft am Lehrstuhl für Öffentliches Recht an der Rheinischen Friedrich-Wilhelms-Universität Bonn

Prof. Dr. Uwe Backes
Stellvertretender Direktor des Hannah-Arendt-Instituts und außerplanmäßiger Professor am Institut für Politikwissenschaft der Technischen Universität Dresden

Prof. Dr. Tristan Barczak
Inhaber des Lehrstuhls für Öffentliches Recht, Sicherheitsrecht und das Recht der neuen Technologien an der Universität Passau

Andrea Böhringer
Wissenschaftliche Mitarbeiterin am Lehrstuhl für Öffentliches Recht an der Rheinischen Friedrich-Wilhelms-Universität Bonn

Prof. Dr. Ralf Brinktrine
Inhaber des Lehrstuhls für Öffentliches Recht, Deutsches und Europäisches Umweltrecht und Rechtsvergleichung an der Julius-Maximilians-Universität Würzburg

Prof. Dr. Dr. Wolfgang Durner
Inhaber des Lehrstuhls für Öffentliches Recht an der Rheinischen Friedrich-Wilhelms-Universität Bonn und Direktor des Institut für das Recht der Wasser- und Entsorgungswirtschaft

Ivana Hristova
Wissenschaftliche Mitarbeiterin am Lehrstuhl für Öffentliches Recht an der Rheinischen Friedrich-Wilhelms-Universität Bonn

Maryam Kamil Abdulsalam
Mitarbeiterin am Lehrstuhl für Öffentliches Recht an der Rheinischen Friedrich-Wilhelms-Universität Bonn

Soo-Min Kim
Wissenschaftliche Mitarbeiterin am Lehrstuhl für Öffentliches Recht an der Rheinischen Friedrich-Wilhelms-Universität Bonn

LRD Volker Krichbaum
Bundesamt für Verfassungsschutz

Karoline Maria Linzbach
Wissenschaftliche Mitarbeiterin am Lehrstuhl für Öffentliches Recht an der Rheinischen Friedrich-Wilhelms-Universität Bonn

Prof. em. Dr. Martin Morlok
Ehemaliger Inhaber des Lehrstuhls für Öffentliches Recht, Rechtstheorie und Rechtssoziologie an der Heinrich Heine Universität Düsseldorf und Direktor des Instituts für Deutsches und Internationales Parteienrecht und Parteienforschung

Prof. Dr. Markus Möstl
Inhaber des Lehrstuhls für Öffentliches Recht II an der Universität Bayreuth

Prof. Dr. Dietrich Murswiek
Emeritierter Professor für Öffentliches Recht an der Albert-Ludwigs-Universität Freiburg

MdB Dr. Konstantin von Notz
Vorsitzender des Parlamentarischen Kontrollgremiums

Dr. Thomas Pfeiffer
Ministerium des Innern des Landes Nordrhein-Westfalen

Prof. Dr. Björn Schiffbauer
Inhaber der Professur für Öffentliches Recht, Europäisches und Internationales Recht an der Universität Rostock

Prof. Dr. Foroud Shirvani
Inhaber des Lehrstuhls für Öffentliches Recht an der Rheinischen Friedrich-Wilhelms-Universität Universität Bonn

Stichwortverzeichnis